Instruments de paiement et de crédit
Opérations bancaires

HyperCours Dalloz

Sous la direction de

- Dominique **Chagnollaud de Sabouret**
  Professeur émérite de l'Université Paris - Panthéon-Assas
- Serge **Guinchard**
  Professeur émérite de l'Université Paris - Panthéon-Assas

Instruments de paiement et de crédit Opérations bancaires

2e édition 2025

Valerio Forti
Agrégé des facultés de droit
Professeur de droit privé à l'Université de Lorraine (Nancy)

Antoine Touzain
Agrégé des facultés de droit
Professeur de droit privé à l'Université Rouen Normandie

Lefebvre Dalloz

DALLOZ

Éditions DALLOZ
Tour Lefebvre Dalloz
10, place des Vosges
CS90358
92072 Paris La Défense Cedex

ISBN 978-2-247-24104-0

En un seul ouvrage, l'HyperCours Instruments de paiement et de crédit – Opérations bancaires met à la portée des étudiants des moyens d'acquisition, de révision et d'entraînement performants. Il fournit les connaissances théoriques indispensables et propose les références, exemples, exercices et thèmes de réflexion qui permettent d'appréhender correctement la mise en application de ces connaissances.

• Le cours, complet, est décomposé en chapitres thématiques correspondant aux séances de travaux dirigés. La structure de chacun d'eux est annoncée en début de chapitre par un plan analytique.

– Parallèlement au cours, sur la même page, l'ensemble du texte est découpé en blocs d'idées homogènes, selon une numérotation située dans la marge. Cette numérotation permet d'accéder à des définitions (voir ci-dessous la rubrique « Quid »).

– Des mots ou expressions clés sont signalés par la lettre « Q » en exposant. S'ils ne sont pas définis dans le cours même, il faut là encore se reporter à la rubrique « Quid » pour en connaître la signification précise.

• Des rubriques pédagogiques (pages signalées par un bandeau de couleur) complètent le cours de chaque chapitre. Elles ont une double fonction : mieux faire comprendre et assimiler le cours, mais aussi préparer efficacement les étudiants aux épreuves des travaux dirigés et des examens.

– La rubrique « *Mémo* » permet de synthétiser rapidement l'ensemble d'un cours.

– La rubrique « *Quid* » permet de disposer immédiatement de définitions extensives des mots-clés du cours (signalés dans le cours par la lettre « Q » – pour « Quid » – en exposant). À chaque mot-clé est accolé un ou des numéros(s) correspondant au découpage signalé en marge dans le cours afin de les repérer plus rapidement, le tout à la façon des liens hypertexte.

– La rubrique « *Document* » présente les textes de référence.

– La rubrique « *Biblio* » donne accès à une bibliographie sélective.

– La rubrique « *Quiz* » délivre des épreuves corrigées de commentaires d'arrêt, d'articles, de dissertations, de consultations juridiques, de cas pratiques et des questions, des tests...

• Présentant une synthèse de la matière, des éléments de pratique et de documentation viennent à la suite du cours et des compléments pédagogiques.

– Le *sujet terminal* propose un sujet d'examen corrigé correspondant à une épreuve type donnée en fin de semestre ou d'année et faisant appel à l'ensemble des connaissances acquises.

– La *bibliographie générale* présente les ouvrages essentiels de la matière.

• Pour s'orienter à l'intérieur du manuel :

– Au début de l'ouvrage, après le *plan général* de celui-ci, le *sommaire des Quiz* répertorie les sujets corrigés par genre (tests de connaissances ou de compréhension, dissertations, commentaires d'arrêts, cas pratiques).

– Situé en fin d'ouvrage, l'*index alphabétique* des termes utilisés prend pour repères les blocs d'idées homogènes numérotés en marge du cours et permet de trouver une notion rapidement. Les mots *Quid* y sont intégrés pour faciliter la lecture des définitions.

– La *table des matières* en fin d'ouvrage permet d'accéder facilement au cours et à sa structure.

Principales abréviations

al.	alinéa
art.	article
Ass. plén.	Assemblée plénière
Bull. civ.	*Bulletin des arrêts de la Cour de cassation, chambres civiles*
C. civ.	Code civil
C. com.	Code de commerce
C. mon. fin.	Code monétaire et financier
C. trav.	Code du travail
Ch. mixte	Chambre mixte, Cour de cassation
Civ.	Chambres civiles, Cour de cassation
Com.	Chambre commerciale, Cour de cassation
Comp.	Comparer
C. pr. exéc.	Code des procédures civiles d'exécution
Crim.	Chambre criminelle, Cour de cassation
D.	*Recueil Dalloz*
Décr.	Décret
Dr. et patr.	*Droit et patrimoine*
Gaz. Pal.	*Gazette du Palais*
Infra	Ci-dessous
JCP	*Semaine juridique, édition générale*
JCP E	*Semaine juridique, édition entreprise et affaires*
L.	Loi
LPA	*Les Petites Affiches*
LPF	Livre des procédures fiscales
N°	Numéro
Not.	Notamment
Ord.	Ordonnance
Rappr.	Rapprocher
RDBF	*Revue de droit bancaire et financier*
Rev. arb.	*Revue de l'arbitrage*
RTD civ.	*Revue trimestrielle de droit civil*
RTD com.	*Revue trimestrielle de droit commercial*
S.	Suivants
ss	sous
Supra	Ci-dessus
V.	Voir

Sommaire des Quiz

Les chiffres envoient aux numéros des pages. Tous les sujets sont corrigés en fin de la rubrique pédagogique sauf ceux indiqués en italiques.

Tests de connaissances

Tests de compréhension

Commentaires d'articles, d'arrêts ou de textes

Cas pratiques

Dissertations

chapitre 1

Le compte bancaire

Plan analytique

section 1

La qualification du compte bancaire

§ 1 L'unité du compte bancaire

A. Identification

B. Nature juridique

§ 2 La diversité des comptes bancaires

A. Les distinctions selon la disponibilité des fonds

B. La distinction selon le nombre de titulaires

section 2

Le régime du compte bancaire

§ 1 L'ouverture du compte bancaire

A. L'identification des parties

B. Le processus de conclusion du contrat

§ 2 Le fonctionnement du compte bancaire

A. Les obligations

B. Les opérations

§ 3 La clôture du compte bancaire

A. Les causes

B. Les effets

Compléments pédagogiques

1

Le compte bancaire

Le compte bancaire permet à un client de déposer ses fonds auprès d'un établissement bancaire, en vue de réaliser diverses opérations financières : il s'agit ainsi du support de base, fondamental, des instruments de paiement et de crédit étudiés dans cet ouvrage. Son étude préliminaire est donc nécessaire, ce qui passe par la détermination de sa qualification (section 1) puis par l'identification de son régime (section 2). 1

section 1

La qualification du compte bancaire

Le compte bancaire est avant tout une création de la pratique, ce qui explique sa grande plasticité. Malgré tout, certains éléments caractéristiques peuvent être identifiés. Il convient donc d'opposer singulier et pluriel, en envisageant l'unité du compte bancaire (§ 1) puis en présentant la diversité des comptes bancaires (§ 2). 2

§ 1 L'unité du compte bancaire

Commençons par identifier le compte bancaire (A), avant de tenter d'en cerner la nature juridique (B). 3

A. Identification

Le terme « compte » est polysémique. De manière générale, il s'agit de l'exposé chiffré d'une ou plusieurs opérations. Plus spécifiquement, le mot est utilisé en matière commerciale et financière pour désigner l'état des opérations effectuées entre deux personnes, chacune de ces opérations (l'« article » de compte) étant inscrite au débit ou au crédit. Le document qui résulte de cet état est parfois lui-même désigné « compte », par métonymie, par exemple lorsque l'on parle de « déposer les comptes ». 4

Ces différents sens sont utilisés en droit. Le compte peut y désigner un pur état d'opérations : on songe à l'obligation pour tout commerçant d'établir des comptes annuels (C. com., art. L. 123-12), le mot « compte » étant alors aussi utilisé pour désigner les documents les constatant. Le compte peut aussi viser des rapports entre deux patrimoines : on songe au compte de récompenses en droit des régimes matrimoniaux, qui permet de recenser ce qu'un époux doit à la communauté et réciproquement (C. civ., art. 1468). Plus généralement, le compte est utile dès lors qu'il existe des relations régulières entre deux patrimoines : plutôt que d'exiger des paiements de chaque créance, on va se contenter de les inscrire sur un compte, et d'en déduire un solde, qui correspond au surplus que l'une des parties doit à l'autre. Le compte présente ainsi deux avantages essentiels : la simplicité et la traçabilité.

5 Le *compte bancaire*[Q] est une forme particulière de compte. On y voit généralement le contrat par lequel une personne (le client) dépose une somme d'argent à un établissement bancaire, afin de pouvoir réaliser diverses opérations bancaires.

D'un point de vue historique, la première activité bancaire fut le service de caisse : les banques recevaient des espèces (de la monnaie fiduciaire) contre la remise d'un titre, le client ayant la possibilité de réclamer la contre-valeur de ce titre auprès d'un établissement partenaire. L'opération de base était donc bien un dépôt : cela permettait au déposant d'éviter la manutention d'espèces et de risquer leur perte ou leur vol. La généralisation du recours au dépôt bancaire a entraîné l'apparition des opérations par compte : si le service de caisse est pertinent pour une opération ponctuelle, la répétition des opérations entre le client et sa banque justifie d'inscrire les différents mouvements sur un compte. Or ces mouvements ne consistent pas seulement dans des dépôts et retraits.

Ainsi, l'importance pratique du compte bancaire et la diversité des opérations qui y sont inscrites sont telles qu'il est réducteur de ne rattacher au compte bancaire que les sommes qui sont effectivement déposées par le client. En réalité, le compte bancaire enregistre désormais toutes les créances de sommes d'argent dont le client est titulaire contre l'établissement bancaire, peu important leur source : il peut s'agir d'une remise d'espèces, d'un crédit accordé par la banque, du recouvrement d'effets de commerce, etc. En somme, ce qui importe est moins le dépôt initial que le résultat, à savoir le *solde*[Q] du compte, donc l'état final des opérations à un instant « t ».

6 Le compte bancaire, comme tout compte, présente le double avantage de la simplicité et de la traçabilité.

La simplicité concerne déjà la comptabilité : toutes les opérations effectuées entre une banque et son client sont inscrites sur le compte et leur résultat consiste en un *solde disponible* immédiatement lisible par le client. Le compte bancaire permet également de simplifier les paiements : plutôt que de passer par de la manutention d'espèces, les obligations de sommes d'argent s'éteignent aujourd'hui par des écritures comptables effectuées de compte à compte, donc par de la monnaie scripturale. Ce type de paiement est de nos jours largement majoritaire, au point qu'il est difficile de se passer d'un compte bancaire dans la société contemporaine. Ainsi, le premier service bancaire recherché par la clientèle bancaire est le dépôt, par souci de commodité, car ce dépôt permet d'accéder au circuit de la monnaie scripturale.

Il faut y ajouter la traçabilité : en consultant son compte bancaire, chaque client peut vérifier qu'il est bien à l'origine des opérations qui y sont inscrites et s'assurer qu'il ne vit pas au-dessus de ses moyens – il pourra ainsi « faire ses comptes ». En outre, toutes les opérations réalisées sur le compte étant enregistrées, il sera possible aux autorités, dans certains cas, de vérifier que le client ne procède pas à des financements douteux ou à de la fraude fiscale, l'État ayant donc tout intérêt à l'utilisation la plus large possible des comptes bancaires.

B. Nature juridique

S'interroger sur la nature juridique du compte bancaire implique de le rattacher à une qualification (1) et d'en identifier les éléments essentiels (2). 7

1. *La qualification*

La qualification consiste dans le rattachement d'une opération à une catégorie connue, de manière à en tirer les conséquences de régime. Pourtant, certains considèrent que la qualification n'aurait guère d'intérêt à propos du compte bancaire, étant donné que son régime est largement déterminé par les conventions de compte. Si l'enjeu est moindre que pour d'autres notions, il n'est pourtant pas nul : la jurisprudence a en effet pu prendre appui sur la qualification retenue pour déterminer les règles applicables dans le silence de la convention des parties. Cela peut expliquer que la question soit si controversée (pour un état des lieux des différentes conceptions, v. J. Lasserre Capdeville, « Le dépôt bancaire, un dépôt "à part" », *AJ contrat* 2016. 515). 8

Historiquement, le compte bancaire a été rattaché à la notion civiliste de *dépôt*[Q], défini comme l'acte par lequel le dépositaire reçoit la chose d'autrui (le déposant), à charge de la conserver et de la garder puis, *in fine*, de la restituer (C. civ., art. 1915). Il est ainsi évident que l'établissement bancaire, à l'instar du dépositaire, est tenu de restituer au déposant, sur demande, les sommes qui lui ont été remises. Il est vrai aussi qu'en vertu de la réglementation prudentielle, les établissements bancaires doivent pouvoir, à tout moment, restituer les sommes qui leur ont été remises, ce qui fait penser à l'idée de conservation propre au dépôt. Cette position a encore les faveurs d'une partie de la doctrine (v. par ex. G. Ripert et R. Roblot, *Traité de droit commercial*, t. 2, LGDJ, 2004, 17e éd. par P. Delebecque et M. Germain, n° 2361 ; A. Bénabent, *Droit des contrats spéciaux civils et commerciaux*, 15e éd., LGDJ, Domat droit privé, 2024, n° 791). 9

La qualification de dépôt a dès lors été largement utilisée en jurisprudence. Ainsi en matière de responsabilité de l'établissement bancaire qui accepte à l'encaissement un chèque faux, cet établissement étant tenu, comme tout dépositaire, à l'obligation de ne restituer la chose que sur ordre du déposant, n'était donc pas libéré lorsque le chèque a été émis par un tiers (v. par ex. Com. 26 nov. 1996, n° 94-19.071). De même, en matière de carte bancaire, le droit du dépôt était utilisé avant l'entrée en vigueur de la directive sur les services de paiement (v. par ex. Com. 24 mars 2009, n° 08-12.025 ; sur le droit positif en la matière, v. *infra*, chapitre 4).

Cette qualification n'est pourtant pas exempte de toute critique. Il a ainsi fallu recourir à la notion de dépôt irrégulier, qui serait translatif de propriété au dépositaire (v. par ex. Civ. 1re, 7 févr. 1984, n° 82-16.655). La raison de ce transfert tiendrait à l'objet déposé, qui doit être fongible et consomptible : la fongibilité implique l'interchangeabilité dans le paiement, tandis que la consomptibilité suppose que la chose se consomme par son usage, ce qui peut être purement juridique, lorsqu'on ne peut se servir de la chose autrement qu'en abdiquant sa propriété. En présence du dépôt d'une chose consomptible et fongible, le dépositaire en deviendrait propriétaire : son obligation de conservation serait éclipsée et seule importerait son obligation de restitution, qui se ferait par équivalent. Libre de restituer une chose différente de la chose remise, le dépositaire en serait nécessairement propriétaire. L'établissement bancaire n'aurait ainsi pas l'obligation de restituer les espèces mêmes qui lui ont été confiées (v. pourtant C. civ., art. 1932, al. 2), mais la possibilité de restituer un équivalent, ce qui signifierait qu'il serait propriétaire dans l'intervalle. Cette notion de dépôt irrégulier est pourtant critiquable : outre qu'elle contredit ouvertement les textes du Code civil, elle malmène l'essence du dépôt, qui est de conserver. Le dépôt ne saurait être translatif de propriété et la qualification n'est donc pas la plus adaptée pour caractériser le compte bancaire.

■ 10 Une partie de la doctrine (v. par ex. J. Hamel, G. Lagarde et A. Jauffret, *Traité de droit commercial*, Dalloz, t. 2, 1966, n° 1640 ; M. Chapoutot, *Les dépôts de fonds en banque*, th., Nancy, 1928, spéc. p. 53 s.) préfère ainsi voir dans le contrat de compte bancaire un *prêt de consommation*ᑫ, défini comme un contrat par lequel le prêteur remet à l'emprunteur des choses consomptibles, à charge d'en rendre autant de choses de même espèce et qualité (C. civ., art. 1892 s.). L'idée est contre-intuitive puisque cela suppose de considérer le client comme le prêteur et la banque comme l'emprunteur. Toujours est-il que cette qualification a l'avantage de rendre compte de la faculté pour l'établissement bancaire d'utiliser les fonds qui lui sont remis. En effet, l'emprunteur, contrairement au dépositaire, n'est pas tenu d'une quelconque obligation de conservation : son obligation essentielle est de restituer la chose prêtée.

On trouve des traces de cette conception dans une décision de la Cour de justice des communautés européennes – devenue depuis Cour de justice de l'Union européenne (CJCE 5 oct. 2004, *CaixaBank France c/ Ministère de l'Économie, des Finances et de l'Industrie*, aff. C-442/02). Le droit français prohibait la rémunération des comptes à vue, donc interdisait aux conventions de compte bancaire de prévoir une rémunération due par l'établissement bancaire à ses clients. La Cour de justice a mis fin à cette interdiction, estimant que le droit européen « s'oppose à la réglementation d'un État membre qui interdit à un établissement de crédit [...] de rémunérer les comptes à vue libellés en euros ». En pratique, cette décision n'a pas conduit à une généralisation de la rémunération des comptes à vue, qui reste très rare en France (contrairement à l'Espagne, par exemple) mais elle confirme que, d'un point de vue civiliste, la qualification de prêt de consommation fait par le client à la banque est plus adaptée que celle de dépôt ; pourtant, la jurisprudence a continué de privilégier cette dernière.

■ 11 D'autres auteurs préconisent une qualification *sui generis*, estimant que le compte bancaire ne se rattache à aucune qualification qui lui soit extérieure (F. Grua, « Le dépôt de monnaie en banque », *D.* 1998. 259). Telle serait la position du législateur qui, à l'occasion de la loi n° 41-2532 du 13 juin 1941 relative à la réglementation et à l'organisation de la profession bancaire, s'était contenté de lister, de façon détaillée, les cas dans lesquels il y a dépôt de fonds : compte courant, compte à terme, compte à affectation spéciale, etc. Or, la loi n° 84-46 du 24 janvier 1984 relative à l'activité et au contrôle des établissements de crédit, qui a remplacé le texte de 1941, de même que l'ordonnance n° 2013-544 du 27 juin 2013 relative aux établissements de crédit et aux sociétés de financement, qui lui a succédé, sont allées plus loin et ont supprimé toute définition du dépôt bancaire, ainsi que toute liste des opérations qu'il faut entendre par là.

Depuis 1984, le dépôt bancaire est en effet absorbé par la notion de *réception de fonds remboursables du public*ᑫ, qualifiée d'opération de banque, au même titre que les opérations de crédit et que les services bancaires de paiement (C. mon. fin., art. L. 311-1). Les fonds remboursables du public sont définis comme « les fonds qu'une personne recueille d'un tiers, notamment sous forme de dépôts, avec le droit d'en disposer pour son propre compte mais à charge pour elle de les restituer » (C. mon. fin., art. L. 312-2, al. 1er). Cette absorption ne supprime pas totalement l'intérêt de la qualification civiliste du compte bancaire, puisque le régime du dépôt pourrait encore trouver à s'appliquer pour les cas dans lesquels rien n'est prévu par la législation spéciale – ce qui doit être relativisé, au regard du pointillisme de la réglementation bancaire.

2. *Les éléments essentiels*

Le premier élément essentiel du compte bancaire est la *remise de fonds* à l'établissement bancaire ou, pour reprendre le vocabulaire du Code monétaire et financier, la réception de fonds par lui. Il peut s'agir d'une remise au sens du droit civil, donc d'un transfert de détention des fonds par le client : remise matérielle au guichet ou crédit de monnaie scripturale à son initiative, peu important la forme de monnaie employée pour la remise. Plus encore, la remise peut être faite par l'établissement bancaire lui-même : ainsi en cas de crédit accordé au client emprunteur, la somme étant alors inscrite de la même manière que si le client avait lui-même apporté les fonds. Où l'on voit que si la remise est essentielle, sa source est indifférente. 12 ■

Deuxième élément essentiel : cette remise doit être faite en vue de la *restitution* par l'établissement bancaire au client. Façon de dire que le titulaire du compte peut toujours réclamer à la banque qu'elle lui rende la somme remise, que ce soit en procédant à un retrait ou en lui indiquant de restituer la chose à autrui (par un virement ou un chèque, par exemple). Gardons-nous cependant de retenir une conception trop matérielle de cette restitution : ce qui intéresse le client au premier chef est moins la restitution à terme que la qualité actuelle de créancier de la banque. D'une certaine manière, pendant la vie du compte bancaire, tout se passe comme si la faculté de demander la restitution était oubliée par le titulaire du compte : ce que recherche le client, c'est avant tout l'accès aux services bancaires et au système scriptural. 13 ■

Certains auteurs en déduisent que l'argent n'est pas déposé pour être restitué (v. par ex. D. R. Martin, « Que sont les notions devenues ? », *D.* 2014. 164, spéc. p. 166), ce qui a une part de vérité. Pour autant, il faut maintenir la restitution en tant qu'élément du compte, car le client doit toujours pouvoir demander à récupérer ce qui a été remis. D'ailleurs, pour une partie de la doctrine, la restitution se fait immédiatement : la remise de fonds par le client à la banque donne lieu à une inscription au crédit du compte, le solde disponible pouvant alors être utilisé par le client en tant que monnaie scripturale. En clair, la remise serait immédiatement suivie d'une mise à disposition, qui s'apparenterait à une forme de restitution.

Venons-en au troisième élément essentiel, à savoir la faculté pour l'établissement bancaire de *disposer des fonds* qui lui ont été confiés *pour son propre compte*, laquelle découle clairement de la qualification de fonds remboursables du public (C. mon. fin., art. L. 312-2, al. 1er). Cet *abusus* est le nœud du problème de qualification civiliste du compte bancaire, qui a justifié de recourir au dépôt irrégulier ou au prêt de consommation. Contrairement à un dépositaire « classique », l'établissement bancaire a le droit de se servir des sommes qui lui sont remises, ce qui doit être entendu de façon générale : ainsi, en présence d'un compte à affectation spéciale, ce n'est que le droit du titulaire du compte qui est restreint, en ce qu'il ne peut faire 14 ■

qu'une utilisation prédéterminée, l'établissement bancaire conservant quant à lui, dans l'intervalle, la libre disposition des fonds qui lui ont été ainsi remis. Il n'y a donc aucune obligation de garde ou de conservation des fonds pesant sur lui.

15 D'autres éléments sont parfois évoqués, mais qui n'apparaissent pas essentiels à la qualification de compte bancaire. Ainsi, la qualité d'établissement de crédit n'est pas un élément essentiel : celui qui reçoit des fonds à titre habituel commet certes une atteinte au *monopole bancaire*[Q] et peut être sanctionné, mais cela ne remet pas en cause la qualification du contrat. De même, la doctrine discute du caractère essentiel des services de caisse (encaissement et décaissement des espèces, chèques ou opérations réalisées par carte bancaire, etc.), mais on peut y voir des modalités de mise en œuvre de l'obligation de restitution.

§ 2 La diversité des comptes bancaires

16 Derrière l'unité du compte bancaire se dévoilent divers types de comptes, selon le but poursuivi par les parties. On peut ainsi procéder à plusieurs distinctions : on retiendra ici celles fondées sur la disponibilité des fonds (A) et sur le nombre de titulaires (B), qui peuvent évidemment se recouper.

A. Les distinctions selon la disponibilité des fonds

17 Si tout compte bancaire implique une obligation de restitution pesant sur l'établissement bancaire, cette restitution ne peut pas être paralysée, ne serait-ce que pour un temps, en présence de comptes à vue (1), contrairement à ce qu'il en va des comptes à terme (2).

1. *Les comptes à vue*

18 Les *comptes à vue*[Q] peuvent être définis comme les comptes remboursables à première demande des déposants : si l'établissement bancaire a bien le droit de disposer des sommes pour son propre compte, il peut être tenu de les restituer à tout moment. Cette catégorie de compte se subdivise elle-même en de multiples sous-catégories.

19 Le *compte de dépôt*[Q] – on parle aussi couramment de « compte-chèques » ou de « compte espèces » par opposition au « compte titres » enregistrant les instruments financiers – est le plus simple et le plus fréquent. Il s'agit du compte bancaire sur lequel le client peut verser et retirer des sommes d'argent. Son importance pratique a conduit le législateur à consacrer un droit au *compte*[Q] : en cas de refus d'ouverture de compte, il est possible de saisir la Banque de France pour qu'elle désigne un établissement bancaire pour ouvrir un compte affublé des services bancaires de base (délivrance de relevés, encaissement de chèques, réalisation de paiements par virements et prélèvements, octroi d'une carte de paiement dont chaque utilisation est soumise à autorisation, etc. : C. mon. fin., art. L. 312-1 et D. 312-5 s.).

20 Le *compte courant*[Q] est plus rare. Il est apparu dans les relations commerciales afin d'enregistrer l'ensemble des remises réciproques entre le client et son établissement bancaire : alors que les comptes des particuliers ne donnent généralement lieu qu'à

peu de remises de la part de ce dernier, les commerçants peuvent bénéficier d'avances, d'escomptes ou d'autorisations de découvert assez fréquentes. Il y a alors des remises de part et d'autre, ce qui a conduit la pratique à consacrer un compte auquel sont affectées toutes les créances réciproques des parties et opérant règlement instantané de ces créances. En pratique, le compte courant est un mécanisme de règlement simplifié, par fusion des créances réciproques dans le solde, mais aussi un mécanisme de garantie, puisque les créances dans un sens garantissent celles dans l'autre sens, par compensation immédiate. Le compte courant ne peut ainsi fonctionner que s'il existe une affectation générale des créances en compte : toutes les créances actuelles sont garanties par les créances potentielles en sens contraire.

Ce critère de « qualité » du client est toutefois réducteur – même s'il explique que, parfois, la jurisprudence applique au compte courant le régime des actes de commerce tout en le refusant pour les comptes de dépôt. Il est en effet loisible à un commerçant, ou plus largement à tout professionnel, d'ouvrir un compte de dépôt si son activité ne nécessite pas de remises de la part de l'établissement bancaire, tout comme il est envisageable qu'un particulier ouvre un compte-courant s'il a vocation à recevoir des remises fréquentes de la part de son établissement bancaire. En pratique, le compte courant obéit à un besoin lié à un nombre élevé d'opérations réciproques : la jurisprudence estime ainsi que la qualification de compte courant est écartée à défaut de réciprocité des remises (v. par ex. Com. 5 oct. 2004, n° 01-12.435, *Bull. civ.* IV, n° 180). Le critère essentiel tient donc dans la volonté des parties d'ouvrir un compte courant plutôt qu'un compte de dépôt, ce qui est loin de régler toutes les difficultés, tant cette volonté des parties est parfois difficile à déceler.

Au-delà de ce duo compte de dépôt / compte courant, il existe d'autres comptes à 21 ■
vue.

Si cela peut sembler contre-intuitif, de nombreux *livrets* sont des comptes à vue. Le livret A ou le livret de développement durable et solidaire, par exemple, sont des comptes à intérêts, ce qui est une incitation à laisser l'argent sur le compte (les fonds étant transmis par les établissements bancaires à la Caisse des dépôts et consignations pour le financement de missions d'intérêt général), mais il s'agit bien de comptes à vue : leur titulaire peut, à tout moment, retirer les sommes qui y sont versées. On notera que ces comptes sont tout de même différents des comptes de dépôt, puisqu'ils ne donnent en pratique pas lieu à la mise à disposition d'instruments de paiement.

On peut aussi évoquer les *comptes de paiement*[Q], qui sont définis comme des comptes dont la destination exclusive est la réalisation de paiements (C. mon. fin., art. L. 522-4). Proches dans l'esprit des comptes de dépôt, ils s'en distinguent notamment par le fait que les fonds remis par le client ne sont pas utilisables par son prestataire : il s'agit en effet de comptes ouverts auprès non pas d'établissements de crédit mais d'établissements de paiement, ces derniers n'étant pas autorisés à recevoir des fonds remboursables du public. Le seul objet de ces comptes est de réaliser des paiements, les sommes ne devant y rester que pour le temps nécessaire à cette finalité : on songe par exemple aux établissements mettant à disposition des cartes prépayées ou de débit.

2. *Les comptes à terme*

Les *comptes à terme*[Q] peuvent être définis comme les comptes dont les sommes 22 ■
inscrites sont bloquées jusqu'à survenance d'un événement prévu par les parties (une

date ou l'expiration d'une certaine durée, par exemple). De tels comptes présentent l'avantage de la prévisibilité pour l'établissement bancaire, qui sait qu'il ne devra pas restituer les fonds avant une certaine date. Les comptes à terme produisent intérêt. Il peut s'agir d'un taux fixe, et la rémunération est alors la même pour toute la durée du compte ; d'un taux progressif, en ce sens qu'il augmente avec le temps ; ou d'un taux variable, indexé sur un indice de référence.

Parfois, le compte à terme peut conduire à l'émission d'instruments de crédit contre la banque : on songe aux comptes de dépôt avec émission de titres, le client recevant des bons de caisse transmissibles, ou avec émission de certificats de dépôt, qui sont des titres de créance négociables.

B. La distinction selon le nombre de titulaires

■ 23 L'hypothèse la plus simple et la plus fréquente est celle du *compte individuel*[Q], qui peut être défini comme le compte bancaire n'ayant qu'un seul titulaire. Il ne présente, de ce point de vue, pas de difficulté particulière.

On notera simplement qu'en cas de décès, il est possible que la succession soit attribuée en usufruit au profit du conjoint survivant. En pareil cas, le principe veut que l'usufruitier soit seul titulaire du compte, puisque lui seul peut disposer des sommes consomptibles grevées d'usufruit – on parle alors de quasi-usufruit. À son décès, le nu-propriétaire sera considéré comme seul titulaire du compte. Il s'agit bien alors d'une logique de compte individuel, l'usufruitier et le nu-propriétaire n'étant pas cotitulaires mais se succédant dans le temps.

■ 24 À l'opposé, le *compte collectif*[Q] est un compte bancaire ayant plusieurs titulaires. Or la pluralité de titulaires peut donner lieu à des régimes distincts. On en dénombre deux.

D'une part, le *compte joint* est un compte dont les cotitulaires sont créanciers solidaires de l'établissement bancaire (au sens du C. civ., art. 1311 s.). Il se retrouve fréquemment entre époux ou parfois entre associés. Dans les rapports banque-clients, chaque cotitulaire peut faire fonctionner le compte sous sa seule signature. C'est dire que chacun peut émettre des ordres de paiement ou en recevoir, le compte étant saisissable par les créanciers personnels (et chacun peut d'ailleurs, unilatéralement, mettre fin au contrat : Com. 30 janv. 1990, n° 87-19.133, *Bull. civ.* IV, n° 25). Cette solidarité active peut également, si le contrat le prévoit, ce qui est de fait systématique, se doubler d'une solidarité passive. Néanmoins, la convention de compte, comme tout contrat, a un effet relatif : notamment, si l'un des cotitulaires émet un chèque sans provision, le porteur ne pourra agir que contre lui et non contre l'autre cotitulaire.

D'autre part, le *compte indivis* est un compte ouvert entre plusieurs coindivisaires, généralement pour la gestion du bien indivis. Si, jusqu'à la réforme de l'indivision de 2006, un tel compte était soumis au principe d'unanimité, le principe est désormais celui de la majorité (C. civ., art. 815-3), tout indivisaire seul pouvant en outre effectuer les actes conservatoires (C. civ., art. 815-2). Il n'empêche que, par souci de simplification, il demeure fréquent que les cotitulaires se donnent une procuration mutuelle, ou qu'ils en donnent à l'un d'entre eux uniquement. En ce cas, le régime se rapproche de celui du compte joint, mais avec des particularités. L'une est que la solidarité doit être expressément stipulée, ce qui est quasi systématique, sauf en présence d'indivisaires commerçants, la solidarité étant présumée en matière commerciale. L'autre particularité est que le compte n'est saisissable que par les créanciers de l'indivision, les créanciers personnels ne pouvant quant à eux que provoquer le partage.

section 2

Le régime du compte bancaire

L'étude du régime du compte bancaire peut être faite chronologiquement, en distinguant sa naissance, sa vie et sa mort ou, en d'autres termes, son ouverture (§ 1), son fonctionnement (§ 2) et sa clôture (§ 3). 25 ■

§ 1 L'ouverture du compte bancaire

Comme tout contrat, le compte bancaire obéit au principe de liberté contractuelle. Cela se vérifie pour le contenu du contrat, au sujet duquel il est largement renvoyé aux conventions bancaires, ce dont témoigne la grande diversité des comptes précédemment étudiés. Il reste à envisager les particularités tenant à l'identification des parties (A) et au processus de conclusion du contrat (B). 26 ■

A. L'identification des parties

L'identification des parties est *a priori* simple : le compte bancaire est ouvert par le client (1) auprès de son établissement bancaire (2). 27 ■

1. *Le client*

Liberté contractuelle oblige, il existe une *liberté d'ouvrir un compte* : chacun peut le faire et, à cette fin, peut choisir librement son établissement bancaire. Le principe est également le choix quant au contenu du contrat. Cela dit, en pratique il s'agit d'un contrat d'adhésion, dont le contenu est prérédigé par l'établissement bancaire, bien que le contrat fasse l'objet d'un encadrement légal. 28 ■

Il est également loisible à chacun d'être titulaire de plusieurs comptes, auprès d'un ou plusieurs établissements : lorsqu'ils sont ouverts dans une même banque, le principe – sauf stipulation contraire, qui peut prendre la forme d'une convention de fusion ou d'un accord de compensation –, est l'indépendance des comptes. Cela signifie qu'il n'y a pas de compensation : en pratique, si l'un des comptes est déficitaire, il est possible d'appliquer les sanctions contractuellement prévues, alors même que le solde global serait créditeur.

Néanmoins, cette liberté d'ouvrir un compte doit être relativisée. La liberté de ne pas contracter est souvent contredite. La loi impose par exemple aux commerçants d'ouvrir un compte (C. com., art. L. 123-24). Surtout, en pratique, il est quasiment impossible aujourd'hui de se passer de compte bancaire, sur lequel sont obligatoirement versés les salaires s'ils dépassent 1 500 euros par mois (C. trav., art. L. 3241-1), et duquel sont effectués l'immense majorité des paiements, qui ne peuvent pas être en monnaie fiduciaire s'ils excèdent 1 000 euros pour les personnes ayant leur domicile fiscal en France (C. mon. fin., art. L. 112-6 et D. 112-3).

■ 29 Cette fréquence des paiements en monnaie scripturale justifie l'existence d'un *droit au compte*, qui a été consacré par la loi du 24 janvier 1984 et figure désormais à l'article L. 312-1 du Code monétaire et financier. Toute personne physique ou morale domiciliée en France, toute personne physique n'agissant pas pour des besoins professionnels et résidant légalement sur le territoire de l'Union européenne et toute personne physique de nationalité française résidant hors de France peut se prévaloir de ce droit, qui lui permet de forcer l'ouverture d'un compte auprès de l'établissement bancaire de son choix. Le refus de la banque doit être motivé et ouvre la possibilité au demandeur de saisir la Banque de France, laquelle désignera un établissement bancaire qui sera tenu d'ouvrir ce compte. Le compte en question suppose les services bancaires de base, énumérés à l'art. D. 312-5 du Code monétaire et financier : ouverture, tenue et clôture de compte, délivrance d'un relevé d'identité bancaire (RIB), domiciliation de virements, fourniture mensuelle d'un relevé d'opérations, encaissement de chèques et virements, carte de paiement permettant les paiements sur internet et le retrait d'espèces dans l'Union européenne, etc. Seules certaines causes exceptionnelles peuvent justifier la clôture de ce compte, telles que son utilisation pour des opérations illégales (v. par ex. Com. 30 juin 2021, n° 19-14.313, *D.* 2021. 1657, note J. Lasserre Capdeville).

■ 30 Pour pouvoir ouvrir un compte bancaire, il faut en avoir la *capacité*.

Concernant les *majeurs*, la capacité est de principe. Par exception, ils peuvent être placés sous un régime de protection, qui conduit à une échelle d'encadrement des actes. Le droit commun des actes protégés interdit à la personne chargée de la mesure de protection de procéder à l'ouverture d'un nouveau compte ou livret (C. civ., art. 427). Le majeur peut d'abord être placé sous *sauvegarde de justice*. Le juge peut alors désigner un mandataire pour effectuer certains actes, parmi lesquels l'ouverture ou l'administration d'un compte bancaire (C. civ., art. 437 ; pour un ex. de responsabilité pour mauvaise gestion, v. Civ. 1re, 16 avr. 2008, n° 06-16.662, *RTD civ.* 2008. 452, obs. J. Hauser ; il faut en outre réserver la possibilité d'une action en nullité ou en réduction d'un acte inutile ou excessif : C. civ., art. 435). Ensuite, le majeur peut être placé sous *curatelle*. Auquel cas, il y a incapacité partielle (le majeur doit notamment obtenir le contreseing par le curateur des actes de disposition : C. civ., art. 467), qui n'empêche pas d'ouvrir et de faire fonctionner un compte. Cela étant, le juge pourrait annuler les opérations qui sont préjudiciables au majeur (C. civ., art. 465), notamment les opérations de crédit. Le majeur peut enfin être placé sous *tutelle*. L'incapacité est alors générale (le jugement de mise sous tutelle est opposable aux tiers, dont l'établissement bancaire, dans les deux mois de sa mention en marge de l'acte de naissance : C. civ., art. 444). Par exception, le juge peut énumérer les actes que la personne protégée peut effectuer seule ou avec assistance – donc, sans représentation – (art. 473 du C. civ.), ce qui peut concerner l'ouverture et l'administration d'un compte.

Concernant les *mineurs*, le principe est l'incapacité. Le mineur doit, « dans tous les actes de la vie civile » être représenté par son administrateur légal, sauf les exceptions légales et tenant à l'usage (C. civ., art. 388-1-1). Au demeurant, les actes courants accomplis par le mineur peuvent être annulés pour lésion, et le simple fait pour le mineur d'avoir déclaré être majeur ne fait pas obstacle à l'annulation (C. civ., art. 1149). L'ouverture d'un compte relève-t-elle du principe (d'incapacité) ou de l'exception (d'autorisation) ? La réponse est tout sauf évidente. Dans le sens du principe, on peut invoquer que l'ouverture d'un compte n'est sans doute pas un acte de la vie courante – contrairement à l'*utilisation* du compte. Dans le sens de l'exception, le décret du 22 décembre 2008 rattache l'ouverture d'un premier compte ou livret aux actes d'administration et non aux actes de disposition, contrairement à ce qu'il prévoit par exemple pour l'ouverture de comptes ou livrets supplémentaires. Une partie de la doctrine convoque également l'article 1149 du Code civil, qui ne prévoit la nullité de l'acte courant fait par le mineur qu'en cas de lésion, ce que ne serait jamais l'ouverture d'un compte de dépôt (G. Raoul-Cormeil et J. Lasserre Capdeville, « L'ouverture d'un compte bancaire pour un majeur protégé », *RDBF* mai 2013, n° 3, p. 24). Ce à quoi l'on peut cependant objecter qu'un tel compte peut générer des frais bancaires, ce qui n'est donc pas totalement exclusif d'une lésion. La jurisprudence est rare sur la question, mais la Cour de cassation a pu retenir une solution protectrice du mineur à propos de l'ouverture d'un compte avec remise d'instruments de paiement, à savoir chéquier et carte bancaire (Civ. 1re, 12 nov. 1998, n° 97-13.248). Cet arrêt appelle une interprétation prudente : ne sont-ce pas les instruments de paiement, plus que le compte lui-même, qui présentent une dangerosité pour le patrimoine du mineur ? Tout ce qui précède explique que, en pratique, les banques ne prennent pas de risque et exigent l'autorisation systématique du représentant légal, même pour la simple ouverture de compte.

À la question de la capacité peut également s'ajouter, parfois, celle du *pouvoir*, que 31
l'on peut définir comme l'aptitude à agir sur le patrimoine d'autrui.

Pour les *personnes physiques*, le plus délicat tient à l'application du droit des régimes matrimoniaux. En vertu du régime primaire impératif (C. civ., art. 221, al. 1er), chaque époux est libre d'ouvrir un compte personnel « sans le consentement de l'autre » : c'est l'autonomie bancaire, consacrée (pour les femmes mariées) par la loi du 13 juillet 1965. Dès lors, l'établissement bancaire n'a pas à s'informer du régime matrimonial de la personne qui ouvre le compte – ni de l'origine de fonds (C. civ., art. 221, al. 2). Il s'agit bien d'une règle de pouvoir, mais tournée vers les tiers : elle ne paralyse pas l'application des règles de régimes matrimoniaux entre époux et notamment, en régime de communauté, la présomption de communauté des biens détenus par l'un ou l'autre époux (C. civ., art. 1402).

Pour les *personnes morales*, le compte doit être ouvert par leur représentant légal. Quant aux sociétés, il s'agira du gérant en cas de société à responsabilité limitée, de société en nom collectif ou de commandite, ou du directeur général ou président du conseil en présence d'une société anonyme. Il faut alors appliquer les règles de droit des sociétés, et notamment l'inopposabilité aux tiers des clauses statutaires limitant les pouvoirs du dirigeant. Les associés peuvent également, sous leur responsabilité, ouvrir un compte au nom d'une société en formation (il faut alors appliquer les règles habituelles découlant de C. com., art. L. 210-6). Quant aux associations, l'établissement bancaire doit solliciter les statuts, de manière à connaître les personnes habilitées à les représenter. À tout ceci, il faut ajouter qu'en cas de procédure de sauvegarde ou de redressement judiciaire, le compte, quoique conclu *intuitu personae*, est évidemment concerné par la règle de continuation des contrats en cours (C. com., art. L. 622-13), l'établissement bancaire devant, si le compte est débiteur, déclarer sa créance à la procédure.

En toute hypothèse, il est loisible au titulaire du compte de nommer un *mandataire* pour le faire ouvrir : en ce cas, il faut appliquer le droit du mandat et considérer que le mandant est seul cocontractant, le mandataire ayant agi au nom et pour le compte de celui-ci.

2. *L'établissement bancaire*

32 La réception des fonds en banque fait l'objet d'un *monopole* (on se concentrera ici d'une simple évocation du monopole quant aux opérations de dépôt, sans envisager celui, qui lui est évidemment lié, quant aux opérations de crédit).

Les *raisons* de ce monopole sont diverses. D'un point de vue historique, le monopole ne date que de la loi des 13-17 juin 1941, dont la vocation était notamment de réagir à la crise de 1929 : avec l'internationalisation du système bancaire et financier, le risque de faillite bancaire est devenu systémique, justifiant un fort encadrement de cette activité. Il est évident que le déposant doit pouvoir faire confiance au dépositaire, d'autant qu'il est facile de dissiper des sommes d'argent – *a fortiori* dès lors que l'on considère que le dépôt de choses fongibles est translatif de propriété. Une telle confiance est d'autant plus nécessaire lorsque le dépositaire est rémunéré pour sa mission de conservation.

C'est la raison pour laquelle il existe un fort *encadrement* du secteur bancaire, par l'édiction de normes prudentielles visant à le préserver du risque systémique de défaillance. Ainsi, le règlement (UE) n° 575/2013 dit « CRR » et la directive (UE) 2013/36 dite CRD du 26 juin 2013, régulièrement modifiés, posent de nombreuses exigences (par ex. de fonds propres, de liquidité ou de limitation de l'effet de levier), de manière à assurer l'application uniforme, sur le territoire européen, des règles édictées par le Comité de Bâle (dont les règles dites Bâle III, largement transcrites par ces textes).

On notera néanmoins que la qualité d'établissement de crédit n'est pas un élément nécessaire du contrat de dépôt bancaire. Il en résulte que l'atteinte au monopole bancaire n'entraîne pas *ipso facto* la nullité du contrat (v. pour les contrats de crédit, Cass., ass. plén., 4 mars 2005, n° 03-11.725 ; Com. 15 juin 2022, n° 20-22.160).

33 Ce monopole bénéficie aux *établissements de crédit*. En effet, l'article L. 511-5, alinéa 2 du Code monétaire et financier « interdit à toute personne autre qu'un établissement de crédit de recevoir à titre habituel des fonds remboursables du public ou de fournir des services bancaires de paiement ». Or les fonds remboursables du public sont définis par l'article L. 312-2, alinéa 1er du même code comme ceux « qu'une personne recueille d'un tiers, notamment sous forme de dépôts, avec le droit d'en disposer pour son propre compte mais à charge pour elle de les restituer ». La particularité de la notion de fonds reçus remboursables du public tient précisément à cette libre disposition : la banque a le droit de se servir des sommes remises dans son *propre* intérêt en consentant des crédits, en effectuant des placements sur les marchés financiers, etc. C'est grâce aux sommes remises par les déposants que la banque peut fournir des crédits à ses clients (et donc percevoir plus de rémunérations). La banque dispose des fonds pour les besoins de son activité.

Quid des *établissements de paiement* ? Ils ne sont pas autorisés à recevoir à titre habituel des fonds remboursables du public. C'est pourquoi l'article L. 522-4, II du

Code monétaire et financier précise que les fonds collectés à ce titre « ne constituent pas des fonds remboursables du public » et que l'établissement de paiement « ne peut disposer de ces fonds pour son propre compte ».

Il en va de même des *établissements de monnaie électronique* : les fonds représentatifs de monnaie électronique qu'ils collectent « ne constituent pas des fonds remboursables du public » et l'établissement ne peut donc, lui non plus, en disposer pour son propre compte (C. mon. fin., art. L. 526-5).

B. Le processus de conclusion du contrat

Lors de la conclusion du contrat, l'établissement bancaire est astreint à un *devoir de vigilance*, qui se traduit par la possibilité d'exiger du client potentiel certains documents et par la nécessité de procéder à certains contrôles. Il doit notamment s'assurer de la véracité de divers éléments : identité du client (en exigeant la production d'une pièce d'identité, ce qui suppose d'investiguer lorsque la pièce produite est suspecte : v. par ex. Com. 23 juin 2004, n° 02-17.789), domicile, capacité et pouvoir... Une exigence spécifique de vigilance est prévue par la législation relative à la lutte contre le blanchiment d'argent. En revanche, l'établissement bancaire n'est aucunement astreint à une quelconque vérification de la solvabilité ou de l'honorabilité de son client. 34 ■

L'établissement bancaire est également tenu de diverses *obligations d'information* lors de l'ouverture d'un compte. Il doit notamment communiquer au client potentiel les conditions d'utilisation, les différents services offerts et leur prix, les obligations réciproques générées par le contrat, la durée du compte, les modalités d'ouverture, etc. Cela passe par la fourniture précontractuelle du projet de convention de dépôt (C. mon. fin., art. L. 312-1-1, II, al. 3). Plus généralement, l'article L. 312-1-1, I du Code monétaire et financier fait peser sur les établissements de crédit une obligation permanente de mise à disposition sur un support durable de leurs conditions générales et tarifaires. L'établissement doit déclarer l'ouverture de compte à l'administration fiscale. 35 ■

Quant à la *convention de compte*, elle doit être écrite – là encore, sur un support durable – et mentionner notamment les conditions générales et tarifaires d'ouverture, de fonctionnement et de clôture, l'acceptation du titulaire du compte supposant sa signature (C. mon. fin., art. L. 312-1-1, II). Il ne semble pas pour autant que la volonté du législateur ait été de faire de la convention de compte un contrat solennel. Sans doute faut-il y voir une exigence *ad probationnem*, permettant au client de prouver l'existence d'une convention de compte par tous moyens, en application de la liberté de la preuve pour les actes de commerce et les actes mixtes, l'écrit étant surtout une contrainte pesant sur l'établissement bancaire. Une partie de la doctrine voit dans cette convention un contrat-cadre de services bancaires, dont l'objet est de fixer les conditions générales des relations entre l'établissement de crédit et le client (v. not. F. Grua, *Les contrats de base de la pratique bancaire*, Litec Affaires Finances, 2000, n° 63 s.). On peut néanmoins se montrer réservé au sujet de cette qualification, dès lors que cette convention de compte ne suppose pas nécessairement de contrats d'application pour le bon fonctionnement de la relation. Quoi qu'il en soit, c'est cette convention qui va prévoir le fonctionnement du compte bancaire.

§ 2 Le fonctionnement du compte bancaire

36 En tant que contrat, la convention de compte bancaire fait peser sur les parties diverses obligations (A). En outre, le compte ainsi constitué va être le support de diverses opérations (B).

A. Les obligations

37 Il convient d'envisager, de manière classique, les obligations réciproques pesant sur l'établissement bancaire (1) et sur le client (2).

1. *De l'établissement bancaire*

38 Pour commencer, identifions les *obligations fondamentales* pesant sur l'établissement bancaire, dont l'irrespect est sanctionné par sa responsabilité.

Pour rappel, *aucune obligation de conservation* ne pèse sur lui (raison pour laquelle la qualification de dépôt doit être exclue), puisque le critère des fonds remboursables du public est la liberté de disposer pour son propre compte. Dès lors, si l'établissement bancaire ne peut restituer les fonds, il ne saurait être condamné pour abus de confiance, puisque la remise n'est pas faite à titre précaire (en revanche, le détournement postérieur à la clôture du compte peut être sanctionné sur ce fondement : v. Crim. 20 juill. 2011, n° 10-81.726).

En revanche, l'établissement bancaire est tenu d'une *obligation de restitution* par équivalent, qui doit être exécutée sur demande du client. Cette restitution peut être faite entre ses mains (c'est le cas du retrait) ou au profit d'un tiers (notamment en cas de paiement en monnaie scripturale, par carte bancaire, chèque, virement ou prélèvement). En revanche, l'établissement bancaire engage sa responsabilité s'il restitue les fonds à un tiers. Ainsi, lorsque le client est marié, il est seul réputé avoir la libre disposition des fonds déposés (C. civ., art. 221, al. 2) et l'établissement bancaire ne saurait se prévaloir de la règle de représentation mutuelle des époux pour restituer les fonds au conjoint (Civ. 1re, 29 juin 2011, n° 10-11.683), sauf à démontrer, par tous moyens, l'existence d'un mandat donné par le déposant à son conjoint (Civ. 1re, 3 juin 2015, n° 14-19.825).

Il est des exceptions à cette restitution *ad nutum* : ainsi, en présence d'un compte à affectation spéciale, le déblocage est subordonné à la réalisation d'un projet déterminé, par exemple le financement d'une opération immobilière, ce qui paralyse la demande de restitution anticipée qui serait formulée par le titulaire. L'intérêt de ce type de compte est de protéger le propriétaire effectif des fonds contre le titulaire facial du compte : si ce dernier tombe en procédure collective, le premier pourra revendiquer les sommes (v. par ex. Com. 14 mai 1991, n° 89-14.287).

39 Passons maintenant à la *tenue du compte*, qui doit être assurée par l'établissement bancaire. Cette mission le conduit avant tout à enregistrer les diverses opérations qui sont passées sur le compte. Mais elle fait aussi peser sur lui des obligations secondaires, notamment une obligation contractuelle d'information. Outre la communication permanente des conditions générales du compte mentionnée plus haut, l'établissement de crédit doit adresser un relevé chiffré indiquant les date et montant de chaque opération, au minimum une fois par mois (C. mon. fin., art. L. 312-1-1, II).

Le contrat stipule généralement qu'au bout d'un mois, le client est présumé avoir approuvé le relevé, mais l'article L. 133-24 du Code monétaire et financier prévoit, depuis 2009, la possibilité de contester les opérations pendant treize mois (v. ss 153).

Cette tenue de compte ne doit pas permettre qu'il soit le support d'*activités frauduleuses*, raison pour laquelle pèsent sur l'établissement bancaire de nombreux devoirs relevant d'un impératif général de vigilance, notamment en matière de lutte contre le blanchiment de capitaux et le terrorisme (C. mon. fin., art. L. 561-5 s.). La jurisprudence décide néanmoins que la victime d'agissements frauduleux ne peut se prévaloir de l'inobservation de ces obligations pour réclamer des dommages-intérêts à la banque (Com. 21 sept. 2022, n° 21-12.335, *D.* 2023. 147, note N. Kilgus et T. de Ravel d'Esclapon).

2. *Du client*

Une obligation essentielle pèse sur le client : *rémunérer* l'établissement de crédit. Cette rémunération est perçue directement par l'établissement bancaire sur le compte. 40 ■

Il peut s'agir d'un *intérêt*, lequel est prévu en cas de découvert autorisé, qui est un crédit, puisqu'en ce cas la banque prête le montant débiteur, à charge pour le client de le rembourser. Cet intérêt doit néanmoins être expressément convenu (C. civ., art. 1905) et être fixé – donc déterminé ou déterminable – par écrit (C. civ., art. 1907).

Elle peut aussi correspondre à une *commission*, ce qui vise les « frais bancaires » pour les divers services offerts, notamment ceux liés aux services de paiement. Le montant de ces commissions est largement encadré, de manière à assurer l'inclusion bancaire.

B. Les opérations

L'intérêt même du compte bancaire est d'enregistrer des opérations, lesquelles présentent une grande *diversité* : dépôts (le plus souvent sous forme dématérialisée), ordres de paiement (par chèque, virement, prélèvement, carte bancaire, etc.), escomptes d'effets de commerce, etc. Ces services de paiement, qui seront détaillés dans le premier titre de l'ouvrage, sont négociés par les parties, dans la limite minimale du droit au compte bénéficiant à chacun. Ils permettent les mouvements de fonds sur le compte. 41 ■

Le résultat de ces diverses opérations correspond au *solde provisoire* du compte, qui fait sa spécificité : l'entrée en compte d'une créance entraîne un *effet de règlement* par *fusion instantanée en un solde disponible*. Autrement dit, dès lors que la créance entre en compte, elle perd son individualité, seul le solde provisoire importe. C'est ainsi que les créances réciproques qui sont inscrites en compte vont se compenser entre elles. L'objectif est de simplifier les relations entre la banque et le client, en « récapitulant » leurs créances réciproques à hauteur du solde, positif ou négatif, de leur mise en commun. 42 ■

Ce solde est essentiel en raison de sa disponibilité pour le client : il servira de réservoir pour les opérations futures. Dès lors, il s'agit d'une richesse, qui peut être saisie par ses créanciers, par l'intermédiaire d'une saisie-attribution de compte bancaire (CPCE, art. L. 162-1 s.), qui entraîne transfert immédiat de la propriété du solde au saisissant, dans la limite de ce qui lui est dû. Il est également possible, si le

1

Compléments pédagogiques

Mémo

Le compte est le support fondamental des instruments de paiement et de crédit.

Il peut être défini comme le contrat par lequel le client dépose une somme d'argent à un établissement bancaire, en vue de réaliser diverses opérations financières. Pour ce faire, la banque offre plusieurs services (réception de fonds, mise à disposition d'instruments de paiement, etc.). Le compte est gage de simplicité quant à la comptabilité, et de traçabilité des diverses opérations qui y sont passées.

Malgré son importance pratique, le contrat de compte bancaire n'est pas aisé à qualifier. Historiquement rattaché au dépôt (grâce à la figure du dépôt dit irrégulier), il lui manque l'obligation de conservation. S'il pourrait être rattaché au prêt de consommation fait par le client à son établissement bancaire, il n'en demeure pas moins que la qualification paraît contre-intuitive. C'est pourquoi une partie de la doctrine a privilégié une qualification *sui generis*, qui paraît avoir convaincu le législateur : depuis 1984, le dépôt bancaire est absorbé dans la notion de fonds remboursables du public. Les éléments essentiels de ce contrat sont ainsi la remise de fonds à l'établissement bancaire, le droit de ce dernier d'en disposer pour son propre compte, et la finalité de restitution.

Il y a une grande diversité de comptes bancaires. Sur certains comptes, les fonds sont disponibles, ce sont les comptes à vue, dont le solde est remboursable à première demande : compte de dépôt, sur lequel on peut verser et retirer de l'argent ; compte courant, qui est un mécanisme de règlement simplifié des créances réciproques ; livrets, qui produisent des intérêts ; ou encore comptes de paiement, qui ont pour seule finalité de permettre la réalisation d'opération de paiements. Sur d'autres comptes, les fonds sont indisponibles, ce sont les comptes à terme, qui produisent intérêt (à taux fixe ou variable, selon les cas). Il est également possible de varier le nombre de titulaires d'un compte : à côté du compte individuel existent divers comptes collectifs, qu'il s'agisse d'un compte joint dont les cotitulaires sont solidaires, ou encore d'un compte indivis, soumis au régime de l'indivision.

Quant à l'ouverture du compte, le principe est celui de la liberté du client, qui se double d'un droit au compte, opposable aux établissements de crédit. Il est néanmoins nécessaire que le client ait la capacité et le pouvoir de conclure ce contrat. L'établissement bancaire est nécessairement un établissement de crédit, en application des règles du monopole bancaire. La conclusion du contrat suppose un écrit signé par le client, l'établissement bancaire étant assujetti à diverses obligations précontractuelle (de vigilance et d'information notamment).

Le fonctionnement du compte implique diverses obligations pesant sur l'établissement bancaire : s'il n'est tenu d'aucune obligation de conservation, il doit restituer les fonds sur demande du client, mais aussi assurer la tenue du compte. En contrepartie, il peut recevoir une rémunération, qui correspondra soit à un intérêt (en cas de découvert autorisé) soit à une commission (les frais bancaires). Le compte est le support de nombreuses opérations (dépôts, ordres de paiement, etc.), dont le résultat correspond au solde provisoire, qui est une richesse disponible pour le titulaire du compte, et saisissable par ses créanciers.

La clôture du compte peut découler d'une résiliation, mais aussi du décès ou de la dissolution, voire de l'incapacité du titulaire du compte (en revanche, le compte est continué en cas de procédure collective). La clôture entraîne une cessation des relations bancaires pour l'avenir, et suppose la liquidation et l'apurement du solde définitif.

Quid

■ Compte (droit au) n° 19

Droit, pour toute personne physique ou morale n'agissant pas pour ses besoins professionnels, d'obtenir l'ouverture d'un compte bancaire auprès de l'établissement de son choix, avec les services bancaires de base (ouverture, tenue et clôture de compte, délivrance de RIB, domiciliation des virements, etc.).

■ Compte à terme n° 22

Compte bancaire dont le solde est bloqué jusqu'à survenance d'un événement prévu par les parties.

■ Compte à vue n° 18

Compte bancaire dont le solde est remboursable à première demande du déposant.

■ Compte bancaire (ou convention de compte bancaire) n° 5

Contrat par lequel une personne physique ou morale (le client) dépose une somme d'argent auprès d'un établissement de crédit, afin de pouvoir réaliser diverses opérations financières.

■ Compte collectif n° 24

Compte bancaire ayant plusieurs titulaires (par exemple, le compte joint, dont les cotitulaires sont créanciers solidaires de l'établissement bancaire, ou le compte indivis, soumis au régime de l'indivision).

■ Compte courant n° 20

Compte représentant les relations commerciales entre deux personnes, permettant le règlement simplifié, par fusion dans le solde, des créances réciproques, et jouant le rôle d'une garantie de ces créances réciproques.

■ Compte de dépôt (ou compte-chèques ou compte-espèces) n° 19

Compte bancaire sur lequel le client peut verser et retirer des sommes d'argent (par le biais, s'ils sont fournis au titre des services bancaires, des instruments de paiement).

■ Compte de paiement n° 21

Compte bancaire dont la destination exclusive est la réalisation de paiements (ce qui exclut la qualification de fonds remboursables du public).

■ Compte individuel n° 23

Compte bancaire à titulaire unique.

■ Dépôt n° 9

Contrat par lequel le dépositaire reçoit la chose d'autrui, le déposant, à charge de la conserver et de la restituer.

■ Fonds remboursables du public n° 11

Fonds (sommes d'argent) qu'une personne recueille d'un tiers, avec le droit d'en disposer pour son propre compte mais à charge de les restituer.

■ Monopole bancaire n° 15

Interdiction faite à toute personne autre que les établissements de crédit (et autres entités habilitées) d'effectuer, de manière habituelle, des opérations de banque.

■ Prêt de consommation n° 10

Contrat par lequel le prêteur remet à l'emprunteur, qui peut s'en servir, des choses consomptibles, à charge de rendre autant de choses des mêmes espèce et qualité.

■ Solde du compte bancaire n° 5

Somme représentant la différence entre le débit et le crédit des opérations inscrites en compte. Le solde est provisoire pendant la vie du compte et définitif à sa clôture. Le solde peut être créditeur si le titulaire est globalement créancier de la banque, ou débiteur s'il est globalement débiteur de celle-ci.

Documents

Sujet de l'épreuve de droit des affaires de l'année 2018 lors de l'examen d'entrée au centre régional de formation professionnelle des avocats – CRFPA – (extraits)

[…] Le gérant indique que la SARL ALAIN dispose de conditions générales indiquant à ses clients et partenaires qu'ils approuvent ce cadre contractuel. […] Ces [conditions générales] prévoient que les créanciers réguliers travailleront en compte courant avec elle ; une « clause de compte courant » de quelques lignes y explique ce qu'est un tel compte qui sera tenu par la SARL ALAIN.

Le gérant de la SARL ALAIN fournit trois pages des dernières écritures informatiques passées avec la SAS BÉTON : suite à une dernière opération, le compte affichait un crédit de 1 000 € pour la SARL ALAIN au 30 mai 2018. Les trois approvisionnements de juin n'ont pas été inscrits pour la somme totale qu'ils représentent de 18 000 €. Sur un an, ces trois pages d'écritures informatiques relatent 15 écritures (en débit ou crédit). Monsieur Alain, gérant de la SARL ALAIN, dont la trésorerie est en difficulté, souhaite échapper aux demandes de la banque et différer le paiement de ce qu'il doit à son fournisseur. Il vous consulte sur les moyens qu'il peut opposer à la banque EMMA et à la SAS BÉTON […].

Sujet de l'épreuve de droit des affaires de l'année 2019 lors de l'examen d'entrée au centre régional de formation professionnelle des avocats – CRFPA – (extrait)

[…] M. Rose découvre que M. Branche, ès qualités de président de la SAS Fleurs, a signé un chèque de 60 000 € pour des travaux à intervenir. Le compte courant de la SAS Fleurs étant alors débiteur à hauteur de 10 000 € et son découvert autorisé (accompagné d'une ouverture de crédit) s'élevant à 30 000 €, sa banque a rejeté le chèque. Elle avait pourtant, à deux reprises, accepté récemment de porter ponctuellement le découvert jusqu'à 50 000 €. Inquiète, la banque a en outre décidé de réduire immédiatement à zéro le découvert autorisé.

M. Rose vous interroge sur les recours de la SAS Fleurs contre sa banque […].

Civ. 1re, 7 févr. 1984, n° 82-16.655 (extrait)

[…] c'est lors de leur remise à la [banque] que les fonds sont présumés appartenir au déposant, ce qui a pour effet de dispenser la caisse d'exiger de ses clients des justifications quant à la propriété et à l'origine de ces fonds, mais [cela] ne déroge pas à la règle que, dès l'instant de leur remise, ces espèces, étant des choses de genre, deviennent propriété de la [banque] à l'égard de laquelle le client ne dispose plus que d'un droit de créance […].

CJCE 5 oct. 2004, *CaixaBank France c/ Ministère de l'Économie, des Finances et de l'Industrie*, aff. C-442/02 (extrait)

[… / Le droit européen] s'oppose à la réglementation d'un État membre qui interdit à un établissement de crédit […] de rémunérer les comptes à vue libellés en euros […].

Com. 30 janv. 1990, n° 87-19.133 (extrait) (*Bull. civ.* IV, n° 25)

[…] [É]tant toujours révocable un compte joint perd ce caractère par la seule manifestation de volonté de l'un de ses titulaires […].

Civ. 1re, 12 nov. 1998, n° 97-13.248 (extrait)

[…] Attendu qu'en statuant ainsi, sans caractériser à son encontre des manœuvres dolosives, ni rechercher si l'ouverture d'un compte bancaire avec remise de carnets de chèques ou d'une « carte bleue » sans autorisation de son représentant était un acte de la vie courante, ni constater que ce qui avait été payé avait tourné à son profit, la cour d'appel n'a pas donné de base légale à sa décision […].

⇨ *La cour d'appel avait condamné le client, mineur lors de l'ouverture du compte, à indemniser la banque en raison du solde débiteur. Cassation.*

Civ. 1re, 29 juin 2011, n° 10-11.683 (extrait)

[…] [L]es règles relatives à la représentation mutuelle des époux dans leurs rapports avec les tiers sont sans application à l'égard du banquier dépositaire, lequel est tenu, en sa qualité de professionnel, de ne restituer les fonds déposés qu'à celui au nom duquel le dépôt a été fait ou à celui qui a été indiqué pour les recevoir […].

Civ. 1re, 3 juin 2015, n° 14-19.825 (extrait)

[…] [L]e banquier dépositaire, qui se borne à exécuter les ordres de paiement que lui transmet le mandataire du déposant, peut rapporter la preuve par tous moyens du contrat de mandat auquel il n'est pas partie […].

Crim. 20 juill. 2011, n° 10-81.726 (extrait)

[…] [L]'appropriation indue par la banque du solde créditeur d'un compte clôturé caractérise le délit d'abus de confiance, peu important que durant le fonctionnement du compte, l'établissement ait eu la libre disposition des fonds […].

Biblio

- R. Bonhomme, *Rép. civ. Dalloz, V°* « Dépôt et compte en banque », oct. 2017.
- T. Bonneau, « La notion de compte bancaire », *Banque et Droit* nov. 2016, p. 8.
- J.-P. Centi, « Le contrat de dépôt bancaire », in *Mélanges Christian Mouly*, t. II, Litec, 1998, p. 305.
- F. Grua, « Le dépôt de monnaie en banque », *D.* 1998, Chron. 259.
- F. Grua, « Qu'est-ce qu'un compte en banque ? », *D.* 1999, Chron. 255.
- C. Hugon, « Le droit au compte », in *Mélanges Michel Cabrillac*, 1999, Litec-Dalloz, p. 483.
- J. Lasserre Capdeville, « Le dépôt bancaire, un dépôt "à part" », *AJ contrat* 2016. 515.
- J. Stoufflet, « Le monopole des banques quant à la réception de fonds en dépôt », in *Études Henry Cabrillac*, Librairies techniques, 1968, p. 437.

Quiz

1) Sujets corrigés

A) Test de connaissances

1. Peuvent donner lieu à l'ouverture de comptes collectifs :
   a. l'indivision ;
   b. l'usufruit ;
   c. la solidarité active.

2. Le droit de disposer des fonds reçus est caractéristique :
   a. du dépôt régulier de choses fongibles ;

b. du dépôt irrégulier de choses fongibles ;

c. de la réception de fonds remboursables du public.

3. Lorsque le titulaire est marié sous le régime de la communauté :

a. il doit obligatoirement ouvrir un compte joint ;

b. il peut ouvrir un compte personnel sans le consentement de l'autre ;

c. il doit justifier de l'origine des fonds qu'il dépose en compte.

4. La convention de compte :

a. doit être signée par le titulaire à peine de nullité ;

b. doit préciser les tarifs bancaires ;

c. doit être communiquée avant signature par la banque.

5. Au regard du droit positif, le compte bancaire doit plutôt être rattaché à la catégorie suivante :

a. le dépôt ;

b. le prêt ;

c. une qualification *sui generis*.

6. Un compte ouvert sur le fondement du droit au compte suppose :

a. la délivrance d'un relevé d'identité bancaire ;

b. une autorisation de découvert de 500 euros ;

c. la fourniture d'un chéquier.

7. Les fonds remboursables du public peuvent être reçus :

a. par un établissement de crédit ;

b. par un établissement de paiement ;

c. par un établissement de monnaie électronique.

8. Sont des comptes à vue :

a. le compte courant ;

b. le livret A ;

c. le livret de développement durable et solidaire.

9. Le compte bancaire cesse :

a. par le décès du titulaire ;

b. en cas de redressement judiciaire du titulaire ;

c. en cas de résiliation unilatérale du contrat à durée déterminée.

10. Le compte courant :

a. est fréquent dans les relations privées ;

b. suppose des remises réciproques ;

c. est un mécanisme de règlement simplifié des créances.

11. Le solde provisoire est :
    a. disponible ;
    b. saisissable ;
    c. une créance.
12. En cas de mariage, un époux marié peut retirer les fonds inscrits :
    a. sur le compte joint ;
    b. sur le compte de son époux, même sans mandat ;
    c. sur le compte de son époux, avec mandat.
13. La rémunération des comptes à vue est :
    a. autorisée ;
    b. obligatoire ;
    c. interdite.
14. Lors de l'ouverture du compte, la banque doit vérifier :
    a. la profession du titulaire ;
    b. le statut marital du titulaire ;
    c. l'identité du titulaire.
15. En présence d'une mesure de protection des majeurs :
    a. le représentant peut librement clôturer le compte ;
    b. le représentant peut librement ouvrir un nouveau compte ;
    c. le représentant peut demander le maintien du compte.
16. Un intérêt :
    a. peut être prévu au bénéfice du client ;
    b. doit être stipulé par écrit ;
    c. peut rémunérer les services de paiement.
17. Le compte d'une société peut être ouvert :
    a. par le dirigeant ;
    b. par un associé ;
    c. par un associé fondateur pendant la période de formation.
18. L'ouverture d'un compte bancaire est obligatoire :
    a. pour tous les commerçants ;
    b. pour tous les professionnels ;
    c. pour tous les citoyens.
19. L'établissement bancaire est tenu :
    a. d'une obligation de restitution ;
    b. d'une obligation de vigilance ;
    c. d'une obligation de conservation.

20. En présence d'un mineur :

a. le représentant légal peut le représenter pour ouvrir un compte ;

b. la banque peut exiger la présence d'un représentant légal ;

c. le mineur peut utiliser seul le compte.

Voir le corrigé en fin de rubrique.

B) Cas pratiques

Énoncé n° 1

Paul, qui vient d'avoir 18 ans, a toujours été assez indépendant. Faisant plus vieux que son âge, il a réussi, il y a deux ans, à se faire ouvrir un compte auprès de la banque « Mutuelle Dalloz », avec octroi de formules de chèque et d'une carte bancaire, avec autorisation de découvert. Depuis trois mois, il a multiplié les dépenses somptuaires et vient aujourd'hui d'être assigné par la banque, en raison d'un découvert de près de 25 000 euros. *Qu'en pensez-vous ?*

Voir le corrigé en fin de rubrique.

Énoncé n° 2

Stéphanie a un passé criminel qui l'a conduite à être condamnée à plusieurs reprises, notamment pour blanchiment d'argent. Depuis cinq ans, elle a décidé de se remettre dans le droit chemin et, pour ce faire, elle a décidé de vivre dans la légalité. Malgré de nombreuses difficultés, elle a réussi à obtenir l'ouverture d'un compte en banque, après intervention de la banque de France, auprès de la « Mutuelle Dalloz ». Stéphanie a, il y a trois mois, remis à l'encaissement un chèque de 12 millions d'euros, signé d'un ami d'ami d'ami, qui est un riche homme d'affaires étranger, frappé par des sanctions internationales. La banque souhaite fermer le compte de Stéphanie. *Qu'en pensez-vous ?*

Voir le corrigé en fin de rubrique.

Énoncé n° 3

Camille et Sarah sont mariées sous le régime de la communauté légale depuis huit ans. Elles ont souscrit le pack « Famille » auprès de la « Mutuelle Dalloz », comprenant trois comptes : un compte individuel pour chacune et un compte-joint. Il y a cinq ans, Sarah a prêté 30 000 euros à Camille, qui les a déposés sur son compte personnel. Depuis un an, l'idylle a pris fin et des tensions sont apparues. Sarah a donc réclamé à la banque les 30 000 euros prêtés à Camille, et le conseiller bancaire a procédé à un virement du compte de Camille vers celui de Sarah. *Qu'en pensez-vous ?*

Voir le corrigé en fin de rubrique.

C) Dissertation juridique

Énoncé

Le compte bancaire est-il un dépôt ?

Voir le corrigé en fin de rubrique.

2) Corrigés

Test de connaissances

1. a et c ; **2.** b et c ; **3.** b ; **4.** b et c ; **5.** c ; **6.** a ; **7.** a ; **8.** a, b et c ; **9.** a ; **10.** b et c ; **11.** a, b et c ; **12.** a et c ; **13.** a ; **14.** c ; **15.** c ; **16.** a et b ; **17.** a et c ; **18.** a ; **19.** a et b ; **20.** a, b et c.

Cas pratique n° 1

Le mineur doit être représenté dans tous les actes de la vie civile, sauf pour les actes d'usage (C. civ., art. 388-1-1). Les actes courants accomplis par le mineur peuvent être annulés pour simple lésion, et le fait pour le mineur d'avoir déclaré être majeur ne fait pas obstacle à l'annulation (C. civ., art. 1149). La jurisprudence estime ainsi qu'une banque peut échapper à la nullité pour lésion seulement si elle démontre des manœuvres dolosives du mineur ou si l'acte a tourné au profit du mineur (Civ. 1re, 12 nov. 1998, n° 97-13.248). En l'espèce, les faits peuvent prêter à discussion : soit Paul a réussi à soutirer l'ouverture du compte par des manœuvres frauduleuses (par ex. en produisant une fausse pièce d'identité), auquel cas la nullité pourra être encourue ; soit cela n'est pas le cas, et il faudra alors se demander si l'ouverture d'un compte avec octroi de moyens de paiement est un acte courant, ce qui paraît devoir être rejeté (surtout dès lors qu'il y a une autorisation de découvert).

Cas pratique n° 2

Les articles L. 312-1 et D. 312-5 et suivants du Code monétaire et financier consacrent un droit au compte, qui permet de forcer l'ouverture d'un compte, grâce à la Banque de France, avec les services bancaires de base. En ce cas, l'établissement bancaire désigné ne peut pas clôturer le compte. Il existe néanmoins des exceptions, la jurisprudence estimant notamment que l'utilisation de ce compte pour des opérations illégales peut justifier la clôture (Com. 30 juin 2021, n° 19-14.313). En l'espèce, il semblerait que Stéphanie utilise le compte (consciemment ou non) pour blanchir des capitaux d'un homme d'affaires étranger frappé par des sanctions internationales. Dès lors, il apparaît que l'établissement bancaire pourra, malgré le droit au compte de Stéphanie, procéder à la clôture.

Cas pratique n° 3

L'autonomie bancaire permet à chaque époux d'ouvrir un compte personnel sans le consentement de l'autre, l'établissement bancaire n'ayant à s'enquérir ni du régime matrimonial du titulaire, ni de l'origine des fonds déposés (C. civ., art. 221). Or si la banque est tenue d'une obligation de restitution, ce n'est qu'entre les mains du client, lequel est seul réputé avoir la libre disposition des fonds déposés. Dès lors, l'établissement bancaire ne saurait se prévaloir de la règle de représentation mutuelle des époux pour restituer les fonds au conjoint (Civ. 1re, 29 juin 2011, n° 10-11.683), sauf à démontrer – par tous moyens – l'existence d'un mandat donné par le déposant à son conjoint (Civ. 1re, 3 juin 2015, n° 14-19.825). Or, en l'espèce, les 30 000 euros ont été déposés par Camille sur son compte personnel : la banque n'a pas à savoir que les fonds ont été prêtés par Sarah et ne doit les restituer qu'à Camille, sauf à démontrer que cette dernière a donné un mandat à sa conjointe. Il ne semble pas ici y avoir de mandat, donc la banque devra payer deux fois et recréditer les fonds sur le compte de Camille (quitte à procéder à une contre-passation sur le compte de Sarah ou à agir ultérieurement en répétition de l'indu contre elle).

Dissertation juridique

- Définition des termes du sujet : compte bancaire et dépôt, évoquer le lien entre les deux qu'est le recours habituel à l'expression « dépôt bancaire ».

- L'intérêt du sujet correspond à la notion de qualification, qui est une opération intellectuelle de rattachement à des catégories préexistantes, pour en tirer des conséquences de régime. En l'occurrence (et la jurisprudence historique le montre), l'intérêt est de pouvoir appliquer le régime du dépôt, pour éviter une qualification *sui generis* de compte bancaire, sans régime légal de référence.

- Problématique : le sujet est déjà problématisé en soi et conduit à s'interroger sur l'opportunité et la possibilité de retenir la qualification de dépôt en présence d'un compte bancaire.

I. Une assimilation historique

A. Le constat

- Le compte bancaire est, initialement, un dépôt : il s'agissait pour le déposant de remettre des sommes d'argent à un établissement bancaire, souvent dans une logique de sécurisation des fonds, le client ne recherchant qu'un service de caisse. Il y avait donc bien un dépôt (d'où l'idée que les premières utilisations par les banques des fonds déposés s'apparentaient en réalité à des abus de confiance !).

- Beaucoup plus récemment, la jurisprudence a largement eu recours à la qualification de dépôt, notamment en matière de chèque faux ou falsifié. Cela a été permis par l'utilisation de la figure du dépôt irrégulier, portant sur des choses fongibles : la fongibilité de l'objet impliquerait que la détention se transforme en propriété, et que la banque soit donc propriétaire et seulement tenue d'une obligation de restitution.

B. Les raisons

- On peut expliquer cette qualification par l'identité de ceux qui l'utilisent : il s'agit des juges, l'objectif étant alors de trouver un régime de référence qui soit immédiatement utilisable, sans nécessité de construire un régime *sui generis*. Or le régime du dépôt peut sembler intéressant, notamment au regard de l'obligation de conservation et des sanctions en cas d'absence ou de mauvaise restitution.

- Cela est particulièrement utile en cas d'utilisation frauduleuse d'instruments de paiement. Ainsi, en présence d'un chèque faux ou falsifié, la jurisprudence peut se fonder sur le dépôt pour retenir la responsabilité de la banque qui, en vertu d'un dépôt, n'est tenue de restituer les sommes déposées qu'au déposant, ce qu'elle ne fait pas lorsqu'elle accepte de recevoir un chèque faux. Il en allait de même, avant l'entrée en vigueur de la directive sur les services de paiement, pour les autres moyens de paiement (carte bancaire, virement, prélèvement, etc.). Mais précisément, depuis cette directive (notamment), il n'est plus nécessaire de se référer ainsi à ces concepts classiques.

II. Un détachement contemporain

A. Des différences essentielles

- L'obligation essentielle dans le contrat de dépôt est celle de conserver la chose. Or, par le recours au dépôt dit « irrégulier », on en vient à considérer que le dépositaire de choses fongibles n'est pas tenu de conserver la chose, mais doit seulement en restituer un équivalent. Cela est très contestable : même si la restitution par équivalent permet de disposer de l'objet remis, il n'en demeure pas moins que le dépositaire doit toujours conserver entre ses mains l'équivalent de ce qui lui a été confié, sans quoi il commettrait un abus de confiance.

- En réalité, cette analyse en dépôt irrégulier, qui apparaît nécessaire pour rattacher le compte bancaire au dépôt, en vient à ne considérer que l'obligation de restitution. Au vrai, le dépôt n'est pas un simple contrat de restitution, contrairement au prêt : on peut même se demander si la qualification de prêt de consommation ne serait pas, finalement, plus opportune à propos du contrat de compte bancaire (l'idée serait que le client prête l'argent déposé à sa banque). Car retenir que l'établissement bancaire n'est tenu que d'une obligation de restitution, c'est y voir un emprunteur plus qu'un dépositaire.

B. Une qualification *sui generis*

- En réalité, si historiquement le rattachement du compte bancaire au dépôt était parfaitement juste, la légitimation de l'utilisation par les banques des fonds remis implique nécessairement de se détacher du dépôt. Il faut donc retenir une qualification *sui generis*. Dans un premier temps, le législateur s'est contenté de détacher les activités bancaires de la qualification de dépôt : la loi de 1941 relative à la réglementation de la profession bancaire a ainsi recouru à la méthode de la liste, pour décrire les activités bancaires.

- La législation plus récente est allée plus loin en consacrant une notion englobante, celle de réception de fonds remboursables du public, qui est qualifiée d'opération de banque. Cette notion, selon l'article L. 312-2, alinéa 1er du Code monétaire et financier, est définie comme les fonds reçus avec le droit, pour celui qui les reçoit, d'en disposer pour son propre compte : il s'agit d'une consécration expresse de cette faculté de disposer, sans attache au contrat de dépôt. On peut donc penser aujourd'hui que le compte bancaire n'est plus un dépôt.

titre 1

Les instruments de paiement

chapitre 2

La monnaie de paiement

Plan analytique

section 1

La nature juridique de la monnaie

§ 1 L'unité monétaire

§ 2 Les formes monétaires

A. La monnaie fiduciaire

B. La monnaie scripturale

C. La monnaie électronique

D. Et les cryptomonnaies ?

section 2

Le régime juridique de la monnaie

§ 1 Le nominalisme monétaire

A. Le principe du nominalisme

B. Les clauses d'indexation

§ 2 Le cours légal

A. Le principe

B. Les exceptions

Compléments pédagogiques

La monnaie de paiement

La *monnaie*[Q] est une notion très difficile à cerner : elle est à la fois un instrument de mesure, en tant qu'unité de valeur, et un instrument de paiement, en ce qu'elle permet d'éteindre les dettes. Elle semble à la fois très concrète, ce sont les espèces sonnantes et trébuchantes, et très abstraite, quand elle ne prend la forme que d'écritures comptables. En législation, le vocabulaire varie : argent, somme d'argent, somme monnayée, deniers, monnaie... Il apparaît donc nécessaire de préciser la nature juridique de la monnaie (section 1) avant d'en envisager le régime juridique (section 2). 48

section 1

La nature juridique de la monnaie

La monnaie s'envisage au singulier et au pluriel : il faut définir l'unité monétaire (§ 1) avant d'aborder la diversité des formes monétaires (§ 2). 49

§ 1 L'unité monétaire

Pour identifier la monnaie, il faut passer par d'autres disciplines que le droit. 50

D'un point de vue *historique*, il semble que l'ancêtre de la monnaie est le troc, avant que certaines choses soient identifiées comme susceptibles de remplacer n'importe quelle autre chose, ayant donc un pouvoir libératoire indifférencié : des coquillages, des perles, puis l'or. À Rome, les banquiers ont l'idée de remettre des récépissés en contrepartie des dépôts de pièces réalisés chez eux. Seulement voilà, au Moyen-Âge, les banques émettent plus de récépissés que leur capacité de remboursement, ce qui transforme ces récépissés en véritable monnaie : les billets de banque. Le pouvoir central récupère ultérieurement le pouvoir de battre monnaie, en créant des billets qui servent de récépissé pour obtenir de l'or. Avec les accords de Bretton Woods de 1944, le dollar devient la seule monnaie échangeable en or, puis les accords de Jamaïque de 1976 remettent la règle en cause : désormais, plus aucune monnaie n'est fixée par rapport à l'or et sa valeur dépend uniquement de la confiance dans leur émetteur.

Ce qui conduit à formuler la remarque suivante : d'un point de vue *sociologique*, la monnaie est avant tout une création sociale. Au fond, la monnaie est ce que ses utilisateurs considèrent comme telle : il peut en aller ainsi des pièces et billets, mais aussi de la monnaie scripturale (inscrite sur des comptes en banque) voire, après tout pourquoi pas, de monnaies purement virtuelles. Ce qui compte, c'est qu'un groupe social considère qu'un élément est interchangeable et joue un rôle libératoire indifférencié.

Cela se traduit, d'un point de vue *économique*, par l'idée qu'un objet devient monnaie dès lors qu'il est considéré dans un marché donné comme étant liquide, donc accepté par tous dans les échanges. Dans cette perspective, l'essentiel est la liquidité. Et, de fait, n'importe quel objet (un morceau de métal, un bout de papier, une écriture comptable, une ligne de code...) peut être liquide. C'est ainsi que l'économie rejoint la sociologie : la monnaie est une notion essentiellement subjective, elle est une pure création intellectuelle, correspondant à une faculté générale de régler des dettes.

51 Reste à adopter un point de vue *juridique*. L'on se heurte alors à une difficulté : la monnaie ayant un caractère protéiforme, elle fait l'objet de plusieurs *conceptions*.

Les courants doctrinaux foisonnent : certains estiment que la monnaie n'est pas une chose dont on est propriétaire, d'autres qu'il s'agit seulement d'un droit de se libérer ou encore d'un pouvoir d'éteindre les dettes libellées en unités de valeur. Parfois, la définition retenue de la monnaie n'englobe que la monnaie fiduciaire, à l'exclusion de la monnaie scripturale ou de la monnaie électronique. Dans la perspective du présent ouvrage, il importe de rappeler que le Livre Ier du Code monétaire et financier, intitulé « *la monnaie* », réunit plusieurs titres consacrés notamment à la monnaie fiduciaire et à la monnaie scripturale. Raison pour laquelle on privilégiera, parmi les approches possibles de la monnaie, une définition englobante.

Cela dit, il y a au moins deux façons de procéder.

Dans une perspective conceptuelle, il est permis de rapprocher la monnaie des instruments de mesure : on peut mesurer en euros comme en mètres, litres, grammes ou minutes. De ce point de vue, la monnaie est une *unité de valeur* : elle permet de mesurer les richesses. Elle apparaît alors comme une pure abstraction, comme un objet de référence.

Pour autant, mieux vaut privilégier une approche plus concrète, fonctionnelle. À cet égard, la monnaie sert à éteindre les dettes. Pour le dire autrement, elle apparaît comme une *unité de paiement*, qui incorpore en elle un pouvoir d'achat, un pouvoir libératoire. L'unité de paiement a ainsi vocation à transiter entre les patrimoines, afin de servir de contrepartie à des biens et services désirés par les individus. La monnaie est cette fois concrète, elle correspond à une richesse véritable.

52 Ainsi délimitée, la question s'éclaire. À considérer la monnaie en tant qu'unité de paiement (ce qu'il faut entendre par « *monnaie de paiement*[Q] »), il est en effet possible de la définir comme *un ensemble d'unités monétaires ayant vocation à circuler entre les patrimoines*. La monnaie se distingue alors de son support (la pièce, le billet ou le compte en banque), qui n'est qu'un réceptacle dépourvu de valeur. D'ailleurs, retenir cette définition de la monnaie permet d'aller plus loin, en la qualifiant au regard des catégories connues en droit des biens.

La monnaie est, avant tout, une *chose incorporelle* – et pas seulement un droit – : le caractère impalpable de la monnaie tient à ce qu'elle apparaît principalement comme une valeur (fluctuante), qui se détache de la simple valeur faciale de l'instrument dans lequel elle s'incorpore. Pour le dire par l'exemple, économiquement un euro d'aujourd'hui ne vaut pas un euro d'il y a vingt ans. Cette chose est, évidemment, *appropriée*, ce qui lui permet d'entrer dans le patrimoine de la personne. Pourtant, la jurisprudence considère, en présence d'une faillite d'un mandataire ayant reçu des sommes à titre précaire pour l'exercice de sa mission, « qu'une demande de restitution de fonds ne peut être formée par voie de revendication, la seule voie ouverte au créancier d'une somme d'argent étant de déclarer sa créance à la procédure collective de son débiteur » (Com. 22 mai 2013, n° 11-23.961, *RTD civ.* 2013. 649, note W. Dross), solution sans doute dictée par le souci de ne pas ruiner la logique des procédures collectives en permettant la revendication de sommes d'argent dans ce cadre.

Les unités monétaires qui composent la monnaie sont, en outre, *fongibles* entre elles : elles sont interchangeables dans le paiement, ce qui signifie qu'une personne qui doit cinquante euros peut se libérer en versant cette somme, quel que soit le support (fiduciaire, scriptural ou électronique) choisi. La monnaie relève en outre de la catégorie des choses de *genre* : c'est un genre de choses, contrairement aux corps certains qui présentent une individualité. Enfin, les unités monétaires sont *consomptibles*, en ce que leur usage peut passer par leur disposition (la meilleure façon d'utiliser l'argent n'est-elle pas de le dépenser ?).

§ 2 Les formes monétaires

Si la monnaie, en tant que bien, présente une unité, elle peut s'incorporer dans plusieurs formes. Le Code monétaire et financier en énumère trois : la monnaie fiduciaire (A), la monnaie scripturale (B) et la monnaie électronique (C). Mais l'actualité conduit à s'interroger sur une forme supplémentaire : les cryptomonnaies (D). 53 ■

A. La monnaie fiduciaire

La *monnaie fiduciaire*[Q] correspond aux *espèces* du langage courant : le Code monétaire et financier évoque à ce titre les « pièces métalliques » (art. L. 121-1 s.) et les « billets de banque » (art. L. 122-1 s.). Bref, il s'agit de la monnaie physique. 54 ■

Pourquoi parler de monnaie « fiduciaire » ? La raison est historique : l'idée était d'affirmer que pouvaient jouer le rôle de monnaie des instruments portant le sceau d'une autorité dans laquelle on avait confiance. Étymologiquement, *fides* désigne justement la foi, la confiance, le crédit. C'est ce qui a permis de détacher la valeur de la monnaie de son support. Pendant longtemps, les pièces étaient en or, et c'était ce métal qui leur donnait une valeur. D'où la nécessité de peser les pièces pour vérifier la réalité de leur poids et donc de leur valeur, ce que l'on retrouve dans l'expression « au marc le franc », le « marc » étant l'ancienne mesure de pesée des métaux précieux. En revanche, si l'émetteur (public ou privé) de la monnaie physique est suffisamment digne de confiance, son « sceau » suffit à constituer la valeur de la monnaie. C'est ainsi la confiance dans la solidité de l'économie américaine qui justifie, en partie, l'utilisation internationale du dollar. Ces remarques étant faites, il faut dire que l'expression « monnaie fiduciaire » peut sembler dépassée : toute monnaie repose sur la confiance, et mieux vaudrait parler de « monnaie physique ».

Certes, l'utilisation des espèces est statistiquement en chute constante. Mais elles restent utilisées dans la majorité des paiements en magasin et entre particuliers (selon une enquête sur l'usage des espèces dans la zone euro, les espèces représentent 59 % des paiements en France, 73 % des paiements en zone euro, contre 35 % de paiements par carte en France, 24 % en zone euro : Banque Centrale Européenne, *Study on the payment attitudes of consumers in the euro area*, déc. 2020, https://www.banque-france.fr/billets/analyser-et-anticiper/lutilisation-des-especes-en-france-et-dans-la-zone-euro, consulté en mars 2023). L'affirmation peut cependant être relativisée, en ce que les espèces sont utilisées essentiellement lors des petits paiements, dont le montant moyen est de 7,5 euros (*idem*). On peut se demander si la multiplication des paiements en ligne, accélérée par la pandémie de la Covid-19, se confirmera à l'avenir.

Pour finir, il faut noter que la Banque de France réfléchit à l'éventuelle création d'un billet de banque numérique : il s'agirait de permettre l'utilisation de la monnaie de banque centrale numérisée, plutôt que la monnaie scripturale (qui est émise par les banques). Reste l'enjeu, essentiel, de protection du droit au respect de la vie privée, ce qui suppose d'assurer la confidentialité des transactions.

B. La monnaie scripturale

55 La *monnaie scripturale*[Q] est envisagée sous le prisme de ses « instruments » (chèque, carte bancaire, virement, prélèvement, etc.) aux articles L. 131-1 et suivants du Code monétaire et financier. On se souvient qu'historiquement, les banques émirent des récépissés de dépôt, qui devinrent des billets de banque. Or, au XIXe siècle, les banques sont dépossédées de cet outil, le monopole d'émission des billets de banque étant récupéré par l'État – en France, par la Banque de France. Ne pouvant plus émettre de billets, les banques commencent donc à utiliser des écritures comptables pour enregistrer les dépôts remis, puis inscrivent des crédits pour des montants supérieurs aux sommes déposées, ce qui autonomise la monnaie scripturale (de *scriptura*, qui désigne l'écriture).

Tandis que la monnaie fiduciaire circule par tradition, donc de la main à la main, comment faire pour de simples écritures de comptes ? Les banques imaginent alors le mécanisme du chèque, avant l'apparition, au fil du temps, de nouveaux instruments de paiement. Cette approche porte ses fruits puisque, désormais, plus de 90 % des paiements (en montant) se font par l'intermédiaire de transferts de monnaie scripturale (Banque de France, « Qui crée la monnaie ? », avril 2017).

56 Mais la monnaie scripturale est-elle vraiment de la monnaie ? La doctrine est très partagée sur le sujet – d'où les débats, déjà évoqués, sur la notion même de monnaie. La difficulté tient à ce que la monnaie scripturale est souvent analysée en créance du client contre sa banque : si j'ai 500 euros sur mon compte bancaire, c'est que je suis créancier de ma banque à hauteur de 500 euros. Or, en pratique, le solde disponible joue le rôle de monnaie. D'où la question : créance, monnaie… ou les deux ?

Pour certains, le solde disponible ne correspond qu'à une créance contre la banque : le dépôt de monnaie en banque aurait pour seul effet de faire naître une créance monétaire, permettant au client de déplacer la monnaie. Les ordres de paiement s'analyseraient alors en pures opérations sur obligations.

Pour d'autres, le solde disponible ne serait que de la monnaie. Si le client est devenu créancier de sa banque par le dépôt initial, cette dernière se serait immédiatement acquittée de sa dette en « versant » un montant égal sur son compte. Il n'y aurait donc logiquement pas de place pour une quelconque créance, mais plutôt, en quelque sorte, un « échange » de monnaie fiduciaire contre de la monnaie scripturale.

Sans doute la position la plus convaincante se situe-t-elle dans l'entre-deux : la monnaie scripturale est tout à la fois une créance et de la monnaie. L'aspect créance est difficilement contestable : le solde disponible correspond effectivement à une créance contre la banque (qui ne naît pas forcément d'un dépôt initial, puisque les sommes inscrites sur le compte peuvent aussi correspondre à des crédits consentis par la banque), dont le client peut réclamer la restitution en passant des ordres de paiement ou en clôturant le compte. Simplement, pendant la vie du compte, l'aspect « créance » tend à être occulté, le client se comportant vis-à-vis des écritures portées sur le compte comme il se comporterait avec des pièces et billets. Psychologiquement, il se sent – mieux : il se sait – propriétaire des montants indiqués sur ses relevés.

Cette conception intermédiaire permet de résoudre la contradiction, qui est simplement apparente, entre la faculté pour la banque de disposer librement des fonds et la propriété du client sur les unités monétaires. Car, dans les deux cas, l'objet n'est pas le même. La banque utilise l'ensemble des fonds qui sont « déposés » en compte, tandis que les clients utilisent les représentations scripturales desdits fonds. Puisque l'utilisation de ces représentations scripturales n'implique généralement pas de demander la restitution des fonds qui ont été remis, les établissements bancaires vont pouvoir calculer la probabilité de la fréquence des demandes de restitution et utiliser le surplus pour leur propre compte, les montants inscrits ne correspondant nullement aux fonds conservés dans les caisses. Où se confirme que la monnaie est affaire de confiance : tant que le client ne craint pas de faillite de sa banque, l'équilibre est maintenu.

C. La monnaie électronique

La *monnaie électronique*[Q] doit être bien comprise. Il ne faut pas désigner sous cette expression les modes électroniques de transfert de la monnaie scripturale, tels que le virement ou la carte bancaire, qui reposent sur des technologies numériques. Il ne s'agit pas non plus d'envisager les cryptomonnaies, qui concurrencent l'euro (v. ss 60 s.). Il est ici question des unités de valeur stockées sous forme électronique, soit sur un porte-monnaie électronique inscrit dans un support physique (par exemple, une carte Monéo), soit sur un porte-monnaie virtuel inscrit sur un serveur informatique (par exemple, un compte PayPal). 57 ■

La monnaie électronique est définie comme « une valeur monétaire qui est stockée sous une forme électronique, y compris magnétique, représentant une créance sur l'émetteur, qui est émise contre la remise de fonds aux fins d'opération de paiement [...] et qui est acceptée par une personne physique ou morale autre que l'émetteur de monnaie électronique » (C. mon. fin., art. L. 315-1). Cette définition large est issue de la transposition, en 2013, de la directive 2009/110/CE dite DME du 16 sept. 2009, dont l'objet est de régir la totalité des produits de monnaie électronique disponibles sur le marché. On notera que les textes relatifs à la monnaie électronique ne sont pas dans le Livre I du Code monétaire et financier, consacré à la monnaie, mais dans son Livre III relatif aux services (art. L. 315-1 s.)

L'on ne surprendra personne en disant que cette place dans le plan du Code monétaire et financier alimente les interrogations : la monnaie électronique est-elle de la monnaie ? Ce débat concernant la monnaie électronique ne coïncide pas tout à fait avec celui présenté plus haut au sujet de la monnaie scripturale. Pour preuve, 58 ■

parmi ceux qui affirment que la monnaie scripturale est une vraie monnaie, il y en a qui concluent qu'il n'en va pas de même de la monnaie électronique. Tâchons alors d'y voir plus clair.

Pour certains, la monnaie électronique ne serait qu'une créance contre l'émetteur : en cas de paiement par carte Monéo par un consommateur auprès d'un commerçant, ce dernier devrait changer les unités électroniques reçues contre de la « vraie » monnaie. Ainsi, le porte-monnaie électronique ne contiendrait que des unités comptables abstraites donnant droit à une contre-valeur en monnaie, n'étant pas en elles-mêmes de la monnaie.

Pour d'autres, l'impossibilité, pour l'*accipiens*, de réutiliser immédiatement la monnaie électronique reçue ne constituerait pas un obstacle dirimant à la qualification de monnaie (après tout, un commerçant ne peut jamais réutiliser librement les sommes qui lui sont remises, au regard des règles de comptabilité). Il s'agirait d'un procédé électronique permettant de déplacer les unités monétaires d'un support à l'autre, la monnaie électronique ressemblant à de la monnaie fiduciaire en ce qu'elle peut circuler immédiatement (pour les cartes du type Monéo, le montant incorporé ne peut d'ailleurs excéder 250 euros). L'analyse est d'autant plus convaincante si l'on considère les porte-monnaie virtuels : pour les achats en ligne, il est parfaitement possible de passer exclusivement par un compte PayPal, les sommes reçues étant créditées sur un portefeuille et pouvant être réutilisées sans nécessité de les réclamer à l'émetteur. Il convient dès lors d'adhérer à la qualification monétaire de la monnaie électronique.

■ 59 Depuis la directive de 2009, la monnaie électronique est d'utilisation croissante. La jurisprudence a ainsi retenu cette qualification pour le produit « Ticket Premium », qui peut être acheté dans des points de vente et permet à son titulaire de jouer sans carte bancaire sur les sites de jeux, poker et paris sportifs et hippiques, ce qui a imposé à la société émettrice de se conformer aux exigences de solvabilité imposées aux établissements de monnaie électronique, à défaut desquelles la suspension d'activité prononcée par l'Autorité de contrôle prudentiel et de résolution aurait été justifiée (CE, 9ᵉ et 10ᵉ ch. réun., 9 déc. 2022, nº 456582).

Surtout, la définition large retenue par les textes conduit à s'interroger sur les frontières de la catégorie « monnaie électronique ». La question s'est posée à propos du « porte-monnaie Steam » de la société Valve, sur lequel sont stockées des valeurs (le portefeuille étant alimenté par carte bancaire ou par l'intermédiaire de PayPal) : la cour d'appel de Paris a considéré que les fonds ainsi stockés, n'étant destinés qu'à la société Valve à l'exception de tous tiers, ne constituaient pas de la monnaie électronique (CA Paris, Pôle 5, ch. 2, 21 oct. 2022, nº 20/15768). Si l'on comprend bien, il n'y aurait pas de monnaie, faute de marché, dès lors que la société émettrice est la seule concernée (ce qui laisse songeur au regard de l'importance économique de la plateforme Steam en matière de commerce de jeux vidéo).

Des débats existent également quant à la qualification de monnaie électronique pour les cryptomonnaies, qui appellent néanmoins un traitement séparé.

D. Et les cryptomonnaies ?

■ 60 Les *cryptomonnaies*[Q] (par exemple, Bitcoin, Ethereum ou Binance Coin) peuvent être définies comme des systèmes de paiement numérique décentralisés, c'est-à-dire détachés des réseaux bancaires, et reposant sur des systèmes de cryptage.

Elles existent depuis l'apparition du Bitcoin en 2008 et reposent sur la technologie *blockchain*. Pour aller vite, il s'agit de procéder à des échanges de pair à pair (qui permettent la décentralisation, tous les ordinateurs du réseau conservant une copie de l'empreinte numérique des échanges), reposant sur des technologies de cryptage (notamment de hachage) et des clés asymétriques publiques (chacun peut vérifier la traçabilité des données) et privée (qui permet de décrypter les données propres à un utilisateur).

Ces actifs se sont largement développés et ont suscité des interventions étatiques, rendues nécessaires par les dangers générés par ce nouveau marché : en témoigne la faillite de la plateforme FTX, qui permettait l'acquisition et l'échange de cryptoactifs, mais qui fut l'occasion de fraudes sanctionnées pénalement (United States district court Southern district of New York, Case n° 1 : 22-cv-10503-PKC, *CFTC v. FTX et Alameda*, 8 août 2024 : *Rev. sociétés* 2025. 286, note S. Merabet). Au niveau européen, la nécessité d'encadrer les marchés de cryptoactifs a donné lieu au règlement (UE) 2023/1114 du Parlement européen et du Conseil du 31 mai 2023 sur les marchés de cryptoactifs (généralement dénommé MiCA pour *Markets in Crypto-Assets*), l'adaptation du droit français à ces nouveautés ayant été organisée par l'ordonnance n° 2024-936 du 15 oct. 2024 relative aux marchés de cryptoactifs. Cette nouvelle législation poursuit une logique de protection des citoyens européens contre les risques liés à l'utilisation de cryptoactifs, en encadrant non seulement leurs émetteurs, mais aussi les prestataires de services sur cryptoactifs (PSCA), qui doivent notamment être agréés, et qui se trouvent soumis à des obligations prudentielles et de gouvernance, des sanctions étant en outre prévues en cas d'abus de marché.

Posons-nous, une fois de plus, la question cruciale : les cryptomonnaies sont-elles des monnaies ? 61 ■

Dans une perspective positiviste, une réponse négative s'impose. Le Code monétaire et financier n'en traite en effet pas au titre de la monnaie, mais dans le cadre de la réglementation des actifs numériques, qui peuvent être des jetons, mais aussi « toute représentation numérique d'une valeur qui n'est pas émise ou garantie par une banque centrale ou par une autorité publique, qui n'est pas nécessairement attachée à une monnaie ayant *cours légal*[Q] et qui *ne possède pas le statut juridique d'une monnaie*, mais qui est acceptée par des personnes physiques ou morales comme un moyen d'échange et qui peut être transférée, stockée ou échangée électroniquement » (art. L. 54-10-1, 2°). C'est d'ailleurs la raison pour laquelle les pouvoirs publics privilégient l'expression « cryptoactifs », qui insiste sur le caractère non monétaire. Le choix du législateur est cohérent avec la conception étatiste de la monnaie retenue au sein du Code monétaire et financier, dans laquelle la qualification monétaire résulte du cours légal : seul l'euro ayant cours légal, les cryptoactifs apparaissent comme des concurrents de l'euro auxquels il faut refuser la qualification de monnaies.

L'on peut toutefois se montrer réservé au regard de cette théorie étatiste de la monnaie. Pourquoi ? Pour une raison simple : si l'État a besoin de la monnaie, la réciproque n'est pas vraie. En effet, la monnaie étant avant tout une création sociale, n'importe quel objet accepté par tous dans les échanges joue finalement un rôle monétaire. Le cœur de la question est alors de savoir si les cryptoactifs sont ou non utilisés à des fins monétaires. Il est vrai qu'à ce jour leur usage dans le monde physique est rare, puisqu'ils constituent principalement des investissements spéculatifs. Toujours est-il qu'ils sont de plus en plus utilisés en ligne. Il est dès lors permis de penser que les cryptomonnaies, à défaut d'être déjà de véritables monnaies, pourront le devenir. Il ne faut toutefois pas exagérer la remarque. Au regard du droit des instruments de paiement, les cryptoactifs, pas plus d'ailleurs que les monnaies étrangères, ne sont en l'état pas des monnaies. Et cette qualification doit être écartée y compris s'agissant des *stablecoins* : en dépit de leur stabilité, il s'agit sans doute là d'une forme d'euro, et non d'une autre monnaie.

section 2

Le régime juridique de la monnaie

62 La monnaie est évidemment réglementée, mais son régime n'est pas rassemblé dans un corps unique de règles. Il est plutôt éclaté notamment entre le Code monétaire et financier (unité monétaire, usage de la monnaie, instruments de paiement) et le Code civil (nominalisme monétaire, cours légal). Le droit monétaire joue notamment un rôle protecteur de la monnaie, via le droit pénal (v. C. mon. fin., titre VI du Livre Ier). Dans la perspective du droit des instruments de paiement, il convient de se focaliser sur le nominalisme monétaire (§ 1) et sur le cours légal (§ 2).

§ 1 Le nominalisme monétaire

63 Selon le *nominalisme monétaire*[Q], une unité monétaire est réputée avoir la même valeur libératoire à tout moment : un euro d'il y a vingt ans vaut un euro d'aujourd'hui. Il s'agit donc d'une fiction juridique, puisque la réalité économique est tout autre, la valeur de la monnaie étant fluctuante, notamment en raison de l'inflation – ou, hypothèse plus rare, de la déflation. C'est pourquoi, pour limiter les effets du principe du nominalisme monétaire (A), il est possible de stipuler des clauses d'indexation (B).

A. Le principe du nominalisme

64 Classiquement, le nominalisme monétaire est rattaché à l'article 1895 du Code civil, qui dispose que « l'obligation qui résulte d'un prêt en argent n'est toujours que de la somme énoncée au contrat » et que « s'il y a eu augmentation ou diminution d'espèces avant l'époque du paiement, le débiteur doit rendre la somme prêtée, et ne doit rendre que cette somme dans les espèces ayant cours au moment du paiement ». La jurisprudence a élargi la règle au-delà du prêt de consommation pour l'étendre à tous les contrats (Cass., req., 25 févr. 1929, *DH* 1929. 161).

La réforme du droit des obligations de 2016 a été l'occasion de donner un *fondement* plus général à ce principe : l'article 1343, alinéa 1er du Code civil, qui ouvre les dispositions relatives au paiement des obligations de sommes d'argent, dispose en effet désormais que « le débiteur d'une obligation de somme d'argent se libère par le versement de son montant nominal ».

65 Concrètement, ce principe implique que la monnaie conserve toujours la *même valeur libératoire dans le temps* : la perte de pouvoir d'achat d'une monnaie

n'empêche pas que le montant stipulé au contrat doive être versé, même si l'exécution intervient plusieurs années et après une dévaluation monétaire. Ce sont les chiffres qui comptent, non le pouvoir d'achat qu'ils représentent. Bien évidemment, en cas de changement de monnaie, cela signifie qu'il faudra appliquer le taux de conversion de l'ancienne monnaie dans la nouvelle (1 euro = 6,55957 francs). Ce principe est essentiel pour éviter que l'inflation s'entretienne elle-même : le nominalisme monétaire assure une certaine stabilité de la monnaie, que son opposé, le valorisme, risquerait de fragiliser.

Il n'en demeure pas moins que le nominalisme peut présenter de graves inconvénients. Ainsi, en présence d'un contrat échelonné dans le temps, la perte de valeur de la monnaie peut avoir pour conséquence un déséquilibre financier très important pour celui qui a fourni une prestation longtemps avant de recevoir le paiement. C'est pourquoi il existe des correctifs. On songe aux intérêts légaux ou conventionnels. Mais aussi à la *dette de valeur*[Q], largement consacrée en droit patrimonial de la famille (dont l'un des objectifs est d'assurer l'équilibre entre les époux ou entre les héritiers) : ainsi, en matière de récompenses entre époux ou de rapport des libéralités, il sera tenu compte de la valeur actuelle du bien, mais au regard de l'état du bien au jour de la naissance de la dette (par exemple au jour de la donation), ce qui permet de faire profiter le créancier (l'époux ou la succession) des plus-values extérieures à l'activité du débiteur. Un autre correctif mérite une attention particulière : il s'agit des clauses d'indexation.

B. Les clauses d'indexation

La Cour de cassation décide que le nominalisme n'est pas d'ordre public (Com. 5 juill. 2005, n° 02-10.233, *Bull. civ.* IV, n° 149). Les parties peuvent donc y déroger par des clauses d'indexation. L'alinéa 2 de l'article 1343 du Code civil y fait d'ailleurs allusion : « le montant de la somme due peut varier par le jeu de l'indexation ». Mais qu'est-ce à dire au juste ? L'*indexation*[Q] consiste dans la variation d'une créance en fonction d'un indice. Elle peut être non seulement conventionnelle, ce qui mérite une étude particulière, mais aussi légale (par ex. en matière de rente viagère) ou judiciaire. La finalité de l'indexation est de permettre une modification automatique de l'objet de la prestation, afin d'éviter une perte de richesse pour le créancier. Dangereuse pour le débiteur, la clause d'indexation est logiquement encadrée. 66 ■

De manière radicale, certaines clauses d'indexation sont prohibées. 67 ■

Il en va ainsi des *clauses d'indexation non monétaires*, qui font référence à un indice qui n'est pas une monnaie. Si « l'indexation automatique des prix des biens ou de services est interdite » (C. mon. fin., art. L. 112-1), cette prohibition de principe connaît de nombreuses exceptions. En réalité, il faut se référer à l'article L. 112-2, alinéa 1er du Code monétaire et financier pour avoir une typologie des clauses interdites.

Non seulement la clause d'indexation sur « le salaire minimum de croissance » – lequel est en revanche indexé sur l'indice national des prix à la consommation (C. mon. fin., art. L. 112-4 renvoyant à C. trav., art. L. 3231-4 s.), mais aussi la clause d'indexation « sur le niveau général des prix ou des salaires » sont prohibées, même si cette prohibition connaît plusieurs exceptions légales bénéficiant aux créanciers particuliers (une telle indexation est par exemple admise pour les différents livrets d'épargne, tels que le livret A, le livret d'épargne populaire, le livret de développement durable et solidaire, le compte épargne-logement : C. mon. fin., art. L. 112-3).

Surtout, l'indexation est interdite « sur les prix des biens, produits ou services n'ayant pas de relation directe avec l'objet du statut ou de la convention ou avec l'activité de l'une des parties » (C. mon. fin., art. L. 112-2, al. 1er), le texte se poursuivant par des présomptions de relation directe. Cette limitation n'est finalement pas très contraignante, et ne serait de toute façon pas forcément nécessaire, car l'on voit mal l'intérêt qu'auraient les parties à procéder à une indexation totalement détachée de leur échange ou de leur activité. Dès lors, l'on peut bien dire qu'*a contrario*, la clause d'indexation non monétaire est assez largement ouverte.

68 Il en va autrement des *clauses d'indexation monétaires*, qui consistent à faire référence à une monnaie étrangère (clause de monnaie étrangère) ou au cours de l'or (clause-or). De telles clauses marquent une défiance à l'égard de la monnaie nationale (et la clause-or peut sembler contredire la règle du *cours forcé*, qui prévoit que la monnaie n'est pas convertible en or). Elles sont donc strictement réglementées. Il faut pourtant se garder d'une confusion : il ne s'agit pas ici de clauses relatives au paiement (qui imposeraient de payer dans une devise étrangère, ce qui concerne le cours légal), mais de véritables clauses d'indexation. La monnaie étrangère n'est en l'occurrence pas utilisée en tant que monnaie de paiement, mais seulement en tant que monnaie de compte, ce qui présente une moindre gravité.

C'est pourquoi la jurisprudence a finalement admis de telles clauses (Civ. 1re, 10 mai 1966, *Bull. civ.* I, n° 277), les soumettant simplement au régime des clauses d'indexation. Il faut donc vérifier le lien avec l'activité de l'un des cocontractants, ce qui est le cas lorsque l'un d'eux est banquier (Civ. 1re, 12 janv. 1988, n° 86-11.966, *GAJC*, t. 2, 13e éd., 2015, n° 247) : ainsi, un prêt libellé en francs suisses, dont le montant est donc indexé sur cette monnaie étrangère, est valable (Civ. 1re, 10 avr. 2019, n° 17-20.722), même si la jurisprudence la plus récente tend à réputer non-écrites (sanction imprescriptible) de telles clauses comme étant abusives (CJUE 10 juin 2021, aff. C-776/19 et C-782/19 ; Civ. 1re, 30 mars 2022, n° 19-17.996 ; Civ. 1re, 20 avr. 2022, n° 19-11.599 et n° 20-16.316). Surtout, la validité de principe de ces clauses ne vaut qu'autant que le remboursement a bien lieu en euros, en application du cours légal.

69 Rien, dans les textes, n'impose une réciprocité de la clause d'indexation, ce que la Cour de cassation a rappelé (Com. 4 nov. 2021, n° 20-11.099). Pour autant, en matière de bail commercial, elle décide que le propre d'une clause dite d'échelle mobile est de faire varier le loyer à la hausse comme à la baisse (Civ. 3e, 14 janv. 2016, n° 14-24.681 ; Civ. 3e, 29 nov. 2018, n° 17-23.058 ; Civ. 3e, 6 févr. 2020, n° 18-24.599 ; Civ. 3e, 12 janv. 2022, n° 21-11.169).

§ 2 Le cours légal

70 Une monnaie a *cours légal* lorsque nul n'est autorisé à refuser de la recevoir en paiement : le cours légal désigne ainsi la monnaie de paiement sur un territoire

donné. Depuis la réforme du droit des obligations de 2016, le cours légal est consacré dans le Code civil, au titre du paiement des obligations de sommes d'argent, spécifiquement à l'art. 1343-3, qui pose un principe (A) qu'il assortit d'exceptions (B).

A. Le principe

Le principe découle de l'article 1343-3, alinéa 1er du Code civil : « le paiement, en France, d'une obligation de somme d'argent s'effectue en euros ». Le paiement d'une obligation de somme d'argent, autrement dit d'une obligation monétaire, suppose de respecter le cours légal. Rappelons que par paiement, il faut entendre l'exécution de la prestation due, ce qui, en présence d'une obligation de sommes d'argent, implique de verser la quantité d'unités monétaires correspondant à ce qui est prévu par le contrat. 71 ■

Le critère d'application de ce texte est *géographique*, et non personnel : ce qui est visé, c'est le paiement sur le territoire français, peu important qu'il soit réalisé entre ressortissants français ou étrangers (Civ. 1re, 7 oct. 1997, n° 95-16.671). Au regard du droit international privé, ce critère est un indice de ce qu'il s'agit d'une loi de police (qui concerne « tous ceux qui habitent le territoire », selon le C. civ., art. 3), ce qu'a pu affirmer la jurisprudence administrative (CE, 9e et 10e ss. sect. réun., 10 mai 2012, req. n° 337573, *D.* 2012. 2289, note C. Kleiner). Cette solution est critiquable, notamment au regard des disparités du droit monétaire qu'elle entraîne au sein de la zone euro.

Lorsque les conditions du texte sont réunies, le principe est simple : le paiement doit être effectué en euros. C'est depuis le 1er janvier 2002 que l'euro est « la monnaie de la France » (C. mon. fin., art. L. 111-1), et que toute obligation de sommes d'argent doit donc normalement être payée selon cette monnaie. Notons cependant que, dans les premiers temps, la jurisprudence a fait une interprétation compréhensive en considérant qu'en cas de demande judiciaire formulée en francs, il n'y a pas irrecevabilité, le juge du fond ayant l'obligation de convertir la somme en euros (Civ. 1re, 6 déc. 2005, n° 03-12.342). 72 ■

Le principe posé par le texte est donc que l'euro a *cours légal* : les créanciers sont tenus d'accepter la monnaie ainsi désignée pour le règlement des créances. L'idée est que l'État vient, par le biais du cours légal, attacher un pouvoir libératoire à une monnaie particulière, quand les parties pourraient attacher un tel pouvoir à n'importe quel bien (c'est le principe même du troc).

Toutefois, dans un sens technique, il faut sans doute distinguer le pouvoir libératoire du cours légal : ce n'est pas parce que l'euro a cours légal que le pouvoir libératoire qui y est attaché est complet. Ainsi, il existe des plafonds : pour les débiteurs ayant leur domicile fiscal en France ou agissant pour les besoins d'une activité professionnelle, le paiement en monnaie fiduciaire ne peut excéder 1 000 euros et celui en monnaie électronique 3 000 euros, plafond relevé pour ces deux formes monétaires à 10 000 euros pour les autres débiteurs (C. mon. fin., art. D. 112-3). Dans le cadre de la lutte contre le narcotrafic, il a même été décidé d'interdire le paiement en espèces pour les « opérations afférentes à la location de véhicules automobiles » (C. mon. fin., art. L. 112-6, II *ter*) ! De même, les commerçants ne sont jamais tenus de recevoir des paiements par carte bancaire. En outre, selon l'article 11 du règlement (CE) n° 2169/2005 relatif à l'introduction de l'euro, « nul n'est tenu d'accepter plus de 50 pièces lors d'un seul paiement ». Les billets et pièces de monnaie ne sont ainsi qu'une monnaie d'*appoint*[Q] : l'article L. 112-5 du Code monétaire et financier prévoit qu'« en cas de paiement en billets et pièces, il appartient au débiteur de faire l'appoint » (v. par ex. Crim. 14 déc. 2005, n° 04-87.536).

Le principe du cours légal conduit ainsi à prohiber les clauses « espèces étrangères », qui sont des clauses renvoyant à une monnaie étrangère non comme référence (ce serait une clause de valeur, qui est valide : v. ss 68), mais comme monnaie de paiement. Sont-elles conformes à l'ordre public ? La question s'est régulièrement posée en période de crise : après la guerre de 1870, l'État français avait perdu beaucoup d'or et avait instauré le cours forcé (donc l'inconvertibilité de la monnaie étatique en or), ce qui a été supprimé en 1875, mais rétabli en 1914, avant une nouvelle suppression en 1928 et une restauration en 1936. D'où un accueil jurisprudentiel hostile, consistant à annuler certaines clauses de paiement, à la fois les clauses-or stipulant le paiement en or (Civ., 11 févr. 1873, *Do-Delattre*, *GAJC*, t. 2, 13e éd., Dalloz, 2015, n° 245) et les clauses monnaies étrangères, stipulant le paiement dans une autre monnaie que la monnaie nationale (Civ., 17 mai 1927, *Pélissier du Besset*, *GAJC*, préc., n° 246). Ce dernier arrêt, parfois dénommé arrêt *Matter*, du nom de l'avocat général qui en a proposé la solution, a cela dit posé une distinction fondamentale : une telle clause est nulle dans les règlements internes, mais valable dans les règlements internationaux, ce qui montre l'existence d'exceptions.

B. Les exceptions

■ 73 On commencera par évoquer de fausses exceptions.

D'abord, la jurisprudence paraît admettre les clauses permettant au débiteur de rembourser dans une monnaie étrangère ou dans la monnaie ayant cours légal. Tant que le débiteur peut imposer son choix, il n'y a pas de raison d'annuler une telle clause (v. ainsi Civ. 1re, 14 nov. 2013, n° 12-23.208, qui annule la clause, mais uniquement en ce qu'elle permet au prêteur, donc au créancier, d'imposer le paiement dans une monnaie étrangère, qui semble, *a contrario*, admettre la clause laissant le choix au débiteur). En ce cas, il n'y a pas d'exception au cours légal car le créancier est tenu d'accepter le paiement en euros, sauf si le débiteur consent au paiement en une autre monnaie.

En effet, ensuite, rien n'interdit aux parties, le jour du paiement, de s'entendre sur un paiement en monnaie étrangère (CA Paris, 26 oct. 1951 et 16 mai 1952, *Rev. crit. DIP* 1953, p. 377, note Y. Loussouarn), de même que les parties peuvent parfaitement, au jour du paiement, s'entendre sur un paiement en cryptomonnaie. Dans ces hypothèses, il y a dation en paiement, avec sans doute novation de l'obligation de somme d'argent en obligation portant sur une chose, la monnaie étrangère comme la cryptomonnaie n'ayant pas cours légal et n'étant donc, au sens du Code monétaire et financier, pas des monnaies. On le voit : ce qui est interdit, c'est d'imposer en amont le paiement en monnaie étrangère.

■ 74 Les véritables exceptions au cours légal sont posées à l'article 1343-3, alinéa 2 du Code civil : « Toutefois, le paiement peut avoir lieu en une autre monnaie si l'obligation ainsi libellée procède d'une opération à caractère international ou d'un jugement étranger. Les parties peuvent convenir que le paiement aura lieu en devise s'il intervient entre professionnels, lorsque l'usage d'une monnaie étrangère est communément admis pour l'opération concernée ». Reprenons-les successivement.

La première exception légale correspond à une hypothèse d'extranéité (donc une relation internationale) et suppose deux conditions, l'une relative au libellé, l'autre concernant la source de l'obligation. 75 ■

Il faut déjà que l'obligation soit *libellée* dans une autre monnaie que l'euro, donc que soit stipulée une clause de monnaie étrangère. On a déjà vu que les clauses d'indexation sur la monnaie étrangère sont en principe valables, sauf à retenir leur caractère abusif. Il ne doit en revanche pas s'agir de clauses « espèces étrangères », qui exigent le paiement en monnaie étrangère, lesquelles sont interdites.

Il faut en outre considérer la *source de l'obligation*. Le cas le plus simple visé par le texte est celui du jugement étranger (dont on peut sans doute rapprocher, par analogie, la sentence arbitrale étrangère) : le débiteur peut alors payer sa dette en monnaie étrangère, sans conversion en euro. Néanmoins, il semble que cela ne vaille que si le débiteur paye volontairement car, à défaut, le créancier devra demander l'*exequatur* du jugement étranger, l'exécution forcée devant alors, paraît-il, être faite en euros. Le second cas est celui d'une obligation procédant d'une « opération à caractère international », laquelle est plus complexe. Historiquement, l'avocat général Matter expliquait que le paiement en monnaie étrangère n'était admissible qu'en présence d'un contrat générant des « flux et reflux au-dessus des frontières » (conclusions dans l'affaire Civ., 17 mai 1927, *Pélissier du Besset*, *GAJC*, t. 2, 13e éd., 2015, n° 246). Cette conception restrictive, contraire aux règles de conflit en matière contractuelle, ayant été progressivement abandonnée, la jurisprudence s'est ultérieurement contentée d'un « paiement international » (v. par exemple Civ. 1re, 12 janv. 1988, n° 86-11.966, *GAJC*, préc., n° 247), impliquant un flux, mais pas de reflux, d'une simple « opération du commerce international » (Civ. 1re, 11 oct. 1989, n° 87-16.341), ou encore de l'internationalité non pas du contrat mais de l'ensemble contractuel (Com. 11 oct. 2005, n° 03-17.637). Dans sa rédaction issue de l'ordonnance n° 2016-131 du 10 février 2016, le nouvel article 1343-3, alinéa 2 du Code civil retenait le critère du « contrat international », ce qui faisait craindre que cette jurisprudence soit remise en cause. La loi de ratification n° 2018-287 du 20 avril 2018 est venue corriger cette malfaçon, en optant finalement pour l'expression plus large d'« opération à caractère international », laquelle peut parfaitement embrasser un contrat conclu en France, entre deux Français, mais afin de garantir un emprunt international (v. déjà Cass., req., 27 oct. 1943, *S.* 1946. 1. 17, note J.-P. Niboyet).

La seconde exception légale concerne les professionnels, à condition que l'usage d'une monnaie étrangère soit communément admis pour l'opération concernée. Il s'agit d'une nouveauté issue de la loi de ratification n° 2018-287 du 20 avril 2018, qui consacre la pratique de certains secteurs (notamment pour les crédits multidevises). Elle a d'ailleurs été complétée par la consécration expresse d'une exception pour les instruments financiers à terme et les opérations de change au comptant (C. mon. fin., art. L. 112-5-1). 76 ■

Il faut avouer que cette exception est assez étonnante, au regard de l'ordre public monétaire. Si une jurisprudence ancienne semblait admettre des conventions organisant les paiements en devises étrangères dans les relations internes (v. par ex. Cass., req., 18 nov. 1895, *S.* 1899. 1. 270 ; Cass., req., 11 juill. 1917, *S.* 1918. 1. 215), de telles clauses avaient été nettement rejetées avec la jurisprudence *Matter* (Civ., 17 mai 1927, *Pélissier du Besset*, *GAJC*, t. 2, 13e éd., 2015, n° 246). On peut déceler dans cette nouveauté un libéralisme inhabituel, peut-être lié au déclin des enjeux de souveraineté en matière monétaire résultant de la monnaie unique européenne.

Encore faut-il respecter les conditions posées par le texte. Déjà, le contrat doit être conclu entre professionnels, donc dans le cadre d'une activité commerciale, industrielle, artisanale, libérale ou agricole (v. C. conso., art. liminaire). En outre, le recours à une monnaie de paiement étrangère doit être un usage « communément admis » – expression similaire à celle employée dans C. com., art. L. 632-1, 4°, dont l'interprétation pourrait servir de source d'inspiration – pour l'opération considérée. Ainsi, la seule vérification de ce que les intéressés usent fréquemment de clauses de paiement en monnaie étrangère ne suffit pas, il faut qu'un tel usage soit fréquent pour les opérations similaires à celle envisagée. Cette restriction est peu compréhensible et risque de générer du contentieux.

Compléments pédagogiques

Mémo

Si la nature juridique de la monnaie est débattue, on peut considérer qu'il s'agit à la fois d'une unité de valeur, permettant de mesurer les richesses, et d'une unité de paiement, qui permet d'éteindre les dettes. À ne considérer que la monnaie de paiement, on peut y voir un ensemble d'unités monétaires ayant vocation à circuler entre les patrimoines : il s'agit donc d'une chose incorporelle, appropriée, fongible, de genre et consomptible.

Par-delà cette unité, la monnaie peut prendre plusieurs formes, prévues par le Code monétaire et financier. La monnaie fiduciaire correspond aux pièces métalliques et aux billets de banque, dont l'utilisation demeure fréquente mais pour des paiements d'un montant assez faible. La monnaie scripturale, qui correspond aux soldes disponibles des comptes bancaires, peut être considérée à la fois comme une créance contre la banque et comme une monnaie en elle-même. La monnaie électronique, qui correspond à des unités de valeur stockées sous forme électronique (Monéo, PayPal, etc.), peut elle-aussi être considérée comme de la monnaie, quoique cela soit discuté et que la jurisprudence soit réticente à étendre son domaine d'application. Quant aux cryptomonnaies, elles n'ont pas cours légal et ne sont pas des monnaies en droit positif et dans une perspective étatiste, même si elles pourraient être reconnues comme telles dans un futur plus ou moins proche.

La monnaie obéit au principe du nominalisme monétaire, qui veut qu'un euro vaille toujours un euro, quelle que soit la date : il s'agit d'une fiction permettant d'attacher un pouvoir libératoire toujours identique à la monnaie. Il existe néanmoins des mécanismes correctifs (intérêts, dettes de valeurs, etc.), dont les clauses d'indexation, qui permettent de faire varier le montant de la créance en fonction d'un indice. L'indexation non monétaire est assez largement ouverte, si ce n'est l'interdiction d'indexer sur le salaire minimum de croissance ou, sauf exception, sur le niveau général des prix ou salaires : il suffit que le prix ou service servant de référence soit en relation directe avec l'objet du contrat ou l'activité d'une des parties. L'indexation monétaire a longtemps été plus strictement encadrée, même si aujourd'hui les clauses monétaires, indexant la créance sur le cours d'une monnaie étrangère, sont autorisées ; néanmoins, la jurisprudence tend désormais à y voir des clauses abusives.

La règle du cours légal signifie que les monnaies ayant cours ne peuvent être refusées en paiement. Or tel est le principe pour l'euro en France (même s'il existe des limites au pouvoir libératoire, par exemple des plafonds pour les paiements en espèces ou en monnaie électronique). Cela conduit à prohiber dans les relations internes les clauses « espèces étrangères », prévoyant le paiement en euros. Par exception, de telles clauses sont valables lorsque l'obligation est libellée en monnaie étrangère et procède d'une opération à caractère international ou d'un jugement étranger, voire dans les relations internes entre professionnels, lorsque l'usage d'une monnaie étrangère est communément admis pour l'opération concernée.

Quid

■ Appoint n° 72

Complément exact en petite monnaie de la somme due que le débiteur qui paie en billets et en pièces doit verser au créancier, de telle sorte que celui-ci n'ait aucune monnaie à rendre.

■ Cours forcé n° 68

Interdiction de la convertibilité en or de la monnaie nationale (en France, l'euro).

■ Cours légal n°s 61, 70

Monnaie que le créancier est obligé d'accepter en paiement (en France, l'euro).

■ Cryptomonnaie n° 60

Système de paiement numérique décentralisé, donc détaché des réseaux bancaires (on parle parfois de « monnaie privée »), et reposant sur des systèmes de cryptage.

■ Dette de valeur n° 65

Obligation pécuniaire portant non sur une somme, mais sur une valeur estimée au moment de l'exigibilité, en vue de pallier les fluctuations monétaires.

■ Indexation n° 66

Évolution du montant d'une obligation de somme d'argent en fonction de la variation d'un indice de référence (indexation non monétaire) ou d'une monnaie étrangère (indexation monétaire par une clause de monnaie étrangère, ou par référence à l'or par une clause-or).

■ Monnaie n° 48

Instrument légal assurant l'exécution des obligations de sommes d'argent (monnaie de paiement) et servant d'étalon de valeur pour l'estimation des biens (monnaie de compte).

■ Monnaie de paiement nos 52 s.

Ensemble d'unités monétaires ayant vocation à circuler entre les patrimoines.

■ Monnaie électronique n° 57

Valeur monétaire stockée sous forme électronique, représentant une créance sur l'émetteur et qui est acceptée en paiement par des personnes autres que l'émetteur.

■ Monnaie fiduciaire n° 54

Monnaie physique, correspondant aux pièces métalliques et aux billets de banque, dont la valeur est déterminée unilatéralement par l'État.

■ Monnaie scripturale n° 55

Solde des comptes de dépôts bancaires dont on peut disposer par voie de chèques, de virements, de prélèvements et de carte bancaire.

■ Nominalisme monétaire n°s 63 s.

Principe en vertu duquel le débiteur ne doit jamais que la somme numérique initialement prévue, dans la monnaie ayant cours au moment du paiement (les fluctuations de valeur de la monnaie sont donc indifférentes).

Documents

Com. 22 mai 2013, n° 11-23.961 (extrait) (*RTD civ.* 2013. 649, note W. Dross)

[...] [U]ne demande de restitution de fonds ne peut être formée par voie de revendication, la seule voie ouverte au créancier d'une somme d'argent étant de déclarer sa créance à la procédure collective de son débiteur [...].

Civ. 1re, 10 mai 1966 (extrait) (*Bull. civ.* I, n° 277)

Un prêt avait été consenti avec une somme exprimée en francs suisses, le prêteur ayant réclamé la contre-valeur en francs français: la cour d'appel l'avait débouté, faute pour ce prêt d'être un contrat international:

[A]ttendu qu'en déduisant de ce seul élément la nullité de la clause litigieuse, alors qu'il résultait nécessairement de ces constatations que le contrat n'obligeait pas le débiteur à payer en devises étrangères, mais seulement en francs français selon le cours des devises, la cour d'appel n'a pas donné de base légale à sa décision [...].

Civ. 1re, 12 janv. 1988, n° 86-11.966 (extrait) (*GAJC*, t. 2, 13e éd., Dalloz, 2015, n° 247)

[...] Attendu, enfin, que le caractère interne du prêt étant admis, la juridiction du second degré a retenu à bon droit, que ce contrat était soumis à l'ordonnance n° 59246 du 4 février 1959 - modifiant l'ordonnance du 30 décembre 1958 -, laquelle n'admet les indexations que si elles sont en relation directe avec l'objet de la convention ou avec l'activité de l'une des parties, prohibant ainsi, sauf lorsque l'un des contractants est banquier ou financier, la fixation de la créance en monnaie étrangère [...].

Civ. 1re, 10 avr. 2019, n° 17-20.722 (extrait)

[...] Mais attendu que l'arrêt énonce exactement qu'une clause d'indexation fondée sur une monnaie étrangère [en l'occurrence, le franc suisse] est valide, à condition, notamment, d'être en relation directe avec l'activité de l'un des cocontractants; qu'il constate que la clause d'indexation litigieuse est en relation directe avec l'activité de banquier de la société Jyske Bank A/S; que la cour d'appel en a déduit, à bon droit, que la clause litigieuse, fût-elle afférente à une opération purement interne, était licite [...].

CJUE 10 juin 2021, aff. C-776/19 à C-782-19 (extraits)

[…] [L]'article 4, paragraphe 2, de la directive 93/13 doit être interprété en ce sens que, dans le cadre d'un contrat de prêt libellé en devise étrangère, l'exigence de transparence des clauses de ce contrat qui prévoient que la devise étrangère est la monnaie de compte et que l'euro est la monnaie de paiement et qui ont pour effet de faire porter le risque de change sur l'emprunteur, est satisfaite lorsque le professionnel a fourni au consommateur des informations suffisantes et exactes permettant à un consommateur moyen, normalement informé et raisonnablement attentif et avisé, de comprendre le fonctionnement concret du mécanisme financier en cause et d'évaluer ainsi le risque des conséquences économiques négatives, potentiellement significatives, de telles clauses sur ses obligations financières pendant toute la durée de ce même contrat […].

[L]'article 3, paragraphe 1, de la directive 93/13 doit être interprété en ce sens que les clauses d'un contrat de prêt qui prévoient que la devise étrangère est la monnaie de compte et que l'euro est la monnaie de paiement et qui ont pour effet de faire porter le risque de change, sans qu'il soit plafonné, sur l'emprunteur, sont susceptibles de créer un déséquilibre significatif entre les droits et les obligations des parties découlant dudit contrat au détriment du consommateur, dès lors que le professionnel ne pouvait raisonnablement s'attendre, en respectant l'exigence de transparence à l'égard du consommateur, à ce que ce dernier accepte, à la suite d'une négociation individuelle, un risque disproportionné de change qui résulte de telles clauses […].

Civ. 1re, 7 oct. 1997, n° 95-16.671 (extrait)

[…] Mais attendu que, l'obligation au paiement résultant d'une décision judiciaire française et étant libellée en francs français, c'est à bon droit que, s'agissant d'un paiement interne, la cour d'appel a décidé que le débiteur n'était pas fondé, en vertu de l'article 1243 du Code civil, à imposer au créancier, fût-il comme lui de nationalité étrangère et domicilié à l'étranger, un paiement en monnaie étrangère ; que la décision attaquée est ainsi légalement justifiée […].

Crim. 14 déc. 2005, n° 04-87.536 (extrait)

[…] Vu l'article L.112-5 du Code monétaire et financier, ensemble l'article R. 642-3 du Code pénal ;

Attendu que, selon le premier de ces textes, en cas de paiement en billets et pièces, il appartient au débiteur de faire l'appoint ;

Attendu qu'il résulte de l'arrêt attaqué que Jean-Christophe X…, responsable de magasin, est poursuivi pour avoir refusé de recevoir d'une cliente un billet de 500 euros en paiement d'achats d'un montant de 51,13 euros ;

Attendu que, pour le déclarer coupable de la contravention prévue par l'article R.642-3 du Code pénal, l'arrêt relève que le prévenu a délibérément et en connaissance de cause refusé le billet litigieux et énonce que l'article L.112-5 du Code monétaire et financier qui impose au débiteur de faire l'appoint ne justifie pas le refus d'un directeur de supermarché d'accepter en paiement un billet de 500 euros présenté par une cliente et de rendre la monnaie ;

Mais attendu qu'en prononçant ainsi, la cour d'appel a méconnu le sens et la portée des textes susvisés […].

Civ. 1re, 14 nov. 2013, n° 12-23.208 (extrait)

[…] Attendu que pour rejeter sa demande et ordonner la vente forcée des biens et droits immobiliers saisis selon les modalités du cahier des conditions de vente, l'arrêt énonce que le prêt, consenti en devises suisses, prévoit la possibilité d'un remboursement en monnaie française et d'une conversion en euros en cas de défaut de paiement ;

Qu'en statuant ainsi, alors que l'acte de prêt stipulait, d'une part, que « si le compte en devises ne présente pas la provision suffisante au jour de l'échéance, le prêteur est en droit de convertir le montant de l'échéance impayée en francs français » et, d'autre part, que « l'emprunteur pourra demander au prêteur la conversion du prêt en francs français […], étant précisé qu'à défaut d'accord, l'emprunteur devra à son choix poursuivre le prêt en devises ou le rembourser par anticipation », de sorte que le prêteur pouvait imposer à l'emprunteur de payer les échéances en devises étrangères, la cour d'appel a dénaturé les termes clairs et précis de cet acte […].

Civ., 11 févr. 1873, *Do-Delattre* (extraits) (*GAJC*, t. 2, 13e éd., 2015, n° 245)

[…] Attendu que les lois monétaires qui, en vue de conjurer une crise imminente, décrètent le cours forcé d'un papier de crédit, participent du caractère des lois de police et de sûreté ; qu'à ce titre elles intéressent incontestablement l'ordre public, et rentrent, dès lors, dans la classe de celles auxquelles l'article 6 du Code civil défend de déroger par des conventions particulières ; […]

en imposant aux particuliers, en termes absolus et sans admettre aucune exception, l'obligation de recevoir comme monnaie légale les billets de la Banque de France, elle a suffisamment exprimé que sa disposition s'étendait à ceux qui, antérieurement à sa promulgation, auraient stipulé que leurs créances ne pourraient leur être remboursées qu'en espèces d'or ou d'argent ; que, sans doute, cette stipulation est valable et obligatoire pour le débiteur, en l'absence ou après abrogation de lois décrétant le cours forcé des valeurs qu'elle exclut des payements à faire, mais qu'elle cesse d'être exécutoire dès l'instant où le législateur a établi ce cours forcé, et qu'aussi longtemps que cette mesure est maintenue le créancier ne peut légalement se refuser à recevoir en payement un papier de crédit auquel la loi a attribué une valeur obligatoirement équivalente à celle des espèces métalliques […].

Civ., 17 mai 1927, Pélissier du Besset (extrait) (*GAJC*, t. 2, 13e éd., 2015, n° 246)

[…] Attendu que les billets de la Banque de France ont cours légal en France, ceux de la Banque de l'Algérie cours légal en Algérie ;

Qu'aux termes de l'article 3 de la loi du 5 août 1914, jusqu'à ce qu'il ait été décidé autrement la Banque de France et la Banque de l'Algérie sont dispensées de rembourser leurs billets en espèces ; que ce texte a pour objet de garantir à ces billets, dans la circulation monétaire, intérieure, leur pleine valeur de monnaie équivalente à l'or et de frapper d'une nullité d'ordre public toute stipulation obligeant le débiteur résidant en France ou en Algérie à s'acquitter, en France ou en Algérie, soit en or, soit en une monnaie autre que celle ayant cours forcé dans le pays […].

Civ. 1re, 11 oct. 1989, n° 87-16.341 (extrait)

[…] Attendu qu'en se déterminant ainsi, sans rechercher si le prêt litigieux devait donner lieu à un paiement international ou, à tout le moins, s'il était destiné à financer une opération du commerce international, et alors que l'ordonnance n° 59-246 du 4 février 1959, modifiant l'article 79 de l'ordonnance n° 58-1374 du 30 décembre 1958, n'admet les indexations que si elles sont en relation directe avec l'objet de la convention ou avec l'activité de l'une des parties, prohibant ainsi, dans les contrats purement internes, la fixation de la créance en monnaie étrangère, qui constitue une indexation déguisée, la cour d'appel n'a pas donné de base légale à sa décision […].

Com. 11 oct. 2005, n° 03-17.637 (extrait)

[…] [L]a cour d'appel en a exactement déduit, par motifs adoptés, que ce crédit étant destiné à financer des opérations de commerce international, le choix du yen comme monnaie de compte était licite […].

Cass., req., 27 oct. 1943 (extrait) (*S.* 1946. 1. 17, note J.-P. Niboyet)

[…] La cour d'appel avait pu condamner la caution à payer le créancier « dans la monnaie étrangère stipulée, sans qu'il puisse être soutenu que les parties contractantes étant françaises et le lieu du contrat étant situé sur le territoire français, il ne pouvait être stipulé que le paiement devrait se faire en monnaie étrangère […].

Cass., req., 18 nov. 1895 (extrait) (*S.* 1899. 1. 270)

[…] [S]i, en règle générale, les sommes exigibles en un lieu situé sur le territoire français doivent être payées en monnaies ayant cours légal en France, il est cependant permis de convenir qu'elles seront payées en monnaies étrangères ; une telle convention n'a rien de contraire à l'ordre public […].

Cass., req., 11 juill. 1917 (extrait) (*S.* 1918. 1. 215)

[…] [T]out payement en France, quelle qu'en soit la cause, doit être effectué en monnaie française, s'il n'apparaît pas que les parties aient entendu déroger à cette règle […].

Biblio

- G. Blanluet, « La monnaie électronique. Définition – Nature juridique », *RDBF* 2001, p. 128.
- T. Bonneau, « Le règlement MiCA du 31 mai 2023 », *RDBF* n° 4, juill.-août 2023, ét. 14 ; « L'ordonnance n° 2024-936 du 15 octobre 2024 relative aux marchés de crypto-actifs », *RDBF* n° 6, nov.-déc. 2024, ét. 12.
- J. Bourdoiseau, « L'appoint », in *Mélanges en l'honneur de Grégoire Forest*, Dalloz, coll. « Thèmes et commentaires », 2014, p. 51.

- J. Carbonnier, « *Nomos, nomisma* : la monnaie en quête de son droit », in *Flexible droit*, LGDJ, 10e éd., p. 404.
- P. Didier, « Monnaie de compte et compte bancaire », in *Mélanges Jacques Flour*, Defrénois, 1979, p. 139.
- J.-J. Daigre, « De quelques aspects du système de paiement Moneo », in *Mélanges Paul Didier*, Economica, 2008, p. 139.
- H. de Vauplane, « Les nouvelles représentations monétaires : crypto-monnaies, stablecoins, monnaies digitales des banques centrales », *RDBF* 2020, Dossier 15.
- J. François, « Retour sur la revendication des sommes d'argent », *D.* 2012. 1493.
- F. Grua, « Le dépôt de monnaie en banque », *D.* 1998, Chron. 259.
- Y. Heyraud, « Le paiement en monnaie étrangère sur le territoire français : réflexions sur le nouvel article 1343-3 du Code civil », *RTD com.* 2019. 1.
- M. Julienne, « Les crypto-monnaies : régulation et usages », *RDBF* 2018, Étude 19.
- T. Le Gueut, *Le paiement de l'obligation monétaire en droit privé interne*, LGDJ, Bibl. dr. priv., t. 572, 2016.
- R. Libchaber, *Recherches sur la monnaie en droit privé*, LGDJ, Bibl. dr. priv., t. 225, 1992.
- D.R. Martin, « De la monnaie », in *Mélanges Henry Blaise*, Economica, 1995, p. 333.
- Du même auteur, « De la (fausse) monnaie électronique », *RDBF* 2003, p. 65.
- N. Mathey, « La nature juridique des monnaies alternatives à l'épreuve du paiement », *RDBF* 2016, Dossier 41.
- S. Moreil, « La directive DME 2 enfin transposée », *D.* 2013. 1150.
- J.-L. Rives-Lange, « La monnaie scripturale (contribution à une étude juridique) », in *Mélanges Henry Cabrillac*, Librairies Techniques, 1968, p. 403.
- M. Roussille, « Le bitcoin : objet juridique non identifié », *Banque et Droit* 2015, n° 159, p. 27.
- A. Touzain, « L'avenir du droit pénal monétaire », in *Mélanges Philippe Lauvaux*, éd. Panthéon-Assas, 2021, p. 1025.

Quiz

1) Sujets corrigés

A) Test de connaissances

1. La monnaie scripturale est :

a. une créance seulement ;

b. une monnaie seulement ;

c. une créance et une monnaie.

2. Dans les relations internes entre un professionnel et une banque, sont toujours valables :

a. les clauses de monnaie étrangère ;

b. les clauses-or ;

c. les clauses espèces étrangères.

3. Les clauses espèces étrangères sont valables :

a. dans tous les contrats internationaux ;

b. dans certains contrats internes ;

c. dans certains contrats internationaux.

4. Le solde disponible d'un compte bancaire correspond à de la monnaie :

a. électronique ;

b. fiduciaire ;

c. scripturale.

5. Dans les relations internes, les clauses espèces étrangères sont :

a. en principe interdites ;

b. valables lorsque les parties les stipulent communément ;

c. valables pour les opérations où elles sont communément admises.

6. Sont des mécanismes de lutte contre les effets de l'inflation :

a. la dette de valeur ;

b. le nominalisme monétaire ;

c. les clauses d'indexation.

7. La monnaie est :

a. une unité de valeur ;

b. une unité de paiement ;

c. toujours étatique.

8. La monnaie est :

a. une chose corporelle ;

b. une chose fongible ;

c. un corps certain.

9. Les clauses suivantes sont toujours valables :

a. une clause prévoyant une indexation sur une monnaie étrangère et le paiement dans cette monnaie ;

b. une clause prévoyant la possibilité, pour le débiteur, de se libérer au choix en une monnaie étrangère ou dans la monnaie ayant cours légal ;

c. une clause prévoyant la possibilité, pour le créancier, d'exiger son paiement au choix en une monnaie étrangère ou dans la monnaie ayant cours légal.

10. Le paiement en espèces :

a. est toujours possible en dessous de 1 000 euros ;

b. permet d'exiger de l'*accipiens* qu'il rende la monnaie ;

c. peut être fait dans une autre monnaie que l'euro si les parties en sont d'accord.

11. L'indexation non monétaire peut être faite sur :

a. le prix des biens en relation directe avec l'objet du contrat ;

b. le salaire minimum de croissance ;

c. le prix des biens en relation directe avec l'activité de l'une des parties.

12. Ont cours légal en France :

a. la monnaie fiduciaire ;

b. la monnaie électronique ;

c. la monnaie virtuelle.

13. Le cours légal est :

a. une règle supplétive de volonté ;

b. une règle d'ordre public ;

c. une loi de police.

14. La monnaie est :

a. objet de propriété ;

b. susceptible d'être revendiquée en procédure collective ;

c. une chose de genre.

15. Sont des exceptions au cours légal :

a. l'exécution volontaire d'un jugement étranger ;

b. l'exécution volontaire d'une sentence arbitrale étrangère

c. l'exécution forcée d'un jugement étranger.

16. Sont des exemples de monnaie électronique :

a. Monéo ;

b. PayPal ;

c. Bitcoin.

17. Entre un professionnel et un consommateur, la clause de monnaie étrangère est :

a. en principe autorisée ;

b. réputée non-écrite dans certains cas ;

c. en principe interdite.

18. Le cours légal désigne :

a. l'inconvertibilité en or ;

b. la valeur de la monnaie étatique ;

c. l'impossibilité de payer dans une autre monnaie que celle désignée.

19. En l'état du droit positif, les cryptomonnaies :

a. ont cours légal ;

b. sont des monnaies électroniques ;

c. sont des actifs financiers.

20. Une clause espèces étrangères est possible dans le cadre :

a. d'une opération du commerce international ;

b. d'une opération à caractère international ;

c. d'un ensemble contractuel à vocation internationale.

Voir le corrigé en fin de rubrique.

B) Test de compréhension

Vous êtes avocat et la banque Dalloz vous sollicite afin de réaliser un audit de certaines clauses d'un contrat-type de crédit qu'elle envisage d'utiliser pour les prochaines années. Vous lui répondrez en commentant les clauses reproduites ci-après, pour lui indiquer si, au regard du droit monétaire, elles sont conformes ou non à la législation et en proposant, si besoin, des alternatives.

« Contrat de crédit conclu entre la Banque Dalloz et M/Mme X…

Article 1er – Montant du crédit

La Banque Dalloz accorde à M/Mme X… un crédit d'un montant de [chiffres] ([en lettres]) euros, remboursable dans un délai de [YY] ans, à compter du [date]. Ce crédit est accordé en vue de [détail de l'opération commerciale ou non]. […]

Article 12 – Remboursement

Le crédit est remboursé aux échéances prévues à l'article 8. Le montant du remboursement est déterminé par référence au cours du franc suisse à la date de l'échéance. Le remboursement est fait, au choix de M/Mme X…, en euros ou en francs suisses. […]

Article 15 – Incident de paiement

En cas de retard ou de non-paiement lors de deux échéances consécutives, la déchéance du terme est acquise. La Banque Dalloz peut réclamer le remboursement, à son choix, en euros ou en francs suisses. […] »

Voir le corrigé en fin de rubrique.

C) Cas pratiques

Énoncé n° 1

Marie souhaite acheter un ordinateur dernier cri auprès de la société Pear. Après avoir reçu de nombreux conseils d'un vendeur et longuement réfléchi, elle a opté pour une tablette numérique en promotion à 700 euros. Marie aimerait payer le prix en bitcoins et s'étonne du refus du vendeur de recevoir un tel paiement. Elle a en outre deux billets de 500 euros qu'elle propose au vendeur, qui les refuse également, ce qui est la politique du magasin. Marie, qui a perdu sa carte bancaire, souhaite forcer son interlocuteur à recevoir l'un ou l'autre moyen de paiement proposé. *Qu'en pensez-vous ?*

Voir le corrigé en fin de rubrique.

Énoncé n° 2

Désiré, dirigeant de la société HyperCours, dont l'objet social est la vente de contenus juridiques, souhaite développer les services en ligne, en individualisant les abonnements. Il a ainsi développé un nouveau produit, permettant aux abonnés d'accéder à certains articles de façon individualisée, avec des systèmes de réduction. Pour ce faire, les clients doivent charger sur un portefeuille numérique (« l'HyperPlein ») des crédits (les « Dalleuroz »), qu'ils peuvent utiliser à leur guise sur le portail. Il aimerait qu'une clause du contrat d'abonnement stipule qu'en cas de résiliation unilatérale, les Dalleuroz non dépensés demeureraient acquis à la société HyperCours. Une associée d'HyperCours s'inquiète de ce qu'un agrément en tant qu'établissement de monnaie électronique devrait être demandé pour cette activité. *Qu'en pensez-vous ?*

Voir le corrigé en fin de rubrique.

2) Corrigés

Test de connaissances

1. c ; **2.** a et b ; **3.** a et b ; **4.** c ; **5.** a et c ; **6.** a et c ; **7.** a et b ; **8.** b ; **9.** b ; **10.** a et c ; **11.** a et c ; **12.** a et b ; **13.** b et c ; **14.** a et c ; **15.** a et b ; **16.** a et b ; **17.** a et b ; **18.** c ; **19.** c ; **20.** a, b et c.

Test de compréhension

L'article 1er du contrat est *a priori* valable. Néanmoins, il semble en découler que le contrat-type pourrait s'appliquer pour des crédits accordés dans le cadre commercial ou non, ce qui peut avoir une répercussion sur la validité des clauses suivantes. Il faut donc conseiller à la Banque Dalloz de clarifier ce point et d'envisager des contrats-types différents selon que le crédit est accordé dans le cadre professionnel ou non professionnel.

L'article 12 comporte à la fois une clause de monnaie étrangère (« le montant du remboursement est déterminé par référence au cours du franc suisse... ») et une clause-espèces (« le remboursement est fait, au choix de M/Mme X..., en euros ou en francs suisses »).

Quant à la clause de monnaie étrangère, elle est en principe valable (Civ. 1re, 10 mai 1966, *Bull. civ.* I, n° 277), le régime des clauses d'indexation étant respecté dès lors que l'une des deux parties est un établissement bancaire (Civ. 1re, 12 janv. 1988, n° 86-11.966, *GAJC*, t. 2, 13e éd., 2015, n° 247), ce qui est le cas ici. Néanmoins, la jurisprudence récente sanctionne de telles clauses sur le terrain des clauses abusives (v. dernièrement Civ. 1re, 20 avr. 2022, n° 19-11.599 et n° 20-16.316), à condition de remplir les conditions de la réglementation sur les clauses abusives, à savoir notamment le fait que le contrat ait été conclu entre un professionnel et un consommateur ou non-professionnel, n'agissant donc pas dans le cadre de son activité (C. conso., art. L. 132-1 et art. liminaire). D'où l'intérêt de préciser le contenu de l'article 1er du contrat : si le contrat-type concerne aussi des consommateurs, une telle clause risquerait d'être réputée abusive par le juge.

Quant à la clause-espèces, l'article 1343-3, alinéa 1er du Code civil prévoit le principe du cours légal, qui suppose que le paiement, en France, d'une obligation de sommes d'argent se fait en euros. Néanmoins, la jurisprudence admet qu'une clause d'un contrat ouvre au débiteur une option de paiement entre une monnaie étrangère et la monnaie ayant cours légal (Civ. 1re, 14 nov. 2013, n° 12-23.208) : c'est le cas en l'espèce, puisqu'il s'agit d'une faculté pour le débiteur de se libérer en euros ou en francs suisses, empêchant le créancier d'imposer une règle autre que le cours légal. Sur ce point donc, la clause est valable (d'ailleurs, si le contrat est de consommation, elle entraîne un déséquilibre au bénéfice du consommateur, qui est donc valable).

L'article 15 prévoit une clause de déchéance du terme (dont la validité n'a pas à être discutée puisqu'il ne s'agit pas d'une question de droit monétaire, mais il semble qu'au regard du droit des obligations elle soit valable). En revanche, la seconde phrase prévoit que le remboursement peut être demandé par la Banque Dalloz en euros ou en francs suisses. Contrairement à la clause précédente, l'option ne bénéficie pas à l'emprunteur mais au prêteur : outre qu'elle serait abusive au sens du droit de la consommation, l'article 1343-3, alinéa 2 du Code civil n'admet d'exceptions au cours légal que dans les opérations à caractère international ou entre professionnels, à condition qu'une monnaie étrangère soit communément admise pour l'opération concernée. En l'espèce donc, sauf à démontrer que l'usage d'une monnaie étrangère est habituel pour le type de crédit envisagé (ce qui a vocation à être rare, sauf à ce que le crédit s'inscrive dans un contexte international), il faut sans doute conclure au réputé non-écrit de cette clause.

Cas pratique n° 1

Les deux types de paiement proposés par Marie soulèvent des difficultés différentes.

Quant au paiement en bitcoins, il s'agit d'une question de cours légal : l'article 1343-3, alinéa 1er du Code civil prévoit que le paiement, en France, d'une obligation de somme d'argent s'effectue en euros. Or, le bitcoin est une monnaie concurrente de l'euro et n'a donc pas cours légal. Dès lors, si un paiement en bitcoin est possible en France, il suppose nécessairement l'accord de l'*accipiens*, ce qui n'est pas le cas ici. Le refus est donc légitime.

Quant au paiement en espèces, il conduit à se poser deux questions. La première est celle du pouvoir libératoire, qui suppose de respecter le plafond des paiements, qui est fixé à 1 000 euros pour les paiements en espèces (C. mon. fin., art. D. 112-3). Ce plafond est respecté ici puisque le montant de l'opération est de 700 euros. La seconde question est celle du refus de recevoir deux billets de 500 euros, qui est normalement illégitime (puisque ces billets ont cours légal), mais le vendeur peut exiger de Marie qu'elle fasse l'appoint (C. mon. fin., art. L. 112-5), ce qui suffit à justifier le refus de recevoir de tels billets (Crim. 14 déc. 2005, n° 04-87.536).

Cas pratique n° 2

L'agrément en tant qu'établissement de monnaie électronique est nécessaire dès lors qu'une personne met à disposition de ses clients une telle monnaie : l'enjeu est donc la qualification de monnaie électronique. L'article L. 315-1 du Code monétaire et financier définit la monnaie électronique comme « une valeur monétaire qui est stockée sous une forme électronique, y compris magnétique, représentant une créance sur l'émetteur, qui est émise contre la remise de fonds aux fins d'opération de paiement [...] et qui est acceptée par une personne physique ou morale autre que l'émetteur de monnaie électronique ». La jurisprudence est fluctuante : dans le cadre du produit « Ticket Premium », acheté dans les points de vente pour pouvoir jouer en ligne, elle considère qu'il s'agit de monnaie électronique (CE, 9e et 10e ch. réun., 9 déc. 2022, n° 456582), alors que pour le « porte-monnaie Steam », qui permet d'acheter des jeux vidéo, elle considère qu'il n'en va pas ainsi puisque les fonds stockés ne sont destinés qu'à la société Steam (CA Paris, Pôle 5, ch. 2, 21 oct. 2022, n° 20/15768). Il semble que la situation de la société HyperCours soit similaire à celle ayant fait l'objet de cette dernière jurisprudence, dès lors que les Dalleuroz sont destinés à être utilisés uniquement sur cette plateforme, et que la qualification de monnaie électronique serait écartée, sans nécessité d'agrément.

chapitre 3

Le titre de paiement : le chèque

Plan analytique

section 1

L'émission du chèque

§ 1 Les conditions de forme

A. Les formules de chèque

B. Les mentions du chèque

§ 2 Les conditions de fond

A. Les personnes

B. La provision

§ 3 Les effets

A. Sur la provision

B. Sur l'obligation fondamentale

section 2

La circulation du chèque

§ 1 L'endossement translatif

§ 2 L'endossement de procuration

section 3

Le paiement du chèque

§ 1 La présentation au paiement

A. Les modalités de présentation

B. Les modalités de paiement

§ 2 Le défaut de paiement

A. L'opposition

B. L'absence de provision

Compléments pédagogiques

Le titre de paiement : le chèque

Le *chèque*[Q] peut être *défini* comme le document écrit par lequel le *tireur*[Q] donne au *tiré*[Q], qui est forcément un établissement bancaire ou un établissement assimilé (C. mon. fin., art. L. 131-4), l'ordre de payer à vue une somme déterminée au *bénéficiaire*[Q] ou à son ordre. 77

C'est un mode de retrait des fonds déposés à la banque lorsque le bénéficiaire est le tireur lui-même ; mais c'est un *instrument de paiement* toutes les fois où le bénéficiaire est un tiers.

L'*origine historique* du chèque est débattue. Apparaît-il au Moyen Âge ou remonte-t-il plus loin dans l'histoire ? Son berceau se trouve-t-il à Gênes, à Anvers, ou ailleurs ? Une chose est sûre : le chèque se développe en Angleterre autour du XVIIIe siècle. L'étymologie le confirme : le terme « chèque » vient du mot anglais « *check* », qui veut dire « talon » et qui est issu de la signification plus large de « vérification ». 78

Introduit en France au XIXe siècle, le chèque y est consacré par une loi du 14 juin 1865. Au niveau international, il fait l'objet de trois conventions signées à Genève le 19 mars 1931.

Naturellement, le droit français du chèque a été retouché à plusieurs reprises, notamment dans les années 1970. Mais parmi ces réformes, il en est une qui mérite une place à part : celle qui résulte de la loi n° 91-1382 du 30 décembre 1991 et du décret n° 92-456 du 22 mai 1992. C'est à cette occasion que le régime du chèque a été profondément remanié. De nos jours, ce régime a son siège principal aux articles L. 131-1 et suivants du Code monétaire et financier.

À l'instar de son origine historique, la *nature juridique* du chèque ne fait pas l'unanimité. Les principales thèses en présence peuvent être évoquées rapidement. 79

Certains ont vu dans le chèque une cession de créance particulière, dont le régime serait allégé. Néanmoins, les divergences entre chèque et créance paraissent plus nombreuses que les convergences.

D'autres ont expliqué le chèque par la référence au mandat. Ce serait plus précisément un mandat donné par le tireur au tiré de payer le porteur à sa place. Plusieurs objections pourraient être formulées. Une seule suffira : le mandat n'explique pas le chèque de retrait, où le tireur lui-même est le bénéficiaire.

D'autres encore, les plus nombreux, ont ramené le chèque dans le giron des effets de commerce (v. *infra*, chapitre 5). L'objectif est d'insister sur le fait que le mécanisme sous-jacent au chèque est celui d'un titre à ordre. Mais là encore, une différence essentielle entre le chèque et les effets de commerce, qui justifie d'ailleurs leur traitement séparé au sein de cet ouvrage, doit être soulignée. Le chèque peut être, on l'a dit, un instrument de retrait. Ajoutons qu'il peut également constituer, d'une certaine façon, un instrument de crédit qui tient au laps de temps entre l'émission du chèque et la présentation au paiement de celui-ci. Toutefois, cette dernière remarque étant purement factuelle, la fonction d'instrument de crédit est accidentelle, indirecte. Le chèque est essentiellement un instrument de paiement. Ce qui le distingue fondamentalement des effets de commerce, qui sont des instruments de crédit. À cet égard, il faut souligner que la pratique très courante des « chèques de garantie » (v. ss 94), notamment des chèques dits « de caution » en matière de bail, est parfaitement contraire à la nature d'instrument de paiement à vue.

Faut-il se résoudre à voir dans le chèque un instrument *sui generis* ? Sans doute. Après tout, le régime légal du chèque est suffisamment étoffé pour que l'exigence de le qualifier à la lumière d'une autre catégorie connue ne se fasse pas particulièrement ressentir. Tout au plus, pour mieux en comprendre le fonctionnement, peut-on ajouter la remarque suivante. Lorsque le chèque est un instrument de paiement – hypothèse principale, sur laquelle on se concentrera dorénavant –, sa fonction est d'*éviter le maniement de la monnaie fiduciaire* (sur laquelle v. ss 54). Ce qui ne doit cependant pas tromper : le chèque ne constitue pas en lui-même de la monnaie scripturale, c'est un moyen de véhiculer la monnaie scripturale (sur laquelle v. ss 55 s.) ; à cet égard, on soulignera que le législateur interdit les chèques acceptés (C. mon. fin., art. L. 131-5, al. 1er ; v. ss 92), car le danger serait qu'en raison de la confiance que l'on a dans le tiré, qui est un établissement bancaire, le chèque devienne une monnaie concurrente de celle fiduciaire (un chèque de 20 euros accepté par un établissement bancaire serait considéré comme étant autant, sinon plus, susceptible de confiance qu'un billet du même montant).

■ 80 Aux côtés du chèque, si l'on ose dire, de droit commun, il existe, à vrai dire hier plus qu'aujourd'hui, des *chèques spéciaux*, soumis à des régimes particuliers.

D'une part, le chèque postal, apparu à la moitié du xxe siècle, faisait l'objet de dispositions propres figurant au sein du Code aujourd'hui appelé des postes et des communications électroniques. Cela dit, la loi n° 2005-516 du 20 mai 2005 ayant donné vie à la banque postale, véritable établissement bancaire, elle a abrogé le régime spécial prévu pour le chèque postal (même si le chapitre du Code monétaire et financier ici étudié – art. L. 131 s. – est intitulé « le chèque bancaire et postal »).

D'autre part, le chèque emploi-service universel (CESU) est un titre emploi pour déclarer des salariés, ou un titre spécial de paiement qui permet d'acquitter le montant de la rémunération et les cotisations des salariés qui réalisent certaines prestations. Il est régi par le Code du travail (C. trav., art. L. 1271-1 s.). L'ancien article L. 1271-9 du même code envisageait expressément que ce type de chèque puisse constituer un chèque au sens du Code monétaire et financier. La disposition a toutefois été abrogée en 2015 (Ord. n° 2015-682 du 18 juin 2015).

■ 81 Voilà ce qu'est le chèque. Et voici maintenant *ce qu'il n'est pas*. Car le terme « chèque » est parfois employé de manière impropre pour désigner des documents fondamentalement différents de lui.

Le *chèque-restaurant*, ou ticket-restaurant, n'est pas un chèque. Le législateur le désigne d'ailleurs par la formule « titre-restaurant » (C. trav., art. L. 3262-1 s.). C'est un titre spécial de paiement, que l'employeur remet aux salariés pour leur permettre d'acquitter en tout ou en partie le prix du repas consommé au restaurant ou acheté auprès de certaines personnes (C. trav., art. L. 3262-1).

Le *chèque-vacances* n'est pas, non plus, un chèque au sens strict. Il s'agit d'un titre spécial, pouvant être remis par le bénéficiaire aux personnes conventionnées en paiement des dépenses effectuées pour ses vacances (C. tour., art. L. 411-1 s.).

Il existe en outre une série de documents baptisés en pratique « chèques », qui n'en sont pour autant pas : *chèque-cadeau*, *chèque-cinéma*, *chèque-théâtre*, etc. Leur diversité empêche d'en proposer une qualification unique. Le régime dépend directement des stipulations entre l'émetteur, le bénéficiaire et le prestataire. Parfois, la Cour de cassation a exclu que ces soi-disant chèques constituent des instruments de paiement (Com. 6 juin 2001, n° 99-18.296, *Bull. civ.* IV, n° 111).

Une place à part mérite d'être faite au *chèque de voyage*, également appelé *traveller's* chèque. Il s'agit d'un document qui permet à son bénéficiaire d'être payé de la somme indiquée par l'un quelconque des guichets ou des partenaires de l'émetteur. La Cour de cassation a refusé d'y voir un véritable chèque, préférant opter pour la qualification de simple engagement de payer (Crim. 20 mars 1955, *RTD com.* 1956. 91, obs. J. Becqué et H. Cabrillac). Néanmoins, la question a perdu une bonne partie de son intérêt, puisque le chèque de voyage est aujourd'hui très peu utilisé.

Mais revenons au chèque à proprement parler, pour formuler une dernière observation à titre liminaire concernant son *importance pratique*. Puisqu'il permet des paiements en monnaie scripturale, plus faciles à tracer que les paiements en monnaie fiduciaire, le recours au chèque a longtemps été encouragé. Toutefois, en raison du risque de falsification et de sa lourdeur relative (notamment la nécessité de le présenter au paiement), le chèque a été, dans une certaine mesure, supplanté de nos jours par d'autres instruments de paiement, en tête desquels vient la carte bancaire. Dans une certaine mesure seulement, comme le montrent les données de la Banque de France. Certes, en nombre de paiements, le chèque a été utilisé en 2020 treize fois moins que la carte bancaire ; il n'en reste pas moins que le montant global des paiements par chèque était, toujours en 2020, supérieur à celui des paiements par carte bancaire (Banque de France, *Cartographie des moyens de paiement scripturaux. Bilan de la collecte 2021 (données 2020)*, p. 3, https://www.banque-france.fr/sites/default/files/media/2022/06/27/cmp2020_fr.pdf, consulté en mars 2023). En d'autres mots, le chèque est de moins en moins utilisé pour les paiements d'un montant faible, mais il demeure un instrument essentiel pour les *paiements de sommes d'argent élevées*. 82 ■

Pour étudier le chèque, il est possible de s'intéresser successivement à sa naissance, sa vie et sa fin, ou plus précisément, à son émission (section 1), à sa circulation (section 2) et à son paiement (section 3). 83 ■

section 1

L'émission du chèque

L'émission du chèque ne se réduit pas à sa création par le tireur, elle suppose également sa remise au bénéficiaire (Com. 31 janv. 2006, n° 04-15.315, *Bull. civ.* IV, n° 18). La précision étant faite, il faut commencer par relever que l'émission du chèque est soumise à diverses conditions, qui tiennent tantôt à la forme (§ 1) tantôt au fond (§ 2). Seulement après pourra-t-on présenter les effets de l'émission du chèque (§ 3). 84 ■

§ 1 Les conditions de forme

85 Certaines conditions de forme du chèque ont trait aux formules de chèque (A), tandis que d'autres, plus nombreuses, encadrent les mentions du chèque (B).

Une question transversale doit être évacuée dès le seuil. Contrefaire ou falsifier un chèque, voire faire usage ou accepter un chèque contrefait ou falsifié, est puni d'un emprisonnement de cinq ans et d'une amende de 375 000 euros (C. mon. fin., art. L. 163-3) – au passage, d'autres faits peuvent être sanctionnés sur des fondements différents, par exemple le fait de clôturer un compte avec un solde débiteur et après avoir créé une trésorerie artificielle par la remise de chèques sans provision (Crim. 18 déc. 2024, n° 23-86.425). À ce propos, la Cour de cassation a précisé que « s'il incombe à l'émetteur d'un chèque d'établir que celui-ci a été falsifié, il revient à la banque tirée, dont la responsabilité est recherchée pour avoir manqué à son obligation de vigilance et qui ne peut représenter l'original de ce chèque, de prouver que celui-ci n'était pas affecté d'une anomalie apparente, à moins que le chèque n'ait été restitué au tireur » (Com. 9 nov. 2022, n° 20-20.031, *D.* 2023. 220, note L. Siguoirt).

A. Les *formules de chèque*

86 Numérotés et reliés à un carnet à souche, que l'on dénomme habituellement « chéquier », les chèques sont fournis par un établissement bancaire à son client. Les formules sont *normalisées*, en ce sens qu'une uniformisation a été prévue pour en faciliter le traitement automatisé (Arrêté 5 août 1970). On remarquera que le chèque est expressément exclu du périmètre du régime spécialement prévu pour certains titres pouvant être établis, signés et conservés sous forme électronique (L. n° 2024-537, 13 juin 2024, art. 14, II, 2°).

Les formules de chèque doivent être mises *gratuitement* à la disposition du titulaire du compte (C. mon. fin., art. L. 131-71, al. 2).

Elles doivent contenir *certaines informations* : le nom de la personne à laquelle la formule est délivrée, mais la sanction du non-respect de cette exigence se limite à une amende de 7,5 euros par infraction (C. mon. fin., art. L. 131-70, al. 1er) ; le numéro de téléphone de la succursale ou agence bancaire auprès de laquelle le chèque est payable, ainsi que l'adresse du titulaire du compte, aucune sanction n'étant cependant prévue en ces cas (C. mon. fin., art. L. 131-71, al. 4 et 5).

87 La *délivrance* des formules de chèque soulève un certain nombre de questions. Nous en retiendrons deux.

La première est de savoir à quelles personnes ces formules de chèque peuvent être délivrées. D'une part, elles *ne doivent pas être délivrées* au titulaire d'un compte à partir d'un incident de paiement relevé en son nom pour défaut de *provision* suffisante (C. mon. fin., art. L. 131-71, al. 4 et 5), ni à la personne frappée d'une interdiction judiciaire d'émettre des chèques (C. mon. fin., art. L. 163-6, al. 3) – en ce dernier cas, le condamné doit restituer aux établissements bancaires qui les avaient délivrées les formules en sa possession (C. mon. fin., art. L. 163-6, al. 2). D'autre part, la délivrance de formules de chèque *peut être refusée* à un client même en dehors des cas susmentionnés (C. mon. fin., art. L. 131-71, al. 1er). À ce propos, la jurisprudence retient que la décision de ne plus délivrer des formules de chèque ne constitue pas une rupture abusive de crédit de la part de l'établissement bancaire, au motif que

« si les formules de chèques habituellement délivrées par les banques à leurs clients représentent l'un des moyens de faire fonctionner le compte et, par conséquent, de disposer du crédit, elles ne constituent cependant pas le seul, et qu'un compte bancaire fonctionne aussi, même si moins commodément, par le moyen de virements, d'effets et billets, de prélèvements, de chèques certifiés » (Com. 6 mai 1997, n° 94-13.772, *Bull. civ.* IV, n° 116). Cependant, le refus de délivrer des formules de chèque doit être motivé (C. mon. fin., art. L. 131-71, al. 1er), ce qui permet au client d'en contester le bien-fondé (Civ. 1re, 23 janv. 2013, n° 10-28.397, *Gaz. pal.* 2013, p. 19, note S. Piedelièvre).

Seconde question : dans quels cas l'établissement bancaire est-il *responsable* ? D'abord, la délivrance de formules de chèque à certaines personnes peut constituer une faute à l'égard des tiers victimes d'un chèque sans provision. Il en va par exemple ainsi en cas de délivrance d'une formule de chèque pour une opération à un client auquel le chéquier a été pourtant retiré en raison de l'émission de chèques sans provision, et dont le compte est encore débiteur (Com. 3 mars 1981, n° 79-14.354, *Bull. civ.* IV, n° 115). En revanche, délivrer des formules de chèque à une société en formation ne constitue pas une faute, bien qu'elle ne soit pas encore pourvue de la personnalité morale (Com. 6 févr. 1990, n° 88-18.873, *Bull. civ.* IV, n° 34). Ensuite, l'établissement bancaire est responsable sur le terrain délictuel en cas de délivrance de formules de chèque qui n'offrent pas toute garantie de sécurité, par exemple si un procédé de marquage ou d'impression indélébile n'a pas été utilisé (Com. 11 févr. 2003, n° 00-18.058, *Bull. civ.* IV, n° 18). Enfin, la responsabilité de l'établissement bancaire peut être recherchée en raison des modalités de mise à disposition des formules de chèque, tout particulièrement en cas d'envoi par courrier postal simple (Com. 28 févr. 1989, n° 87-17.374, *Bull. civ.* IV, n° 70).

Le recours à des formules de chèque délivrées par un établissement bancaire est-il facultatif ? Peut-on émettre un chèque sur un *support autre qu'une formule de chèque* ? On répond traditionnellement par l'affirmative, au motif que les formules de chèque seraient une simple pratique et non une exigence prévue par la loi. Pour l'illustrer, qu'il nous soit autorisé un brin d'humour – une fois n'est pas coutume –, au travers de la décision suivante rendue en première instance : « attendu qu'à supposer qu'un chèque puisse être établi sur papier libre, encore faut-il que ce papier soit suffisamment solide et résistant pour supporter, sans se désagréger ou sans être endommagé, les différentes manipulations que son encaissement impose ; attendu que si certains papiers dits hygiéniques répondent avantageusement à ces critères, tel n'est pas le cas du papier sur lequel la société Setelinf a cru pouvoir rédiger son ordre de paiement ; qu'en effet, il s'agit d'un papier doux, ouaté, perforé et fragile, conforme à l'usage auquel il est normalement destiné mais risquant de se désagréger en cas de manipulations multiples de la nature de celles auxquelles il est habituellement procédé pour l'encaissement d'un chèque ; attendu que, dans ces conditions, c'est à juste titre que la S.A. Bis a considéré que la fragilité d'un tel support l'empêchait de procéder à l'encaissement » (TGI Lyon, 16 avr. 1996, *Gaz. pal.* 2000, n° 4, p. 33 ; *Les petits arrêts de la jurisprudence insolite*, Dalloz, 2025, p. 157, obs. L. Andreu). Toutefois, le fait que les formules de chèque ne résultent que de la pratique est de nos jours discutable, en ce sens que le législateur les vise à plusieurs reprises (v. not. C. mon. fin., art. L. 131-70 à art. L. 131-73). 88

Quoi qu'il en soit, il n'est pas rare que les établissements bancaires découragent contractuellement le recours à des supports autres que les formules de chèque délivrées par eux. Ce que la Cour de cassation n'interdit pas : « attendu que la cour d'appel a exactement écarté le caractère abusif de la clause selon laquelle le Crédit lyonnais s'autorisait à refuser les chèques émis sur des formules non conformes aux normes en usage dans la profession et prévoyait une commission pour le traitement de pareils chèques, dès lors qu'une telle clause, destinée à permettre un traitement rationalisé des formules de chèques normalisées au lieu d'un traitement individualisé de formules singulières nécessairement plus long et plus onéreux, ne crée aucun avantage au profit de la banque ni aucun désavantage au détriment du consommateur qui bénéficie de la délivrance gratuite des chéquiers et d'une facilité d'utilisation » (Civ. 1re, 8 janv. 2009, n° 06-17.630, *RTD com.* 2009. 418, obs. D. Legeais).

B. Les mentions du chèque

■ 89 Un chèque peut contenir trois sortes de mentions : certaines d'entre elles sont obligatoires, d'autres sont facultatives, d'autres encore sont interdites.

■ 90 Commençons par les *mentions obligatoires*. Elles sont énumérées à l'article L. 131-2 du Code monétaire et financier : la dénomination de chèque, insérée dans le texte même du titre et exprimée dans la langue employée pour la rédaction de ce titre ; le mandat pur et simple de payer une somme déterminée ; le nom de celui qui doit payer, nommé le tiré ; l'indication du lieu où le paiement doit s'effectuer ; l'indication de la date et du lieu où le chèque est créé ; la signature de celui qui émet le chèque, nommé le tireur. Quelques précisions peuvent être apportées au sujet de certaines de ces mentions.

S'agissant de la *somme à payer*, l'usage est de la rédiger à la fois en lettres et en chiffres. En cas de différence entre les deux, c'est la somme en lettres qui doit être prise en compte (C. mon. fin., art. L. 131-10, al. 1er). La raison d'être de la règle tient au fait qu'une erreur est moins probable dans la mention en lettres que dans celle en chiffres. En outre, le chèque dont le montant est écrit plusieurs fois, que ce soit en lettres ou en chiffres, ne vaut, en cas de différence, que pour la moindre somme (C. mon. fin., art. L. 131-10, al. 2).

Concernant l'indication du *lieu où le paiement doit s'effectuer*, question essentielle, trois solutions ont été organisées par le législateur : à défaut d'indication spéciale, le lieu désigné à côté du nom du tiré est réputé être le lieu de paiement ; si plusieurs lieux sont indiqués à côté du nom du tiré, le chèque est payable au premier lieu indiqué ; à défaut de ces indications, le chèque est payable au lieu où le tiré a son établissement principal (C. mon. fin., art. L. 131-3, al. 2 et 3).

La *date* et le *lieu de création* du chèque appellent des observations d'importance inégale. La date doit contenir le jour et le mois, l'indication seule de l'année étant insuffisante (Com. 24 juin 1997, n° 95-11.300, *Bull. civ.* IV, n° 199). Notons incidemment que « le chèque présenté au paiement avant le jour indiqué comme date d'émission est payable le jour de la présentation » (C. mon. fin., art. L. 131-31, al. 2) ; en somme, le chèque postdaté est immédiatement payable. Quant à l'indication du lieu, si elle fait défaut le chèque est considéré comme émis dans le lieu désigné à côté du nom du tireur (C. mon. fin., art. L. 131-3, al. 4).

Quelle est la *sanction* du défaut d'une mention obligatoire ? Sauf dans les cas, que l'on vient de voir, où la loi vient suppléer au défaut de mention, le titre ne vaut pas comme chèque (C. mon. fin., art. L. 131-3, al. 1er). Par exemple, l'absence de date fait obstacle à la qualification de chèque, mais il est possible de le convertir par réduction : le document peut avoir la valeur d'un commencement de preuve par écrit (Civ. 1re, 10 mars 1992, 90-21.074, *Bull. civ.* I, n° 78). Autre exemple : l'absence de signature empêche que le titre soit un chèque, même s'il a manifestement été établi par le titulaire du chéquier (Com. 12 juill. 2011, n° 10-15.833, *D.* 2011. 2845, note J. Lasserre Capdeville). Une autre sanction peut parfois s'ajouter : le tireur qui émet un chèque ne portant pas l'indication du lieu ou de la date d'émission, celui qui revêt un chèque d'une fausse date, celui qui tire un chèque sur une personne autre qu'un établissement bancaire, est passible d'une amende maximale de 6 % de la somme pour laquelle le chèque est tiré (C. mon. fin., art. L. 131-69).

Il faut s'attacher maintenant aux *mentions facultatives*, que le tireur peut tout à fait ajouter sur le chèque. 91 ■

La plus fréquente est sans doute la *désignation du bénéficiaire* du chèque. C'est une mention facultative parce que le chèque peut être au porteur. En principe, le bénéficiaire est désigné par son nom ou sa dénomination. Mais la jurisprudence est assez souple. Elle admet notamment que l'inscription du numéro d'un compte et de l'établissement bancaire chez lequel il est ouvert puisse suffire pour désigner comme bénéficiaire du chèque le titulaire de ce compte (Com. 13 févr. 1996, n° 93-18.593, *Bull. civ.* IV, n° 45).

On peut ajouter le *barrement*, qui s'effectue au moyen de deux barres parallèles apposées au recto du chèque (C. mon. fin., art. L. 131-44, al. 2), et qui impose au tiré de payer ce chèque uniquement à un établissement bancaire ou à un établissement assimilé, ou alors à un client du tiré (C. mon. fin., art. L. 131-45, al. 1er).

Pour terminer, on relèvera que certaines *mentions* sont *interdites*. Le chèque ne peut pas être accepté (C. mon. fin., art. L. 131-5, al. 1er) ; des intérêts ne peuvent pas y être stipulés (C. mon. fin., art. L. 131-8) ; il ne peut pas contenir d'exclusion de garantie du paiement par le tireur (C. mon. fin., art. L. 131-13) ; il ne peut pas non plus comporter de mention contraire au fait qu'il est payable à vue (C. mon. fin., art. L. 131-31, al. 1er). Et si l'une de ces mentions interdites était apposée sur un chèque ? Cela n'en entraînerait pas la nullité. Simplement, la clause serait réputée non écrite (C. mon. fin., art. L. 131-5, al. 1er, art. L. 131-8, art. L. 131-13, et art. L. 131-31, al. 1er). 92 ■

§ 2 Les conditions de fond

Il est des conditions de fond pour l'émission d'un chèque qui sont subjectives. Elles concernent, pour le dire autrement, les personnes (A). D'autres sont objectives, en ce sens qu'elles ont trait à la provision (B). 93 ■

A. Les personnes

Les personnes concernées par le chèque sont au nombre de trois : le *tiré*, le *bénéficiaire* et le *tireur*. 94 ■

Il est une question qui concerne à la fois le tireur et le bénéficiaire : le chèque, instrument de paiement, peut-il être émis à des fins de *garantie* ? En l'occurrence, le mécanisme repose sur l'accord en vertu duquel le chèque ne sera présenté au paiement que si un certain événement se produit (inexécution d'une obligation, survenance d'un dommage, etc.). Les textes n'écartent pas expressément cette hypothèse, mais ils ne l'envisagent pas non plus. Le risque principal est que le bénéficiaire encaisse le chèque avant que l'événement convenu se soit produit. Pour protéger le tireur, la jurisprudence admet qu'il puisse remettre au bénéficiaire un chèque non daté, en convenant avec lui que ce chèque ne sera encaissé qu'après l'ajout d'une date (Com. 22 sept. 2015, n° 14-17.901, *RTD com.* 2016. 168, obs. D. Legeais). Surtout, elle décide que le bénéficiaire doit restituer la somme encaissée si le paiement était indu (Civ. 1re, 6 janv. 2011, n° 09-71.400).

Cette question de la finalité du chèque s'est notamment posée à propos de la pratique des « chèques de casino », exigés parfois par les établissements de jeux pour garantir les pertes du joueur. Si, malgré la lettre de l'article 1965 du Code civil, qui exclut toute action pour dettes de jeu, la jurisprudence a rappelé que la tenue de jeux de hasard dans les casinos est autorisée et que le paiement par chèque y est donc admis (Cass., ch. mixte, 14 mars 1980, n° 79-90.154), elle a ultérieurement affirmé qu'en revanche l'action est fermée « s'il est établi que la dette se rapporte à des prêts consentis par le casino pour alimenter le jeu » (Com. 31 janv. 1984, n° 82-15.904 ; Com. 16 mai 2006, n° 04-13.225), même si les accords de commodité, tant que le chèque est utilisé comme instrument de paiement, sont possibles (Civ. 1re, 3 mai 1988, n° 86-16.859, *Bull. civ.* I, n° 124). L'idée est simple : si le chèque est utilisé comme instrument de paiement des plaques de casino, il est valable ; en revanche, s'il est utilisé comme moyen de garantir le remboursement des plaques et permet donc d'alimenter le jeu, il est interdit.

■ 95 Premièrement, diverses questions se posent au sujet du *tireur*.

Le tireur ou, plus largement, toute personne qui remet un chèque en paiement, « doit justifier de son identité au moyen d'un document officiel portant sa photographie » (C. mon. fin., art. L. 131-15).

Le tireur ne doit pas faire l'objet d'une *interdiction d'émettre* un chèque. On a déjà vu précédemment que le Code monétaire et financier envisage une telle interdiction judiciaire (art. L. 163-6, al. 3). D'autres hypothèses sont régies notamment par le Code pénal (C. pen., art. 434-41 et les dispositions auxquelles il est fait renvoi).

Le tireur doit être *consentant*, ce qui se manifeste par la signature du chèque. Cela pose le problème de l'authenticité de cette signature. À cet égard, la jurisprudence distingue selon que le chèque était faux dès l'origine ou a été falsifié. Pour le chèque faux dès l'origine, il y a une responsabilité objective de l'établissement bancaire, fondée sur le droit du dépôt : il n'est pas libéré de son obligation de restitution vis-à-vis de son client et devra rembourser (jurisprudence constante, v. par ex. Com. 26 nov. 1996, n° 94-19.071 ; comp. Civ. 1re, 25 févr. 2010, n° 08-21.484), sauf preuve par la banque de la faute du tireur (Com. 9 juill. 1996, n° 94-17.119, *Bull. civ.* IV, n° 202), par exemple si le chéquier était laissé à disposition du falsificateur. En revanche, pour le chèque falsifié (qui était valable à l'origine, mais détourné), ce sera au tireur de prouver la faute du tiré (Com. 15 juin 1993, n° 91-15.431, *Bull. civ.* IV, n° 239) : on applique le droit commun.

Le tireur doit avoir la *capacité* de réaliser l'opération en vertu de laquelle le chèque est émis. Pour connaître les règles applicables, il faut donc se référer au droit commun (C. civ., art. 388 s.). Le Code monétaire et financier précise simplement que si le chèque porte des signatures de personnes incapables de s'obliger par chèques, les obligations des autres signataires n'en sont pas moins valables (art. L. 131-11).

Outre la capacité, le tireur doit avoir le *pouvoir* d'émettre un chèque. Diverses situations peuvent être distinguées.

D'abord, il se peut que le chèque soit émis par un mandataire ou par un représentant légal. Si cette personne est en réalité dépourvue d'un pouvoir de représentation ou si elle dépasse ses pouvoirs, elle est personnellement obligée en vertu du chèque (C. mon. fin., art. L. 131-12).

Ensuite, la Cour de cassation a décidé que le cotitulaire du compte n'est pas tenu solidairement avec le tireur du chèque envers le bénéficiaire de celui-ci (Com. 8 mars 1988, n° 86-10.733, *Bull. civ.* IV, n° 102).

Ensuite encore, en application de l'article 221 du Code civil, chaque époux, qui peut se faire ouvrir sans le consentement de l'autre un compte de dépôt, est réputé avoir la libre disposition des fonds déposés, y compris naturellement par chèque.

Enfin, en cas d'ouverture d'une procédure collective à l'encontre du tireur, le pouvoir d'émission d'un chèque variera selon les cas (C. com., art. L. 610-1 s.). Observons simplement que « sont inopposables à la procédure collective d'un débiteur, dessaisi du droit de disposer de ses biens en raison de sa mise en liquidation judiciaire, les émissions de chèques ainsi que les virements effectués à partir d'un compte bancaire personnel ou joint » (Com. 3 nov. 2010, n° 09-15.546, *Bull. civ.* IV, n° 163).

Deuxièmement, seules certaines personnes peuvent avoir la qualité de *tiré* d'un chèque. C'est l'article L. 131-4, alinéa 1er du Code monétaire et financier qui en donne la liste : un établissement de crédit, un prestataire de services d'investissement autre qu'une société de gestion de portefeuille, le Trésor public, la Caisse des dépôts et consignations, la Banque de France. 96 ■

Cette liste est limitative : les titres tirés sous forme de chèques sur toute autre personne « ne sont pas valables comme chèques » (C. mon. fin., art. L. 131-4, al. 4). Ce à quoi s'ajoute une amende maximale de 6 % de la somme pour laquelle le chèque est tiré, laquelle peut être prononcée à l'encontre de celui qui tire un chèque sur une personne qui ne figure pas dans la liste (C. mon. fin., art. L. 131-69).

Par ailleurs, encore faut-il qu'au moment de la création du titre, le tiré ait des fonds à la disposition du tireur et qu'une convention expresse ou tacite entre les deux autorise le tireur à disposer de ces fonds par chèque (C. mon. fin., art. L. 131-4, al. 1er).

Troisièmement, et enfin, toute personne peut en principe être *bénéficiaire* d'un chèque. Certaines situations particulières appellent quelques précisions. 97 ■

Le bénéficiaire doit avoir la *capacité* de recevoir le paiement que l'émission du chèque réalise. Cela dit, le paiement fait à un créancier dans l'incapacité de contracter est valable, s'il en a tiré profit (C. civ., art. 1342-2, al. 3).

Certes, un époux peut être privé du pouvoir de recevoir seul un paiement en raison du régime matrimonial applicable (v. par ex. C. civ., art. 1424). Mais la jurisprudence décide qu'en vertu de la présomption prévue à l'article 221 du Code civil, un époux peut encaisser seul, y compris sur son compte personnel, le montant d'un chèque (Com. 21 nov. 2000, n° 97-18.187, *Bull. civ.* IV, n° 177).

Un chèque peut être émis au profit de *plusieurs bénéficiaires* à la fois, par exemple des cocréanciers ou des indivisaires. En pareil cas, l'encaissement du chèque suppose le consentement de chaque bénéficiaire, sauf circonstances particulières permettant de tenir un tel consentement pour acquis (Com. 27 nov. 2019, n° 18-11.439).

Bien que cela ne constitue pas une condition d'émission à proprement parler, ajoutons ici que lors de la remise d'un chèque pour le paiement d'un bien ou d'un service, le bénéficiaire peut interroger la Banque de France pour vérifier la régularité de l'émission. Concrètement, la consultation du Fichier national des chèques irréguliers (FNCI) s'effectue au travers d'un portail en ligne appelé « Vérifiance ». L'origine de ces demandes donne lieu à enregistrement (C. mon. fin., art. L. 131-86), et la conservation ou la diffusion des informations sont sanctionnées pénalement (C. mon. fin., art. L. 163-12).

B. La provision

98 La *provision*[Q] peut être *définie* comme la *créance de somme d'argent du tireur sur le tiré*, laquelle permet au premier d'émettre un chèque d'un montant égal ou inférieur à cette somme d'argent.

99 La provision doit présenter plusieurs *caractères*.

D'abord, elle doit être *préalable* à l'émission du chèque (C. mon. fin., art. L. 131-4, al. 1er). Toutefois, l'émission d'un chèque sans provision n'est pas sanctionnée en elle-même : c'est la *présentation au paiement*[Q] d'un chèque sans provision qui entraîne diverses conséquences, sur lesquelles on reviendra ultérieurement.

Encore faut-il, ensuite, que la provision soit *disponible*. En clair, la créance du tireur à l'encontre du tiré doit être certaine, liquide et exigible. Concrètement, cette créance résulte le plus souvent du solde créditeur d'un compte courant (Com. 18 mai 2005, n° 02-13.358, *Bull. civ.* IV, n° 104), mais elle peut aussi découler d'une ouverture de crédit (Com. 18 janv. 2011, n° 10-10.259, *Bull. civ.* IV, n° 2).

Enfin, la provision est *irrévocable*. L'affirmation doit être bien comprise. Une fois le chèque émis, le tireur doit logiquement laisser la provision auprès du tiré, pour que le bénéficiaire du chèque puisse l'encaisser. Mais, de fait, la provision n'est pas affectée au paiement du chèque. On peut par exemple imaginer deux chèques émis successivement, le premier avec provision, le second sans provision : si le second chèque est présenté au paiement avant le premier, celui-ci risquera de ne pas être payé. Ces remarques étant faites, il faut immédiatement ajouter qu'après l'émission d'un chèque, le fait de retirer par quelque moyen que ce soit la provision dans l'intention de porter atteinte aux droits d'autrui est puni d'un emprisonnement de cinq ans et d'une amende de 375 000 euros (C. mon. fin., art. L. 163-2, al. 1er).

Puisque le tireur émet le chèque, la charge de la *preuve* de la provision et, donc, de ses divers caractères, pèse sur lui (C. mon. fin., art. L. 131-4, al. 3).

100 Pour pallier certaines des difficultés auxquelles il vient d'être fait allusion, deux mécanismes peuvent être utilisés.

L'un est prévu à l'article L. 131-5, alinéa 2 du Code monétaire et financier : « le tiré a la faculté de viser le chèque ; le visa a pour effet de constater l'existence de la provision à la date à laquelle il est donné ». Ce *visa* produit cependant des effets réduits : le tireur atteste que la provision existe, mais il n'en résulte pas pour autant pour le tiré un devoir de bloquer les fonds correspondants.

L'autre mécanisme prend le nom de *certification*. Dès lors que le tireur ou le bénéficiaire le demandent, un chèque pour lequel la provision correspondante existe à la disposition du tireur doit être certifié par le tiré, de sorte que la provision reste, sous la responsabilité du tiré, bloquée au profit du bénéficiaire (C. mon. fin., art. L. 131-14). Si ce mécanisme est bien plus énergique que le précédent, il faut savoir que ses effets sont limités dans le temps : le blocage n'a lieu que pendant huit jours (C. mon. fin., art. L. 131-32, al. 1er).

§ 3 Les effets

L'émission du chèque produit deux sortes d'effets. Du point de vue économique ou, plus exactement, patrimonial, des effets se déploient à l'égard de la provision (A). Du point de vue strictement juridique, d'autres effets se rapportent à l'obligation fondamentale (B), c'est-à-dire à l'obligation sous-jacente entre le tireur et le bénéficiaire en vertu de laquelle le chèque est émis. 101 ■

A. Sur la provision

Le législateur affirme que « l'endossement transmet tous les droits résultant du chèque et notamment la propriété de la *provision*[Q] » (C. mon. fin., art. L. 131-20, al. 1er). 102 ■

Il est possible de considérer que la *propriété de la provision* est transférée également par le tireur au bénéficiaire au moment de l'émission du chèque : autrement, comment le bénéficiaire pourrait-il la transférer à son tour lors de l'endossement ? *Nemo plus juris ad alium transferre potest quam ipse habet* (une personne ne peut transférer à autrui plus de droits qu'elle n'en a elle-même). C'est d'ailleurs ainsi que la Cour de cassation entend les choses : « un chèque est émis et sa provision transférée dès que le tireur s'en est dessaisi au profit du bénéficiaire » (Com. 12 janv. 2010, n° 08-20.241, *Bull. civ.* IV, n° 1).

On pourrait s'interroger sur la pertinence du terme « propriété » de la provision. Du point de vue psychologique, il contribue indéniablement à rassurer le porteur du chèque. Du point de vue technique, tout ce qui a été précédemment exposé permet néanmoins de s'interroger sur la portée exacte d'un droit exclusif sur la provision – en dehors de l'hypothèse d'une certification. Pour preuve : un compte saisi peut être affecté par un chèque uniquement si celui-ci a été présenté au paiement avant la saisie, quand bien même ce chèque ait été émis avant cette mesure d'exécution (C. pr. exéc., art. L. 162-1). 103 ■

Mais l'essentiel est ailleurs : admettre que l'émission du chèque transfère la propriété de la provision, aide à expliquer une série de solutions. Ni le décès du tireur ni son incapacité survenant après l'émission du chèque n'empêchent que le porteur puisse le présenter au paiement (C. mon. fin., art. L. 131-36). Pareillement, la provision d'un chèque émis par un tireur avant d'être mis en redressement judiciaire est transférée au bénéficiaire, dès lors qu'elle existait déjà au jour du jugement d'ouverture (Com. 12 janv. 2010, n° 08-20.241, *Bull. civ.* IV, n° 1).

B. Sur l'obligation fondamentale

Payer par chèque, telle est la formule consacrée dans la langue courante. En droit, elle est cependant approximative : le paiement n'a réellement lieu qu'au moment où le chèque est présenté justement au paiement, lorsqu'il est, en d'autres termes, encaissé. Techniquement, l'émission du chèque ne suffit donc *pas* pour réaliser un 104 ■

paiement. La Cour de cassation érige la solution en principe : « la remise d'un chèque ne vaut paiement que sous réserve de son encaissement par le créancier » (Com. 4 nov. 2021, n° 19-26.066).

Pas plus qu'elle ne réalise un paiement, l'émission du chèque « n'entraîne *pas novation* ». L'article L. 131-67 du Code monétaire et financier l'affirme expressément, avant d'en tirer comme conséquence que « la créance originaire, avec toutes les garanties qui y sont attachées, subsiste jusqu'au paiement du chèque ».

La jurisprudence en déduit diverses conséquences concrètes.

S'agissant du débiteur, celui qui se prétend libéré doit rapporter la preuve non seulement de la remise du chèque au créancier, mais aussi de l'encaissement de ce chèque par ce dernier (Com. 3 mai 2016, n° 14-19.159).

Pour ce qui est du créancier à qui le chèque a été remis, il peut encore invoquer les sanctions de l'inexécution de l'obligation fondamentale si ce chèque est sans provision (par ex., pour l'action résolutoire, v. Civ. 3e, 1er juill. 2009, n° 07-19.446, *Bull. civ.* III, n° 168).

Concernant l'obligation elle-même, la prescription des actions liées au chèque n'empêche pas d'exercer encore l'action en recouvrement de la créance sous-jacente (Com. 12 juill. 1993, n° 91-20.063, *Bull. civ.* IV, n° 293).

■ 105 Mais quel effet le chèque entraîne-t-il alors ? Si l'émission du chèque ne réalise pas un paiement – donc, s'il n'éteint pas l'obligation et s'il ne libère pas le débiteur –, c'est parce que le créancier ne reçoit pas satisfaction tant que le chèque n'est pas encaissé. Pour autant, il ne faut pas perdre de vue que s'il est vrai que le paiement n'est à ce stade pas encore perçu par le créancier, en émettant le chèque le débiteur a déjà accompli les diligences requises de sa part. C'est pourquoi l'on considère traditionnellement que l'émission du chèque constitue un *début de paiement*. L'idée essentielle est d'écarter tous les mécanismes qui s'appliqueraient à un débiteur qui tarde à payer. Sans quoi le débiteur serait à la merci du créancier, qui pourrait volontairement repousser l'encaissement du chèque.

Par exemple, la garantie due par l'assureur, laquelle avait été suspendue pour non-paiement, reprend ses effets par la seule remise de la part de l'assuré d'un chèque du montant de la somme due (Civ. 1re, 2 déc. 1968, n° 66-12.727, *Bull. civ.* I, n° 301).

Dans un ordre d'idées voisin, en cas de commandement de payer une somme à titre de loyers en visant la clause résolutoire prévue par le bail, le débiteur qui remet un chèque dans le délai du commandement paralyse la résolution (Com. 3 juin 2003, n° 01-10.612, *Bull. civ.* IV, n° 90).

section **2**

La circulation du chèque

■ 106 Pour circuler, le chèque peut faire l'objet d'un endossement translatif (§ 1) ou d'un endossement de procuration (§ 2). Leurs fonctions étant différentes, ces deux variétés d'endossement seront présentées séparément.

§ 1 L'endossement translatif

L'*endossement translatif*[Q] permet de *transférer le chèque* au moyen d'une signature apposée au dos, par laquelle l'endosseur donne l'ordre au tiré de payer à l'endossataire la somme d'argent indiquée dans le chèque. 107 ■

Aux termes de l'article L. 131-71 du Code monétaire et financier, « il peut être délivré des formules de chèques barrées d'avance et rendues, par une mention expresse du banquier, non transmissibles par voie d'endossement, sauf au profit d'un établissement de crédit » ou d'un établissement assimilé. Autant dire qu'une telle mention est presque toujours apposée sur les formules de chèque. À tel point que l'endossement translatif au profit d'une personne autre qu'un établissement bancaire est, en pratique, *très rare*. Cette remarque n'empêche pas d'en présenter succinctement les conditions et les effets.

En premier lieu, diverses *conditions* sont prévues pour l'endossement translatif. 108 ■

Il résulte de l'article L. 131-16 du Code monétaire et financier que tout chèque est en principe transmissible par voie d'endossement. Il faut une clause « non à ordre » ou une clause équivalente pour exclure la possibilité d'un endossement. Si l'endosseur interdit un nouvel endossement, il n'est pas tenu à la garantie envers les personnes auxquelles le chèque est ultérieurement endossé (C. mon. fin., art. L. 131-21, al. 2).

Pareillement, toute personne peut endosser un chèque, sauf une : le tiré (C. mon. fin., art. L. 131-18, al. 3). En effet, si le chèque est remis au tiré, c'est pour qu'il soit payé. L'endossement au tiré vaut donc comme quittance, sauf dans le cas où le tiré a plusieurs établissements et où l'endossement est fait au bénéfice d'un établissement autre que celui sur lequel le chèque a été tiré (C. mon. fin., art. L. 131-18, al. 3). En revanche, le chèque peut être endossé au profit de toute personne, y compris le tireur ou un signataire antérieur (C. mon. fin., art. L. 131-17).

Concrètement, l'endossement doit être inscrit sur le chèque ou sur une feuille qui y est attachée, dite « *allonge*[Q] » (C. mon. fin., art. L. 131-19, al. 1er), l'endossement biffé étant réputé non écrit (C. mon. fin., art. L. 131-22). En outre, l'endossement doit être signé par l'endosseur, soit à la main soit par tout procédé non manuscrit (C. mon. fin., art. L. 131-19, al. 1er). Mais l'endossement peut être en blanc, c'est-à-dire consister simplement dans la signature de l'endosseur. En pareil cas, il doit alors être inscrit au dos du chèque ou sur l'allonge (C. mon. fin., art. L. 131-19, al. 2). L'endossement doit-il être daté ? L'article L. 131-27 du Code monétaire et financier indique que « l'endossement fait après le protêt ou après l'expiration du délai de présentation ne produit que les effets d'une cession ordinaire » (al. 1er), et qu'« il est défendu d'antidater les ordres à peine de faux » (al. 3) ; mais il ajoute que « sauf preuve contraire, l'endossement sans date est présumé avoir été fait avant le protêt ou avant l'expiration du délai de présentation » (al. 2).

S'agissant de l'étendue de l'endossement, ce dernier doit être pur et simple, toute condition éventuelle étant réputée non écrite, et il doit porter sur l'intégralité de la somme d'argent prévue dans le chèque, l'endossement partiel étant nul (C. mon. fin., art. L. 131-18, al. 1er et 2).

En second lieu, trois *effets* principaux se produisent en cas d'endossement translatif. 109 ■

D'abord, on l'a évoqué précédemment, « l'endossement transmet tous les droits résultant du chèque et notamment la propriété de la provision » (C. mon. fin., art. L. 131-20, al. 1er). En cas de pluralité d'endossements, le détenteur du chèque est considéré comme porteur légitime s'il justifie de son droit par une suite ininterrompue d'endossements, même si le dernier endossement est en blanc (C. mon. fin., art. L. 131-22). L'établissement bancaire tiré doit vérifier la régularité de la suite des endossements (Com. 17 déc. 1980, nos 79-10.658 et 79-11.216, *Bull. civ.* IV, n° 427). Cependant, lorsqu'une personne a été dépossédée d'un chèque à ordre par quelque événement que ce soit, le bénéficiaire qui justifie de son droit par une suite ininterrompue d'endossements, doit tout de même se dessaisir du chèque s'il l'a acquis de mauvaise foi ou s'il a commis une faute lourde (C. mon. fin., art. L. 131-24).

Ensuite, il résulte de l'endossement translatif une garantie de paiement à la charge de l'endosseur (C. mon. fin., art. L. 131-21, al. 1er), qui est solidairement tenu avec le tireur et les autres éventuels endosseurs (C. mon. fin., art. L. 131-51). La clause contraire qui exonérerait l'endosseur de cette garantie est autorisée (C. mon. fin., art. L. 131-21, al. 1er), alors qu'une telle clause au profit du tireur serait réputée non écrite (C. mon. fin., art. L. 131-13).

Enfin, la matière est gouvernée par un principe d'inopposabilité des exceptions, c'est-à-dire des moyens de défense pouvant être invoqués pour refuser le paiement : « les personnes actionnées en vertu du chèque ne peuvent pas opposer au porteur les exceptions fondées sur leurs rapports personnels avec le tireur ou avec les porteurs antérieurs » (C. mon. fin., art. L. 131-25). Par exception, les exceptions seront opposables si « le porteur, en acquérant le chèque, [...] [a] agi sciemment au détriment du débiteur » (C. mon. fin., art. L. 131-25).

§ 2 L'endossement de procuration

110 L'*endossement de procuration*Q est celui par lequel le porteur du chèque donne *mandat* à une personne de le *présenter au paiement*. En général, le mandataire est l'établissement bancaire du porteur, auquel celui-ci demande de présenter au paiement le chèque auprès de l'établissement bancaire tiré.

111 Les *conditions* de l'endossement de procuration sont pour l'essentiel énoncées à l'article L. 131-26 du Code monétaire et financier.

L'alinéa 1er vise l'endossement qui « contient la mention "valeur en recouvrement", "pour encaissement", "par procuration", ou toute autre mention impliquant un simple mandat ». On peut en déduire qu'une mention doit être apposée sur le chèque pour que l'endossement soit fait à titre de procuration.

Conformément au régime du mandat, « le porteur peut exercer tous les droits découlant du chèque, mais il ne peut endosser celui-ci qu'à titre de procuration », et « les obligés ne peuvent, dans ce cas, invoquer contre le porteur que les exceptions opposables à l'endosseur » (C. mon. fin., art. L. 131-26, al. 1er et 2).

Il est néanmoins un point sur lequel le droit commun du mandat est écarté (C. civ., art. 2003, dernier alinéa) : l'alinéa 3 de l'article L. 131-26 du Code monétaire et financier dispose que « le mandat renfermé dans un endossement de procuration ne prend pas fin par le décès du mandant ou la survenance de son incapacité ».

La Cour de cassation a précisé que l'établissement bancaire est tenu de vérifier la régularité apparente de l'endos apposé sur le titre (v. par ex. Com. 16 mars 2010, nº 09-12.970), ce qu'il ne fait par exemple pas si le chèque, qui ne porte pas la signature du bénéficiaire, est encaissé sur un compte autre que celui de ce dernier (Com. 17 sept. 2013, nº 12-18.202).

Quels sont les *effets* de l'endossement de procuration ? 112 ■

L'article L. 131-32 du Code monétaire et financier dispose que le chèque doit être présenté au paiement dans un délai de huit jours. La question s'est posée de savoir si ce délai s'impose au mandataire en cas d'endossement de procuration. La Cour de cassation a répondu par la négative (Com. 6 févr. 1978, nº 76-12.639, *Bull. civ.* IV, nº 50).

En pratique, les établissements bancaires mandataires créditent le compte dès la remise du chèque et, s'il s'avère sans provision, ils opèrent une contre-passation, c'est-à-dire une écriture en sens inverse (Com. 11 mars 1970, nº 68-10.808, *Bull. civ.* IV, nº 94). La pratique est si bien assise que la Cour de cassation, sans aller jusqu'à la définir de coutume, considère tout de même que « le banquier, auquel un chèque est remis à l'encaissement, s'il ne procède pas à son inscription en compte immédiatement, a l'obligation d'en prévenir son client, faute de quoi il engagerait sa responsabilité, sauf stipulations contractuelles contraires ou circonstances particulières » (Com. 19 juin 2012, nº 11-17.061, *Bull. civ.* IV, nº 124).

Si le chèque s'avère sans provision, l'établissement bancaire mandataire doit en informer le mandant et, à défaut, il engage sa responsabilité (Com. 12 févr. 1952, *Bull. civ.* III, nº 74). Cela dit, des stipulations peuvent limiter la responsabilité de l'établissement bancaire (lesquelles font néanmoins l'objet d'un contrôle : Com. 18 oct. 1971, nº 69-13.854, *Bull. civ.* IV, nº 239).

section 3

Le paiement du chèque

La présentation au paiement du chèque (§ 1) est réalisée par le porteur afin de l'encaisser. Le plus souvent, le chèque est payé et il y a dénouement de l'opération. Mais il arrive, et l'hypothèse n'est pas rare, qu'il y ait défaut de paiement (§ 2). 113 ■

§ 1 La présentation au paiement

Pour saisir la *présentation au paiement*[Q] du chèque, il convient d'adopter une approche analytique, en scindant les modalités de présentation (A) et les modalités de paiement (B). 114 ■

A. Les modalités de présentation

La présentation au paiement peut être *définie* comme la *remise du chèque au tiré* en vue d'en obtenir le paiement. 115 ■

De prime abord, le *délai* de présentation au paiement est très bref : huit jours pour un chèque émis et payable en France métropolitaine – d'autres délais existent pour les 116 ■

autres cas (C. mon. fin., art. L. 131-32, al. 1er). À y regarder de plus près, la présentation au paiement peut avoir lieu au-delà du huitième jour, dans la mesure où une action contre le tireur qui n'a pas fait provision – ainsi que contre les autres obligés qui se seraient enrichis injustement – subsiste (C. mon. fin., art. L. 131-59, al. 3 ; v. ss 134).

Au demeurant, le Code monétaire et financier réserve l'hypothèse où la présentation au paiement dans le délai imparti est empêchée par un cas de force majeure (C. mon. fin., art. L. 131-55, al. 1er).

■ 117 Le *lieu* de la présentation au paiement est celui indiqué sur le chèque (C. mon. fin., art. L. 131-2, 4). D'ordinaire, les formules de chèque visent l'agence bancaire auprès de laquelle la présentation doit être faite – mais qui peut, on l'a vu, avoir lieu par l'intermédiaire de l'établissement bancaire du porteur grâce à un endossement de procuration.

Concrètement, les établissements bancaires ont en général recours au système CORE (*COmpensation REtail*), qui est une plate-forme de compensation des moyens de paiement de détail, dont le chèque, laquelle est gérée par la société STET créée par plusieurs établissements bancaires français.

■ 118 Lors de la présentation au paiement du chèque, le tiré doit procéder à des *vérifications.* Au vrai, le Code monétaire et financier se borne à exiger du tireur qu'il vérifie la régularité de la suite des endossements (C. mon. fin., art. L. 131-38, al. 2). C'est la jurisprudence qui va plus loin, en posant un devoir général de vérification de la régularité du chèque : « en payant un chèque émis dans des conditions irrégulières la banque avait commis une faute de nature quasi délictuelle » (Com. 4 juin 1991, n° 89-14.629, *Bull. civ.* IV, n° 197).

La question a été soumise à la Cour de cassation de savoir s'il fallait tenir compte du fait que l'établissement bancaire présentateur est le seul à même d'exercer un contrôle efficace, dans le cas – qui constitue de fait la règle – où l'établissement bancaire tiré procède au traitement des chèques de manière informatique. Elle a répondu par la négative, au motif « que la banque tirée est tenue de vérifier la régularité formelle du titre et qu'en s'en abstenant elle prend un risque dont elle doit assumer les conséquences » (Com. 9 juill. 2002, n° 00-22.788, *Bull. civ.* IV, n° 114).

B. Les modalités de paiement

■ 119 Avant toute chose, il faut savoir que le tiré qui « refuse de payer un chèque régulièrement assigné sur ses caisses est tenu responsable du dommage résultant, pour le tireur, tant de l'inexécution de son ordre que de l'atteinte portée à son crédit » (C. mon. fin., art. L. 131-70, al. 2). *Responsabilité* à l'égard du tiré donc, mais pas seulement. Le tiré qui refuse le paiement d'un chèque régulier est responsable également vis-à-vis du porteur (Com. 5 nov. 1980, n° 78-15.165, *Bull. civ.*, n° 366).

On notera que même si la provision fait défaut, le tiré doit payer tout chèque établi sur une formule délivrée par lui d'un montant égal ou inférieur à 15 euros, puisque dans ce cas le titulaire du compte et le tiré sont réputés avoir conclu une convention portant ouverture de crédit irrévocable (C. mon. fin., art. L. 131-82, al. 1er). Cette obligation prend fin un mois après la date d'émission du chèque (C. mon. fin., art. L. 131-82, al. 2). Toutefois, pour éviter que cela devienne un moyen de contourner l'absence de provision, le législateur sanctionne par une amende le fractionnement d'un paiement unique en plusieurs chèques d'un montant égal ou inférieur à 15 euros (C. mon. fin., art. R. 163-1).

Ajoutons que le tiré qui a payé un chèque sans provision, notamment parce qu'il n'a pas obtenu la restitution des formules de chèque qu'il avait délivrées (C. mon. fin., art. L. 131-81), est subrogé dans les droits du porteur à concurrence de la somme dont il a fait l'avance (C. mon. fin., art. L. 131-83, al. 1er).

Mais venons-en aux modalités de paiement du chèque à proprement parler, qui concernent des questions assez variées.

Premièrement, la *date de valeur* d'un paiement par chèque libellé en euros, c'est-à-dire la date de prise en compte de ce paiement, ne peut différer de plus d'un jour ouvré de la date retenue pour sa comptabilisation sur un compte de dépôts ou sur un compte de paiement (C. mon. fin., art. L. 131-1-1). 120 ■

Deuxièmement, lorsqu'un chèque est stipulé payable en une *monnaie* autre que l'euro, le montant peut en être payé, dans le délai de présentation du chèque, d'après sa valeur en euros au jour du paiement ; si en revanche le paiement n'a pas été effectué à la présentation, le porteur peut, à son choix, demander que le montant du chèque soit payé en euros d'après son cours soit au jour de la présentation soit au jour du paiement (C. mon. fin., art. L. 131-39, al. 1er). Sauf si le tireur a stipulé une clause de paiement effectif en une monnaie étrangère, laquelle conduit à écarter l'application des règles susmentionnées (C. mon. fin., art. L. 131-39, al. 3). 121 ■

Troisièmement, si la provision est inférieure au montant du chèque, le porteur ne peut pas refuser un *paiement partiel* (C. mon. fin., art. L. 131-37, al. 2), contrairement à la solution qui règne en droit commun (C. civ., art. 1342-4, al. 1er). 122 ■

Un tel paiement partiel libère à due concurrence le tireur et les endosseurs (C. mon. fin., art. L. 131-37, al. 6), mais le porteur est tenu de faire protester le chèque pour le surplus (C. mon. fin., art. L. 131-37, al. 7 ; sur le protêt, v. ss 132).

Le tiré, pour sa part, peut exiger que mention de ce paiement soit faite sur le chèque, qui sera normalement conservé par le porteur, et qu'une quittance lui en soit donnée (C. mon. fin., art. L. 131-37, al. 4).

Quatrièmement, ce qui vient d'être dit conduit à s'interroger, de manière plus générale, sur la *preuve* du paiement du chèque. Le tiré peut se préconstituer cette preuve de plusieurs manières. 123 ■

On a déjà vu que l'endossement au tiré vaut comme quittance, dans le cas où le tiré a plusieurs établissements et où l'endossement est fait au bénéfice d'un établissement autre que celui sur lequel le chèque a été tiré (C. mon. fin., art. L. 131-18, al. 5).

Le tiré peut également invoquer la règle de droit commun en vertu de laquelle la remise volontaire par le créancier au débiteur de l'original du titre de sa créance vaut présomption simple de libération (C. civ., art. 1342-9, al. 1er). À ce sujet, la Cour de cassation a jugé que si le tireur peut demander une copie du recto du chèque, il ne peut en revanche pas obtenir une copie du verso du chèque : « en divulguant les informations figurant au verso des chèques litigieux, la banque [porte] atteinte au secret dont bénéficiaient le ou les tiers bénéficiaires des titres » (Com. 8 juill. 2003, n° 00-11.993, *Bull. civ.* IV, n° 119).

Mais il est un mode de preuve supplémentaire qui doit être signalé : l'*acquit*[Q]. « Le tiré peut exiger, en payant le chèque, qu'il lui soit remis acquitté par le porteur », selon les termes de l'article L. 131-37 du Code monétaire et financier. On considère qu'une simple signature au dos du chèque suffit, aucune mention spécifique, telle que « pour acquit », étant exigée.

§ 2 Le défaut de paiement

124 Le défaut de paiement peut avoir deux causes assez différentes. Voyons d'abord le défaut de paiement qui résulte d'une opposition (A), puis le défaut de paiement dû à l'absence de provision (B).

A. L'opposition

125 L'*opposition* peut être *définie* comme l'*ordre* donné au tiré *de ne pas payer* un chèque lorsque celui-ci sera présenté au paiement. Elle doit être formulée par écrit, qui peut néanmoins être entendu au sens large puisque le législateur précise « quel que soit le support de cet écrit » (C. mon. fin., art. L. 131-35, al. 2).

Les cas dans lesquels il peut y avoir opposition sont listés de manière limitative : perte ; vol ou utilisation frauduleuse du chèque ; procédure de sauvegarde, de redressement ou de liquidation judiciaires du porteur (C. mon. fin., art. L. 131-35, al. 2) – en cas d'opposition pour perte ou vol, le tiré doit en aviser la Banque de France (C. mon. fin., art. L. 131-84). À titre illustratif, l'opposition peut viser le paiement d'un chèque dont la signature n'est pas conforme (Com. 16 juin 2015, n° 14-13.493).

Aucun autre motif d'opposition n'est admis, et le juge des référés doit alors, sur la demande du porteur, en ordonner la mainlevée (C. mon. fin., art. L. 131-35, al. 4).

Logiquement, le tiré peut exercer un contrôle, lequel est toutefois assez faible : « l'établissement de crédit sur lequel a été tiré un chèque frappé d'opposition n'a pas à vérifier la réalité du motif d'opposition invoqué mais seulement si ce motif est l'un de ceux autorisés par la loi » (Com. 16 juin 2015, n° 14-13.493).

De manière plus générale, si le tireur fait défense au tiré de payer dans l'intention de porter atteinte aux droits d'autrui, il encourt une peine d'emprisonnement de cinq ans et une amende de 375 000 euros (C. mon. fin., art. L. 163-2, al. 1er). Mais une telle intention de porter atteinte aux droits d'autrui est écartée lorsque l'opposition vise simplement à bloquer un paiement en raison d'un litige en cours (Crim. 7 déc. 2022, n° 21-82.374).

126 La Cour de cassation a précisé que « la banque tirée d'un chèque frappé d'opposition est tenue d'en *immobiliser la provision* jusqu'à décision judiciaire sur la validité de l'opposition, si elle a été mise en cause dans l'instance en référé engagée à cette fin, ou, sinon, pendant une année suivant l'expiration du délai de présentation du chèque » (Com. 21 nov. 2018, n° 17-24.014, *D.* 2019. 471, note J. Lasserre Capdeville).

L'opposition fait donc obstacle au paiement du chèque, mais elle ne tranche pas la question de fond. Le Code monétaire et financier fournit les solutions suivantes.

127 En cas de *perte* ou de *vol* du chèque, deux questions doivent être distinguées.

S'agissant des relations entre le tireur et celui à qui le chèque perdu ou volé appartient : ce dernier peut en obtenir le paiement par ordonnance du juge, en justifiant de sa propriété par ses livres et en donnant caution (C. mon. fin., art. L. 131-

40, al. 2 et 3) ; mais si au lieu du paiement, il préfère se procurer un nouveau chèque, notamment pour pouvoir le faire circuler, il doit « s'adresser à son endosseur immédiat qui est tenu de lui prêter son nom et ses soins pour agir envers son propre endosseur et ainsi en remontant d'endosseur à endosseur jusqu'au tireur du chèque » (C. mon. fin., art. L. 131-42).

S'agissant maintenant des relations entre le tireur et le porteur du chèque perdu ou volé : ce dernier, on l'a dit précédemment, n'est tenu de se dessaisir du chèque que s'il l'a acquis de mauvaise foi ou si, en l'acquérant, il a commis une faute lourde (C. mon. fin., art. L. 131-24).

En cas de chèque *faux* dès l'origine ou *falsifié* postérieurement, la difficulté principale naît si l'opposition n'intervient pas en temps utile. 128 ■

Dans ce cas, la jurisprudence retient en général un partage de responsabilité entre le tireur ayant commis une négligence dans le suivi de ses comptes, et le tiré tenu, en sa qualité de dépositaire des fonds, à une obligation de vigilance, lequel commet une faute s'il paye un chèque contenant des anomalies apparentes, spécialement au sujet de la signature (v. par ex. Com. 3 mai 2016, n° 14-24.901). Quant au préjudice, il ne consiste pas simplement en une perte de chance : le devoir de vigilance de la banque lui impose de ne pas procéder à l'encaissement des chèques présentant des anomalies apparentes, de sorte que le préjudice représenté par la perte du montant de ces chèques n'est affecté d'aucun aléa (Com. 2 oct. 2024, n° 23-13.401).

Mais le devoir de non-ingérence de l'établissement bancaire justifie qu'il ne doive pas rechercher au-delà des anomalies apparentes « décelable(s) par un employé de banque normalement diligent » (Com. 13 oct. 2015, n° 14-11.453). D'ailleurs, dans une affaire où le client avait préalablement remis à la banque une copie du chèque afin de faire vérifier son authenticité, la Cour de cassation a décidé que « la banque n'est tenue de détecter les anomalies apparentes d'un chèque que lorsque celui-ci lui est remis à l'encaissement » (Com. 5 mars 2025, n° 23-16.944). Il faut souligner qu'en pratique, les établissements bancaires ne procèdent pas forcément à une vérification poussée des chèques, laquelle coûterait peut-être plus cher que les contentieux auxquels ils s'exposent en ne le faisant pas.

B. L'absence de provision

Le défaut de paiement peut résulter également de l'absence de provision (sur le paiement partiel en cas d'insuffisance de provision, v. ss 122). 129 ■

Tout versement effectué par le tireur sur le compte duquel a été émis le chèque impayé sera alors *affecté en priorité* à la constitution d'une provision pour paiement intégral de celui-ci (C. mon. fin., art. L. 131-74). Allant au-delà du texte, la Cour de cassation considère que cette affectation au paiement du chèque ne résulte pas seulement du versement : elle suppose également une demande en ce sens adressée par le tireur au tiré (Com. 5 févr. 2020, n° 18-18.261).

Cela étant précisé, le tiré qui refuse le paiement pour absence de provision doit établir à l'intention du bénéficiaire, ou plus généralement du porteur, une *attestation de rejet* du chèque, laquelle indique que le tireur est privé de la faculté d'émettre des chèques et qu'il ne la recouvrera qu'à l'issue d'un délai de cinq ans si le montant du chèque n'est pas payé (C. mon. fin., art. R. 131-46, al. 1er et 2). 130 ■

131 Au terme d'un délai de trente jours à compter de cette première présentation du chèque et si celui-ci demeure impayé, le tiré doit délivrer à la demande du porteur un *certificat de non-paiement* (C. mon. fin., art. L. 131-73, al. 3). Ce certificat est précieux pour le porteur du chèque : sa notification ou signification vaut commandement de payer (C. mon. fin., art. L. 131-73, al. 4).

132 Ce n'est pas tout. Outre le certificat de non-paiement, le porteur peut obtenir un *protêt*[Q], qui est un acte authentique qui constate le refus de paiement du chèque (C. mon. fin., art. L. 131-47). Plus précisément, il contient la transcription littérale du chèque et des endossements, la sommation de payer le montant du chèque, la présence ou l'absence du tiré, les motifs du refus de payer (C. mon. fin., art. L. 131-62, al. 1er).

Le protêt doit être fait avant l'expiration du délai de présentation (C. mon. fin., art. L. 131-48, al. 1er ; mais v. aussi l'al. 2 du même article) et au domicile du tiré (C. mon. fin., art. L. 131-61), donc en général dans l'agence bancaire où le chèque est payable. Par ailleurs, le protêt doit être : mentionné sur le chèque avec sa date (C. mon. fin., art. L. 131-62, al. 2), ce qui fait obstacle à un éventuel nouvel endossement ; adressé en deux copies exactes, dont l'une est destinée au parquet, au greffier du tribunal de commerce du domicile du débiteur (C. mon. fin., art. L. 131-64) ; signalé au tireur dans les quarante-huit heures qui suivent l'enregistrement des motifs du refus de payer (C. mon. fin., art. L. 131-49). En pratique, il est très rare de recourir au protêt de nos jours.

133 Les documents qui viennent d'être mentionnés intéressent avant tout le porteur du chèque. *Quid* des endosseurs ? Le porteur doit donner avis du défaut de paiement à son endosseur dans les quatre jours ouvrables qui suivent le jour du protêt et, en cas de clause de retour sans frais, le jour de la présentation (C. mon. fin., art. L. 131-49, al. 1er). À son tour, chaque endosseur doit, dans les deux jours ouvrables qui suivent le jour où il a reçu l'avis, faire connaître à son propre endosseur l'avis qu'il a reçu, et ainsi de suite, en remontant jusqu'au tireur (C. mon. fin., art. L. 131-49, al. 3).

La forme de ces avis est libre, mais il faut naturellement veiller à s'en préconstituer la preuve (C. mon. fin., art. L. 131-49, al. 6 et 7).

Si le mécanisme semble efficace, on ne peut pas en dire autant de la sanction : celui qui ne donne pas l'avis est responsable de l'éventuel préjudice causé, sans cependant que les dommages-intérêts puissent dépasser le montant du chèque (C. mon. fin., art. L. 131-49, dernier al.).

134 Le porteur d'un chèque impayé dispose d'un *recours cambiaire*, c'est-à-dire un recours fondé sur le chèque lui-même – ce qui rapproche le chèque de la lettre de change (v. *infra*, chapitre 5) –, qui est en général exercé grâce au commandement de payer qui résulte de la notification ou de la signification au tireur du certificat de non-paiement (C. mon. fin., art. L. 131-73, al. 4 ; v. ss 131).

Le recours cambiaire peut avoir pour objet non seulement le montant du chèque non payé, mais aussi les intérêts au taux légal à partir du jour de la présentation, ainsi que les frais de protêt ou des avis donnés (C. mon. fin., art. L. 131-52).

Ce recours peut être exercé par le porteur contre toutes les personnes obligées en vertu du chèque, lesquelles sont tenues solidairement envers lui (C. mon. fin., art. L. 131-51, al. 1er). C'est dire qu'il peut choisir d'agir contre ces personnes individuellement ou collectivement, sans être tenu d'observer l'ordre dans lequel elles se sont obligées (C. mon. fin., art. L. 131-51, al. 2). Mais on remarquera qu'en dépit de la solidarité, le principe est, pour mémoire, l'inopposabilité des exceptions (C. mon. fin., art. L. 131-25), et que l'interruption de la prescription n'a d'effet que contre celui à l'égard duquel l'acte interruptif a été fait (C. mon. fin., art. L. 131-60, al. 2). Surtout, on rappellera que l'endossement translatif par une personne autre qu'en établissement bancaire est très rare et que, donc, ces solutions n'ont pas vocation à être souvent mises en œuvre.

L'article L. 131-59 du Code monétaire et financier égraine diverses règles concernant les délais du recours cambiaire : les actions du porteur contre les endosseurs et le tireur se prescrivent par six mois à partir de l'expiration du délai de présentation ; les actions des divers obligés au paiement les uns contre les autres se prescrivent par six mois à partir du jour où l'obligé a remboursé le chèque ou du jour où il a été lui-même actionné ; l'action du porteur du chèque contre le tiré se prescrit par un an à partir de l'expiration du délai de présentation.

Le porteur du chèque impayé dispose également d'une *autre action* que le recours cambiaire : en cas de déchéance ou de prescription, il subsiste une action contre le tireur qui n'a pas fait provision ou les autres obligés qui se seraient enrichis injustement (C. mon. fin., art. L. 131-59, al. 3). 135 ■

À ce sujet, la Cour de cassation a précisé que s'il y a bien un recours spécifique au-delà du délai de prescription, le défaut de provision qui en permet l'ouverture doit tout de même être constaté avant l'expiration du délai de prescription de l'action du porteur du chèque contre le tiré, lequel est d'un an à partir de l'expiration du délai de présentation (Com. 3 mai 2016, n° 14-23.950).

3

Compléments pédagogiques

Mémo

Le chèque est le document écrit par lequel le tireur donne au tiré, qui est forcément un établissement bancaire ou un établissement assimilé, l'ordre de payer à vue une somme déterminée au bénéficiaire ou à son ordre.

Il constitue en principe un instrument de paiement. Son régime a son siège principal aux articles L. 131-1 et suivants du Code monétaire et financier. Le chèque-restaurant, le chèque-vacances ne sont pas de véritables chèques, pas plus que d'autres documents baptisés en pratique chèque-cadeau, chèque-cinéma, chèque-théâtre, etc.

Les formules de chèque, qui sont normalisées, doivent contenir certaines informations. Elles ne doivent pas être délivrées au titulaire d'un compte à compter d'un incident de paiement relevé en son nom pour défaut de provision suffisante, ni à la personne frappée d'une interdiction d'émettre des chèques.

Un chèque peut contenir trois sortes de mentions : certaines d'entre elles sont obligatoires (la dénomination de chèque ; le mandat pur et simple de payer une somme déterminée ; le nom du tiré ; l'indication du lieu où le paiement doit s'effectuer ; l'indication de la date et du lieu où le chèque est créé ; la signature du tireur), d'autres sont facultatives (par exemple, la désignation du bénéficiaire), d'autres encore sont interdites (par exemple, une exclusion de garantie du paiement par le tireur).

Le tireur ou, plus largement, toute personne qui remet un chèque en paiement, doit justifier de son identité, ne doit pas faire l'objet d'une interdiction d'émettre un chèque, et doit avoir la capacité et le pouvoir pour réaliser l'opération en vertu de laquelle le chèque est émis. Seules certaines personnes peuvent avoir la qualité de tiré d'un chèque, principalement les établissements de crédit. Toute personne peut en principe être bénéficiaire d'un chèque.

La provision est une créance de somme d'argent du tireur sur le tiré, laquelle permet au premier d'émettre un chèque d'un montant égal ou inférieur à cette somme d'argent. Elle doit être préalable à l'émission du chèque ; elle doit être disponible, en ce sens que la créance du tireur à l'encontre du tiré doit être certaine, liquide et exigible ; et elle est irrévocable puisqu'une fois le chèque émis, le tireur doit laisser la provision auprès du tiré.

La propriété de la provision est transférée par le tireur au bénéficiaire, ce qui explique notamment que ni le décès du tireur ni son incapacité survenant après l'émission du chèque n'empêchent que le porteur puisse le présenter au paiement.

L'émission du chèque ne suffit pas pour réaliser un paiement. Celui-ci n'a lieu qu'au moment où le chèque est encaissé. Pour autant, l'émission du chèque constitue un début de paiement, ce qui permet d'écarter tous les mécanismes qui s'appliqueraient à un débiteur qui tarde à payer.

L'endossement translatif permet de transférer le chèque au moyen d'une signature apposée au dos, par laquelle l'endosseur donne l'ordre au tiré de payer à l'endossataire la somme d'argent indiquée sur le chèque. Les personnes actionnées en vertu du chèque ne peuvent pas opposer au porteur les exceptions fondées sur leurs rapports personnels avec le tireur ou avec les porteurs antérieurs.

L'endossement de procuration est celui par lequel le porteur du chèque donne mandat à une personne, en général son propre établissement bancaire, de le présenter au paiement.

La présentation au paiement est la remise du chèque au tiré en vue d'en obtenir le paiement. Lors de cette présentation, le tiré doit procéder à des vérifications. Le tiré qui refuse de payer un chèque régulièrement assigné sur ses caisses est responsable à l'égard aussi bien du tireur que du porteur.

L'opposition est l'ordre donné au tiré de ne pas payer un chèque lorsque celui-ci sera présenté au paiement. Elle ne peut avoir lieu qu'en cas de perte, en cas de vol ou d'utilisation frauduleuse du chèque, ou en cas de procédure de sauvegarde, de redressement ou de liquidation judiciaires du porteur. Le tiré est tenu d'immobiliser la provision jusqu'à la décision judiciaire sur la validité de l'opposition.

En cas d'absence de provision, le tiré doit établir à l'intention du bénéficiaire, ou plus généralement du porteur, une attestation de rejet du chèque. Au terme d'un délai de trente jours à compter de cette première présentation du chèque et si celui-ci demeure impayé, le tiré doit délivrer à la demande du porteur un certificat de non-paiement, dont la notification ou la signification valent commandement de payer. Par ailleurs, le porteur peut obtenir un protêt, qui est un acte authentique qui constate le refus de paiement du chèque.

Le porteur d'un chèque impayé dispose d'un recours cambiaire, c'est-à-dire un recours fondé sur le chèque lui-même. Si ce recours est prescrit, le porteur dispose encore d'une action contre le tireur qui n'a pas fait provision ou contre les autres obligés qui se seraient enrichis injustement.

Quid

■ Acquit n° 123

Mode de preuve qui consiste pour le tiré à exiger, en payant le chèque, qu'il lui soit remis acquitté par le porteur, et qui peut prendre la forme d'une simple signature de la part de ce dernier.

■ Allonge n° 108

Feuille qui peut être attachée au chèque afin d'y inscrire l'endossement de celui-ci.

■ Bénéficiaire nos 77 s., 94 s.

Personne au profit de laquelle le chèque est émis.

■ Chèque nos 77 s.

Document écrit par lequel le tireur donne au tiré, qui est forcément un établissement bancaire ou un établissement assimilé, l'ordre de payer à vue une somme déterminée au bénéficiaire ou à son ordre.

■ Endossement de procuration **n°s 110 s.**

Technique par laquelle le porteur du chèque donne mandat à une personne de le présenter au paiement.

■ Endossement translatif **n°s 107 s.**

Technique par laquelle le chèque est transmis au moyen d'une signature de l'endosseur, celle-ci manifestant l'ordre donné au tiré de payer à l'endossataire la somme d'argent indiquée dans le chèque.

■ Formules de chèque **n°s 86 s.**

Forme normalisée que prennent en général les chèques fournis par un établissement bancaire au client, lesquels sont numérotés et reliés à un carnet à souche que l'on dénomme habituellement « chéquier ».

■ Opposition **n°s 125 s.**

Ordre donné au tiré de ne pas payer un chèque lorsque celui-ci sera présenté au paiement.

■ Présentation au paiement **n°s 99, 114 s.**

Remise du chèque au tiré en vue d'en obtenir le paiement.

■ Protêt **n°s 132 s.**

Acte authentique qui constate le refus de paiement du chèque.

■ Provision **n°s 87, 98 s., 102 s.**

Créance de somme d'argent du tireur sur le tiré, laquelle permet au premier d'émettre un chèque d'un montant égal ou inférieur à cette somme d'argent.

■ Tiré **n°s 77, 94 s.**

Personne (établissement de crédit, prestataire de services d'investissement autre qu'une société de gestion de portefeuille, Trésor public, Caisse des dépôts et consignations, Banque de France) qui a des fonds à la disposition du tireur et qui a autorisé celui-ci à disposer de ces fonds par chèque.

■ Tireur **n°s 77, 94 s.**

Personne qui émet le chèque.

Documents

Com. 6 mai 1997, n° 94-13.772 (extrait) (*Bull. civ.* IV, n° 116)

[...] Attendu, d'autre part, que l'arrêt retient que si les formules de chèques habituellement délivrées par les banques à leurs clients représentent l'un des moyens de faire fonctionner le compte et, par conséquent, de disposer du crédit, elles ne constituent cependant pas le seul, et qu'un compte bancaire fonctionne aussi, même si moins commodément, par le moyen de virements, d'effets et billets, de prélèvements, de chèques certifiés ; qu'il constate, ensuite, que la banque a maintenu le découvert existant jusqu'au début de l'année 1990 et que le compte a continué à fonctionner jusqu'à cette époque, même avec une activité moindre ; qu'en l'état de ces énonciations et constatations, c'est à bon droit que la cour d'appel a décidé que M. Y..., ès qualités, et les époux X... étaient, en conséquence, mal fondés à soutenir que la décision de ne plus délivrer de carnets de chèques serait constitutive de la part de la banque d'une rupture abusive de crédit [...].

Civ. 1re, 23 janv. 2013, n° 10-28.397 (extrait)
(*Gaz. pal.* 2013, p. 19, note S. Piedelièvre)

[...] Attendu que l'arrêt retient à bon droit que la clause selon laquelle : « ... La Caisse Régionale peut refuser ou suspendre par décision motivée la délivrance de formules de chèques notamment en cas d'interdiction d'émettre des chèques ou d'anomalies de fonctionnement du compte qui lui serait imputable, sans que la clôture du compte soit nécessaire », ne présente pas un caractère abusif dès lors que le refus doit être motivé, de sorte qu'elle met le consommateur en mesure d'en contester le bien-fondé. [...]

Com. 3 mars 1981, n° 79-14.354 (extrait)
(*Bull. civ.* IV, n° 115)

[...] attendu que la cour d'appel a exonéré la banque de toute responsabilité, tout en constatant qu'elle avait retiré son chéquier à Montgrenier à la suite de l'émission de neuf chèques sans provision, et que son compte était toujours débiteur lorsqu'elle lui avait remis une formule de chèque en blanc pour une opération commerciale qu'elle ne pouvait contrôler ; qu'en se déterminant ainsi, la cour d'appel n'a pas tiré de ses constatations les conséquences légales qui en découlaient [...].

Com. 6 févr. 1990, n° 88-18.873 (extrait)
(*Bull. civ.* IV, n° 34)

[...] Attendu que, pour accueillir cette demande, la cour d'appel, après avoir énoncé exactement que les sociétés ne jouissent de la personnalité morale qu'à compter de leur immatriculation au registre du commerce et des sociétés, a retenu que la banque avait commis une faute en remettant un chéquier à une " personne morale " n'ayant aucune existence légale ;

Attendu qu'en se déterminant par ces seuls motifs, alors que, même si elle est laissée à la discrétion de la banque, la délivrance d'un chéquier est la conséquence de l'ouverture d'un compte, et qu'il lui appartenait, dès lors, de rechercher si la banque avait manqué aux obligations qui incombaient à celle-ci lors de l'ouverture du compte dont seules pouvaient être titulaires les personnes agissant au nom de la société en formation, la cour d'appel n'a pas donné de base légale à sa décision [...].

Com. 28 févr. 1989, n° 87-17.374 (extrait)
(*Bull. civ.* IV, n° 70)

[...] Attendu que, pour débouter la SODIM de sa demande, le Tribunal retient que la banque a pris la précaution d'adresser au titulaire du compte, avant l'envoi du chéquier un courrier l'informant que, faute de réception dans les dix jours, il devait passer à l'agence indiquée ; qu'il avait respecté ces instructions et fait opposition ;

Attendu qu'en se déterminant par de tels motifs, alors qu'en adressant le chéquier par courrier ordinaire la banque avait commis une imprudence, le Tribunal a violé (l'ancien article 1382 du Code civil) [...].

Civ. 1re, 8 janv. 2009, n° 06-17.630 (extrait) (*RTD com.* 2009. 418, obs. D. Legeais)

[...] [A]ttendu que la cour d'appel a exactement écarté le caractère abusif de la clause selon laquelle le Crédit lyonnais s'autorisait à refuser les chèques émis sur des formules non conformes aux normes en usage dans la profession et prévoyait une commission pour le traitement de pareils chèques, dès lors qu'une telle clause, destinée à permettre un traitement rationalisé des formules de chèques normalisées au lieu d'un traitement individualisé de formules singulières nécessairement plus long et plus onéreux, ne crée aucun avantage au profit de la banque ni aucun désavantage au détriment du consommateur qui bénéficie de la délivrance gratuite des chéquiers et d'une facilité d'utilisation, et, partant, n'a pas pour effet de créer un déséquilibre significatif entre les droits et obligations des parties [...].

Civ. 1re, 10 mars 1992, 90-21.074 (extrait) (*Bull. civ.* I, n° 78)

[...] Mais attendu que la cour d'appel, qui a justement énoncé qu'un chèque non daté est un mandat de payer donné par le tireur au tiré et ne constitue qu'un écrit rendant vraisemblable l'existence de la créance invoquée par le bénéficiaire contre le tireur, a souverainement estimé que le commencement de preuve constitué par le chèque litigieux, n'était complété par aucun autre élément de preuve [...].

Com. 9 nov. 2022, n° 20-20.031 (extrait) (*D.* 2023. 220, note L. Siguoirt)

[...] Il résulte de la combinaison des articles 9 du code de procédure civile et 1315, alinéa 2, devenu 1353, alinéa 2, du code civil que s'il incombe à l'émetteur d'un chèque d'établir que celui-ci a été falsifié, il revient à la banque tirée, dont la responsabilité est recherchée pour avoir manqué à son obligation de vigilance et qui ne peut représenter l'original de ce chèque, de prouver que celui-ci n'était pas affecté d'une anomalie apparente, à moins que le chèque n'ait été restitué au tireur [...].

Civ. 1re, 6 janv. 2011, n° 09-71.400 (extrait)

[...] [U]n chèque est un instrument de paiement que le bénéficiaire peut faire encaisser même dans le cas où il lui a été remis à titre de garantie, sauf à lui à en restituer le montant si le paiement reçu était indu [...].

Com. 21 nov. 2000, n° 97-18.187 (extrait) (*Bull. civ.* IV, n° 177)

[...] Mais attendu qu'ayant relevé par motifs propres et adoptés, que le chèque litigieux avait été endossé par chacun des époux et qu'il n'était pas prétendu que Mme Y... se le soit approprié frauduleusement, ce dont il résultait qu'à l'égard de la Caisse dont la connivence n'était pas alléguée, l'épouse avait, par application de l'article 221 du Code civil, le pouvoir suffisant d'encaisser seule le montant du chèque sur son compte personnel, la cour d'appel a, abstraction faite des motifs erronés relatifs à l'absence de préjudice, justifié sa décision [...].

Com. 12 janv. 2010, n° 08-20.241 (extrait) (*Bull. civ.* IV, n° 1)

[...] Vu l'article L. 131-31 du code monétaire et financier ;

Attendu qu'il résulte de ce texte qu'un chèque est émis et sa provision transférée dès que le tireur s'en est dessaisi au profit du bénéficiaire, toute mention contraire étant réputée non écrite ; [...]

Vu les articles L. 131-31 du code monétaire et financier et L. 622-7 du code de commerce ;

Attendu qu'il résulte de la combinaison de ces textes que la provision d'un chèque émis par un tireur avant d'être mis en redressement judiciaire n'est transférée au profit du bénéficiaire qu'autant qu'elle ait existé au jour du jugement d'ouverture [...].

Com. 4 nov. 2021, n° 19-26.066 (extrait)

[...] Vu l'article L. 131-67 du code monétaire et financier :

4. Selon ce texte, la remise d'un chèque ne vaut paiement que sous réserve de son encaissement par le créancier. [...]

Com. 19 juin 2012, n° 11-17.061 (extrait) (*Bull. civ.* IV, n° 124)

[...] [L]e banquier, auquel un chèque est remis à l'encaissement, s'il ne procède pas à son inscription en compte immédiatement, a l'obligation d'en prévenir son client, faute de quoi il engagerait sa responsabilité, sauf stipulations contractuelles contraires ou circonstances particulières [...].

Com. 4 juin 1991, n° 89-14.629 (extrait) (*Bull. civ.* IV, n° 197)

[...] Mais attendu que l'arrêt a retenu exactement qu'en payant un chèque émis dans des conditions irrégulières la banque avait commis une faute de nature quasi délictuelle [...].

Com. 9 juill. 2002, n° 00-22.788 (extrait) (*Bull. civ.* IV, n° 114)

[...] Attendu que pour apprécier les responsabilités respectivement encourues par la Caixabank et le Crédit industriel de l'Ouest dans la réalisation du dommage de la SCI la Terre Alleu, l'arrêt retient que la banque tirée procédant au traitement des chèques de manière informatique, la banque présentatrice était seule à même d'exercer un contrôle efficace ;

Attendu qu'en statuant ainsi, alors que la banque tirée est tenue de vérifier la régularité formelle du titre et qu'en s'en abstenant elle prend un risque dont elle doit assumer les conséquences, la cour d'appel a violé l'article précité [...].

Com. 8 juill. 2003, n° 00-11.993 (extrait) (*Bull. civ.* IV, n° 119)

[…] Attendu qu'en statuant ainsi, alors qu'en divulguant les informations figurant au verso des chèques litigieux, la banque portait atteinte au secret dont bénéficiaient le ou les tiers bénéficiaires des titres et que le secret professionnel auquel est tenu un établissement de crédit constitue un empêchement légitime opposable au juge civil, la cour d'appel a violé les textes susvisés […].

Com. 16 juin 2015, n° 14-13.493 (extrait)

[…] [L]'établissement de crédit sur lequel a été tiré un chèque frappé d'opposition n'a pas à vérifier la réalité du motif d'opposition invoqué mais seulement si ce motif est l'un de ceux autorisés par la loi […].

Com. 2 oct. 2024, n° 23-13.401 (extrait)

[…] Vu l'article 1382, devenu 1240, du code civil :

4. Selon ce texte, tout fait de l'homme qui cause à autrui un dommage, oblige celui par la faute duquel il est arrivé à le réparer.

5. Pour déterminer le préjudice subi par Mme [D], [G] [V] et Mme [E], l'arrêt retient que la faute commise par la banque leur a fait perdre une chance de ne pas voir leurs chèques encaissés, leurs virements effectués et de voir cesser les agissements de M. [C] à leur encontre, il ajoute que même si cette banque avait interrogé M. [C] sur les anomalies intellectuelles affectant les chèques, il n'est pas établi que les explications fournies le cas échéant, auraient permis de révéler les détournements et qu'un tel questionnement aurait pu l'amener à ouvrir des comptes auprès d'autres établissements bancaires.

6. En statuant ainsi, alors que le devoir de vigilance de la banque lui imposait de ne pas procéder à l'encaissement des chèques présentant des anomalies apparentes, de sorte que le préjudice représenté par la perte du montant de ces chèques n'était affecté d'aucun aléa, la cour d'appel a violé le texte susvisé […].

Com. 5 mars 2025, n° 23-16.944 (extraits)

[…] 1. Selon l'arrêt attaqué (Chambéry, 23 mars 2023), le 8 septembre 2018, M. [S], qui avait vendu un véhicule automobile a, préalablement à la remise des clés, présenté à sa banque, la Caisse régionale de crédit agricole mutuel des Savoie (la banque), la copie d'un chèque de banque tiré sur un autre établissement, qui lui avait été remis par son acheteur, afin de faire vérifier son authenticité. Le 11 septembre 2018, il a présenté ce chèque à l'encaissement. Le 18 septembre 2018, il a été averti par sa banque que celui-ci était faux et ne serait pas encaissé.

2. Faisant valoir que la banque avait manqué à son obligation de vigilance, M. [S] l'a assignée en réparation de son préjudice […].

4. La banque n'est tenue de détecter les anomalies apparentes d'un chèque que lorsque celui-ci lui est remis à l'encaissement.

5. Le moyen, qui, en ses deux branches, postule le contraire, n'est donc pas fondé […].

Com. 3 mai 2016, n° 14-23.950 (extrait)

[…] Mais attendu qu'il résulte de l'article L. 131-59, alinéas 1 et 3, du code monétaire et financier que, si les actions en recours du porteur contre les endosseurs, le tireur et les autres obligés se prescrivent par six mois à partir de l'expiration du délai de présentation, il subsiste un recours, fondé sur le droit du chèque, du porteur contre le tireur qui n'a pas fait provision ;

Que ce recours spécifique suppose toutefois que le défaut de provision soit constaté ;

Que le même article, en son deuxième alinéa, dispose que l'action du porteur du chèque contre le tiré se prescrit par un an à partir de l'expiration du délai de présentation, ce dont il se déduit que le tireur du chèque, qui doit constituer la provision au plus tard lors de son émission, est tenu de la maintenir jusqu'à l'expiration de ce délai ;

Qu'il en résulte que le défaut de provision, qui permet l'ouverture de ce recours spécifique, doit être constaté avant l'expiration du délai de prescription prévu par l'alinéa 2 de l'article L. 131-59 dudit code, qui est d'une année courant à partir de l'expiration du délai de présentation […].

Biblio

- J. Devèze, « L'agonie du chèque », in *Mélanges Paul Le Cannu*, 2014, Dalloz-LGDJ, p. 457.
- A. Gouëzel, « Le recours oublié contre le bénéficiaire d'un chèque faux », in *Mélanges Pascale Bloch*, Bruylant, 2015, p. 79.
- P. Jestaz, « Le tireur conserve-t-il la disponibilité de la provision après l'émission d'une lettre de change ou d'un chèque ? », *RTD com.* 1966. 881.
- J. Lasserre Capdeville, « La responsabilité du banquier en matière de chèque de banque », in *Mélanges AEDBF-France*, 2022, n° 8, p. 17.
- J.-F. Riffard, « À la recherche de l'unité de temps perdue : de quelques aspects du paiement à l'aune du chèque et du virement », *RDBF* 2023, n° 2, dossier 8.
- P. Safa, « Remarques sur la revendication du chèque et sur l'opposition à son paiement », *RTD com.* 1966. 1.

Quiz

1) Sujets corrigés

A) Test de connaissances

Énoncé

1. Le chèque peut être un instrument :

   a. de retrait ;

   b. de paiement ;

   c. de crédit, de manière indirecte.

2. Le chèque-cadeau est un chèque à proprement parler :

a. vrai ;

b. faux.

3. Les formules de chèque doivent indiquer :

a. le nom de la personne à laquelle la formule est délivrée ;

b. le numéro de téléphone du titulaire du compte ;

c. l'adresse du titulaire du compte.

4. La personne qui remet un chèque en paiement doit justifier de son identité :

a. jamais ;

b. parfois ;

c. toujours.

5. Le tiré d'un chèque peut être :

a. toute personne ;

b. uniquement un établissement de crédit ;

c. uniquement un établissement de crédit, un prestataire de services d'investissement autre qu'une société de gestion de portefeuille, le Trésor public, la Caisse des dépôts et consignations, la Banque de France.

6. Le bénéficiaire d'un chèque peut être :

a. toute personne ;

b. uniquement un établissement de crédit ;

c. uniquement un établissement de crédit, un prestataire de services d'investissement autre qu'une société de gestion de portefeuille, le Trésor public, la Caisse des dépôts et consignations, la Banque de France.

7. La provision est une créance de somme d'argent :

a. du tiré sur le tireur ;

b. du tireur sur le tiré ;

c. du tiré sur le bénéficiaire.

8. La provision doit être :

a. préalable mais non disponible ;

b. disponible mais non préalable ;

c. préalable et disponible.

9. Le visa a pour effet de constater :

a. l'existence du chèque ;

b. l'existence de la provision ;

c. l'identité du tireur.

10. L'endossement translatif transmet :

a. les informations relatives au tireur et au tiré ;

b. une copie du chèque ;

c. la propriété de la provision.

11. L'endossement de procuration donne à une personne mandat de :

a. présenter au paiement le chèque ;

b. payer le chèque ;

c. garantir le chèque.

12. Si la provision est inférieure au montant du chèque, le porteur :

a. peut refuser un paiement partiel ;

b. ne peut pas refuser un paiement partiel ;

c. doit refuser un paiement partiel.

13. L'opposition doit être formulée par écrit :

a. vrai ;

b. faux.

14. Le protêt est :

a. une déclaration orale ;

b. un acte sous signature privée ;

c. un acte authentique.

15. Le porteur d'un chèque impayé :

a. ne dispose pas d'un recours cambiaire ;

b. dispose notamment d'un recours cambiaire ;

c. dispose uniquement d'un recours cambiaire.

Voir le corrigé en fin de rubrique.

B) Test de compréhension

Énoncé n° 1

Qualifier chacune des mentions suivantes d'un chèque, en indiquant si elle est obligatoire, facultative ou interdite :

1. la dénomination de chèque ;

2. le barrement ;

3. l'indication du lieu où le paiement doit s'effectuer ;

4. le mandat pur et simple de payer une somme déterminée ;

5. la stipulation d'intérêts ;

6. la signature du tireur ;

7. l'exclusion de garantie du paiement par le tireur ;

8. la mention contraire au fait que le chèque est payable à vue ;

9. la désignation du bénéficiaire du chèque ;

10. le nom du tiré ;

11. l'indication de la date et du lieu où le chèque est créé ;

12. l'acceptation du chèque.

Voir le corrigé en fin de rubrique.

Énoncé n° 2

Remplir la grille avec les mots qui correspondent aux définitions (une lettre par case) :

Grille à compléter

Horizontal

1. Mode de preuve du paiement du chèque.
2. Personne au profit de laquelle le chèque est émis.
3. Ordre de ne pas payer un chèque.
4. Celui qui émet le chèque.
5. Mot anglais dans lequel le chèque puise son étymologie.
6. Le bénéficiaire peut en être le tireur lui-même ou un tiers.
7. Créance de somme d'argent du tireur sur le tiré, laquelle permet au premier d'émettre un chèque.
8. Elles concernent le chèque et sont normalisées.
9. Celui qui en général remet des formules de chèque au tireur.

Vertical

a. Ce que vaut l'endossement du chèque au tiré.
b. Il peut être translatif.
c. Acte authentique qui constate le refus de paiement du chèque.
d. Mention qui doit obligatoirement figurer sur un chèque et qui concerne le tireur.
e. Feuille pouvant être attachée au chèque pour y inscrire l'endossement.

Voir le corrigé en fin de rubrique.

C) Cas pratique

La société Fouzain & Torti exécute une prestation au profit de Mme Dupont. Celle-ci paye le prix de cette prestation par chèque. Le lendemain, Mme Dupont décède. Au courant de ce décès, la société Fouzain & Torti se demande si le chèque peut encore être présenté au paiement. Elle vous consulte pour connaître votre avis.

Voir le corrigé en fin de rubrique.

2) Corrigés

Test de connaissances

1. a, b et c ; **2.** b ; **3.** a et c ; **4.** c ; **5.** c ; **6.** a ; **7.** b ; **8.** c ; **9.** b ; **10.** c ; **11.** a ; **12.** b ; **13.** a ; **14.** c ; **15.** b.

Test de compréhension n° 1

1. obligatoire ; 2. facultative ; 3. obligatoire ; 4. obligatoire ; 5. interdite ; 6. obligatoire ; 7. interdite ; 8. interdite ; 9. facultative ; 10. obligatoire ; 11. obligatoire ; 12. interdite.

Test de compréhension n° 2

Grille corrigée

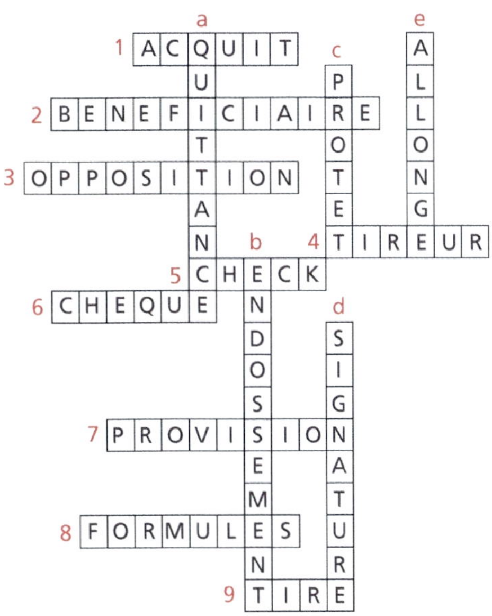

Cas pratique

L'article L. 131-20 du Code monétaire et financier dispose que « l'endossement transmet tous les droits résultant du chèque et notamment la propriété de la provision ». La Cour de cassation considère logiquement que la propriété de la provision est transférée également par le tireur au bénéficiaire au moment de l'émission du chèque (Com. 12 janv. 2010, n° 08-20.241, *Bull. civ.* IV, n° 1). Parmi les conséquences qui en résultent, il en est une qui est prévue à l'article L. 131-36 du Code monétaire et financier : « ni le décès du tireur ni son incapacité survenant après l'émission ne touchent aux effets du chèque ». En l'espèce, donc, le décès du tireur n'empêche pas le bénéficiaire du chèque de le présenter au paiement.

chapitre 4

Les opérations de paiement : carte bancaire, virement et prélèvement

Plan analytique

4

Les opérations de paiement : carte bancaire, virement et prélèvement

On se souvient que la *monnaie scripturale*[Q] est à la fois une créance et une monnaie 136
(v. ss 55 s.). L'un des intérêts de cette forme monétaire est d'offrir au client une facilité de réaliser des paiements : plutôt que de faire un retrait auprès de sa banque afin de payer en espèces, le payeur, ou *solvens*, va pouvoir ordonner à sa banque de débiter son compte et de procéder au crédit du compte du bénéficiaire du paiement, l'*accipiens*. Ces mouvements de fond peuvent être réalisés grâce aux instruments de la monnaie scripturale.

Au sein du Livre Ier du Code monétaire et financier, relatif à la monnaie, le Titre III est justement consacré aux « instruments de la monnaie scripturale », lequel titre est lui-même subdivisé en trois chapitres consacrés 1° au chèque, 2° à la lettre de change et au billet à ordre – alors qu'il s'agit d'instruments de crédit, les textes de ce chapitre se contentant d'ailleurs de procéder par renvoi –, ainsi que, et l'essentiel est là, 3° aux « autres instruments de paiement ». Cette formule malheureuse ne doit pas tromper, car ces « autres » instruments sont d'utilisation majoritaire aujourd'hui. Il suffit de les lister pour s'en convaincre : il s'agit principalement de la carte bancaire, du virement et du prélèvement.

Nés de la pratique, ces trois instruments ont longtemps été déréglementés, jusqu'à l'intervention de la directive 2007/64/CE du 13 novembre 2007 concernant les services de paiement dans le marché intérieur (dorénavant, « DSP 1 »), qui a été transposée en France par l'ordonnance n° 2009-866 du 15 juillet 2009. Les textes ont été modifiés afin d'intégrer des nouveaux services de paiement à l'occasion de la directive 2015/2366 du 25 novembre 2015 (dorénavant, « DSP 2 »), qui a été transposée par l'ordonnance n° 2017-1252 du 9 août 2017. Pour être complet, il faut noter qu'une consultation publique a été ouverte par les institutions européennes en mai 2022, en vue d'une nouvelle mise à jour (qui sera probablement dite « DSP 3 »), laquelle permettra sans doute de réglementer certains instruments de paiement nés depuis lors – on songe notamment au développement de l'usage des smartphones dans la formulation des ordres de paiement.

L'article L. 133-4 du Code monétaire et financier, qui précise le domaine d'application de cette législation, définit ainsi l'instrument de paiement : « tout dispositif personnalisé et de l'ensemble de procédures convenu entre l'utilisateur de services de paiement et le prestataire de service de paiements et utilisé pour donner un ordre de paiement ». Où l'on voit que les « autres » instruments permettent de réaliser des paiements « sur ordre », par opposition au chèque (v. *supra*, chapitre 3), qui est un moyen de réaliser un paiement « sur titre ». Cela dit, plutôt que d'ordre de paiement, les textes emploient en général l'expression « opération de paiement », dont il faut préciser la notion (section 1) avant d'en envisager le régime (section 2).

section 1

La notion d'opération de paiement

137 La notion d'*opération de paiement*[Q] est d'apparition récente et vise à englober plusieurs instruments différents. C'est pourquoi, avant d'en analyser la définition du « genre » (§ 2), il convient de signaler préalablement la diversité des « espèces » (§ 1).

§ 1 La diversité des opérations de paiement

138 Les opérations de paiement étant des créations de la pratique bancaire, elles sont d'une grande diversité, au gré de l'imagination des opérateurs et de la réglementation en réaction, qui va tantôt les prohiber, tantôt les encadrer.

139 Il en existe aujourd'hui *trois principales*, qui sont envisagées par le Code monétaire et financier.

Historiquement, la première opération de paiement est le *virement*[Q], qui serait apparu dès l'Antiquité. Il s'agit d'un simple jeu d'écritures, pouvant être défini comme l'opération par laquelle l'établissement teneur de compte procède, sur ordre du titulaire (payeur), à un débit de son compte, la somme étant portée au crédit d'un autre compte (celui du bénéficiaire), tenu par lui ou un autre établissement. On parle de virement « *SEPA*[Q] », par référence à l'espace unique de paiement en euros (*Single Euro Payments Area*), qui a remplacé les instruments de virements nationaux en 2014. C'est l'article L. 133-3, II, a du Code monétaire et financier qui envisage l'opération de paiement initiée « par le payeur, qui donne un ordre de paiement à son *prestataire de services de paiement*[Q] ». Très sécurisé et traçable, le virement est, en l'état des techniques, un ordre de paiement favorisé pour les opérations d'un montant élevé : il n'y a en général pas de plafond (sauf pour le virement instantané, qui n'est possible que dans la limite de 100 000 euros, ce qui est déjà très élevé : v. Banque de France, « Le virement SEPA instantané », en ligne : https://www.banque-france.fr/stabilite-financiere/comite-national-des-moyens-de-paiement/faq-les-paiements-en-questions/le-virement-sepa-instantane, consulté en mars 2023), même si les conventions bancaires prévoient souvent des procédures spécifiques de vérification et des frais au-delà de certains plafonds. Le virement pourrait voir son utilisation se démultiplier avec le développement du virement instantané : mis en place sous l'égide de la Banque centrale européenne en 2017 et largement encouragé depuis, il devrait être généralisé par un règlement actuellement en discussion (et voté par la Commission européenne le 26 octobre 2022), qui a notamment pour objet d'imposer aux prestataires de services de paiement d'offrir un tel outil, mais aussi d'en aligner le tarif sur les virements habituels.

On peut en rapprocher le *prélèvement*[Q], souvent décrit comme un virement à l'envers : il s'agit d'un transfert de fonds – le plus souvent récurrent –, par lequel le payeur donne au bénéficiaire une autorisation permanente ou ponctuelle de prélèvement sur son compte, le bénéficiaire transmettant l'autorisation à sa propre banque, qui la fait enregistrer par la banque du payeur – il n'y a pas de plafond ni de limite de durée. C'est cet ordre qui est décrit à l'article L. 133-3, II, c du Code monétaire et financier, lequel vise l'opération de paiement ordonnée « par le bénéficiaire, qui donne un ordre de paiement au prestataire de services de paiement du payeur, fondé sur le consentement donné par le payeur au bénéficiaire et, le cas échéant, par l'intermédiaire de son propre prestataire de services de paiement ». Le prélèvement est particulièrement utile pour les créances périodiques, telles que des factures de fourniture d'électricité ou un abonnement à une carte de transport.

On songe enfin, évidemment, au paiement par *carte bancaire*[Q]. Historiquement, les cartes étaient émises par des grands magasins aux États-Unis, dans les années 1930 : elles permettaient aux clients réguliers, plutôt que de payer à chaque achat, de signer des engagements de payer, qui étaient ultérieurement réalisés par chèque ou virement (la carte jouant donc un rôle de crédit). De telles cartes, qui existent encore aujourd'hui, ont l'inconvénient d'être individualisées, ne jouant que pour une enseigne. D'où l'apparition, à partir des années 1950, des cartes universelles, permettant de payer tous les professionnels participant au système – qui est, en France, organisé par le groupement des cartes bancaires, auxquels les fournisseurs (commerçants, prestataires fournissant des automates) adhèrent par l'intermédiaire d'un contrat fournisseur conclu avec leur établissement bancaire. Désormais, les cartes sont ainsi émises par les établissements bancaires eux-mêmes, les procédés électroniques permettant la vérification immédiate du solde du compte. C'est cet outil qu'il faut déceler dans l'article L. 133-3, II, b du Code monétaire et financier, lequel envisage l'opération de paiement ordonnée « par le payeur, qui donne un ordre de paiement par l'intermédiaire du bénéficiaire qui, après avoir recueilli l'ordre de paiement du payeur [grâce à un lecteur de carte], le transmet au prestataire de services de paiement du payeur, le cas échéant par l'intermédiaire de son propre prestataire de services de paiement ».

Les formules complexes, pour ne pas dire alambiquées, employées par le Code 140 ■
monétaire et financier ont de quoi étonner. Sans doute l'idée du législateur est-elle de procéder à des définitions larges pour pouvoir accueillir de *nouvelles formes* d'opérations de paiement, notamment celles imaginées par les *fintechs*. L'affirmation appelle une explication à travers quelques exemples.

Un premier exemple tient dans l'utilisation du paiement *sans contact*, non plus par carte bancaire, mais *par smartphone* directement. En ce cas, la définition posée pour le paiement par carte est suffisante pour englober cette nouvelle technique, puisqu'il y a bien un ordre de paiement donné par l'intermédiaire du payeur (grâce au terminal, donc au lecteur de carte, qui est doté d'une technologie *NFC*, pour *Near Field Communication*, communication en champ proche).

Il est aussi possible de citer la technique dite de l'*initiation de paiement*[Q], consacrée par la DSP 2, qui est réalisée par de nouveaux intermédiaires (les *third-party providers*, qui sont des prestataires de service d'initiation de paiement : PSIP). L'idée est de permettre au titulaire de plusieurs comptes bancaires de centraliser ses paiements, notamment en ligne, sur une seule application, le PSIP procédant à l'interconnexion des données bancaires – on parle parfois d'agrégation de comptes. Les ordres de paiement, généralement instantanés, se rapprochent alors de virements, et ils ont vocation à remplacer les ordres habituellement donnés par carte bancaire, en raison de la multiplication des fraudes à cet instrument. Il est, au demeurant, possible d'en rapprocher le paiement par QR code (*Quick Response code*, code à réponse rapide), dans les magasins physiques, avec renvoi sur l'application bancaire du payeur pour valider l'opération.

Les exemples sont susceptibles de se démultiplier avec les nouveaux outils technologiques. À preuve, certains prônent déjà les paiements par lecture d'empreintes digitales, par puce sous-cutanée, ou encore par reconnaissance faciale – notamment pour les paiements dans le métavers, un monde virtuel, pour éviter de retirer le casque VR, de réalité virtuelle. Ce qui explique non seulement les révisions régulières des directives sur les services de paiement, mais aussi pourquoi le législateur européen prône une approche unitaire de la notion d'opération de paiement.

§ 2 La définition de l'opération de paiement

141 Classiquement, il était revenu à la *jurisprudence* de déterminer le régime des opérations de paiement, ou plutôt des « ordres de paiement », formule qui était plus largement employée. Pour ce faire, elle se fondait généralement sur le régime du dépôt (dont on a vu que la qualification était pourtant malaisée à propos du dépôt bancaire : v. ss 9 s.), quitte à procéder à une application distributive des règles du mandat (pour les ordres donnés par le client) et du contrat d'entreprise (pour les services offerts par l'établissement bancaire).

La *doctrine* a eu l'occasion de s'interroger sur la nature juridique de ces ordres de paiement. Si le chèque est souvent considéré comme opérant une *transmission de créance* (la provision), un tel schéma paraît difficile à transposer au virement ou au paiement par carte bancaire. Non tant parce qu'il y aurait quelque fiction à penser qu'une telle qualification est conforme à la volonté les parties. Mais surtout puisque diverses règles ne conviennent en l'occurrence pas : ainsi pour expliquer qu'un virement puisse être fait sans le consentement du bénéficiaire, argument qui conduit aussi à écarter la qualification de *délégation*. Quant au recours à la figure du *mandat*, elle permet certes de fonder l'extinction de la dette du client (mandant) à l'égard du tiers bénéficiaire, grâce à l'action de la banque (mandataire) – encore que l'établissement bancaire semble faire, en ce cas, un acte matériel (le transfert de fonds) plus qu'un acte juridique –, mais elle est moins adaptée pour expliquer que la banque soit libérée de sa dette de restitution dans les rapports avec son client (donc dans la relation mandant-mandataire). D'où la proposition d'y voir une *indication de paiement*, fondée sur l'article 1340 du Code civil, dont l'article 1937 du même code constitue une application en matière de dépôt : le dépositaire peut restituer soit au déposant lui-même, soit « à celui qui a été indiqué » pour recevoir la chose.

Il faut admettre que l'enjeu est plus mince depuis la DSP 1. Il n'empêche que la question demeure intéressante pour régler les litiges relatifs à des opérations antérieures à l'entrée en vigueur des nouveaux textes. La jurisprudence se réfère ainsi à l'obligation de « ne restituer les fonds qu'aux déposants ou à leurs mandataires » (Com. 3 nov. 2004, n° 01-16.238), appliquant donc les mêmes principes qu'en matière de chèque (v. ss 95) ; elle a aussi pu retenir qu'une banque ne pouvait, pour une opération, se contenter de la communication par son client des données de carte bancaire à un tiers, mais devait démontrer l'existence d'un véritable mandat de payer (Com. 24 mars 2009, n° 08-12.025).

142 Désormais, et depuis la DSP 1, il existe une *définition légale* de l'opération de paiement, qui figure à l'article L. 133-3, I du Code monétaire et financier : « une opération de paiement est une action consistant à verser, transférer ou retirer des fonds, indépendamment de toute obligation sous-jacente entre le payeur et le

bénéficiaire, initiée par le payeur, ou pour son compte, ou par le bénéficiaire ». Il faut distinguer cette notion de celle, plus englobante, de *service de paiement*, qui concerne non seulement les prélèvements, paiements par carte bancaire et virements, mais aussi les versements et retraits d'espèces, l'émission d'instruments de paiement, les services de transmission de fonds ou d'initiation de paiement, etc. La notion de service de paiement permet de déterminer les services rendus par le prestataire (qu'il s'agisse d'un *établissement de crédit*[Q] ou d'un établissement de paiement), de manière à réglementer les personnes souhaitant accéder à cette activité (elles doivent être contrôlées et suffisamment robustes financièrement), relevant donc plutôt du droit bancaire institutionnel que du droit bancaire matériel, c'est-à-dire des opérations bancaires, thème qui nous occupe.

Deux remarques à propos de cette définition légale. L'une est qu'une telle définition est extrêmement large, puisqu'elle vise toute action de versement, transfert ou retrait, indépendamment de l'initiateur. L'idée est d'appliquer un régime unitaire pour toutes les opérations, la finalité protectrice du consommateur supposant un égal degré de protection à l'égard des différentes opérations. L'autre remarque concerne le fait d'envisager l'ordre « indépendamment de toute obligation sous-jacente » – ce qui peut rappeler la théorie de l'acte abstrait : l'opération de paiement a une dimension objective. La doctrine a critiqué ce choix, qui fait de l'opération de paiement un déplacement de monnaie « dévitalisé », « sans âme ». La finalité est de protéger le prestataire de service de paiement, auquel ne pourra pas être opposé le rapport fondamental, ce qui évite que les contestations sur l'origine du paiement pèsent également sur lui. On voit bien la différence avec un engagement cambiaire (v. ss 70 s.), dans lequel l'abstraction vise à protéger les porteurs successifs, alors qu'il s'agit ici de ne protéger que l'établissement recevant l'ordre : l'établissement bancaire n'est qu'un exécutant, qui n'a pas à subir les litiges entre ses clients et leurs créanciers ou débiteurs.

section 2

Le régime des opérations de paiement

En suivant une perspective chronologique, il convient de présenter d'abord l'existence de l'ordre de paiement (§ 1), puis son exécution (§ 2), et de faire enfin une place à l'étude de la contestation de l'opération de paiement (§ 3). 143

§ 1 L'existence de l'ordre

Pour pouvoir passer l'ordre, le payeur doit bénéficier d'un instrument, qui est mis à disposition par l'établissement bancaire en exécution d'un *contrat-cadre de services de paiement*[Q], régi par les articles L. 314-12 et suivants du Code monétaire et financier. 144

Quant aux *parties*, le client va conclure le contrat avec un établissement de crédit ou de paiement. Le prestataire peut être un établissement de crédit, donc une personne morale qui fait des opérations de banque à titre de profession habituelle

(v. C. mon. fin., art. L. 511-3, *a contrario*), ce qui recoupe notamment les services bancaires de paiement (C. mon. fin., art. L. 311-1) : en ce cas, le contrat-cadre de services de paiement sera compris dans la convention de compte de dépôt. En revanche, un contrat spécifique doit être prévu si le prestataire est un établissement de paiement, donc une personne morale autre qu'un établissement de crédit, qui fournit à titre de profession habituelle des services de paiement (C. mon. fin., art. L. 522-1). De façon générique, on parle de prestataire de service de paiement (dorénavant, PSP).

La *qualification* de contrat-cadre ne doit pas être entendue au sens de l'article 1111 du Code civil, qui y voit un « accord par lequel les parties conviennent des caractéristiques générales de leurs relations contractuelles futures ». Car la convention de services de paiement ne suppose pas, pour sa mise en œuvre, de contrats d'application – sauf à considérer qu'un contrat naît ensuite à chaque délivrance d'un instrument de paiement. Mieux vaut considérer qu'il s'agit tout simplement d'un contrat de mise à disposition d'instruments de paiement et organisant les relations entre l'établissement et le client pour la durée de cette mise à disposition.

Les textes précisent le *contenu* du contrat, en prévoyant qu'il doit comprendre toutes les informations nécessaires au bon fonctionnement des instruments de paiement envisagés, notamment les manières d'utiliser le service et frais, informations qui doivent d'ailleurs être communiquées avant la conclusion du contrat (C. mon. fin., art. L. 314-12 et L. 314-13). De même, l'article L. 314-14 du Code monétaire et financier exige les informations relatives à toute opération passée, sur un support durable communiqué au plus tard mensuellement : c'est le relevé de compte.

145 Comment l'ordre de paiement est-il déclenché ? La condition essentielle tient au *consentement du payeur* en ce sens. On sait néanmoins que le destinataire du consentement diffère selon l'instrument envisagé : dans le virement, l'ordre est adressé directement au PSP du payeur ; lors du prélèvement, l'ordre est communiqué par l'intermédiaire du bénéficiaire et de son PSP ; et en cas de paiement par carte bancaire, l'ordre passe par l'intermédiaire du PSP du bénéficiaire. Il n'en demeure pas moins que, à chaque fois, l'ordre tient sa validité du consentement du payeur.

D'ailleurs, le lien entre consentement et ordre est si étroit que, souvent, les deux sont confondus : on estime que l'ordre est l'expression du consentement. Pourtant, il est possible de les distinguer : ainsi, lorsque le consentement a été donné à une série d'opérations, par exemple des prélèvements qui se répètent tous les mois, le retrait d'un ordre futur ne vaut pas retrait du consentement aux autres ordres futurs, le payeur devant expressément retirer son consentement pour définitivement paralyser les opérations à venir.

Quant à la *forme* du consentement, l'article L. 133-7, alinéa 1er, du Code monétaire et financier renvoie à la liberté contractuelle : « le consentement est donné sous la forme convenue entre le payeur et son prestataire de services de paiement ». Il faut donc se référer au contrat organisant la mise à disposition des instruments de paiement, qui peut par exemple prévoir la composition du code de la carte bancaire. Cette forme est essentielle, dès lors qu'« en l'absence d'un tel consentement, l'opération ou la série d'opérations de paiement est réputée non autorisée » : le consentement apparaît comme une condition de validité de l'ordre.

Une fois ce consentement exprimé, reste à déterminer le *moment de l'ordre*. On notera avant tout que le moment de l'ordre peut être distinct du moment du consentement : il peut arriver que l'ordre suive le consentement, notamment lorsque l'ordre est passé par le bénéficiaire plutôt que par le payeur, de même qu'il peut advenir que le consentement soit postérieur à l'ordre, par exemple en cas de ratification d'un ordre mal exprimé. 146 ■

Cela dit, l'article L. 133-9, alinéa 1er du Code monétaire et financier évoque le « moment de réception » de l'ordre, qu'il définit comme « le moment où l'ordre de paiement est reçu par le prestataire de services de paiement du payeur », l'alinéa 2 permettant, par exception, à l'utilisateur et à son PSP de convenir d'une autre date. Dans ce second cas uniquement, un changement d'avis du payeur est possible : ce n'est en effet que « tant que l'ordre de paiement n'a pas acquis un caractère d'irrévocabilité » que le consentement peut être retiré par le payeur.

Le principe est en effet celui de l'*irrévocabilité* de l'ordre : un ordre est définitif – ce qui rejoint la logique abstraite de l'opération de paiement –, et donc le consentement à l'ordre ne peut pas être retiré. Ainsi, lorsque l'utilisateur et le PSP s'entendent pour fixer une date ultérieure, le consentement sera considéré comme n'ayant pas été reçu avant cette date, ce qui explique que l'ordre puisse alors être annulé, ce qui n'est jamais le cas lorsque l'ordre n'est pas différé. C'est pourquoi, selon l'instrument de paiement envisagé, la date d'irrévocabilité peut varier, d'où les différentes hypothèses envisagées par l'article L. 133-8 du Code monétaire et financier : l'ordre ne peut être révoqué par l'utilisateur une fois que son PSP l'a reçu (I) ; ainsi, lorsque l'ordre est donné par le bénéficiaire, il est possible de le révoquer tant que le payeur n'a pas donné son consentement (II), même si, en pratique, ce consentement est donné immédiatement, dès lors que le payeur saisit son code de carte bancaire sur le terminal ; l'ordre de prélèvement peut être révoqué jusqu'à la veille du jour convenu pour le débit des fonds (II) ; de la même manière, la révocation est possible avant la date prévue pour l'ordre, le cas échéant (III) ; enfin, même après expiration des délais, les parties peuvent s'entendre pour la révocation de l'ordre (IV). En revanche, une fois l'ordre devenu irrévocable, il doit être exécuté.

La jurisprudence a eu l'occasion d'articuler cette règle de l'irrévocabilité, et la question sous-jacente de la date de l'ordre, avec le dessaisissement qu'implique l'ouverture d'une procédure collective à l'égard du payeur. Certes, le virement ne vaut paiement à l'égard du bénéficiaire qu'à compter de la réception des fonds par le PSP de celui-ci (Com. 3 févr. 2009, n° 06-21.184), mais il ne faut pas en déduire que l'ordre de paiement passé avant l'ouverture de la procédure mais qui n'a donné lieu à réception de fonds qu'après le jugement d'ouverture serait inopposable : l'autorisation est caractérisée dès que le payeur a donné son consentement à son exécution et ainsi « l'émetteur d'un ordre de paiement dispose des fonds dès la date à laquelle il consent à cette opération », ce qui signifie que seule compte la capacité à effectuer le paiement au jour de l'ordre (Com. 30 juin 2021, n° 20-18.759).

§ 2 L'exécution de l'ordre

À titre liminaire, il faut se souvenir qu'avant l'entrée en vigueur de la DSP 1, le régime des ordres de paiement relevait du droit commun de la responsabilité civile, sauf pour les paiements par carte qui étaient encadrés par le Code monétaire et financier. Depuis la directive, ce dernier prévoit le régime de l'exécution de l'ordre de 147 ■

paiement, qui doit être mis en œuvre à compter de la réception de celui-ci. Il est dès lors intéressant de comparer, dans les lignes qui suivent, le régime issu de la DSP à celui qui existait antérieurement.

■ 148 La première question est celle du *délai d'exécution.*

Avant la DSP 1, la jurisprudence commence déjà à imposer des délais de plus en plus courts pour l'exécution de l'ordre de paiement, en raison des progrès techniques : l'établissement bancaire doit exécuter l'ordre « avec promptitude et sans retard » (CA Paris, 15e ch., sect. B, 15 oct. 2004 ; en l'espèce, le fait de ne pas avoir traité un ordre dans la journée n'était pas fautif). Corrélativement, cela conduit la jurisprudence à refuser de caractériser la faute d'un établissement bancaire qui se serait précipité pour exécuter un ordre pur et simple (Com. 2 juill. 1979, *D.* 1980. IR. 215, obs. M. Vasseur). Ainsi, lorsque l'exécution tardive du virement a provoqué un défaut de provision d'un chèque, la responsabilité de l'établissement bancaire peut être recherchée (Com. 14 mars 2006, n° 04-16.946).

Depuis la DSP 1, et une fois encore au regard des évolutions technologiques, l'article L. 133-13, I du Code monétaire et financier organise des délais réduits : l'opération de paiement doit être créditée sur le compte du bénéficiaire « au plus tard à la fin du premier jour ouvrable suivant le moment de réception de l'ordre de paiement », sauf à être prolongé d'un jour si l'ordre a été donné sur support papier. Si les parties peuvent convenir d'un délai plus long, celui-ci ne peut dépasser quatre jours ouvrables à compter de la réception de l'ordre (C. mon. fin., art. L. 133-12). En outre, la date de valeur, c'est-à-dire la date prise en considération pour calculer des intérêts débiteurs ou créditeurs d'un compte – par exemple, pour les premiers, en cas de découvert –, portée sur le compte du bénéficiaire ne doit pas être postérieure à celle portée sur le compte de son propre PSP, de même que la date de valeur de débit ne saurait être antérieure au débit effectif du compte (C. mon. fin., art. L. 133-14).

Seulement voilà, la DSP ne prévoit pas de sanctions en cas d'irrespect des exigences de délai. Il faut donc, comme dans le droit antérieur, faire application du droit de la responsabilité civile, le retard étant constitutif d'une faute qui donne lieu à réparation des préjudices éventuellement causés. Du moins, tel est, semble-t-il, le raisonnement de la Cour de cassation, laquelle a pu retenir la responsabilité d'un établissement bancaire qui, en raison de l'exécution tardive d'un ordre de virement, a accepté et exécuté une saisie-attribution sur le compte qui aurait normalement dû ne pas être suffisamment alimenté pour l'admettre, ce qui a entraîné l'inscription du titulaire au fichier des incidents de paiement de la banque de France (Com. 18 sept. 2012, n° 11-10.209).

■ 149 Deuxième question : celle des *frais d'exécution.* Sous réserve qu'ils soient indiqués dans la convention mettant à disposition du client des instruments de paiement, de tels frais peuvent évidemment être exigés du payeur. En revanche, l'article L. 133-11, alinéa 1er du Code monétaire et financier interdit aux PSP de « prélever des frais sur le montant transféré », les prestataires étant tenus de transférer « le montant total de l'opération ». Et ce, pour une raison simple : éviter que le payeur ne soit pas libéré par un paiement insuffisant, lequel serait dû à la déduction du montant des frais de l'opération – même si l'alinéa 2 permet au bénéficiaire et son PSP de s'entendre sur un prélèvement préalable des frais, mais en ce cas le *solvens* a bien été libéré. Cela dit, chaque utilisateur est redevable des frais facturés pour l'opération par son PSP, qu'il s'agisse du payeur ou du bénéficiaire (C. mon. fin., art. L. 133-27).

La troisième question tient au *refus d'exécution*. C'est l'article L. 133-10, I du Code monétaire et financier qui envisage le cas dans lequel le PSP « refuse d'exécuter un ordre de paiement ou d'initier une opération de paiement ». L'alinéa 3 précise qu'« un ordre de paiement refusé est réputé non reçu ». La seule exigence est que le PSP notifie à l'utilisateur les motifs du refus « dès que possible » et dans un délai qui ne saurait excéder celui d'exécution de l'opération, donc un jour ouvrable. Il est vrai que la disposition vise l'opération de paiement en général. Il n'empêche qu'en pratique, elle ne peut s'appliquer qu'au virement et au prélèvement, car en cas de paiement par carte, le PSP n'est informé de l'ordre qu'une fois celui-ci traité dans le système de compensation interbancaire, ne pouvant à ce stade en refuser l'exécution. 150 ■

Le texte ne conditionne pas expressément ce refus à un quelconque motif légitime. Cependant, l'alinéa 2 du même article dispose que la convention de compte de dépôt ou le contrat-cadre de services de paiement peut prévoir la possibilité pour le PSP « d'imputer des frais proportionnés aux coûts induits par une telle notification si le refus est objectivement justifié ». Il est permis d'en déduire, par une lecture *a contrario*, qu'il peut exister des refus injustifiés, donc sans motif légitime. En ces cas, il faut sans doute considérer que le refus constitue une faute permettant d'engager la responsabilité du PSP en cas de préjudice subi par l'utilisateur.

§ 3 La contestation de l'opération

Il convient, à la suite d'autres, d'analyser la contestation en distinguant deux cas : celui où l'opération n'a pas été autorisée (A), et celui où, bien qu'autorisée, l'opération n'a pas été correctement exécutée (B). À titre liminaire, il convient de préciser que les règles spéciales de responsabilité présentées ci-après sont, conformément à l'adage *specialia generalibus derogant*, exclusives du droit commun de la responsabilité civile (Com. 27 mars 2024, n° 22-21.200 ; Com. 2 mai 2024, n° 22-18.074 ; Com. 15 janv. 2025, n° 23-15.437). 151 ■

A. L'*opération non autorisée*

L'*hypothèse* résulte d'une interprétation *a contrario* de l'article L. 133-6, I, alinéa 1er du Code monétaire et financier : dès lors qu'« une opération de paiement est autorisée si le payeur a donné son consentement à son exécution », une opération sera non autorisée à compter du moment où le payeur n'a pas donné son consentement. 152 ■

Cela peut correspondre à trois catégories d'ordres de paiement : ceux initiés par le PSP sans ordre de son client, hypothèse peu probable ; ceux initiés par une personne autre que le payeur à l'aide d'un instrument appartenant à ce dernier, notamment en cas de vol de l'instrument ou d'une escroquerie ayant conduit à sa remise entre les mains d'un tiers ; ou encore ceux initiés par un tiers à l'aide d'un instrument de paiement contrefait, qui se distinguent des précédents car cette fois l'instrument n'est pas celui remis *ab initio* au payeur. Il est intéressant, à cet égard, de s'arrêter sur la recrudescence (notamment par le recours à l'intelligence artificielle) de la « fraude au président », qui est une escroquerie par laquelle un tiers se fait passer pour le président d'une société (souvent d'une société mère à l'égard de la filiale) pour obtenir du comptable la réalisation d'un virement non planifié, décrit comme urgent et confidentiel. Dans cette hypothèse, l'opération est bien autorisée (Com. 30 avr. 2025, n° 24-11.255) et le devoir de vigilance de la banque est suffisamment rempli lorsque l'établissement obtient confirmation de l'ordre par une personne habilitée (Com. 12 juin 2025, n° 24-13.697) ; de même, la vigilance est suffisante lorsque le montant des virements frauduleux reste dans la limite des plafonds quotidiens convenus, qu'il est couvert par le solde créditeur du compte et que la destination du virement est un compte détenu dans les livres d'une banque agréée dans l'Union européenne qui n'attirait pas spécialement l'attention en termes de sécurité (Com. 12 juin 2025, n° 24-10.168) ; en revanche, en présence de circonstances inhabituelles, le prestataire doit vérifier la régularité des opérations auprès du président de la société (Com. 2 oct. 2024, n° 23-13.282).

On peut encore en rapprocher une hypothèse rencontrée en jurisprudence : celle de la personne qui, souhaitant faire un retrait auprès d'un distributeur automatique de billets, compose son code, avant d'être, par menace ou contrainte, substitué par un malfrat qui saisit un montant élevé et s'empare des billets : en pareil cas aussi, il y a opération non autorisée (Com. 30 nov. 2022, n° 21-17.614 ; Com. 15 janv. 2025, n° 23-18.906). La situation est néanmoins rare car la plupart des distributeurs automatiques de billets exigent que le montant soit saisi avant le code confidentiel : ici, le comportement frauduleux ne sera pas constitutif d'une opération non autorisée mais uniquement d'un vol.

Une difficulté spécifique apparaît en présence d'un client vulnérable : la responsabilité du PSP peut-elle être engagée pour avoir exécuté les ordres de virement donnés par la personne atteinte de troubles médicaux ? La jurisprudence articule, en ce cas, le devoir de non-immixtion du banquier dans les affaires de son client avec l'obligation de vigilance : sauf anomalie apparente, le client est libre de disposer de ses actifs (Com. 2 mai 2024, n° 22-17.233). On peut en rapprocher l'hypothèse d'un ordre de paiement passé par l'un des parents sur le compte appartenant à l'enfant mineur : la banque, en ne sollicitant pas l'autorisation de l'autre parent, commet une faute engageant sa responsabilité (Com. 12 juin 2025, n° 24-13.604).

■ 153 Le *régime* général des opérations de paiement non autorisées suppose d'articuler les textes issus de la DSP avec la jurisprudence antérieure. Plusieurs solutions en résultent, qui peuvent être présentées successivement.

D'abord, la *charge de la preuve* pèse non pas sur le payeur mais sur le PSP : dès lors que le premier conteste une opération, c'est au second de démontrer que l'ordre a bien été donné et émane de l'utilisateur. Cela découle nettement de l'article L. 133-23, alinéa 1er du Code monétaire et financier : « lorsqu'un utilisateur de services de paiement nie avoir autorisé une opération de paiement qui a été exécutée, ou affirme que l'opération de paiement n'a pas été exécutée correctement, il incombe à son prestataire de services de paiement de prouver que l'opération en question a été authentifiée, dûment enregistrée et comptabilisée et qu'elle n'a pas été affectée par une déficience technique ou autre » (sur cette exigence préalable à l'invocation d'une négligence grave du client, v. Com. 30 avr. 2025, n° 24-10.149 ; pour un ex. de preuve apportée par le PSP, v. Com. 30 avr. 2025, n° 24-13.663). Dans un premier mouvement de l'esprit, la solution peut sembler étonnante : après tout, le demandeur n'est-il pas le payeur ? À l'analyse, elle est parfaitement respectueuse des dispositions sur le droit de la preuve, comme en témoigne la jurisprudence antérieure, fondée sur le droit du dépôt : c'est à celui qui se prétend libéré de son obligation qu'il revient de prouver la libération (C. civ., art. 1353, al. 2), or le dépositaire est tenu de restituer au déposant ou à la personne désignée par lui, ce qui suppose que le dépositaire ne soit valablement libéré que s'il a respecté la volonté du déposant (Com. 2 oct. 2007, n° 05-

21.421 ; v. aussi Com. 16 sept. 2008, n° 07-14.822). Il est à noter que l'article L. 133-23, alinéa 2 du Code monétaire et financier précise que « l'utilisation de l'instrument de paiement telle qu'enregistrée par le prestataire de services de paiement ne suffit pas nécessairement en tant que telle à prouver que l'opération a été autorisée par le payeur ou que celui-ci n'a pas satisfait intentionnellement ou par négligence grave aux obligations lui incombant en la matière », ce que la jurisprudence applique au hameçonnage (ou *phishing*, à savoir la pratique consistant à envoyer un SMS ou un mail frauduleux en se faisant passer pour un tiers de confiance pour se faire communiquer des données personnelles ou bancaires), refusant de libérer la banque même lorsque le payeur a transmis à autrui ses identifiants bancaires (Com. 18 janv. 2017, n° 15-18.102 ; Com. 3 avr. 2019, n° 18-11.293 ; Com. 26 juin 2019, n° 18-12.581 ; Com. 12 juin 2024, n° 22-21.981). La jurisprudence fait preuve d'une grande sévérité à l'égard des PSP : ainsi, lorsque plusieurs retraits sont réalisés avec le code confidentiel, sur plusieurs cartes appartenant au client, cela ne suffit pas à établir la négligence grave (Com. 26 mars 2025, n° 23-21.299). On peut également évoquer la multiplication des cas de *spoofing*, notamment lorsqu'un cybercriminel se fait passer pour le conseiller bancaire du payeur : la jurisprudence tend ici encore à la protection, en refusant de retenir la négligence grave lorsque le faux conseiller appelle depuis un numéro qui est crédible, même si tout est affaire de circonstances (Com. 23 oct. 2024, n° 23-16.267). En revanche, il faut noter que dans les rares cas où la négligence grave du payeur est retenue, les juges ne peuvent procéder à un partage de responsabilité (comme le leur permettrait l'application du droit commun) : en ce cas, le payeur doit seul supporter la perte subie, sans pouvoir invoquer l'obligation de vigilance du PSP (Com. 15 janv. 2025, n° 23-13.579).

Ensuite, quant au *délai de contestation*, avant la DSP, les banques se saisissaient de la possibilité de conclure des contrats sur la preuve (v. désormais C. civ., art. 1356) pour stipuler que le défaut de protestation dans le délai d'un mois suivant l'envoi du relevé bancaire valait présomption d'accord du client. Si la jurisprudence validait de telles stipulations, elle retenait qu'il ne s'agissait que d'une présomption simple, la preuve contraire pouvant être rapportée dans le délai de prescription (Com. 3 nov. 2004, n° 01-16.238). Depuis la DSP, ces solutions sont révolues : l'article L. 133-24 du Code monétaire et financier dispose que « l'utilisateur de services de paiement signale, sans tarder, à son prestataire de services de paiement une opération de paiement non autorisée ou mal exécutée et au plus tard dans les treize mois suivant la date de débit sous peine de forclusion à moins que le prestataire de services de paiement ne lui ait pas fourni ou n'ait pas mis à sa disposition les informations relatives à cette opération de paiement [...] », sauf à ce que les parties en décident autrement, ce qui n'est pas possible lorsque « l'utilisateur est une personne physique agissant pour des besoins non professionnels ». Le délai de contestation est donc supérieur à ceux antérieurement stipulés – la présomption d'accord n'étant pas consacrée –, mais inférieur au délai de prescription. Une hésitation a pu naître à cet égard : le client qui, ayant contesté une opération dans le délai de treize mois, mais ayant assigné l'établissement en paiement au-delà de ce délai est-il forclos ? Alors que certaines juridictions semblaient être tentées par une interprétation restrictive, la Cour de cassation a finalement affirmé que le client ayant signalé sans délai et au plus tard dans le délai de treize mois les opérations non autorisées est autorisé à agir en paiement contre la banque dans le délai de droit commun de cinq ans (Com. 2 juill. 2025, n° 24-16.590, *Dalloz actu.* 10 juill. 2015, note C. Hélaine). Il n'est toutefois pas exclu que l'exigence d'une déclaration « sans tarder » puisse permettre de fonder une faute de la victime partiellement ou totalement exonératoire de la responsabilité du PSP. On notera que si l'utilisateur ne peut pas se prévaloir de la responsabilité contractuelle pour échapper à ce délai, il en va différemment de la caution, tiers à l'opération, à laquelle le délai de forclusion ne saurait être opposé (CJUE 2 sept. 2021, aff. C-337/20).

Ensuite encore, lorsque le défaut d'autorisation est dénoncé dans les délais et prouvé, quelle est la *sanction*? Avant la DSP, la doctrine était partagée et la jurisprudence semblait appliquer au virement la distinction, tirée du droit du chèque, entre les titres faux et falsifiés (v. par exemple Com. 24 févr. 1987, n° 85-17.360, arrêt certes rendu en matière de chèque mais qui vise les « effets litigieux » et un « faux ordre de paiement », et semble donc de portée générale). Depuis la DSP, la sanction est inscrite à l'article L. 133-18 du Code monétaire et financier, dont l'alinéa 1er affirme clairement qu'en cas d'opération non autorisée, « le prestataire de services de paiement du payeur rembourse au payeur le montant de l'autorisation non autorisée immédiatement après avoir pris connaissance de l'opération ou après en avoir été informé, et en tout état de cause au plus tard à la fin du premier jour ouvrable suivant », sauf suspicion de fraude (l'alinéa 2 prévoit la même règle pour l'initiation de paiement), l'alinéa 3 mettant en place diverses sanctions à défaut (intérêt légal majoré de cinq points, puis de dix points au-delà de sept jours de retard, puis de quinze points au-delà de trente jours). On peut y voir un principe de réparation intégrale, qui doit être mis en œuvre de façon immédiate : bien que certains considèrent qu'il faudrait laisser au PSP un délai pour vérifier la légitimité de la contestation, il semble découler des textes qu'en réalité, le PSP doit rembourser puis, le cas échéant, discuter de cette légitimité.

Enfin, la jurisprudence a eu à connaître de la situation dans laquelle le PSP du payeur a effectivement recrédité le montant sur le compte de son client puis a obtenu le remboursement de la part du PSP du bénéficiaire : ce dernier peut-il alors contre-passer le montant qu'il avait, à tort, crédité sur le compte de son propre client ? La réponse est négative : il lui est nécessaire d'obtenir l'autorisation de la part du bénéficiaire, même si la Cour de cassation admet la convention contraire (Com. 24 nov. 2021, n° 20-10.044, *D.* 2022. 268, note J. Lasserre Capdeville), cette réserve étant discutable car elle risque d'être systématiquement stipulée – le PSP ayant d'ailleurs la possibilité d'agir en répétition de l'indu.

■ 154 Un régime spécifique est prévu en matière d'instruments de paiement dotés d'un *dispositif de sécurité personnalisé.*

Avant la DSP, la question se posait en présence d'une utilisation frauduleuse d'une carte bancaire. Les contrats entre titulaires et émetteurs prévoyaient en général que la charge des opérations frauduleuses pesait sur les premiers, sauf à ce qu'ils aient formé opposition à l'utilisation de l'instrument, ce qui était exigé en cas de perte ou de vol. La jurisprudence des juges du fond semblait quant à elle appréhender l'ensemble des fautes des parties en présence, admettant que certaines fautes de l'émetteur puissent justifier que la charge des paiements lui demeure, alors même qu'il n'y avait pas eu d'opposition, mais aussi, et surtout, que certaines fautes de l'utilisateur puissent justifier qu'il subisse les risques de paiement frauduleux alors même qu'il a fait opposition. Par exemple, lorsqu'il avait déclaré une perte de carte alors qu'en réalité il avait transmis la carte et le code à un tiers, l'établissement bancaire n'ayant pas pu savoir que le risque de non-paiement était si important, pensant simplement que l'instrument avait été perdu (TGI Paris, 4 janv. 1968, *RTD com.* 1968. 739, obs. M. Cabrillac et J.-L. Rives-Lange).

Depuis la DSP, les textes encadrent expressément la question. En amont, dans une logique préventive, il est exigé de l'utilisateur qu'il prenne « toute mesure raisonnable pour préserver la sécurité de ses dispositifs de sécurité personnalisés » (C. mon. fin., art. L. 133-16). À cette diligence systématique attendue de lui s'ajoute, en aval, une obligation, en cas de perte, vol, détournement ou toute utilisation non autorisée de l'instrument de paiement ou de ses données, d'en informer « sans tarder, aux fins de blocage de l'instrument », son PSP (C. mon. fin., art. L. 133-17, I ; le II prévoit la possibilité de faire opposition au paiement par carte lorsque le bénéficiaire tombe en redressement ou liquidation, tant que le montant n'a pas été crédité sur le compte du PSP du bénéficiaire).

C'est peu dire que les sanctions prévues ne sont pas très énergiques. Tant que l'opposition n'est pas parvenue au PSP, le payeur supporte les pertes liées à l'utilisation de l'instrument uniquement « dans la limite d'un plafond de 50 € ». Plus encore, il ne supporte rien lorsque l'opération non autorisée est « effectuée sans utilisation des données de sécurité personnalisées », lorsque la perte ou le vol ne pouvait pas être détecté par lui, ou encore lorsque la perte est due à une personne relevant d'un PSP ou d'un sous-traitant (C. mon. fin., art. L. 133-19, I) ; pareillement, rien n'est dû par le payeur si l'opération découle d'un détournement de l'instrument ou des données (II, al. 1er), en cas de contrefaçon de l'instrument (al. 2), ou lorsque le PSP ne fournit pas les moyens appropriés pour faire opposition (III). À plus forte raison, une fois l'opposition faite, « le payeur ne supporte aucune conséquence financière résultant de l'utilisation de cet instrument [...], sauf agissement frauduleux de sa part » (C. mon. fin., art. L. 133-20). Cela dit, le payeur supporte naturellement les pertes en cas d'agissements frauduleux de sa part ou de négligence grave (IV), par exemple en cas de communication à autrui du code (Com. 31 mai 2016, n° 14-29.906). La philosophie est claire : responsabiliser le payeur, certes – le texte parle d'ailleurs de la « responsabilité du payeur », alors qu'il est la victime –, mais le protéger lorsqu'il a été diligent.

La DSP 2 est d'ailleurs allée plus loin, en dispensant le payeur de la charge des risques lorsque son PSP n'a pas exigé une « *authentification*[Q] forte » de sa part (C. mon. fin., art. L. 133-19, V). Notons en marge que si c'est le PSP du bénéficiaire qui n'exige pas une telle authentification forte, il doit rembourser le préjudice subi par le PSP du payeur en cas d'opération non autorisée (VI). Mais qu'est-ce à dire exactement ? L'*authentification forte*[Q] est définie comme une « authentification reposant sur l'utilisation de deux éléments ou plus appartenant aux catégories "connaissance" (quelque chose que seul l'utilisateur connaît) », par exemple une date, « "possession" (quelque chose que seul l'utilisateur possède) », par exemple un smartphone, « et "inhérence" (quelque chose que l'utilisateur est) », par exemple une information d'identité, « et indépendants en ce sens que la compromission de l'un ne remet pas en question la fiabilité des autres, et qui est conçue de manière à protéger la confidentialité des données d'authentification » (C. mon. fin., art. L. 133-4, f). Une telle authentification est désormais généralisée, puisque les textes l'exigent pour accéder à un compte de paiement en ligne, pour initier une opération de paiement électronique, ou pour réaliser une opération par le biais d'un moyen de communication à distance susceptible de comporter un risque de fraude (C. mon. fin., art. L. 133-44). Si le PSP n'a pas mis en place un mécanisme d'authentification forte, il ne saurait opposer au payeur, victime de phishing, une négligence grave, pour lui refuser le remboursement d'une opération non autorisée (Com. 30 août 2023, n° 22-11.707, publié au *Bulletin*).

B. L'opération mal ou non exécutée

155 Les textes prévoient expressément l'hypothèse d'une opération mal ou non exécutée. Au vrai, cette hypothèse se dédouble : une sous-hypothèse est classique, l'autre est plus novatrice et issue de la DSP.

156 La sous-hypothèse classique est celle d'un ordre de paiement qui a été dûment autorisé mais a été *mal ou non exécuté* par le PSP, ce qui est constitutif d'une *faute* engageant sa responsabilité : on songe à la non-exécution, au retard, à une erreur de montant ou de bénéficiaire, etc. Le PSP est « responsable de la bonne exécution de l'opération de paiement » (C. mon. fin., art. L. 133-22, I, al. 1er).

La sanction est alors la restitution du montant au payeur (al. 2). En cas de retard, le PSP doit inscrire une date de valeur correspondant à celle qui aurait été attribuée si l'opération avait été correctement exécutée (al. 4). Néanmoins, « un ordre de paiement exécuté conformément à l'identifiant unique », l'IBAN, « fourni par l'utilisateur du service de paiement est réputé dûment exécuté pour ce qui concerne le bénéficiaire désigné par l'identifiant unique » (C. mon. fin., art. L. 133-21, al. 1er). En conséquence, il n'y a pas de responsabilité du PSP si l'IBAN fourni est inexact (al. 2 ; pour une application, v. Com. 23 mai 2024, n° 22-18.098), même si, dans cette hypothèse, il est exigé du PSP qu'il « s'efforce de récupérer les fonds » (al. 3). En somme, contrairement au droit antérieur à la DSP (Com. 29 janv. 2002, n° 99-16.571), point d'obligation de vérification obligatoire, par l'établissement bancaire, de la concordance entre le numéro IBAN et le nom du bénéficiaire. En revanche, lorsque l'ordre de virement était régulier lors de sa rédaction mais que le numéro IBAN a été modifié à l'insu du payeur (par une falsification), il s'agit d'une opération non autorisée (Com. 1er juin 2023, n° 21-19.289, *Bull. civ.* IV, n° 404).

Les choses sont plus complexes lorsque le payeur et le bénéficiaire ont des PSP différents, ce qui est fréquent, dès lors que la qualité de PSP est plus largement ouverte que celle d'établissement de crédit. L'article L. 133-22 du Code monétaire et financier distingue alors selon le type d'instrument de paiement utilisé. Lorsque l'ordre de paiement est donné par le payeur, comme en cas de virement, le PSP du payeur est responsable, à son égard, de la bonne exécution jusqu'à réception du montant par le PSP du bénéficiaire, qui devient alors responsable à l'égard du bénéficiaire (I), sauf force majeure ou inexactitude de l'IBAN. Lorsque l'ordre est donné par le bénéficiaire, comme en matière de prélèvement, ou par l'intermédiaire du PSP du bénéficiaire, en cas de carte bancaire, le PSP du bénéficiaire est responsable « de la bonne transmission de l'ordre de paiement au prestataire de service de paiement du payeur » (II, al. 1er) ; une fois la transmission faite, le PSP du payeur est responsable jusqu'à transmission des fonds au PSP du bénéficiaire (al. 2), lequel redevient responsable une fois les fonds reçus (al. 3). Lorsque l'opération est mal exécutée et que le PSP du payeur est responsable, il doit restituer le montant au payeur (al. 4) ; si c'est le PSP du bénéficiaire qui est responsable car il a reçu le montant, il est tenu d'attribuer à l'opération une date de valeur correspondant à celle qui aurait été retenue en cas de bonne exécution (al. 5). Chaque PSP est redevable, vis-à-vis de son utilisateur, des frais et intérêts imputables à la non-exécution, à la mauvaise exécution ou à l'exécution tardive (IV).

La sous-hypothèse plus novatrice, issue de l'ordonnance de 2009 transposant la DSP 1, est celle de la *contestation d'une opération pourtant autorisée*. L'article L. 133-25, I du Code monétaire et financier vise le cas des paiements par carte ou prélèvement lorsque « l'autorisation donnée n'indiquait pas le montant exact » et que le montant finalement payé « dépassait le montant auquel le payeur pouvait raisonnablement s'attendre », ce qui suppose une appréciation *in concreto*, au regard des dépenses habituelles du payeur. 157 ■

Cela correspond principalement aux réservations à distance, par exemple d'une chambre d'hôtel ou d'un véhicule ; à cet égard, il faut noter que la jurisprudence avait pu, avant la DSP, statuer dans le même sens (v. Com. 12 déc. 2006, n° 05-15.481 ; comp. Com. 24 mars 2009 n° 08-12.025, dans lequel le client avait remis ses données de carte bancaire mais seulement à titre de garantie : il n'y avait alors pas d'ordre de paiement du tout, ce qui ne correspond pas au cas issu de la DSP).

Le principe est alors que le payeur « a droit au remboursement », le PSP ayant dix jours ouvrables suivant la demande pour rembourser ou refuser.

Compléments pédagogiques

Mémo

L'étude des opérations de paiement est celle est instruments de la monnaie scripturale (autres que le chèque), qui sont régis par les articles L. 133-1 et suivants du Code monétaire et financier, issus de la directive sur les services de paiement de 2007 (DSP 1), modifiée en 2015 (DSP 2).

Les opérations de paiement présentent une certaine diversité. Les trois principales sont le virement, qui consiste en un ordre du payeur donné à son prestataire de service de paiement (PSP), de verser des fonds sur le compte du bénéficiaire ; le prélèvement, défini comme un transfert de fonds par lequel le payeur donne au bénéficiaire une autorisation de prélever des sommes sur son compte, ordre qu'il donne à son PSP, qui le transmet au PSP du payeur ; le paiement par carte bancaire, qui permet les paiements via un ordre donné par l'intermédiaire du bénéficiaire (et, le plus souvent, de son prestataire, qui fournit le lecteur de carte). Les textes font également une place aux nouvelles formes d'opérations : qu'il s'agisse du paiement sans contact, par *smartphone*, de l'initiation de paiement, en attendant de nouveaux outils (fondés par exemple sur des outils de reconnaissance faciale).

Par-delà cette diversité, comment définir l'opération de paiement ? Classiquement, la doctrine, s'appuyant sur la jurisprudence, tendait à y voir un mécanisme de délégation ou d'indication de paiement. Désormais, elle est légalement définie comme une action consistant à verser, transférer ou retirer des fonds, indépendamment de toute obligation sous-jacente entre le payeur et le bénéficiaire (C. mon. fin., art. L. 133-3, I), définition large qui permet d'englober les diverses opérations.

Le régime de l'ordre de paiement est ainsi unitaire.

Quant à l'existence de l'ordre, il faut un instrument de paiement, qui est mis à disposition grâce à un contrat-cadre de services de paiement, passé entre le PSP et son client, qui doit notamment comprendre les informations nécessaires au bon fonctionnement de l'instrument. Le déclenchement de l'ordre suppose le consentement du payeur, l'ordre est irrévocable lorsqu'il est parvenu au PSP du payeur.

Une fois l'ordre reçu, le PSP doit procéder à son exécution. S'agissant du délai, la jurisprudence exigeait classiquement que l'exécution soit faite promptement (ce qui était apprécié *in concreto*) ; depuis la DSP 1, l'opération doit être créditée sur le compte du bénéficiaire le premier jour ouvrable suivant la réception de l'ordre ; le retard est constitutif d'une faute qui engage la responsabilité du PSP et l'oblige à réparer le préjudice éventuellement causé. Concernant les frais d'exécution, ils doivent être prévus par la convention-cadre, le PSP ayant néanmoins l'interdiction de les prélever sur le montant transféré. Un refus d'exécution par le PSP est possible, sous réserve de notifier les motifs dès que possible et dans un délai maximal d'un jour ouvrable, avec possibilité d'imputer des frais (proportionnés) si le refus est objectivement justifié.

Les textes envisagent enfin la contestation de l'opération. Lorsque l'opération n'est pas autorisée (par exemple parce qu'elle a été initiée par un tiers ayant volé l'instrument), les textes prévoient le remboursement par le PSP du payeur, dès lors que la contestation a été formulée « sans tarder » et au plus tard dans les treize mois suivant la date du débit, étant précisé que c'est au PSP de démontrer que l'opération a été autorisée, la preuve n'étant pas suffisamment rapportée par la démonstration de l'utilisation des identifiants bancaires (même si un régime spécifique est prévu en présence d'un dispositif de sécurité personnalisé, les textes incitant désormais à développer les techniques d'authentification forte). Lorsque l'opération est autorisée mais mal ou non exécutée (à quoi est assimilée l'opération autorisée sans précision du montant, qui dépasse *in fine* ce à quoi l'utilisateur pouvait s'attendre), le PSP engage sa responsabilité et doit réparer le préjudice subi.

Quid

■ Authentification n° 154

Procédure permettant au prestataire de services de paiement de vérifier l'identité d'un utilisateur de services de paiement ou la validité de l'utilisation d'un instrument de paiement spécifique.

■ Authentification forte n° 154

Authentification reposant sur l'utilisation de deux éléments ou plus appartenant aux catégories « connaissance » (quelque chose que seul l'utilisateur connaît), « possession » (quelque chose que seul l'utilisateur possède) et « inhérence » (quelque chose que l'utilisateur est) et indépendants en ce sens que la compromission de l'un ne remet pas en question la fiabilité des autres, et qui est conçue de manière à protéger la confidentialité des données d'authentification.

■ Carte bancaire n° 139

Instrument de paiement, prenant la forme d'une carte émise par un établissement de crédit ou par une institution ou un service autorisé à effectuer des opérations de banque et permettant à son titulaire de retirer ou de transférer des fonds.

■ Contrat-cadre de services de paiement n° 144

Contrat de mise à disposition et d'encadrement de l'utilisation d'un ou plusieurs instruments de paiement, conclu entre l'utilisateur et le prestataire de service de paiement (mais non nécessaire auprès d'un établissement de crédit, car ce régime est alors prévu par la convention de compte).

■ Établissement de crédit n° 142

Personne morale qui effectue à titre de profession habituelle des opérations de banque, dont les services bancaires de paiement.

■ Initiation de paiement n° 140

Ordre de paiement donné par l'intermédiaire d'un prestataire de services d'initiation de paiement, qui a fourni un service d'interconnexion des données bancaires, le plus souvent via une application pour smartphone.

■ Monnaie scripturale n° 136

Solde des comptes de dépôts bancaires dont on peut disposer par voie de chèques ou de virements, prélèvements et carte bancaire.

■ Opération de paiement nos 137 s.

Action consistant à verser, transférer ou retirer des fonds, indépendamment de toute obligation sous-jacente entre le payeur et le bénéficiaire, initiée par le payeur (virement), ou pour son compte, ou par le bénéficiaire (prélèvement) ou par l'intermédiaire de celui-ci (carte bancaire).

■ Opération non autorisée nos 152 s.

Une opération est autorisée lorsque le payeur a donné son consentement à son exécution ; a contrario, elle est non autorisée à défaut de consentement.

■ Prélèvement n° 139

Technique permettant de transférer une somme d'argent d'un compte sur un autre par un simple jeu d'écritures (ordonné par le bénéficiaire : on parle parfois de virement à l'envers).

■ Prestataire de service de paiement (PSP) n° 139

Personne morale, autre qu'un établissement de crédit, qui fournit à titre de profession habituelle des services de paiement.

■ SEPA n° 139

Espace unique de paiement en euros (Single Euro Payments Area).

■ Virement n° 139

Technique permettant de transférer une somme d'argent d'un compte sur un autre par un simple jeu d'écritures, ordonné par le payeur.

Documents

Com. 3 nov. 2004, n° 01-16.238 (extrait)

[…] Attendu qu'en statuant ainsi, alors que l'absence de protestation du client dans le délai d'un mois de la réception des relevés de compte n'emportait, selon la convention des parties, qu'une présomption d'accord du client sur les opérations y figurant laquelle ne privait pas celui-ci de la faculté de rapporter, pendant la durée de prescription légale, la preuve d'éléments propres à l'écarter, qu'elle avait elle-même relevé qu'aucun des ordres écrits relatifs aux virements litigieux n'était signé des personnes ayant pouvoir de faire fonctionner les comptes des sociétés Ardico et Charco et qu'à supposer qu'aucune faute ne soit imputable à la Banque populaire du Nord dans l'exécution des virements litigieux, cette circonstance n'était pas de nature à la décharger de son obligation de ne restituer les fonds qu'aux déposants ou à leurs mandataires, la cour d'appel a violé les textes susvisés […].

CJUE 2 sept. 2021, aff. C-337/20 (extraits)

[…] [L]e législateur de l'Union a établi, de la façon la plus claire possible, le lien entre la responsabilité du prestataire de services de paiement et le respect par l'utilisateur de ces services du délai maximal de treize mois pour notifier toute opération non autorisée afin de pouvoir engager la responsabilité, de ce fait, de ce prestataire. Ce faisant, il a également fait le choix univoque de ne pas permettre à cet utilisateur d'intenter une action en responsabilité dudit prestataire en cas d'opération non autorisée, à l'expiration de ce délai. Il résulte de tout ce qui précède qu'il convient de répondre à la première question que l'article 58 et l'article 60, paragraphe 1, de la directive 2007/64 doivent être interprétés en ce sens qu'ils s'opposent à ce qu'un utilisateur de services de paiement puisse engager la responsabilité du prestataire de ces services sur le fondement d'un régime de responsabilité autre que celui prévu par ces dispositions lorsque cet utilisateur a manqué à son obligation de notification prévue audit article 58 […].

L'article 58 et l'article 60, paragraphe 1, de la directive 2007/64 doivent être interprétés en ce sens qu'ils ne s'opposent pas à ce que la caution d'un utilisateur de services de paiement invoque, en raison d'un manquement du prestataire de services de paiement à ses obligations liées à une opération non autorisée, la responsabilité civile d'un tel prestataire, bénéficiaire du cautionnement, pour contester le montant de la dette garantie, conformément à un régime de responsabilité contractuelle de droit commun […].

Com. 24 mars 2009, n° 08-12.025 (extrait)

[…] Attendu qu'en se déterminant par de tels motifs impropres à établir que Mme X…, qui n'avait communiqué à distance les données figurant sur sa carte bancaire que pour garantir la réservation d'une chambre d'hôtel, sur un formulaire précisant que cette communication ne donnerait lieu à aucun débit, avait donné un mandat de payer, et qu'à défaut d'un tel mandat, la banque était tenue de restituer la somme débitée, la juridiction de proximité a privé sa décision de base légale au regard du texte susvisé […].

CA Paris, 15e ch., sect. B, 15 oct. 2004 (extraits)

[…] Considérant que la Banque Belgolaise expose qu'elle n'est tenue de faire un traitement "rapide" des ordres de virement que si ceux-ci sont inférieurs à 50 000 euros, tel que cela est prescrit par l'[ancien] article L. 133-1 du code monétaire et financier […].

Considérant que la cour estime que s'il est d'usage que le banquier exécute l'ordre de virement avec promptitude et sans retard, il ne peut être considéré comme déraisonnable le fait que la banque, qui a reçu un ordre de virement dans la matinée, ne l'ait pas encore traité à 16 heures 30 ; que même si le donneur d'ordre avait précisé la mention "urgent" sur le bordereau, ce n'est pas un élément constitutif d'un retard anormal, d'autant que le virement était effectué sur un compte ouvert au Royaume-Uni […].

Com. 14 mars 2006, n° 04-16.946 (extrait)

[...] Vu l'article 1147 du Code civil ;

Attendu que pour limiter comme il fait la responsabilité de La Poste du fait de l'exécution tardive du virement, l'arrêt retient que M. X... a lui-même commis une faute en émettant un chèque qu'il savait sans provision ;

Attendu qu'en statuant ainsi, alors qu'elle avait constaté que la provision sur le compte de celui-ci au jour de la présentation du chèque litigieux aurait été suffisante si La Poste n'avait pas tardé à effectuer sur son compte les transferts demandés, la cour d'appel n'a pas tiré les conséquences légales de ses propres constatations [...].

Com. 18 sept. 2012, n° 11-10.209 (extrait)

[...] Mais attendu qu'après avoir, d'un côté, énoncé que le banquier dépositaire de fonds, devant restituer ceux-ci, répond, au titre de cette obligation de résultat, à l'égard du donneur d'ordre, de tous ses retards, erreurs et manquements et doit, de ce fait, supporter les conséquences d'un mauvais paiement, même en l'absence de faute, sauf à démontrer celle du client l'exonérant totalement ou partiellement de sa responsabilité, et, de l'autre, constaté que la banque avait tardé à effectuer le virement ordonné, l'arrêt retient que la signification de la saisie avait eu pour conséquence de rendre indisponibles les fonds qui en étaient l'objet, et, par suite, impossible l'exécution du virement demandé, faute d'une provision alors suffisante du compte partiellement bloqué, ce que la banque avait, au demeurant, reconnu, dans une lettre du 24 mars 2009, adressée à M. X... ; que, par ces motifs, non critiqués, la cour d'appel a pu, sans méconnaître les termes du litige et abstraction faite des motifs erronés mais surabondants visés à la première branche, retenir que le manquement de la banque constituait un trouble manifestement illicite ; que le moyen n'est pas fondé [...].

Com. 30 nov. 2022, n° 21-17.614 (extrait)

[...] Vu les articles L. 133-3, L. 133-6, L. 133-18 et L. 133-19 du code monétaire et financier :

3. Il résulte des deux premiers de ces textes qu'une opération de paiement initiée par le payeur, qui donne un ordre de paiement à son prestataire de services de paiement, est réputée autorisée uniquement si le payeur a également consenti au montant de l'opération.

4. Il résulte des deux derniers textes qu'en cas d'opération de paiement non autorisée, réalisée au moyen d'un instrument de paiement doté de données de sécurité personnalisées, et signalée par l'utilisateur dans les conditions prévues à l'article L. 133-24 du code monétaire et financier, le prestataire de services de paiement du payeur rembourse au payeur le montant de l'opération non autorisée, sauf si la responsabilité du payeur est engagée en application de l'article L. 133-19.

5. Pour rejeter la demande de remboursement formée par M. [Z], le jugement énonce que le fait qu'après que le titulaire d'une carte de paiement a introduit celle-ci dans un distributeur automatique de billets et a composé son code secret, un tiers compose à son insu le montant du retrait et s'empare des billets de banque, ne constitue pas un cas d'exemption de la responsabilité du payeur prévu par l'article L. 133-19 du code monétaire et financier.

6. En se déterminant ainsi, sans rechercher, ainsi que cela lui était demandé, si l'opération de paiement avait été autorisée par M. [Z], en particulier quant à son montant, et, dans la négative, sans constater que la responsabilité du payeur était engagée en application du I ou du IV de l'article L. 133-19 du code monétaire et financier, le tribunal a privé sa décision de base légale. […]

Com. 2 oct. 2007, n° 05-21.421 (extrait)

[…] Attendu que la caisse fait grief à l'arrêt de l'avoir condamnée à verser à l'association la somme de 48 549, 37 euros et d'avoir rejeté toutes ses demandes, alors, selon le moyen, qu'en rejetant la demande de la banque tendant à être admise à recourir pour le tout contre l'association, aux motifs qu'elle ne produisait pas les ordres de virement qui auraient permis d'établir l'absence de négligence de sa part dans l'exécution de ses obligations de vérification de la régularité desdits virements, la cour d'appel a inversé la charge de la preuve et violé l'article 1315 du code civil ;

Mais attendu qu'il appartient au banquier, dépositaire des fonds que lui a confiés son client et qui, à ce titre, a l'obligation de ne les restituer qu'à celui qui les lui a confiés ou conformément aux indications de paiement de ce dernier, d'établir, en cas de contestation, qu'il a reçu du déposant l'ordre d'effectuer le paiement contesté ; qu'ayant retenu que l'association ne peut être tenue de verser aux débats des documents relatifs aux ordres de virement opérés à son profit par la secrétaire-comptable et qui ne pouvaient se trouver qu'entre les mains de la caisse, la cour d'appel n'a pas encouru le grief du moyen ; que celui-ci n'est pas fondé […].

Com. 16 sept. 2008, n° 07-14.822 (extrait)

[…] Attendu qu'en statuant ainsi, alors qu'il appartient au banquier, dépositaire des fonds que lui a confiés son client et qui, à ce titre, a l'obligation de ne les restituer qu'à celui qui les lui a confiés ou, conformément aux indications de paiement de ce dernier, d'établir, en cas de contestation, qu'il a reçu du déposant l'ordre d'effectuer le virement contesté, la cour d'appel a violé le texte susvisé (article 1937 du Code civil) […].

Com. 18 janv. 2017, n° 15-18.102 (extrait)

[…] Mais attendu que si, aux termes des articles L. 133-16 et L. 133-17 du code monétaire et financier, il appartient à l'utilisateur de services de paiement de prendre toute mesure raisonnable pour préserver la sécurité de ses dispositifs de sécurité personnalisés et d'informer sans tarder son prestataire de tels services de toute utilisation non autorisée de l'instrument de paiement ou des données qui lui sont liées, c'est à ce prestataire qu'il incombe, par application des articles L. 133-19, IV, et L. 133-23 du même code, de rapporter la preuve que l'utilisateur, qui nie avoir autorisé une opération de paiement, a agi frauduleusement ou n'a pas satisfait intentionnellement ou par négligence grave à ses obligations ; que cette preuve ne peut se déduire du seul fait que l'instrument de paiement ou les données personnelles qui lui sont liées ont été effectivement utilisés ; qu'ayant souverainement retenu qu'il ne résultait pas des pièces versées aux débats la preuve que M. X… avait divulgué à un tiers, de manière intentionnelle, par imprudence ou par négligence grave, des éléments d'identification strictement confidentiels ayant permis les paiements contestés et que la Caisse se bornait à évoquer l'hypothèse d'un « hameçonnage », en prétendant que M. X... avait certainement répondu à un courriel frauduleux qu'il pensait émaner de la Caisse pour qu'il renseigne un certain nombre de points dont les identifiants, mots de passe et codes de clefs qui permettent de réaliser les opérations à distance, sans en apporter la démonstration, c'est exactement que la juridiction de proximité, qui n'était pas tenue de suivre les parties dans le détail de leur argumentation et a procédé à la recherche prétendument omise, a accueilli la demande de remboursement de M. X... ; que le moyen n'est pas fondé [...].

Com. 3 avr. 2019, n° 18-11.293 (extrait)

[...] Mais attendu, en premier lieu, que si, aux termes des articles L. 133-16 et L. 133-17 du code monétaire et financier, dans leur rédaction issue de l'ordonnance n° 2009-866 du 15 juillet 2009 transposant la directive 2007/64/CE du 13 novembre 2007, il appartient à l'utilisateur de services de paiement de prendre toute mesure raisonnable pour préserver la sécurité de ses dispositifs de sécurité personnalisés et d'informer sans tarder son prestataire de tels services de toute utilisation non autorisée de l'instrument de paiement ou des données qui lui sont liées, c'est à ce prestataire qu'il incombe, par application des articles L. 133-19, IV, et L. 133-23 du même code, dans leur rédaction alors applicable, de rapporter la preuve que l'utilisateur, qui nie avoir autorisé une opération de paiement, a agi frauduleusement ou n'a pas satisfait intentionnellement ou par négligence grave à ses obligations ; que cette preuve ne peut se déduire du seul fait que l'instrument de paiement ou les données personnelles qui lui sont liées ont été effectivement utilisés ; que le moyen qui, pris en ses première, deuxième, quatrième et septième branches, postule le contraire, manque en droit ;

Attendu, en second lieu, qu'en retenant que l'utilisation sans défaillance technique ou piratage des services de paiement en cause ne permettait pas de présumer la négligence grave de M. et Mme U..., sans considération du niveau de sécurité offert par ces services de paiement, et en excluant ainsi de mettre à la charge de ces utilisateurs la preuve, non moins difficile à rapporter, d'une absence de négligence grave de leur part, la cour d'appel, qui n'a fait qu'appliquer les règles de droit commun relatives à la charge et aux modalités de la preuve, n'a pas placé la banque dans une situation de net désavantage dans la présentation de sa cause par rapport à M. et Mme U... et n'a donc pas méconnu le principe de l'égalité des armes [...].

Com. 23 oct. 2024, n° 23-16.267 (extrait)

[...] 5. Après avoir exactement énoncé qu'il incombe au prestataire de services de paiement de rapporter la preuve d'une négligence grave de son client, l'arrêt constate que le numéro d'appel apparaissant sur le téléphone portable de M. [J] s'était affiché comme étant celui de Mme [Y], sa conseillère BNP et retient qu'il croyait être en relation avec une salariée de la banque lors du réenregistrement et nouvelle validation qu'elle sollicitait de bénéficiaires de virement sur son compte qu'il connaissait et qu'il a cru valider l'opération litigieuse sur son application dont la banque assurait qu'il s'agissait d'une opération sécurisée. Il ajoute que le mode opératoire par l'utilisation du « *spoofing* » a mis M. [J] en confiance et a diminué sa vigilance, inférieure, face à un appel téléphonique émanant prétendument de sa banque pour lui faire part du piratage de son compte, à celle d'une personne réceptionnant un courriel, laquelle aurait pu disposer de davantage de temps pour s'apercevoir d'éventuelles anomalies révélatrices de son origine frauduleuse.

6. De ces constatations et appréciations, la cour d'appel a pu déduire que la négligence grave de M. [J] n'était pas caractérisée […]

Com. 12 juin 2025, n° 25-13.697 (extrait)

[…] 8. Pour retenir la responsabilité de la banque, l'arrêt relève que les ordres de virement étaient affectés d'anomalies apparentes qui ne pouvaient qu'attirer son attention et en déduit qu'en s'abstenant de vérifier auprès du dirigeant de la société ou du directeur financier que ces ordres avaient bien été donnés avec l'accord de la société, elle avait manqué à son devoir de vigilance.

9. En se déterminant ainsi, sans rechercher comme elle y était invitée, si la banque n'avait pas satisfait à son devoir de vigilance en obtenant une confirmation de la part d'une personne habilitée à émettre des ordres de paiement, la cour d'appel n'a pas donné de base légale à sa décision […]

Com. 3 nov. 2004, n° 01-16.238 (extrait)

[…] Attendu qu'en statuant ainsi, alors que l'absence de protestation du client dans le délai d'un mois de la réception des relevés de compte n'emportait, selon la convention des parties, qu'une présomption d'accord du client sur les opérations y figurant laquelle ne privait pas celui-ci de la faculté de rapporter, pendant la durée de prescription légale, la preuve d'éléments propres à l'écarter […].

Com. 2 juill. 2025, n° 24-16.590 (extrait)

[…] Vu l'article L. 133-24 du code monétaire et financier :

5. Aux termes de cet article, l'utilisateur de services de paiement signale, sans tarder, à son prestataire de services de paiement une opération de paiement non autorisée ou mal exécutée et au plus tard dans les treize mois suivant la date de débit sous peine de forclusion.

6. Pour déclarer irrecevables les demandes de M. [W], l'arrêt, après avoir constaté que celui-ci avait, le 7 mars 2019, formé opposition aux deux virements effectués à partir de son compte les 5 et 6 mars 2019 en déclarant ne pas en être à l'origine, retient que l'assignation en paiement ayant été délivrée le 21 décembre 2021, soit plus de treize mois plus tard, l'action encourt la forclusion.

7. En statuant ainsi, alors qu'il résultait de ses propres constatations que M. [W] avait signalé sans tarder et au plus tard dans le délai de treize mois les opérations non autorisées, ce qui l'autorisait à agir en paiement contre la banque dans le délai de droit commun, la cour d'appel a violé l'article susvisé […]

Com. 24 nov. 2021, n° 20-10.044 (extrait) (*D.* 2022. 268, note J. Lasserre Capdeville)

[…] Vu les articles 1937 du code civil et L. 133-18 du code monétaire et financier :

8. Sauf stipulations contractuelles contraires, lorsque le montant d'un virement a été remboursé au payeur par son prestataire de services de paiement en application de l'article L. 133-18 du code monétaire et financier, serait-ce en raison de l'existence d'une fraude, le prestataire de services de paiement du bénéficiaire, s'il a déjà inscrit le montant de ce virement au crédit du compte de son client, ne peut contre-passer

l'opération sur le compte de celui-ci sans son autorisation, quand bien même il aurait lui-même restitué le montant du virement au prestataire de services de paiement du payeur. […]

Com., 29 janv. 2002, n° 99-16.571 (extrait)

[…] Attendu qu'en statuant ainsi, alors que la banque réceptionnaire d'un ordre de virement, même électronique, ne peut se borner, avant d'en affecter le montant au profit d'un de ses clients, à un traitement automatique sur son seul numéro de compte, sans aucune vérification sur le nom du bénéficiaire, dès lors qu'il est inclus dans les enregistrements reçus du donneur d'ordre, et qu'il n'a pas été exclu de tout contrôle avec l'assentiment de ce dernier, la cour d'appel a violé le texte susvisé [l'ancien article 1382, devenu 1240, du Code civil] […].

Com. 12 déc. 2006, n° 05-15.481 (extrait)

[…] Mais attendu que la Caisse d'épargne ayant elle-même indiqué au juge du fond que la somme litigieuse avait été débitée du compte de Mme X… après une erreur de l'hôtel et pour régler le séjour d'une personne qui lui était étrangère, il s'en déduisait que le paiement effectué à distance, par simple communication du numéro de la carte bancaire, sans utilisation de son code confidentiel ni signature du titulaire, avait été réalisé sans mandat de cette dernière de sorte qu'à défaut de stipulations contractuelles contraires non invoquées, l'établissement de crédit, dépositaire des fonds, était tenu de les restituer à due concurrence de ce qu'il avait payé ainsi irrégulièrement ; que le jugement se trouvant ainsi justifié par ces seuls motifs, le moyen ne peut être accueilli en aucune de ses branches […].

Com. 24 mars 2009 n° 08-12.025 (extrait)

[…] Attendu qu'en se déterminant par de tels motifs impropres à établir que Mme X…, qui n'avait communiqué à distance les données figurant sur sa carte bancaire que pour garantir la réservation d'une chambre d'hôtel, sur un formulaire précisant que cette communication ne donnerait lieu à aucun débit, avait donné un mandat de payer, et qu'à défaut d'un tel mandat, la banque était tenue de restituer la somme débitée, la juridiction de proximité a privé sa décision de base légale au regard du texte susvisé […].

Biblio

- R. Bonhomme, « Le déclenchement de l'opération de paiement : le consentement et l'ordre », *JCP E* 2010, 1032.
- F. Grua, « Sur les ordres de paiement en général », *D.* 1996, Chron. 172 ; *Les contrats de base de la pratique bancaire*, Litec, 2001.
- J. Lasserre Capdeville, « Nouvelle réforme des services de paiement : la "DSP 2" est transposée - À propos de l'ordonnance n° 2017-1252 du 9 août 2017 », *JCP E* 2017, act. 923.

- D. R. Martin, « Aspects juridiques du virement », *RDBF* 1989, p. 149 ; « Le payement », *in* V. Forti et L. Andreu (dir.), *Le nouveau régime général des obligations*, Dalloz, coll. « Thèmes & commentaires », 2016, p. 129.
- M. Roussille, « Variations sur l'opération de paiement », in *Mélanges Didier R. Martin*, LGDJ, 2015, p. 549.
- S. Torck, « L'exécution et la contestation des opérations de paiement », *JCP E* 2010, 1033.

Quiz

1) Sujets corrigés

A) Test de connaissances

1. Le consentement à l'opération de paiement est :

a. donné dans les formes prévues par la loi ;

b. donné dans les formes prévues par le contrat-cadre ;

c. donné dans n'importe quelle forme choisie par l'utilisateur.

2. L'ordre de créditer un compte tiers donné depuis une application mobile centralisant les diverses données bancaires :

a. est un virement ;

b. est un paiement par carte bancaire ;

c. est une initiation de paiement.

3. L'opération de paiement est :

a. une notion distincte du paiement par carte ;

b. un service de paiement ;

c. indépendante de l'obligation sous-jacente.

4. Le retard d'exécution est sanctionné par :

a. la nullité de l'ordre de paiement ;

b. des intérêts de retard pesant sur le PSP ;

c. la responsabilité du PSP.

5. Le défaut d'autorisation de l'opération de paiement :

a. doit être prouvé par l'utilisateur ;

b. suppose l'absence de consentement de l'utilisateur ;

c. doit être contesté dans le mois qui suit la transmission du relevé de compte.

6. Le virement est une opération autorisée par :

a. le payeur ;

b. le bénéficiaire via le PSP du payeur ;

c. le payeur via le PSP du bénéficiaire.

7. En présence d'un ordre de paiement, le PSP peut :
   a. prévoir des frais dans la convention-cadre ;
   b. refuser d'exécuter sans transmettre des motifs préalables ;
   c. imputer des frais de refus si celui-ci est objectivement justifié.
8. L'ordre de paiement peut être analysé, du point de vue du droit civil, comme :
   a. une cession de créance ;
   b. un mandat ;
   c. une indication de paiement.
9. En présence d'un dispositif de sécurité personnalisé :
   a. l'utilisateur doit, sans tarder, faire bloquer l'instrument en cas de perte ;
   b. l'utilisateur est tenu d'une obligation d'en préserver la sécurité ;
   c. l'utilisation suffit à prouver l'autorisation de paiement.
10. La réception de l'ordre est le moment auquel :
   a. l'ordre devient irrévocable ;
   b. le compte du payeur doit être débité ;
   c. l'ordre est reçu par le PSP du bénéficiaire.
11. Le prélèvement est une opération autorisée par :
   a. le payeur ;
   b. le bénéficiaire via le PSP du payeur ;
   c. le payeur via le PSP du bénéficiaire.
12. Une authentification forte est caractérisée en cas d'utilisation :
   a. de deux éléments appartenant à la catégorie « connaissance » ;
   b. de deux éléments appartenant respectivement aux catégories « connaissance » et « inhérence » ;
   c. de trois éléments appartenant respectivement aux catégories « connaissance », « possession » et « inhérence ».
13. En cas d'opération ordonnée par un tiers sans le consentement du payeur, le PSP :
   a. doit rembourser le payeur ;
   b. doit payer immédiatement ;
   c. peut vérifier la situation dans un délai de 30 jours.
14. En présence d'un virement mal exécuté, la responsabilité pèse :
   a. sur le PSP du payeur ;
   b. sur le PSP du payeur et sur celui du bénéficiaire cumulativement ;
   c. sur le PSP du payeur et sur celui du bénéficiaire alternativement.
15. Le paiement par carte est une opération autorisée par :
   a. le payeur ;

b. le bénéficiaire via le PSP du payeur ;

c. le payeur via le PSP du bénéficiaire.

16. L'exécution de l'ordre doit être faite :

a. immédiatement ;

b. dans un délai d'un jour ouvrable ;

c. dans un délai de deux jours ouvrables.

17. À défaut d'opposition par le payeur en cas de perte de l'instrument, le payeur :

a. supporte les pertes dans la limite de 150 euros ;

b. doit faire opposition dès la survenance de la perte ;

c. doit faire opposition dès qu'il a connaissance de la perte.

18. Le contrat-cadre de services de paiement est :

a. un contrat-cadre, au sens civiliste du terme ;

b. toujours adossé à un contrat de dépôt en compte ;

c. un contrat de mise à disposition d'instruments de paiement.

19. En cas de prélèvement autorisé sans mention du montant, l'opération :

a. est considérée comme autorisée ;

b. peut toujours être contestée si le montant excède ce que pensait le payeur ;

c. est considérée comme mal exécutée.

20. En présence d'une autorisation de paiement faite au bénéfice d'un compte dont le RIB a été mal entré par l'utilisateur :

a. l'ordre est réputé dûment exécuté ;

b. l'ordre peut être contesté, le PSP n'ayant pas à vérifier la conformité au nom du bénéficiaire ;

c. le PSP doit s'efforcer de récupérer les fonds.

Voir le corrigé en fin de rubrique.

B) Commentaire d'arrêt

Commenter l'arrêt suivant :

Com. 18 janv. 2017, n° 15-18.102

[…] Sur le moyen unique :

Attendu, selon le jugement attaqué (juridiction de proximité de Lille, 17 mars 2015), rendu en dernier ressort, que M. X…, titulaire d'un compte dans les livres de la caisse de Crédit mutuel de Wattignies (la Caisse), a contesté trois opérations de paiement, effectuées, selon lui, frauduleusement sur ce compte, et demandé à la Caisse de lui en rembourser le montant ; que, se heurtant au refus de celle-ci, qui lui reprochait d'avoir commis une faute en donnant à un tiers des informations confidentielles permettent d'effectuer les opérations contestées, M. X… l'a assignée en paiement ;

Attendu que la Caisse fait grief au jugement de la condamner, à payer à M. X… la somme de 838 euros alors, selon le moyen :

1°/ que l'utilisateur d'un service de paiement qui agit avec une négligence grave est tenu de supporter l'intégralité de la perte subie ; que la circonstance qu'un instrument de paiement ait été utilisé pour des achats sur le réseau internet par utilisation de données ne se trouvant pas sur la carte de paiement proprement dite, tels des clefs personnelles permettant au titulaire du compte de venir authentifier le paiement au moyen d'une donnée confidentielle, ainsi que le numéro de téléphone ou l'adresse électronique du client, destiné à recevoir de la banque un code de confirmation permettant de réaliser le paiement souhaité, démontre à elle seule la négligence grave du titulaire dans la conservation des données sécurisées de paiement que lui imposent les dispositions de l'article L. 133-16, alinéa 1, du code monétaire et financier ; qu'en l'espèce, la Caisse faisait valoir que le système de paiement à distance « payweb » utilisé pour réaliser les trois débits contestés par M. X…, comportait un processus hautement sécurisé nécessitant le choix par le client d'un identifiant et d'un mot de passe lors de la première connexion, puis, pour la réalisation de chaque opération de paiement, la création d'une carte « payweb » par un dispositif de « clefs personnelles » permettant à l'utilisateur de choisir une combinaison de chiffres au sein d'une carte de 64 codes, avant que la banque n'envoie, par mail ou un sms, un code de confirmation à validité temporaire permettant d'effectuer le paiement désiré ; qu'elle soulignait que l'utilisation de ce système de paiement impliquait nécessairement que M. X… avait, sinon divulgué ses données personnelles à un tiers, à tout le moins laissé celles-ci à disposition du tiers ayant frauduleusement effectué les débits litigieux ; que, pour condamner la Caisse à rembourser le montant des trois débits contestés par ce dernier, le juge de proximité a considéré que la preuve de ce que M. X… avait dévoilé ses données personnelles n'était pas rapportée, et que la banque avait commis un manquement à ses obligations contractuelles « en fournissant à un tiers un code de confirmation pour valider les opérations contestées » ; qu'en statuant de la sorte, sans rechercher, ainsi qu'il y était invité, si la circonstance que les débits litigieux aient été effectués par le biais d'un service de paiement sécurisé nécessitant la fourniture de données strictement personnelles à M. X…, et dont ce dernier avait contractuellement la charge d'assurer la conservation et la confidentialité, n'impliquait pas que ce dernier avait commis une négligence grave dans la conservation des dites données, le juge de proximité a privé sa décision de base au regard des articles L. 133-15, L. 133-16 et L. 133-19 du code monétaire et financier, ensemble l'article 1134 du code civil ;

2°/ que la circonstance qu'un service de paiement doté d'un dispositif de sécurité ait été utilisé pour des achats sur le réseau internet par utilisation d'un l'identifiant internet et du mot de passe de connexion, des clefs personnelles permettant à l'utilisateur de venir authentifier le paiement au moyen d'une donnée confidentielle ne se trouvant pas sur la carte de paiement proprement dite, ainsi que de l'adresse électronique du client aux fins de réception du code de confirmation permettant l'achat, fait à tout le moins présumer le défaut de garde des données confidentielles d'instrument de paiement et la négligence grave de son utilisateur dans la préservation de la confidentialité de ses données personnelles ; qu'il appartient dans ces circonstances à l'utilisateur du service de paiement de rapporter par tous moyens la preuve qu'il a respecté son obligation de conserver les données confidentielles permettant l'utilisation du service qui lui a été proposé ; qu'en se bornant à retenir, pour condamner la Caisse à rembourser à M. X… le montant de trois débits effectués sur son compte bancaire par le biais du système « payweb », que ce dernier contestait avoir autorisés, le juge de proximité a retenu que la preuve de ce M. X… avait dévoilé ses données personnelles n'était pas rapportée, et que la banque avait commis un manquement à ses obligations contractuelles « en fournissant à un tiers un code de confirmation pour valider les opérations contestées » ; qu'en statuant ainsi, sans rechercher, ainsi qu'il y était invité, si la circonstance que les débits litigieux aient été effectués par le biais d'un service de paiement sécurisé nécessitant la fourniture de données strictement personnelles à M. X..., et dont ce dernier avait contractuellement la charge d'assurer la conservation et la confidentialité, ne faisait pas présumer la négligence grave de l'utilisateur dans la conservation de ses données personnelles, le juge de proximité a privé sa décision de base légale au regard des articles L. 133-15, L. 133-16 et L. 133-19 du code monétaire et financier, ensemble l'article 1134 du code civil ;

3°/ que les juges du fond doivent analyser, fût-ce de manière sommaire, les éléments de preuve soumis à leur examen et répondre aux moyens opérants soulevés par les parties ; qu'en se contentant d'énoncer, pour entrer en voie de condamnation à l'encontre de la Caisse, qu'il ne résultait pas des pièces versées aux débats les éléments de preuve suffisants que M. X... aurait divulgué à un tiers, de manière intentionnelle, par imprudence ou par négligence grave, des éléments d'identification strictement confidentiels ayant permis les paiements contestés, sans procéder à la moindre analyse des pièces versées aux débats par la banque, en particulier le contrat CMNE Direct déterminant les obligations respectives des parties, qui stipulait notamment que l'utilisateur du service de paiement « payweb » était responsable de la garde de ses données personnelles, ni répondre au moyen développé par la Caisse dans ses conclusions, soulignant que l'utilisation de ce service de paiement impliquait qu'un tiers se soit trouvé en possession des données personnelles de M. X..., dont ce dernier devait assurer la conservation, le juge de proximité a violé l'article 455 du code de procédure civile ;

4°/ qu'il résulte de l'article L. 133-15 du code monétaire et financier que le prestataire de services de paiement qui délivre un instrument de paiement doit s'assurer que les dispositifs de sécurité personnalisés de cet instrument ne sont pas accessibles à d'autres personnes que l'utilisateur autorisé de ce service, ce dernier ayant la charge d'assurer la conservation et la confidentialité des données nécessaires à l'utilisation de l'instrument de paiement en cause ; qu'ainsi que le faisait valoir la Caisse dans ses conclusions, il résultait par ailleurs de l'article 1er des conditions générales du contrat CMNE Direct, permettant l'accès du client à ses comptes bancaires par internet, que le souscripteur devait dès sa première connexion modifier le mot de passe qui lui était initialement fourni, et qu'il était « entièrement responsable de l'usage et de la conservation de ses codes personnels, et, le cas échéant, des conséquences d'une divulgation involontaire à quiconque de leur transmission » ; que l'article 4 stipulait également que « le souscripteur est seul responsable de la garde, de la conservation et de la confidentialité des informations/données qui lui seront communiquées pour se connecter au serveur de la banque. Les éléments d'identification décrits à l'article « accès au service » nécessaires pour accéder au service sont strictement confidentiels. Il est de la responsabilité du souscripteur de veiller à ce que lesdits éléments ci-dessus cités demeurent secrets et ne soient divulgués à quiconque. Il lui appartient également de s'assurer que la conservation de la saisie desdits éléments soit effectuée dans des conditions parfaites de sécurité et de confidentialité » ; que la Caisse soulignait encore que le système de paiement « payweb » mis à la disposition de M. X... nécessitait pour fonctionner des données confidentielles que seul ce dernier avait en sa possession, de sorte que le fait que les débits litigieux aient été effectués par le biais de ce système impliquait qu'un tiers avait eu accès à ces données ; que, pour dire que la Caisse avait manqué à ses obligations contractuelles, le juge de proximité a considéré que cette dernière avait commis une faute « en fournissant à un tiers un code de confirmation pour valider les opérations contestées » ; qu'en statuant ainsi, quand il incombait à M. X... d'assurer la conservation des données confidentielles permettant l'utilisation du service de paiement « payweb » et que la banque n'avait fait que se conformer à ses obligations contractuelles en exécutant un ordre de paiement effectué conformément aux stipulations de la convention CMNE Direct, le juge de proximité a méconnu l'article 1134 du code civil, ensemble les articles L. 133-15 et L. 133-16 du code monétaire et financier ;

Mais attendu que si, aux termes des articles L. 133-16 et L. 133-17 du code monétaire et financier, il appartient à l'utilisateur de services de paiement de prendre toute mesure raisonnable pour préserver la sécurité de ses dispositifs de sécurité personnalisés et d'informer sans tarder son prestataire de tels services de toute utilisation non autorisée de l'instrument de paiement ou des données qui lui sont liées, c'est à ce prestataire qu'il incombe, par application des articles L. 133-19, IV, et L. 133-23 du même code, de rapporter la preuve que l'utilisateur, qui nie avoir autorisé une opération de paiement, a agi frauduleusement ou n'a pas satisfait intentionnellement ou par négligence grave à ses obligations ; que cette preuve ne peut se déduire du seul fait que l'instrument de paiement ou les données personnelles qui lui sont liées ont été effectivement utilisés ; qu'ayant souverainement retenu qu'il ne résultait pas des pièces versées aux débats la preuve que M. X... avait divulgué à un tiers, de manière intentionnelle, par imprudence ou par négligence grave, des éléments d'identification strictement confidentiels ayant permis les paiements contestés et que la Caisse se bornait à évoquer l'hypothèse d'un « hameçonnage », en prétendant que M. X... avait certainement répondu à un courriel frauduleux qu'il pensait émaner de la Caisse pour qu'il renseigne un certain nombre de points dont les identifiants, mots de passe et codes de clefs qui permettent de réaliser les opérations à distance, sans en apporter la démonstration, c'est exactement que la juridiction de proximité, qui n'était pas tenue de suivre les parties dans le détail de leur argumentation et a procédé à la recherche prétendument omise, a accueilli la demande de remboursement de M. X... ; que le moyen n'est pas fondé ;

PAR CES MOTIFS :

REJETTE le pourvoi [...].

Voir le corrigé en fin de rubrique.

C) Commentaire d'arrêt

Commenter l'arrêt suivant :

Com. 2 mai 2024
(n° 22-17.233, publié au Bulletin)

[...] Faits et procédure

1. Selon l'arrêt attaqué (Paris, 6 avril 2022), entre le 23 février et le 5 décembre 2017, [Y] [U] a ordonné cinq virements, pour un montant total de 1 950 000 euros, du compte ouvert dans les livres de la société Caisse de crédit mutuel de [Adresse 7] (la société Caisse de crédit mutuel de [Localité 6]) par la société APDC Hôtel (la société), dont il était le gérant et l'associé unique, vers son compte personnel ouvert dans les livres de la société Caisse de crédit mutuel de [Adresse 9] (la société Caisse de crédit mutuel de [Localité 8]).

2. Les 12 juillet et 12 octobre 2017, [Y] [U] a procédé au rachat du livret retraite qu'il détenait dans les livres de la société Caisse de crédit mutuel de [Localité 8] pour un montant de 320 000 euros.

3. Le 6 mars 2018, [Y] [U] a été placé sous sauvegarde de justice. Le 22 mars 2018, une information judiciaire a été ouverte du chef d'escroquerie sur personne vulnérable.

4. [Y] [U] est décédé le [Date décès 5] 2018, en laissant pour lui succéder sa fille unique, Mme [U].

5. Les 7 et 9 février 2019, la société, représentée par son administrateur provisoire, et Mme [U] ont assigné les sociétés Caisse de crédit mutuel de [Localité 8] et Caisse de crédit mutuel de [Localité 6] pour manquement à leur obligation de vigilance et obligations de teneur de compte.
Examen des moyens
Sur le premier moyen, le deuxième moyen pris en ses troisième et quatrième branches, et le quatrième moyen
6. En application de l'article 1014, alinéa 2, du code de procédure civile, il n'y a pas lieu de statuer par une décision spécialement motivée sur ces griefs qui ne sont manifestement pas de nature à entraîner la cassation.
Sur le deuxième moyen, pris en ses première, deuxième et cinquième branches
Énoncé du moyen
7. Mme [U] et la société font grief à l'arrêt de rejeter leurs demandes en restitution des sommes versées sur le compte personnel de [Y] [U], alors :
« 1°/ qu'une opération de paiement n'est autorisée que si le payeur a donné son consentement à son exécution ; qu'en considérant que, même si les conditions générales de la convention de compte courant de la société stipulaient expressément que les instructions de virement devaient être données par écrit, sauf accord entre les parties, il ne pourrait être reproché à la banque de ne pas avoir recueilli un ordre écrit, les parties étant libres de convenir de procéder autrement, après avoir constaté que le 2 février 2018, le préposé de la Caisse de crédit mutuel de [Localité 6] avait demandé à [Y] [U] de lui retourner des documents signés concernant les virements qui avaient été faits le 23 février et 5 décembre 2017, ce dont il résultait que les ordres de virement devaient faire l'objet d'un écrit, la cour d'appel n'a pas tiré les conséquences légales de ses propres constatations et a violé les articles L. 133- 6 et L. 133-7 du code monétaire et financier, ensemble l'article 1134 du code civil, dans sa version antérieure à celle issue de l'ordonnance du 10 février 2016 ;
2°/ qu'une opération de paiement n'est autorisée que si le payeur a donné son consentement à son exécution ; qu'en considérant que la société ne pourrait soutenir que les virements en cause n'avaient pas été autorisés, après avoir constaté que, le 2 février 2018, un préposé de la Caisse de crédit mutuel de [Localité 6] avait demandé à [Y] [U] de lui retourner des documents signés relatifs aux virements des 23 février et 5 décembre 2017, et sans vérifier que [Y] [U] avait effectivement signé et retourné ces documents à la banque, la cour d'appel a privé sa décision de base légale au regard des articles L. 133-6 et L. 133-7 du code monétaire et financier, ensemble l'article 1134 du code civil, dans sa version antérieure à celle issue de l'ordonnance du 10 février 2016 ;
5°/ qu'une opération de paiement n'est autorisée que si le payeur a donné son consentement à son exécution ; qu'en considérant, pour estimer que la société ne pourrait soutenir que les virements litigieux n'avaient pas été autorisés, que [Y] [U] avait demandé des virements en février 2018 et qu'à cette occasion, un préposé de la banque lui avait demandé de retourner des documents signés relatifs aux virements des 23 février et 5 décembre 2017, que, le 6 février 2018, il s'était rendu en agence accompagné de [S] [G] pour obtenir des déblocages de fonds, sans remettre en cause les virements litigieux antérieurs, que, par courrier du 13 février 2018, un avocat s'était plaint de ce que [Y] [U] lui avait fait part de l'impossibilité d'effectuer des virements et que, sous l'emprise de tiers, [Y] [U] avait, postérieurement aux virements litigieux, disposé des sommes obtenues à partir de son compte personnel, motifs impropres à établir le consentement de [Y] [U], en qualité de gérant de la société, aux virements en cause étant donné que les virements évoqués dans le courrier du préposé de la banque le 2 février 2018 ne sont que ceux du 23 février et du 5 décembre 2017 et que le préposé de la banque demandait que lui soient

retournés des documents signés, que la circonstance que [Y] [U] aurait demandé, postérieurement, d'autres déblocages de fonds en 2018, y compris par l'intermédiaire d'un avocat et qu'il aurait disposé de sommes figurant sur son compte personnel quand il était sous l'emprise de tiers, n'établissent pas que les virements litigieux, effectués les 23 février, 21 septembre, 22 novembre et 5 décembre 2017 auraient été régulièrement autorisés, la cour d'appel a privé sa décision de base légale au regard des articles L. 133-6 et L. 133-7 du code monétaire et financier, ensemble l'article 1134 du code civil, dans sa version antérieure à celle issue de l'ordonnance du 10 février 2016. »

Réponse de la Cour

8. Après avoir rappelé que les conditions générales de la convention du compte de la société et celles du compte à terme de [Y] [U] stipulaient que, sauf accord entre les parties, les instructions seraient données par le payeur par écrit, et constaté que [Y] [U] donnait régulièrement des ordres de virement oralement, l'arrêt relève, par motifs propres et adoptés, qu'il n'a pas contesté les virements des 23 février et 5 décembre 2017 après qu'un préposé de la société Caisse de crédit mutuel de [Localité 6] lui avait demandé, par courriel du 2 février 2018, de signer les documents écrits qu'il lui adressait concernant ces virements. Il ajoute qu'après que la société Caisse de crédit mutuel de [Localité 6] s'était montrée réticente à accéder à ses demandes, [Y] [U] s'était rendu personnellement à l'agence bancaire le 6 février 2018 pour obtenir à nouveau des déblocages de fonds, sans davantage remettre en cause les virements antérieurs, que, le 13 février, un avocat se présentant comme son représentant avait écrit pour se plaindre de l'impossibilité d'effectuer certains virements importants et, enfin, qu'il a disposé d'une partie des sommes virées sur son compte personnel en opérant plusieurs retraits et en établissant divers chèques.

9. En l'état de ces constatations et appréciations, procédant de l'exercice de son pouvoir souverain, la cour d'appel, qui pouvait se fonder sur des éléments postérieurs aux virements pour apprécier si [Y] [U] y avait consenti à la date où les ordres avaient été donnés, a pu retenir que les opérations de paiement litigieuses avaient été autorisées.

10. Le moyen n'est donc pas fondé.

Sur le troisième moyen

Énoncé du moyen

11. Mme [U] et la société font grief à l'arrêt d'avoir rejeté leurs demandes de dommages et intérêts dirigées contre la société Caisse de crédit mutuel de [Localité 8] et la société Caisse de crédit mutuel de [Localité 6], alors :

« 1°/ que le banquier est tenu d'un devoir de vigilance et engage sa responsabilité en procédant à des opérations sur un compte malgré des anomalies apparentes ; qu'en considérant que l'attitude de la société Caisse de crédit mutuel de [Localité 8] n'aurait pas été constitutive d'une faute, après avoir constaté que les opérations de rachat du livret de retraite de [Y] [U] étaient parfaitement illogiques eu égard à la finalité d'un livret d'épargne retraite, que, selon le docteur [T] [W], [Y] [U] présentait des troubles pendant l'année 2017, l'incohérence de ses propos traduisant sa vulnérabilité qui pouvait être perçue immédiatement par des tiers, et que le personnel de la société Caisse de crédit mutuel de [Localité 8] avait signalé des réactions inappropriées de leur client et un comportement éventuellement anormal, ce qui établissait l'existence d'anomalies apparentes, la cour d'appel n'a pas tiré les conséquences légales de ses propres constatations et a violé l'article 1147 du code civil, dans sa version antérieure à celle issue de l'ordonnance du 10 février 2016 ;

2°/ que le banquier est tenu d'un devoir de vigilance et engage sa responsabilité en procédant à des opérations sur un compte malgré des anomalies apparentes ; qu'en considérant que l'attitude de la société Caisse de crédit mutuel de [Localité 6] n'aurait pas été constitutive d'une faute, après avoir constaté le caractère inhabituel d'au moins un des virements effectués du compte de la société vers le compte personnel de [Y] [U] et que, selon le docteur [T] [W], [Y] [U] présentait des troubles pendant l'année 2017, l'incohérence de ses propos traduisant sa vulnérabilité qui pouvait être perçue immédiatement par des tiers, ce qui établissait l'existence d'anomalies apparentes, la cour d'appel n'a pas tiré les conséquences légales de ses propres constatations et a violé l'article 1147 du code civil, dans sa version antérieure à celle issue de l'ordonnance du 10 février 2016. »

Réponse de la Cour

12. Après avoir énoncé que le devoir de non-immixtion du banquier dans les affaires de son client ne cède, en vertu de son obligation de vigilance, qu'en cas d'anomalie apparente, l'arrêt retient que le caractère illogique des demandes de rachat du livret d'épargne souscrit par [Y] [U], au regard des finalités de ce placement, ne constitue pas une anomalie apparente dès lors que le client est libre de disposer de ses actifs et que les demandes de virement faites par [Y] [U] des comptes de la société, dont il était l'associé unique et le gérant, vers ses comptes personnels n'appelaient pas, en dépit du montant inhabituel du dernier virement, une vigilance particulière dès lors qu'il en était le bénéficiaire économique. Après avoir ensuite analysé les certificats médicaux et les témoignages des employés de la banque produits et relevé que le signalement adressé par la banque au ministère public sur l'état de santé de [Y] [U] avait été concomitant de ceux émanant de la famille de ce dernier, l'arrêt retient encore que, compte tenu de sa nature, faisant alterner des périodes de cohérence et des épisodes "excitatifs", l'affection dont souffrait [Y] [U] ne permettait pas au banquier, tenu d'un devoir de non-ingérence, et qui a évité certains paiements, de déterminer si les demandes émanant de son client étaient ou non en relation avec son trouble.

13. En l'état de ces énonciations, constatations et appréciations, la cour d'appel a pu retenir que les opérations de rachat et les ordres de virement ne comportaient, au moment de leur réalisation, aucune anomalie apparente qui aurait obligé les banques à procéder à des vérifications particulières.

14. Le moyen n'est donc pas fondé.

PAR CES MOTIFS, la Cour :

REJETTE le pourvoi [...].

Voir le corrigé en fin de rubrique.

D) Cas pratique

Désiré, qui dispose d'un patrimoine confortable, ne consulte que rarement ses applications bancaires, sauf pour les cas d'authentification forte, qui ont tendance à profondément l'agacer. Venant justement d'ordonner un paiement avec une telle authentification, il s'aperçoit que le solde du compte qu'il utilise à titre principal est de 30 000 euros, ce qui lui paraît extrêmement peu. Il décide donc de consulter l'historique des paiements réalisés et constate plusieurs anomalies.

Il constate déjà qu'un paiement a été effectué à Berlin, il y a trois mois, pour un montant de 1 752 euros. Or, s'il aime beaucoup la capitale allemande (il y retournerait bien, d'ailleurs !), il n'y a pas mis les pieds depuis près de cinq ans. Qui plus est, sur son relevé figure, daté du même jour, un paiement effectué à Rio de Janeiro, dont il se souvient très bien puisqu'il y a passé d'excellentes vacances. Cela dit, ce paiement, d'un montant de 5 000 euros, lui paraît extrêmement élevé : en y réfléchissant, il se souvient qu'avant de partir, il avait donné ses coordonnées bancaires à un hôtel pour le prix de la chambre, mais il ne se souvient pas que le prix annoncé était si élevé. Cela dit, ce ne serait pas la première fois qu'il aurait fréquenté un hôtel hors de prix…

Continuant de remonter ses relevés, il constate qu'un paiement de 7 000 euros a été débité il y a sept mois, à destination d'un compte d'une société de vente en ligne. Il ne se souvient absolument pas d'avoir procédé à un tel achat et décide donc de déclarer que tel n'était pas le cas à sa banque.

Bref, Désiré se dit que, finalement, avoir une carte sans plafond de paiement peut s'avérer profondément agaçant… Il vous consulte pour connaître votre avis.

Voir le corrigé en fin de rubrique.

2) Corrigés

Test de connaissances

1. b ; **2.** c ; **3.** a, b et c ; **4.** c ; **5.** b ; **6.** a ; **7.** a et c ; **8.** c ; **9.** a et b ; **10.** a ; **11.** b ; **12.** b et c ; **13.** a et b ; **14.** c ; **15.** c ; **16.** b ; **17.** c ; **18.** c ; **19.** a ; **20.** a et c.

Commentaire d'arrêt n° 1

Le 18 janvier 2017, la chambre commerciale de la Cour de cassation a rendu un arrêt relatif à la contestation d'une opération de paiement par un utilisateur victime d'hameçonnage.

En l'espèce, le titulaire d'un compte conteste trois opérations de paiement qui auraient été effectuées frauduleusement. La banque refuse de le rembourser, lui reprochant d'avoir donné à un tiers les informations confidentielles permettant d'effectuer ces opérations. Le client assigne la banque en paiement, et le juge de proximité accueille sa demande.

La banque forme un pourvoi en contestation. Selon le pourvoi, l'utilisateur d'un service de paiement qui agit avec une négligence grave est tenu de supporter l'intégralité de la perte subie, négligence qui serait caractérisée dès lors que l'utilisateur a transmis ses données de connexion à un tiers, manquant à son obligation de conservation des données. L'utilisateur aurait ainsi manqué à ses obligations légales et conventionnelles, en communiquant des clefs personnelles et le numéro de téléphone ou l'adresse électronique pour recevoir le code de confirmation, et ayant donc commis une faute (l'argumentation étant largement développée sur le terrain factuel par le pourvoi).

La question qui se pose à la Cour de cassation est donc de savoir si l'utilisateur de services de paiement victime d'hameçonnage, ayant communiqué ses données de connexion, commet une négligence justifiant le refus de la banque de réparer le dommage découlant d'une opération non autorisée.

La Cour de cassation répond par la négative : elle rappelle, au visa des articles L. 133-16 et L. 133-17 du Code monétaire et financier, que s'il appartient à l'utilisateur de prendre toute mesure raisonnable pour préserver la sécurité de ses dispositifs, mais qu'il découle des articles L. 133-19, IV et L. 133-23 du même code qu'il incombe au prestataire de rapporter la preuve que l'utilisateur, qui nie avoir autorisé une opération de paiement, a agi frauduleusement ou n'a pas satisfait intentionnellement ou par négligence grave à ses obligations, précisant que cette preuve ne peut se déduire du seul fait que l'instrument de paiement ou les données personnelles qui lui sont liées ont été effectivement utilisés. Or, en l'espèce, le juge de proximité a souverainement retenu qu'il n'était pas démontré que la divulgation était intentionnelle, par imprudence ou négligence grave.

Cet arrêt vient utilement articuler, en présence d'un hameçonnage, le régime des opérations non autorisées (I) avec le devoir de diligence de l'utilisateur dans la garde de ses instruments de paiement (II).

I. L'application du régime des opérations non autorisées

La Cour rappelle la règle de charge de la preuve en matière d'autorisation de paiement (A), avant de conclure à la défaillance du PSP dans l'apport de cette preuve (B).

A. Le rappel de la charge de la preuve de l'autorisation

La Cour rappelle, au visa des articles L. 133-19, IV, et L. 133-23 du Code monétaire et financier, que c'est au PSP qu'il revient « de rapporter la preuve que l'utilisateur, qui nie avoir autorisé une opération de paiement, a agi frauduleusement ou n'a pas satisfait intentionnellement ou par négligence grave à ses obligations ». La solution est parfaitement conforme à la lettre des textes et à leur esprit, qui est de protéger l'utilisateur, lequel peut se contenter de nier avoir autorisé l'opération pour obtenir remboursement.

Appliquée dans cette affaire, ce n'est qu'une exception apparente au droit commun de la preuve : c'est à celui qui se prétend libéré qu'il revient de prouver sa libération (C. civ., art. 1353, al. 2). En l'espèce, c'est bien le PSP qui est tenu de ne restituer les fonds qu'au payeur ou à celui désigné par lui, n'étant donc libéré que s'il a respecté la volonté du déposant (v. par ex. Com. 2 oct. 2007). Reste à s'interroger sur les modes de preuve.

B. L'absence de preuve de l'autorisation donnée de l'utilisateur

Comment prouver que l'autorisation a effectivement été donnée par le payeur ? La Cour fait une application de l'article L. 133-23, alinéa 2 du Code monétaire et financier, qui interdit au prestataire de se prévaloir de l'utilisation conforme de l'instrument (le fait de saisir le code, de valider l'opération grâce au *smartphone*, etc.). La Cour refuse ainsi de caractériser la fraude ou l'inexécution frauduleuse par négligence grave de l'utilisateur, estimant que la preuve d'une telle négligence « ne peut se déduire du seul fait que l'instrument de paiement ou les données personnelles qui lui sont liées ont été effectivement utilisés ».

Cette solution est une application littérale de la disposition légale, laquelle a été pensée pour protéger l'utilisateur contre les comportements frauduleux des tiers, qu'il s'agisse de la soustraction de l'instrument ou de sa contrefaçon. La Cour de cassation étend ce texte à l'hypothèse de l'hameçonnage, ce qui n'est *a priori* pas discutable : la finalité protectrice ne saurait être écartée pour certaines techniques frauduleuses. Restait à s'interroger sur la caractérisation d'une faute de l'utilisateur dans la conservation de l'instrument, que la Cour écarte.

II. La non-caractérisation d'une faute de l'utilisateur dans la conservation de l'instrument

Ayant perdu sur le terrain de l'autorisation de l'opération de paiement, la banque a argumenté sur le terrain de la non-conservation de l'instrument par l'utilisateur. La Cour de cassation, après avoir rappelé l'exigence de gravité de la négligence (A), refuse de la caractériser en présence d'hameçonnage (B).

A. Le rappel de l'exigence de gravité de la négligence

La Cour de cassation, au visa des articles L. 133-16 et L. 133-17 du Code monétaire et financier, rappelle que si l'utilisateur doit « prendre toute mesure raisonnable pour préserver la sécurité de ses dispositifs de sécurité », seule une « négligence grave » (ou une fraude évidemment) peut justifier une limitation voire une exonération de la responsabilité du PSP. Au regard de la logique protectrice des textes, il est légitime d'interpréter très strictement cette faute de la victime.

La jurisprudence classique retenait parfois une telle négligence, par exemple en présence d'un titulaire qui ne dissimule pas son code confidentiel (CA Versailles, 17 janv. 1980), ou qui conserve la carte dans un endroit où se trouve aussi l'indication écrite du code confidentiel (Com. 10 janv. 1995, n° 92-21.975 ; v. aussi, pour la carte et le code dans la boîte à gants d'un véhicule : Com. 16 oct. 2012, n° 11-19.981). Il semble néanmoins que la jurisprudence tende de nos jours à relâcher ses exigences à l'égard de l'utilisateur, ce qui est en tout cas la solution retenue dans cet arrêt, en matière d'hameçonnage.

B. Le refus de caractérisation de gravité en cas d'hameçonnage

La conclusion à laquelle aboutit ici la Cour de cassation (quoiqu'en renvoyant à l'appréciation souveraine des juges du fond, ce qui relativise la portée de l'arrêt) est qu'en cas d'hameçonnage, le fait de répondre à un courriel frauduleux que l'utilisateur pensait émaner de son PSP, ne suffit pas à caractériser une négligence grave. Évidemment, on peut penser qu'une telle solution circonstanciée dépendra du niveau de sophistication de la fraude : une appréciation *in abstracto* devrait être privilégiée pour vérifier qu'une personne raisonnable, dans la même situation, aurait pu croire à l'authenticité du courrier.

Il n'en demeure pas moins que la solution est favorable à l'utilisateur, et donc corrélativement sévère à l'égard du PSP. On peut y voir une incitation à utiliser des techniques d'authentification forte du payeur. En effet, dès lors que de tels outils supposent le recours à au moins deux éléments relevant de la connaissance, de la possession ou de l'inhérence, on peut penser que la solution serait différente de celle retenue dans le présent arrêt : si la Cour de cassation estime que la négligence n'est pas suffisamment grave en présence de la transmission des informations de paiement, ne conclura-t-elle pas autrement si l'utilisateur a communiqué des informations secrètes ou un objet qui lui appartient pour permettre le paiement ?

Commentaire d'arrêt n° 2

Le 2 mai 2024, la chambre commerciale de la Cour de cassation a rendu un arrêt relatif à la responsabilité du prestataire de services de paiement (PSP) dans le cas particulier des virements ordonnés par une personne en situation de vulnérabilité.

En l'espèce, le dirigeant et associé unique d'une société avait ordonné plusieurs virements (pour un montant total avoisinant les 2 millions d'euros), à destination de son compte personnel, puis décida de racheter son livret retraite pour un montant de 320 000 euros. L'année suivante, il fut placé sous sauvegarde de justice, avant de décéder la même année. Sa fille (héritière) ainsi que la société assignèrent l'établissement teneur de compte de la société en restitution des sommes versées sur le compte personnel du *de cujus*, ainsi que l'établissement teneur du compte personnel de celui-ci en dommages-intérêts. La cour d'appel rejeta les demandes.

L'héritière et la société formèrent un pourvoi. Quant à la demande de restitution des sommes versées sur le compte personnel, elles invoquent l'exigence d'écrit pour les ordres de virement, se prévalant des conditions générales de la convention de compte courant : les ordres litigieux ayant été donnés oralement, le consentement à l'opération de paiement ne pouvait être caractérisé. Quant à l'action en responsabilité contre les PSP, le pourvoi invoque le devoir de vigilance du banquier procédant à des opérations malgré des anomalies apparentes : en l'occurrence, les opérations de rachat de livret de retraite seraient illogiques, d'autant que, selon le pourvoi, la vulnérabilité du client était immédiatement perceptible par les tiers.

La question principale qui se posait était donc celle du sort des opérations de paiement ordonnées par une personne vulnérable : cette situation de vulnérabilité implique-t-elle une responsabilité du prestataire de service de paiement qui exécute malgré tout l'ordre donné ? En creux, la seconde question qui se posait était celle de la suffisance des ordres de paiement donnés oralement.

La Cour de cassation rejette le pourvoi. Sur la restitution des fonds, elle se réfère à l'appréciation souveraine des juges du fond, qui s'étaient fondés sur des éléments postérieurs aux virements (la présentation physique du client à l'établissement pour ordonner de nouvelles opérations) pour retenir la caractérisation de l'autorisation des opérations de paiement. Sur la responsabilité, la Cour de cassation reprend l'argument de la cour d'appel, consistant à opposer le devoir de non-immixtion du banquier dans les affaires de son client, qui ne cède face à l'obligation de vigilance qu'en cas d'anomalie apparente, laquelle n'est pas caractérisée en cas de demande « illogique » de rachat de livret, comportement qui, malgré le montant « inhabituel » du dernier virement, n'impliquait pas de « vigilance particulière dès lors qu'il en était le bénéficiaire économique ». En outre, les juges du fond ont retenu que l'état de santé du client ne permettait pas au banquier de déterminer si les demandes émanant du client étaient ou non en relation avec son trouble.

Cet arrêt est l'occasion pour la Cour de cassation d'articuler les devoirs pesant sur le prestataire de service de paiement, en l'appréhendant sous le prisme de leur sanction : après avoir confronté les obligations du banquier (I), elle a finalement évincé sa responsabilité (II).

I. La confrontation des obligations du banquier

Parmi les obligations pesant sur le banquier, il en est deux qui peuvent se contredire : le devoir de vigilance (A) et le devoir de non-immixtion (B).

A. Le rappel du devoir de vigilance

La Cour rappelle que le devoir de non-immixtion du banquier peut céder face à « son obligation de vigilance ». Ce devoir (les mots devoir et obligation étant utilisés alternativement en la matière) astreint l'établissement à un minimum de contrôle : c'est le cas lors de la conclusion du contrat (exigence de documents, contrôle d'identité, régime de lutte contre le blanchiment d'argent et le financement du terrorisme, etc.) ; ce devoir s'étend également à l'exécution du contrat, pour déceler et empêcher les activités frauduleuses liées au compte.

En l'espèce, la vigilance était invoquée pour reprocher à la banque de ne pas avoir perçu l'état de vulnérabilité du client, ce qui aurait dû la conduire, à en croire le pourvoi, à refuser les opérations. La question est éminemment factuelle, ce qui explique le renvoi que fait la Cour de cassation au pouvoir souverain des juges du fond. Il n'en demeure pas moins que la défaite du devoir de vigilance peut s'expliquer, au regard du caractère automatique fréquent des opérations (en ce sens, D. Legeais, *RTD com.* 2024. 409). Il n'en demeure pas moins que la confrontation était nécessaire avec le devoir de non-immixtion pesant également sur le banquier.

B. La mise en balance avec le devoir de non-immixtion

La Cour de cassation confronte l'obligation de vigilance au « devoir de non-immixtion du banquier dans les affaires de son client », pour faire triompher le second. L'idée est simple : l'établissement ne peut intervenir dans les affaires de son client, que ce soit en s'informant sur lui ou en réalisant de son propre chef des opérations pour son compte. En somme, le banquier est astreint à une forme de neutralité (en ce sens, J. Lasserre Capdeville : *D.* 2024. 1405). En matière d'opération de paiement, cela revient à n'exiger du prestataire que la vérification de la réalité du consentement à l'opération.

C'était ce à quoi la Cour de cassation était invitée par le premier moyen du pourvoi : au regard des circonstances, le consentement à l'opération était-il caractérisé ? S'en référant aux juges du fond, la Cour réfute l'idée que la forme du consentement prévue par la convention de compte (comme l'exige l'art. L. 133-7 du C. mon. fin.) serait posée *ad validitatem* : en l'occurrence, le défaut d'écrit avait été compensé par un déplacement physique du payeur auprès de la banque. En outre, le « rattrapage » de l'opération est permis par une sorte de ratification : le comportement ultérieur du payeur peut permettre de caractériser le consentement à l'opération. En somme, la solution est tout à fait favorable à l'établissement de paiement. Cela conduit à écarter sa responsabilité.

II. L'éviction de la responsabilité du banquier

Pour décider de faire primer la non-immixtion sur la vigilance, la Cour de cassation s'en réfère au critère de l'anomalie apparente (A), dont elle fait application au cas particulier qui lui était soumis, à savoir l'état de vulnérabilité du client (B).

A. Le critère : l'anomalie apparente

Pour résoudre le conflit entre vigilance et non-immixtion, la Cour de cassation retient que la seconde ne cède face au premier « qu'en cas d'anomalie apparente », qui n'était pas caractérisée en l'espèce. Ce critère est inspiré du droit du chèque (v. par ex. Com. 3 mai 2016, n° 14-24.901), même s'il prend un tour plus intellectuel que matériel : ainsi, en matière de fraude au président, il y a anomalie apparente en présence de circonstances inhabituelles (Com. 2 oct. 2024, n° 23-13.282). Il reste que ce critère est éminemment factuel.

Cela justifie l'appréciation *in concreto* qui est ici menée : pour la Cour, le client était libre de disposer de ses actifs, et le virement effectué depuis les comptes de la société, dont il était l'associé unique et le gérant, n'appelait pas, en dépit du montant inhabituel du dernier virement, une vigilance particulière dès lors qu'il en était le bénéficiaire économique. En outre, il résultait des certificats médicaux et des témoignages des employés que l'état du client était variable, ne permettant pas d'identifier un lien entre l'opération et son trouble. Aucune anomalie apparente n'était ici qualifiée. En somme, deux arguments ont convaincu les juges du fond et la Cour de cassation pour écarter l'anomalie apparente : l'argument économique (en tant qu'associé unique et dirigeant, il n'était pas aberrant que le client se vire des fonds) et l'argument socio-médical (l'état extériorisé de santé ne justifiait pas un refus de la banque d'exécuter l'ordre donné par le client). Ce dernier point n'était pourtant pas évident, car la solution pourrait sembler faire fi du particularisme de la situation de vulnérabilité du payeur.

B. La difficulté : l'état de vulnérabilité

Si la Cour de cassation se réfère à l'état de santé tel qu'il pouvait être perçu par les tiers, c'est pour écarter l'argument de la vulnérabilité invoqué par le pourvoi. L'argument est fort en effet, car la vulnérabilité apparaît comme l'un des grands enjeux contemporains, au regard du vieillissement de la population. L'enjeu est en effet de concilier la nécessaire protection de la personne vulnérable (ce qui pourrait justifier une vigilance renforcée de la part du banquier) avec la préservation de son autonomie, tant qu'un régime de protection spécifique n'est pas mis en place (ce qui reviendrait à mettre l'accent sur le devoir de non-immixtion du banquier).

En l'occurrence, les juges du fond, approuvés par la Cour de cassation, ont préféré opter pour la non-immixtion, et donc pour l'autonomie de la personne vulnérable (ce qui peut se comprendre, dès lors qu'une mesure de protection n'a été mise en place qu'ultérieurement à l'égard du client). La solution est très favorable à la banque, et on peut penser qu'il y a là une recherche de limitation du contentieux (il n'est que de songer aux nombreux litiges sur les modifications de clauses bénéficiaires dans les contrats d'assurance-vie). Pour autant, il n'est pas certain qu'elle soit adaptée à l'enjeu de protection de la vulnérabilité, et l'on peut donc s'interroger sur la pérennité d'une telle solution.

Cas pratique

Sur le paiement fait à Berlin :

Il s'agit ici d'appliquer l'article L. 133-19 du Code monétaire et financier, qui prévoit le régime de l'opération de paiement non autorisée et précise que l'utilisateur n'est pas responsable en cas de contrefaçon, dès lors qu'au moment de l'opération de paiement non autorisée, le payeur était en possession de son instrument. En l'occurrence, il semble que tel était le cas puisque Désiré était à Rio (même s'il n'est pas certain qu'il avait sa carte avec lui, puisque l'opération dont on a connaissance à Rio a été prévue avant le voyage ; rien n'indique néanmoins que Désiré ait perdu sa carte à ce moment, et il s'agit donc vraisemblablement d'une contrefaçon). Il pourra donc demander à son PSP que son compte soit recrédité.

Sur le paiement ordonné au bénéfice de l'hôtel de Rio de Janeiro :

Cette fois, il est question de l'application de l'article L. 133-25, I, alinéa 1er du Code monétaire et financier, qui prévoit le droit au remboursement de l'utilisateur par le PSP lorsque l'opération a été autorisée, mais que 1° l'autorisation n'indiquait pas le montant exact de l'opération, et que 2° le montant débité *in fine* dépassait ce à quoi le payeur pouvait raisonnablement s'attendre, ce qui s'apprécie *in concreto*. En l'occurrence, cela peut se discuter mais étant donné que Désiré a déjà réservé des chambres d'hôtel pour des montants similaires, peut-être pouvait-il raisonnablement s'attendre à payer le montant finalement prélevé. Mais tout dépendra aussi d'autres éléments non précisés ici (par exemple le luxe de l'hôtel).

Sur le paiement effectué sur le site de vente en ligne :

Il s'agit en l'occurrence de l'application de l'article L. 133-23, dont l'alinéa 1er du Code monétaire et financier, lequel dispose que si l'utilisateur nie avoir autorisé une opération exécutée, c'est au PSP qu'il revient de prouver que l'opération en question a été authentifiée, dûment enregistrée et comptabilisée, sans que la preuve de l'utilisation de l'instrument de paiement suffise. Or, en l'espèce, Désiré ne se souvient pas de l'achat. Ce sera à la banque de démontrer que l'ordre a bien été donné par lui, ce qui paraît difficile à démontrer (sauf à prouver que l'objet pour lequel le paiement a été réalisé a bien été commandé par Désiré, preuve malaisée à rapporter).

Sur la question commune, à savoir le délai de contestation :

L'article L. 133-24, alinéa 1er du Code monétaire et financier dispose que l'utilisateur « signale, sans tarder, [...] une opération de paiement non autorisée ou mal exécutée et au plus tard dans les treize mois suivant la date du débit sous peine de forclusion ». Or, dans tous les cas évoqués ici, la déclaration est bien faite dans le délai de treize mois (puisque l'opération la plus ancienne qui est contestée date d'il y a sept mois). On peut néanmoins se demander si, sur cette dernière opération, la tardiveté de la demande ne serait pas constitutive d'une faute de l'utilisateur, empêchant la banque de pouvoir efficacement rechercher le caractère authentique de l'ordre (sans certitude néanmoins, car le texte est très protecteur de l'utilisateur).

Sujet terminal

1) Sujet corrigé

Cas pratique

L'exercice correspond à une épreuve de 3 heures et consiste en un cas pratique noté sur 20 points.

Désiré, fondateur d'une grande maison d'édition, a pris une retraite bien méritée (quoiqu'à un âge plus avancé que ce qu'il espérait). Désireux de ne plus avoir à gérer de paperasse, il a fait appel à un gestionnaire de patrimoine, un certain Armand. Ce dernier, pour l'efficacité de sa mission, a obtenu de Désiré la remise de certaines formules de chèque (même si Désiré a aussi gardé certains exemplaires pour lui-même).

Armand, qui n'était finalement pas parfaitement digne de confiance, a profité de la situation pour détourner certaines sommes en imitant la signature de Désiré. Il a notamment signé un chèque à hauteur de 15 000 euros, à destination d'une société HyperCours, dont il est associé unique. L'opération a été réalisée il y a neuf mois, ainsi que l'indiquent les relevés de compte de Désiré, qu'il n'a toutefois consultés que la semaine dernière.

En outre, Désiré a procédé, il y a cinq mois, à divers achats sur le site « HyperMarché-Courses en lignes », pour un montant total de 5 000 euros. Après avoir coché la case « paiement par chèque », Désiré a adressé le chèque à Armand, en vue de la remise au siège de la société créancière. Or, Désiré s'aperçoit que son relevé bancaire d'époque mentionne, là encore, un paiement à la société HyperCours. Désiré est paniqué car la société HyperMarché vient de lui adresser une mise en demeure, avec intérêts de retard au taux conventionnel de 5 %. Désiré s'empresse donc de passer un ordre de virement le 3 du mois. N'ayant toutefois plus assez d'argent sur son compte, il effectue un dépôt d'espèces pour le créditer le 7 du mois, qui est un vendredi, à 16 heures. Ce n'est que le jeudi 13 que le virement est crédité sur le compte du bénéficiaire, qui réclame donc certains intérêts de retard.

Enfin, Désiré apprend que le très avantageux crédit que lui avait fait souscrire Armand pour procéder à l'achat d'un magnifique chalet dans les Alpes comprend une clause selon laquelle le montant du remboursement est indexé sur le franc suisse, et que le paiement doit être réalisé, au choix de Désiré, en francs suisses ou en euros. Le franc suisse ayant ces derniers temps un cours très élevé, Désiré craint de devoir payer une somme très importante.

Désiré a écrit à Armand la semaine dernière. N'ayant pas eu de réponse, il s'est renseigné et a appris qu'Armand avait disparu dans la nature, après l'ouverture d'une enquête pour abus de confiance et escroquerie. Désiré est désemparé et se demande s'il peut obtenir indemnisation par son établissement bancaire des différentes opérations réalisées, et s'il peut faire tomber son contrat de crédit. *Qu'en pensez-vous ?*

Voir le corrigé en fin de rubrique.

2) Corrigé

Cas pratique

Les éléments évoqués par Désiré conduisent à s'interroger sur la responsabilité du prestataire de service de paiement successivement à propos du chèque signé par Armand (1), de celui adressé à la société HyperMarché (2) et de l'ordre de virement adressé à cette dernière (3). En outre, il faut envisager la question de la validité du crédit (4).

1. Sur le chèque signé par Armand

Désiré a remis certaines formules de chèque à Armand, qui en a profité pour imiter la signature du premier et tirer un chèque de 15 000 euros au bénéfice de sa société HyperCours. La question est alors celle de la validité d'un chèque faux dès l'origine et de la responsabilité de l'établissement bancaire qui accepte de verser les fonds sur ce fondement.

En principe, l'article 1937 du Code civil dispose que « le dépositaire ne doit restituer la chose déposée qu'à celui qui la lui a confiée, ou à celui au nom duquel le dépôt a été fait, ou à celui qui a été indiqué pour le recevoir ». En se fondant sur ce texte, la jurisprudence estime qu'en présence d'un chèque faux dès l'origine, l'ordre n'a jamais été émis par le déposant : en ce cas, l'établissement bancaire est objectivement responsable, n'ayant pas correctement exécuté son obligation de restitution (v. par ex. Com. 26 nov. 1996, n° 94-19.071). Toutefois, la jurisprudence accueille l'exonération, partielle ou totale, lorsque le client a facilité la situation (même arrêt). Ainsi, la Cour de cassation a pu affirmer que la cliente qui a mis à disposition d'un tiers des formules de chèques à son nom pendant plusieurs mois, sans protester à réception des relevés de compte, avait commis une négligence qui était la cause exclusive de son préjudice (Com. 16 nov. 2010, n° 09-17.072).

En l'espèce, Désiré a remis des formules de chèque à Armand, son gestionnaire de patrimoine (à cet égard, même si la qualité de professionnel d'Armand pourrait inciter son client à la confiance, on peut penser que chacun doit savoir que les formules de chèque sont purement personnelles, ce qui est d'ailleurs systématiquement rappelé par les établissements bancaires). Or, l'opération ici discutée a été réalisée il y a neuf mois, Désiré ne s'en étant pas rendu compte et n'ayant d'ailleurs pas réclamé la restitution des formules de chèque. Si les faits décrits ici ne permettent pas de conclure à une continuité de la fraude, il n'en demeure pas moins que le comportement de Désiré constitue une négligence fautive.

En conclusion, et sauf appréciation souveraine contraire des juges du fond, on peut penser que la banque est exonérée de sa responsabilité. On peut y voir une exonération totale, car il paraît possible de considérer que la faute de Désiré est la cause exclusive de son préjudice.

Reste une seconde question, qui est celle du délai de contestation.

En principe, si l'article L. 133-24 du Code monétaire et financier prévoit que l'utilisateur de services de paiement doit contester les opérations non autorisées ou mal exécutées « sans tarder » et au plus tard dans les treize mois suivant la date du débit, à peine de forclusion, rien n'est prévu en matière de chèque. Or, la jurisprudence antérieure à la DSP a pu valider les conventions sur la preuve voulant que le défaut de protestation dans le délai d'un mois à compter de la réception du relevé de compte fasse présumer l'accord du client, sauf la possibilité de réserver la preuve contraire (Com. 3 nov. 2004, n° 01-16.238). *Mutatis mutandis*, la solution peut être appliquée en matière de chèque : il sera seulement nécessaire de respecter le délai de prescription. Or, l'article L. 131-59 du Code monétaire et financier prévoit une prescription spéciale de six mois, mais qui pèse seulement sur les personnes obligées par le chèque, dont le tireur. Il faut sans doute considérer que tel n'est pas le cas en présence d'un chèque faux : en ce cas, il faut considérer que la prescription de l'action du soi-disant tireur est régie par le délai de droit commun, qui est de cinq ans (C. civ., art. 2224).

En l'espèce, l'opération contestée a été réalisée il y a neuf mois et l'on peut supposer que les conditions générales de l'établissement bancaire exigent une contestation dans le délai d'un mois. Dès lors, Désiré sera présumé avoir réalisé l'opération lui-même. Toutefois, cette présomption conventionnelle n'exclut pas le jeu de la prescription. Or, on a vu qu'on était en présence d'un chèque faux dès l'origine, qui a été signé par Armand et non par Désiré. Dès lors, on ne peut pas considérer que Désiré est le tireur, et il ne saurait se voir opposer la prescription de l'action cambiaire. Il faut donc lui appliquer le droit commun de cinq ans.

En conclusion, Désiré est dans les délais pour contester l'opération (même si, sur le fond, il devrait être débouté de ses demandes, comme vu précédemment). *[6 points]*

2. Sur le chèque adressé à la société HyperMarché

Désiré a tiré un chèque de 5 000 euros au bénéfice de la société HyperMarché-Courses en ligne. Armand, chargé de le transmettre au bénéficiaire, a modifié le nom du bénéficiaire et l'a remplacé par HyperCours, sa société. La question est alors celle de la validité du chèque falsifié et de la responsabilité de l'établissement bancaire qui verse les fonds sur ce fondement.

En principe, l'article 1937 du Code civil n'est pas appliqué par la jurisprudence en matière de chèque falsifié, qui était valable à l'origine avant d'être détourné. Dans cette hypothèse en effet, la jurisprudence retient la responsabilité de l'établissement bancaire uniquement en cas de faute, qui doit être prouvée par le tiré (v. par exemple Com. 15 juin 1993, n° 91-15.431). Dès lors, pour le reste, le critère retenu par la jurisprudence est celui de la falsification apparente, qui doit être repérée par l'établissement (v. par exemple Com. 30 mars 2010, n° 09-65.949).

Reste à déterminer lequel des établissements, celui du payeur ou celui du bénéficiaire, est responsable. L'article L. 131-38, alinéa 2 du Code monétaire et financier se contente d'exiger de la banque tirée qu'elle vérifie la régularité de la suite des endossements (elle doit connaître la signature de son client). Pour le reste, c'est à la banque présentatrice qu'il revient de détecter les anomalies apparentes d'un chèque qu'elle est chargée d'encaisser pour le compte de son client (Com. 17 sept. 2013, n° 12-18.202).

En l'espèce, il s'agit bien d'un chèque valable à l'origine mais ultérieurement falsifié, puisque le chèque a été émis par Désiré, avant modification de l'identification du bénéficiaire par Armand. Rien n'est dit sur le caractère apparent ou non de la falsification (l'absence de fraude identifiée par la banque n'étant pas un indice suffisant, puisqu'en pratique la vérification est rarement faite). Tout dépendra donc de la qualité de la falsification.

En conclusion, la solution variera selon le caractère apparent ou non de la falsification : dans le premier cas, la banque d'Armand sera responsable ; dans l'autre, non. En toute hypothèse, Désiré ne pourra pas se contenter d'agir contre son propre prestataire de service de paiement.

Quant au délai de contestation, on renverra à ce qui a été dit dans le 1, sauf à conclure cette fois que Désiré est bien le tireur, et donc soumis à la prescription cambiaire de six mois. Il doit donc s'empresser d'agir car le chèque a été émis il y a cinq mois avant d'être détourné. *[6 points]*

3. Sur le virement adressé à la société HyperMarché

Désiré passe un ordre de virement le 3 du mois, mais ne provisionne le compte que le 7, qui est un vendredi, le montant viré n'étant crédité sur le compte du bénéficiaire que le jeudi 13. Or, le bénéficiaire réclame des intérêts de retard. La question est donc de savoir si le virement effectué est entaché d'un retard et quelles sont les conséquences en termes de responsabilité.

En principe, l'article L. 133-13, I du Code monétaire et financier dispose que « le montant de l'opération de paiement est crédité sur le compte du prestataire de services de paiement du bénéficiaire au plus tard à la fin du premier jour ouvrable suivant le moment de réception de l'ordre de paiement », l'article L. 133-9, alinéa 1er définissant le moment de réception comme celui « où l'ordre de paiement est reçu par le prestataire de services de paiement du payeur ». Toutefois, l'article L. 133-9, alinéa 2 précise que l'utilisateur et le prestataire peuvent convenir que « l'exécution de l'ordre de paiement commencera [...] le jour où le payeur aura remis les fonds à disposition de son prestataire de services de paiement », ce qui est une clause de style aujourd'hui. Précisons que l'article D. 133-2 du Code monétaire et financier ajoute que « le prestataire de services de paiement peut établir une heure limite proche de la fin d'un jour ouvrable au-delà de laquelle tout ordre de paiement reçu est réputé reçu le jour ouvrable suivant ».

Or, en principe encore, le Code monétaire et financier ne prévoit pas de sanction particulière. Il faut donc faire application du droit commun de la responsabilité civile. En l'occurrence, il s'agit de responsabilité contractuelle : le manquement contractuel qui a causé un préjudice oblige le débiteur à réparation (C. civ., art. 1231 s.).

En l'espèce, l'ordre de paiement est donné le 3 du mois, mais le compte n'est provisionné que le vendredi 7 à 16 heures, moment auquel l'ordre est réputé reçu par le prestataire du payeur. Cet horaire peut sembler correspondre à une fin de journée pour une agence bancaire. Si une telle interprétation est faite, il faut considérer que l'ordre a été reçu le samedi 8, et qu'il doit donc être crédité le jour ouvrable suivant, à savoir le lundi 10. Or, le crédit du compte n'a été réalisé que le jeudi 13. Il est indiqué dans l'énoncé que le bénéficiaire, en raison de la tardiveté du crédit sur son compte, réclame des intérêts de retard.

En conclusion, il faut considérer que pour les intérêts de retard courant à partir du lundi 10, le prestataire de Désiré est responsable à son égard et doit l'indemniser des montants réclamés. *[4 points]*

4. Sur la validité du crédit

Armand a fait souscrire à Désiré un contrat de crédit avec une clause prévoyant que le montant du remboursement est indexé sur le franc suisse et que le paiement doit être réalisé, au choix de Désiré, en francs suisses ou en euros. Il y a donc deux questions qui se posent, l'une relative à la validité d'une clause de monnaie étrangère, l'autre relative à la validité d'une clause-espèces.

a. Sur la clause de monnaie étrangère

En principe, la clause de monnaie étrangère, qui consiste à indexer un crédit sur le cours d'une monnaie, est valable (Civ. 1re, 10 mai 1966, *Bull. civ.* I, n° 277), sous réserve qu'une des deux parties soit un établissement bancaire (Civ. 1re, 12 janv. 1988, n° 86-11.966). Néanmoins, lorsque le client est un consommateur ou un non-professionnel, la jurisprudence tend à retenir la qualification de clause abusive et à réputer de telles clauses non écrites (v. par exemple Civ. 1re, 30 mars 2022, n° 19-17.996).

En l'espèce, le contrat a certes été signé par Armand, gestionnaire de patrimoine, mais celui-ci a agi au nom et pour le compte de Désiré, qui est donc le contractant véritable. Or, Désiré a bien agi dans le cadre non professionnel et a la qualité de consommateur.

En conclusion, la clause de monnaie étrangère doit être réputée non écrite.

b. Sur la clause-espèces

En principe, l'article 1343-3, alinéa 1er du Code civil prévoit la règle du cours légal, qui suppose que le paiement en France d'une obligation de somme d'argent soit fait en euros. Il existe néanmoins des exceptions. Ainsi, lorsque l'obligation « procède d'une opération à caractère international », le même texte admet la stipulation d'une clause-espèces. Surtout, la jurisprudence semble admettre qu'une clause d'un contrat ouvre au débiteur une option de paiement entre une monnaie étrangère et la monnaie ayant cours légal (Civ. 1re, 14 nov. 2013, n° 12-23.208).

En l'espèce, le crédit a pour objet de permettre l'acquisition d'un chalet dans les Alpes : il pourrait parfaitement s'agir d'une acquisition non pas en France, mais en Suisse ou en Italie, ce qui pourrait conférer à l'opération un caractère international. En toute hypothèse, la clause offre à Désiré une option pour sa libération : il peut payer soit en francs suisses, soit en euros, ce qui suffit à valider la clause.

En conclusion, la clause-espèces est valable, dès lors que Désiré pourra parfaitement se libérer en versant le montant en euros. *[4 points]*

titre 2

Les instruments de crédit

chapitre 5

Les effets de commerce

Plan analytique

section 1

La notion d'effet de commerce

§ 1 La définition des effets de commerce

A. L'apparition des effets de commerce

B. La qualification d'effet de commerce

§ 2 Les caractères des effets de commerce

A. Le formalisme

B. L'abstraction

section 2

Les espèces d'effets de commerce

§ 1 La lettre de change

A. La création

B. La circulation

C. Le dénouement

§ 2 Le billet à ordre

A. La création

B. Les effets

Compléments pédagogiques

5

Les effets de commerce

Le Livre V du Code de commerce est intitulé « des effets de commerce et des garanties » (C. com., art. L. 511-1 à L. 526-31). Par « garanties » (objets du Titre II), il faut entendre ici diverses sûretés, pour la plupart abrogées (par ex. le gage commercial ou les warrants hôtelier et pétrolier), qui relèvent donc de la matière éponyme. En revanche, les *effets de commerce*[Q] (objets du Titre I) sont des instruments de crédit et nous intéressent ici. Malgré l'intitulé du Titre, la notion d'effet de commerce est assez discrète en législation (section 1), s'effaçant derrière ses espèces que sont la lettre de change et le billet à ordre (section 2). 158

section 1

La notion d'effet de commerce

Il convient de définir, dans une vue synthétique, les effets de commerce (§ 1) avant d'en préciser, de manière analytique, les caractères (§ 2). 159

§ 1 La définition des effets de commerce

On définit généralement l'effet de commerce comme un *titre négociable*[Q] qui constate l'existence, au profit du porteur, d'une créance de somme d'argent à court terme et qui sert à son paiement. Un bref détour historique est nécessaire pour comprendre les raisons qui ont présidé à l'apparition des effets de commerce (A), ce qui permettra d'en préciser les critères de qualification (B). 160

A. L'apparition des effets de commerce

D'un point de vue *historique*, l'effet de commerce originel est la lettre de change, apparue à Gênes au XIIe siècle. 161

Au départ c'est le contrat de change, rendu nécessaire entre commerçants de nationalités, et donc de monnaies, différentes, qui est conclu devant notaire : les commerçants prennent l'habitude d'y adjoindre des lettres de paiement – initialement destinées à leurs commis, pour les autoriser à payer le montant indiqué dans le contrat de change –, qui sont appelées « lettres de change ». Avec l'augmentation du prestige social des commerçants et la diminution corrélative de celles de notaires, on se contente bientôt de la lettre, sans acte notarié, donc d'un acte sous signature privée. Du XIIe au XIVe siècle, la lettre de change a donc pour objet de constater et de permettre l'exécution des opérations de change.

Son utilisation évolue par la suite, pour deux raisons. L'une tient à l'allongement du circuit de la lettre de change, qui se met à circuler plus largement : le terme du paiement effectif de la lettre étant repoussé, un intérêt peut être stipulé. L'autre tient à la prohibition par l'Église du prêt à intérêt, une exception étant admise en présence d'un service rendu et d'une distance entre les parties à l'opération : or, dans l'opération de change, il y a un service, à savoir une avance de fonds en un lieu et un remboursement de ces fonds, en une autre devise, à un autre endroit. La lettre de change devient alors un contrat par lequel une personne fournit une somme d'argent à une autre, laquelle, en contrepartie, s'engage à terme à rembourser l'équivalent en un autre lieu et en une autre monnaie. Elle permet donc de payer sans transporter des métaux précieux d'une région à une autre, favorisant ainsi la circulation internationale de la monnaie.

La lettre de change est alors à cette époque un *instrument de paiement*, qui ressemble à une délégation. L'hypothèse est la suivante : une personne (le bénéficiaire) est créancière d'une autre (le tireur), elle-même créancière d'une troisième (le tiré). Une lettre de change est émise par le tireur, intimant au tiré, à terme, de payer directement le bénéficiaire. On voit la proximité avec la délégation : le tiré-délégué paye le bénéficiaire-délégataire en lieu et place du tireur-délégant, éteignant, par son paiement, tant sa propre dette à l'égard du tireur que celle du tireur à l'égard du bénéficiaire.

Cette fonction de paiement trouve son apothéose à la Renaissance, lorsque la lettre de change est utilisée comme papier-monnaie, alors que les billets de banque n'existent pas. Lorsqu'une banque est débitrice d'une autre banque, elle peut, plutôt que de verser des espèces, céder les créances incorporées dans les lettres de change : les bénéficiaires des lettres se mettent ainsi à les adresser en paiement à leurs propres créanciers, en procédant à un *endossement*[Q], donc à une signature au dos de la lettre de chance, pour indiquer au débiteur de la lettre de payer non plus le bénéficiaire mais l'endossataire.

■ 162 Néanmoins, l'utilité de cette fonction d'instrument de paiement de la lettre de change diminue, dès lors que le transport de métaux précieux devient plus sécurisé, que le nombre de monnaies nationales se réduit avec la disparition des petits États, et que le billet de banque se développe. La lettre de change se transforme alors : sous l'influence de la Banque d'Angleterre au XVIIe siècle, elle devient progressivement un *instrument de crédit*, fonction qui l'emporte au XIXe siècle.

On l'a dit : la lettre de change contient une créance à terme, le tiré devant, à l'échéance, payer le montant au bénéficiaire du titre. Pour le bénéficiaire, il s'agit certes d'une richesse, mais qui n'est pas mobilisable immédiatement. Les banques offrent donc progressivement à leurs clients la possibilité de procéder à l'*escompte*[Q] de la lettre de change : il s'agit de « racheter » la créance reconnue par la lettre de change, en portant le montant de celle-ci au compte du tireur, déduction faite des frais et commissions. La *valeur fournie*[Q], c'est-à-dire la somme portée au compte du tireur par sa banque, correspond à une avance faite par l'établissement bancaire, ce dernier étant payé à terme grâce à la lettre de change. À défaut de paiement par le tiré à l'échéance, l'établissement bancaire peut procéder à la contre-passation de l'opération, donc exiger le remboursement par le tireur.

Dans la seconde moitié du XIXe siècle, les banques se mettent à utiliser la lettre de change pour mobiliser leurs propres créances, correspondant aux crédits qu'elles consentaient : aux effets de commerce s'ajoutent ainsi les « effets financiers ».

Cette fonction de crédit est seule subsistante aujourd'hui. Sans doute cela tient-il au fait que le chèque a conduit à la désuétude de la lettre de change comme instrument de paiement – puis le chèque a lui-même décliné avec le développement des nouveaux instruments de la monnaie scripturale. Cela dit, même en tant qu'instruments de crédit, les effets de commerce sont désormais largement délaissés, notamment en raison du développement d'autres mécanismes, tels que la cession *Dailly* (v. *infra*, chapitre 6), l'affacturage (v. *infra*, chapitre 7) ou la titrisation (v. *infra*, chapitre 8). Les données de la Banque de France en attestent, qui font état d'une réduction entre 2019 et 2020 du nombre d'opérations par effet de commerce à hauteur de 8 % (Banque de France, *Cartographie des moyens de paiement scripturaux. Bilan de la collecte 2021 (données 2020)*, p. 3, https://www.banque-france.fr/sites/default/files/media/2022/06/27/cmp2020_fr.pdf, consulté en mars 2023).

B. La qualification d'effet de commerce

Il convient de repartir de la définition de l'effet de commerce : il s'agit d'un titre négociable qui constate l'existence, au profit du porteur, d'une créance de somme d'argent à court terme et qui sert à son paiement. Reste à détailler ces différents éléments. 163 ■

Quant à son *objet*, l'effet de commerce comprend *une créance de somme d'argent à court terme*. 164 ■

Il doit déjà s'agir d'une créance de somme d'argent contrairement, par exemple, à un connaissement, qui est un titre donnant droit sur des marchandises transportées. La vocation extinctive universelle de la monnaie – ou sa « fongibilité absolue » pour reprendre l'expression de Carbonnier (*Droit civil*, t. 3, *Les biens*, PUF, 2000, n° 13) – permet en effet aux obligations monétaires de pouvoir circuler, indépendamment de l'identité de leur créancier. De telles obligations peuvent donc être constatées dans un effet de commerce. Cela implique que l'effet de commerce mentionne la créance qu'il comporte, ainsi que sa valeur : l'émetteur de l'effet (le tireur, dans la lettre de change) doit, à un moment ou un autre, être créancier du débiteur de l'effet (le tiré, dans la lettre de change). Cette mention de la valeur de l'effet permet à la créance incorporée de s'autonomiser par rapport à la créance fondamentale – on parle alors de rapport cambiaire : v. ss 167 s.).

La créance objet de la lettre de change est à terme : l'émetteur de l'effet est créancier mais sa créance n'est pas actuellement exigible. C'est la raison pour laquelle il a recours à l'effet de commerce : il va recevoir paiement immédiat de la part du bénéficiaire de l'effet, ce dernier se rémunérant pour le service fourni en déduisant du montant de la créance mobilisée les intérêts et frais correspondant au service de crédit qu'il rend à l'émetteur. Depuis Roblot (*Effets de commerce*, Sirey, 1975), la doctrine précise qu'il s'agit d'une créance à court terme : c'est notamment ce qui différencie les effets de commerce des *valeurs mobilières*[Q], lesquelles permettent des opérations à plus long terme (qu'il s'agisse d'apports ou de prêts consentis à la société émettrice).

Il faut enfin préciser qu'un effet de commerce ne permet de mobiliser qu'une unique créance : si l'émetteur souhaite mobiliser plusieurs créances, il doit rédiger autant d'effets que de créances cédées. C'est l'une des raisons du déclin de la lettre de change : désormais, les acteurs économiques privilégient le recours à la cession *Dailly*, qui leur permet de mobiliser un ensemble de créances professionnelles (v. *infra*, chapitre 6).

165 L'effet de commerce est un titre, donc un écrit constatant la créance à terme. Il s'agit, plus précisément, d'un *titre représentatif*, donc d'un bien particulier (en l'occurrence d'un titre-papier) qui a pour fonction de représenter un autre bien (ici, une créance), ce qui en permet l'appréhension.

Pour bien comprendre cette définition, il faut convoquer la distinction entre le *negotium* et l'*instrumentum*. Le *negotium* est l'opération abstraite, tandis que l'*instrumentum* correspond à sa mise par écrit. En quelque sorte, le *negotium* correspond au fond, tandis que l'*instrumentum* correspond à la forme. Or, un *instrumentum* n'est pas toujours nécessaire : il sera le plus souvent exigé uniquement à titre de preuve et ne sera qu'exceptionnellement requis pour la validité d'un acte juridique – ce sont là les contrats solennels. Par le mot « titre », on désigne en général l'*instrumentum*.

On dit souvent de l'effet de commerce qu'il est plus qu'un simple *instrumentum*, dès lors qu'il incorpore la créance. Par une sorte de métonymie, on a le sentiment que le titre (le contenant) se confond avec la créance (le contenu), donc que l'*instrumentum* et le *negotium* se confondent : c'est notamment ce qui explique l'importance du formalisme des effets de commerce, dont le respect justifie la force très importante qui leur est attachée, et notamment leur caractère abstrait. Il faut néanmoins bien avoir conscience des limites d'une telle présentation : le titre ne fait pas disparaître la créance incorporée, il ne s'agit que de la représenter. Simplement, cette représentation est parfaite : l'appréhension matérielle du titre représentatif est considérée comme équivalente à l'appréhension de la créance incorporée elle-même.

166 L'effet de commerce est, enfin, un *titre négociable*, donc un titre obéissant aux règles de transmission simplifiée du droit commercial. Historiquement en effet, la cession de créance du Code civil obéissait à un lourd formalisme : l'ancien article 1690 subordonnait la cession de créance de droit commun à sa signification au débiteur ou à l'*acceptation* authentique par ce dernier.

Dès lors que l'effet de commerce incorpore la créance, la transmission est largement simplifiée. En présence d'un titre libellé au porteur, elle se fait par simple tradition, donc par remise de la main à la main : ce sera le porteur du titre à l'échéance qui pourra réclamer paiement. Dans les autres cas, le transfert se fait par *endossement* : l'émetteur ou le porteur actuel signe au dos du titre, avant de remettre le document au bénéficiaire, qui est ainsi investi de tous les droits découlant de l'effet de commerce – ainsi que d'une garantie par l'endosseur.

Cette simplicité explique le succès passé et le désintérêt contemporain pour les effets de commerce : la loi *Dailly* a conduit à consacrer une cession simplifiée de créances professionnelles et, depuis la réforme du 10 février 2016, la cession de créance s'opère à la date portée dans l'acte (C. civ., art. 1323), l'information du débiteur cédé n'étant exigée que pour lui rendre la cession opposable, et pouvant être faite par simple notification et non plus nécessairement par exploit d'huissier (C. civ., art. 1324), la réforme du droit des sûretés du 15 septembre 2021 ayant admis que la cession de créance de droit commun soit utilisée à titre de garantie (C. civ., art. 2373 s.).

§ 2 Les caractères des effets de commerce

Les effets de commerce obéissent à des règles originales, que l'on appelle le *droit cambiaire*. L'adjectif provient des origines de la lettre de change, dont on a vu qu'elle était initialement notariée : le notaire établissait un *instrumentum ex causa cambii*, un instrument à des fins d'échange. On peut résumer la spécificité du droit cambiaire par la double idée de formalisme (A) et d'abstraction (B), les deux étant intimement liés. 167 ■

A. Le formalisme

Alors que le système français est consensualiste, les effets de commerce sont soumis au *formalisme cambiaire*, ce qu'on explique parfois par l'influence allemande dans l'élaboration en la matière des Conventions de Genève du 7 juin 1930. 168 ■

Ce formalisme découle notamment des articles L. 511-1 et L. 512-1 du Code de commerce, consacrés aux conditions de forme respectivement de la lettre de change et du billet à ordre : ces effets de commerce doivent ainsi être expressément dénommés, comporter le nom du débiteur, l'échéance et le lieu du paiement, ou encore la signature de l'émetteur (le tireur ou le souscripteur). En cas d'irrespect du formalisme, le *titre*[Q] « ne vaut pas comme » lettre de change (C. com., art. L. 511-1, II) ou billet à ordre (C. com., art. L. 512-2) : en ce cas, il pourra certes valoir reconnaissance de dette ou servir à titre de mode de preuve, mais les effets attachés au caractère cambiaire de l'engagement, et notamment son abstraction, ne pourront pas être invoqués.

Ces exigences de forme rendent les effets de commerce rétifs à la numérisation. Alors bien sûr, la notion de titre n'est plus synonyme de papier, et la pratique a, dans les années 1970, inventé la « lettre de change-relevé-papier » et son équivalent pour le billet à ordre, qui consistent en une informatisation non pas de l'effet de commerce lui-même, mais de son recouvrement, le paiement étant automatisé à l'échéance. Toujours est-il que la dématérialisation complète du titre paraît impossible : ainsi, la « lettre de change-relevé-magnétique », qui procède à une telle dématérialisation, a été jugée incompatible avec la qualification de lettre de change, faute d'équivalence entre le papier et le numérique en matière cambiaire (v. nettement en ce sens Com. 2 juin 2015, n° 14-13.775). De ce point de vue, le formalisme cambiaire peut sembler dépassé et participer du désintérêt contemporain pour les effets de commerce.

Le formalisme cambiaire est pourtant nécessaire, en raison de ses *fonctions*. Sa fonction première est de renforcer la sécurité et la prévisibilité des échanges, en limitant et précisant avec exactitude les termes de l'acte conclu. L'idée est que d'un seul coup d'œil, il soit possible de déterminer qui est engagé et dans quelle mesure. La doctrine souligne que ce formalisme a conduit à l'émergence de formules normalisées, pré-imprimées par les banques, qui a sans doute renforcé la confiance dans cet instrument. L'apparente contradiction entre formalisme et rapidité est ainsi levée : grâce au formalisme, il est très facile de savoir si la lettre de change est fiable. 169 ■

À cette fonction de sécurisation des échanges, on ajoute parfois également qu'il s'agirait d'un formalisme de protection finalement assez proche du droit civil, en ce qu'il permet d'attirer l'attention des parties quant à la gravité de leur engagement. Si une telle finalité existe sans nul doute, elle apparaît néanmoins secondaire : l'effet de commerce est formel avant tout pour que l'apparence d'engagement soit si forte qu'un tel instrument soit accepté dans les échanges.

B. L'abstraction

170 Le *principe* est que les effets de commerce sont des *actes abstraits*, ce qui leur confère une place originale dans l'univers des actes juridiques.

Le droit français est en effet un système d'actes causés : il reconnaît l'importance de la considération de la raison qui a conduit chacune des parties à s'engager, la validité d'un acte juridique ne supposant pas seulement des éléments objectifs donnant naissance à l'acte, mais aussi une cause finale. Cela découlait, jusqu'à la réforme du droit des obligations du 10 février 2016, de l'ancien article 1131 du Code civil, qui disposait que « l'obligation sans cause, ou sur une fausse cause, ou sur une cause illicite, ne peut avoir aucun effet ». Certes, l'ancien article 1132 du même code affirmait la validité des contrats « quoique la cause n'en soit pas exprimée », mais il ne fallait y voir qu'une présomption de cause, qui pouvait être renversée. Si ces textes ont été supprimés en 2016, le droit des contrats continue tout de même d'exiger une « contrepartie » (article 1169) et un « but » (article 1162), ce qui confirme que les actes juridiques doivent être, pour utiliser le vocabulaire classique, causés.

Le *droit cambiaire*Q constitue une remarquable exception à ce système : dans une optique de sécurité et de rapidité des échanges, les effets de commerce sont des titres détachés de leur cause, ce qui signifie que la raison qui sous-tend leur émission est indifférente. C'est dire que le débiteur cambiaire ne peut pas l'invoquer pour échapper à son engagement – même si certains auteurs dénient cette théorie en expliquant les règles cambiaires par la théorie de l'apparence (M. Vivant, « Le fondement juridique des obligations abstraites », *D.* 1978. Chron. 39, spéc. p. 42). Ce principe se révèle dans la règle d'inopposabilité des exceptions : « les personnes actionnées en vertu de la lettre de change ne peuvent pas opposer au porteur les exceptions fondées sur leurs rapports personnels avec le tireur ou avec les porteurs antérieurs [...] » (C. com., art. L. 511-12). L'explication tient au fait qu'un droit nouveau et autonome naît avec l'émission de l'effet de commerce : la personne qui signe l'effet accepte d'être tenue d'une obligation indépendante. En somme, lorsqu'une personne déjà débitrice accepte en outre de signer une lettre de change, elle s'engage doublement : à la fois quant à l'obligation dite fondamentale, à savoir celle qui correspond à son obligation au sens du droit civil, et quant à l'obligation cambiaire, qui est reconnue dans l'effet de commerce. Dès lors, serait-elle libérée de son obligation fondamentale qu'elle resterait tenue sur le terrain cambiaire, risquant donc de devoir payer alors même que la cause de son engagement cambiaire (l'obligation fondamentale) aurait disparu.

Tâchons d'y voir clair en prenant un exemple. A achète des marchandises à B, qui lui accorde un délai de paiement d'un an. B, qui a besoin d'argent immédiatement, s'adresse à une banque C, qui accepte de lui verser la somme de suite, mais exige une lettre de change. B (tireur) va donc demander à A (tiré) qu'il paye directement C (bénéficiaire), lettre de change qui est acceptée par A. Quelques mois plus tard, A s'aperçoit que B l'a trompé et obtient l'annulation du contrat pour dol, nullité qui fait disparaître l'obligation de somme d'argent pesant sur A. À l'échéance, C exige le paiement à A : ce dernier ne peut pas se défiler, ne pouvant pas opposer les exceptions tirées de l'obligation fondamentale. Ainsi, A devra payer C. Cela ne signifie pas que A supportera nécessairement la charge finale de la dette : il pourra exercer un recours (par exemple fondé sur l'enrichissement injustifié) contre B ; il n'en demeure pas moins que C aura été protégé et aura obtenu son dû. L'abstraction de l'effet de commerce vient donc rassurer les porteurs, qui ne pourront pas se voir opposer les exceptions – d'où l'importance du formalisme de la lettre de change : un *acte abstrait*[Q] est grave, et doit donc être formel.

La *portée* de cette abstraction de l'effet de commerce est très importante. 171 ■

Il en découle déjà un principe d'*indépendance des signatures* : selon l'article L. 511-5, al. 2 du Code de commerce, en présence de fausses signatures ou de signatures apposées par des personnes « incapables », « les obligations des autres signataires n'en sont pas moins valables » (v. par ex., pour une lettre de change signée au nom d'une société par une personne n'ayant pas pouvoir pour le faire : Com. 15 juin 1993, n° 91-18.276). La solution est parfaitement justifiée : en signant la lettre de change, chacun s'engage personnellement envers tous les autres signataires, et nul ne peut donc exciper de la nullité de l'engagement d'un autre pour échapper au sien. Dès lors, même si une signature est manifestement non valable (auquel cas celui qui a prétendument signé n'est pas tenu : v. par ex. Com. 1er avr. 2014, n° 13-13.473), l'effet de commerce peut continuer à circuler, car les porteurs successifs peuvent avoir confiance dans les autres signatures apposées. Ainsi, en cas d'altération de la lettre de change (par exemple, une modification du terme), la jurisprudence applique distributivement les effets de la lettre : les signataires antérieurs à l'altération sont tenus dans la limite de la lettre initiale, et les signataires ultérieurs dans la limite du document altéré (Com. 29 mai 1978, n° 77-10.290).

Encore faut-il apporter une précision. Elle est de taille : l'indépendance des signatures ne signifie pas celle des engagements, en ce sens que le signataire valablement engagé se trouve alors *solidairement* tenu. Cela découle de l'article L. 511-44, alinéa 1er du Code de commerce qui dispose que « tous ceux qui ont tiré, accepté, endossé ou avalisé une lettre de change sont tenus solidairement envers le porteur » (pour le billet à ordre, v. le renvoi de C. com., art. L. 512-3). En somme, lorsqu'une personne signe un effet de commerce, elle s'engage au tout à l'égard de n'importe lequel des signataires. Néanmoins, la doctrine considère que seuls les effets principaux de la *solidarité*[Q] jouent : les codébiteurs sont obligés à la totalité de la dette et le paiement effectué par l'un profite aux autres, le créancier ayant donc la possibilité d'agir contre chacun (C. civ., art. 1313). En revanche, les effets secondaires de la solidarité sont exclus : l'interruption de la prescription ne vaut qu'à l'égard du débiteur qui est destinataire de l'acte interruptif, de même que la demande d'intérêts a un effet relativement au seul débiteur concerné.

L'abstraction de l'engagement, pour être efficace, conduit également à écarter d'autres règles spécifiques. Ainsi, lorsque l'article L. 511-1, I, 2° du Code de commerce exige que la lettre de change contienne « le mandat pur et simple de payer une somme déterminée », cela signifie que l'effet de commerce ne saurait être subordonné à une condition. De même, la possibilité de demander au juge des délais de grâce (C. civ., art. 1343-5) n'est ouverte que pour l'action née du rapport fondamental et non pour l'action cambiaire (CA Paris, 26 juin 1972, *JCP* 1973, II, 17367).

section **2**

Les espèces d'effets de commerce

172 Si la notion d'effet de commerce est unitaire, elle se subdivise en plusieurs espèces. On a déjà rencontré, dans une perspective historique, la distinction entre les effets de commerce *stricto sensu*, qui incorporent une créance née à l'occasion d'une opération commerciale, et les effets financiers, qui sont souscrits dans le cadre bancaire à titre de garantie : cette distinction ne produit néanmoins pas d'effet juridique. Le plus simple est ici de partir de la législation, qui n'adopte pas de perspective globale mais envisage les effets de commerce individuellement. Les textes distinguent notamment la *lettre de change*[Q] (§ 1) et le *billet à ordre*[Q] (§ 2). On n'évoquera en revanche pas les warrants, qui sont des titres cumulant à la fois la qualité d'effet de commerce (on dit qu'il s'agit d'une forme particulière de billet à ordre) et celle de bulletin de gage (car le warrant constitue un gage, avec ou sans dépossession, servant donc également de preuve du gage ; sur cet aspect, mieux vaut se tourner vers les ouvrages de droit des sûretés).

§ 1 La lettre de change

173 La *lettre de change (ou traite)*[Q] peut être *définie* comme le titre par lequel une personne (le tireur) donne l'ordre à l'un de ses débiteurs (le tiré) de payer une certaine somme, à une certaine date, à une troisième personne (le bénéficiaire ou porteur).

Il existe plusieurs *schémas* de lettre de change. Le plus simple est celui de la lettre à deux personnes : le créancier (tireur) va tirer une lettre sur son débiteur (tiré), ce qui génère un rapport cambiaire indépendant du rapport principal (auquel le tiré ne sera lié que s'il accepte la lettre) ; en ce cas, il y a une simple adjonction d'un rapport cambiaire au rapport fondamental. Le schéma est généralement plus complexe, et c'est tout son intérêt, avec l'adjonction d'autres parties : le tireur, créancier du tiré, est aussi débiteur d'un tiers, qui va être désigné bénéficiaire de la lettre de change, le tiré devant le payer à terme. La différence avec le premier schéma tient alors dans l'*escompte*[Q] : le bénéficiaire, qui est généralement un établissement bancaire, va porter le montant de la lettre de change au compte de son client – c'est la *valeur fournie*[Q] –, à charge de remboursement en cas de non-paiement par le tiré. Puis l'établissement bancaire escompteur pourra lui aussi procéder à un *réescompte*, donc à une « revente » de la lettre de change au profit d'un second établissement bancaire, qui pourra lui-même réescompter... potentiellement à l'infini. Si, en général, le tireur est donc créancier d'une obligation de somme d'argent à terme contre le tiré et se sert de la lettre de change pour obtenir un versement immédiat du montant de la créance, il peut aussi s'agir d'un créancier (tireur) lui-même débiteur d'un tiers (bénéficiaire) qui ordonne à son propre débiteur (tiré) de payer, à terme, son propre créancier, ce qui permet une extinction immédiate de sa dette à l'égard du bénéficiaire.

L'*intérêt* de la lettre de change se révèle ainsi pour chacune des parties : le tireur (créancier du rapport fondamental dans le schéma le plus fréquent) va pouvoir récupérer immédiatement le prix, sans attendre le terme, grâce à l'escompte ; le bénéficiaire va s'enrichir en versant le prix amputé d'une commission ; quant au tiré, il ne fait que changer de créancier (et, indirectement, l'existence d'instruments de crédit permet, précisément, l'existence du crédit).

La *réglementation* de la lettre de change est de source internationale, puisqu'elle découle de trois conventions de Genève du 7 juin 1930, portant droit uniforme de la lettre de change, tant sur le fond qu'en matière de conflit de lois. Ces textes sont aujourd'hui transcrits dans les articles L. 511-1 et suivants du Code de commerce. 174 ■

On précisera en outre que la lettre de change est réputée acte de commerce, et ce quelle que soit l'opération qui la sous-tend et indépendamment de la qualité des parties signataires (C. com., art. L. 110-1, 10°). La raison est principalement historique : les opérations de change étaient classiquement réservées aux seuls commerçants, et le non-commerçant signant une lettre de change se comportait comme s'il était commerçant et devait donc subir le droit commercial. La lettre de change est donc un acte de commerce par nature, en raison de sa forme. En conséquence, d'éventuels litiges seront de la compétence du tribunal de commerce, les délais de paiement sont exclus et il faut appliquer la *solidarité*[Q] commerciale. On notera néanmoins qu'en matière de crédit à la consommation, l'article L. 341-14 du Code de la consommation punit d'une amende de 300 000 euros « le fait de faire souscrire ou accepter ou avaliser par l'emprunteur ou l'acheteur des lettres de change ou des billets à ordre ». La lettre de change demeure donc du domaine des relations commerciales et ne saurait être imposée à un consommateur.

Cela précisé, la réglementation de la lettre de change est très détaillée et l'encadre chronologiquement de sa naissance à sa mort, qu'il s'agisse de sa création (A), de sa circulation (B) ou de son dénouement (C).

A. La création

Par création, on désigne le processus de rédaction du titre par le tireur, mais aussi d'émission, qui implique la remise de la lettre au bénéficiaire. 175 ■

D'une part, la lettre de change doit répondre à des *conditions de forme*. Il s'agit en effet d'un *titre*[Q], donc d'un écrit, qui plus est formaliste. L'article L. 511-1, I du Code de commerce énumère ainsi les *mentions obligatoires* de la lettre : 176 ■

- 1° la dénomination « lettre de change » dans le texte de la lettre, et dans la même langue que le reste du titre, afin qu'il n'y ait pas de doute sur la qualification ;
- 2° « le mandat pur et simple de payer une somme déterminée », à savoir l'ordre de payer, le montant devant être déterminé (il n'est pas possible de stipuler une clause d'intérêts, sauf exception de C. com., art. L. 511-3), et l'ordre devant être inconditionnel ;
- 3° le nom du tiré, donc celui auquel l'ordre de payer est adressé (qui peut être le tireur : C. com., art. L. 511-2, al. 2) ;
- 4° l'indication de l'échéance, avant laquelle le paiement ne peut être demandé, et l'échéance devant être unique (C. com., art. L. 511-22, II) ; il faut préciser que la lettre de change peut être payable à vue (dans l'année qui suit l'émission, sauf mention contraire) ;
- 5° le lieu du paiement, à défaut de quoi il s'agira du lieu du domicile du tiré (IV) ;
- 6° le nom du bénéficiaire, ce qui interdit les lettres de change en blanc ;

- 7° la date (qui permet parfois de fixer l'échéance, mais surtout de vérifier les pouvoirs du tireur, notamment en cas de procédure collective) et le lieu de création (pour trancher les conflits de lois) ; à défaut de mention du lieu, ce sera le domicile du tireur (V) ;

- 8° la signature du tireur (ce qui implique son identification), qui est nécessaire à la naissance du rapport cambiaire, signature qui peut être apposée par « tout procédé non manuscrit » (par exemple par « griffe ») mais non par signature électronique.

En cas d'omission d'une de ces mentions, la *sanction* est que le titre « ne vaut pas comme lettre de change » (C. com., art. L. 511-1, II), même si diverses règles supplétives sont prévues : l'absence d'échéance signifie que la lettre est payable à vue (III) ; en l'absence d'adresse de paiement, on se réfère à l'adresse du tiré (IV) ; et à défaut de lieu de création, on considère qu'il s'agit de l'adresse du tireur (V). La sanction est donc une nullité absolue de la lettre de change, même si le titre pourra valoir reconnaissance de dette (v. par ex. Com. 17 juill. 1990, n° 88-17.911) ou encore commencement de preuve par écrit – il y a alors conversion par réduction : plutôt que d'anéantir l'acte, on va chercher une qualification alternative dont les conditions seraient réunies. En cas de régularisation, les porteurs ultérieurs qui l'ignorent sont engagés comme si le titre était parfait dès l'origine, ce qui est une conséquence du principe d'indépendance des signatures.

Certaines *clauses facultatives* peuvent être ajoutées : clauses de dispense de *protêt*Q (ou de retour sans frais), mention du montant de la *provision*Q, clause non à ordre interdisant l'*endossement*Q, etc. Le principe est en effet le jeu de la liberté contractuelle, mais le tireur ne peut pas s'exonérer de la garantie de paiement (C. com., art. L. 511-6, al. 2).

■ 177 D'autre part, il faut respecter des *conditions de fond*, qui sont nécessaires à l'engagement du tireur, au départ seul tenu d'un engagement cambiaire, et transposables pour les signataires ultérieurs (sur l'acceptation du tiré, v. *infra*). Gardons néanmoins à l'esprit le principe d'indépendance des signatures (C. com., art. L. 511-5) : même si l'engagement du tireur, qui est pourtant à l'origine de la lettre de change, n'est pas valable, les signataires ultérieurs demeurent tenus. En outre, les causes de nullité ici évoquées sont, sauf exceptions, inopposables au porteur de bonne foi, dès lors que le titre a une apparence de régularité.

Cela dit, les conditions de fond sont celles que l'on retrouve habituellement pour les actes juridiques (C. civ., art. 1128). Reprenons-les successivement.

D'abord, le *consentement* du tireur doit être vérifié. En cas de *fausse signature*, le tireur peut exciper de la nullité y compris à l'égard du porteur de bonne foi (C. com., art. L. 511-5, al. 2) : la protection du porteur cède en effet, exceptionnellement, devant l'absence totale de consentement – même si la responsabilité civile du prétendu tireur pourrait être engagée s'il est démontré qu'il a, par sa négligence, favorisé la survenance de la situation de fausse signature. Le défaut de consentement peut encore découler de l'*altération du titre* (par exemple la modification du montant) : en ce cas, le tireur n'est tenu que « dans les termes du texte originaire » (C. com., art. L. 511-77). En revanche, le tireur ne saurait opposer au porteur un éventuel vice du consentement.

Ensuite, il faut que le tireur ait la *capacité* d'émettre une lettre de change, donc la capacité commerciale : est frappée de nullité relative la lettre tirée par un mineur (C. com., art. L. 511-5, al. 1er) ou par un majeur protégé (al. 2), la nullité étant opposable au porteur de bonne foi. Quant au *pouvoir*, la question principale est celle du dirigeant de société : le principe, en général, est que les clauses statutaires limitatives de pouvoirs sont inopposables aux tiers, la société étant donc engagée par la signature de la lettre (la banque n'ayant pas à vérifier les pouvoirs du signataire : Com. 9 mars 1999, n° 96-13.782) ; dans les autres cas de représentation (par exemple en présence d'un contrat de mandat), le représentant sans pouvoirs ou en dépassement de pouvoirs est personnellement engagé (C. com., art. L. 511-5, al. 3), sauf la possibilité pour le porteur d'invoquer le jeu de la théorie du mandat apparent pour agir contre le prétendu représenté.

Reste enfin la question du « contenu licite et certain », au sens des articles 1162 et suivants du Code civil, qui recouvre l'exigence de contrepartie (l'ancienne cause objective) ainsi que celle de but (l'ancienne cause subjective). L'obligation cambiaire du tireur a pour contrepartie la valeur fournie par le bénéficiaire : c'est parce que ce dernier lui verse immédiatement le prix que le tireur s'engage par lettre de change. Quant au but, tout dépend de l'emploi que le tireur compte faire des fonds. Si, en cas d'illicéité du but – procéder à un investissement illicite, à une fraude fiscale, etc. –, la lettre de change est en principe nulle, une telle nullité est inopposable au porteur de bonne foi, sauf à ce que le but illicite soit indiqué dans le titre, simple hypothèse d'école ; même à le supposer, la nullité ne concernerait alors que l'engagement du tireur. En pratique, c'est plutôt la question des *effets de complaisance*[Q], donc de l'acceptation dans un but illicite ou sans but de la part du tiré, qui pose des difficultés (v. ss 186).

Parmi les conditions de fond, une place à part mérite d'être faite à la provision, qui peut être *définie* comme la créance qu'a le tireur contre le tiré en raison du rapport fondamental. Il s'agit nécessairement d'une créance de somme d'argent, et non d'une créance ayant pour objet la réalisation d'une prestation (par exemple, la fourniture de marchandises, contrairement à un connaissement). En revanche, l'origine de la créance de provision est indifférente, puisque l'effet de commerce est un engagement abstrait. 178 ■

En outre, il faut *a priori* que cette créance soit d'un montant au moins égal à celui indiqué dans la lettre de change : si l'effet de commerce est autonome, il n'est pas totalement détaché de la réalité sous-jacente, qui correspond à la provision. Ainsi, lorsque la provision est d'un montant supérieur à celui indiqué sur la lettre de change, le porteur ne pourra exiger du tiré que le montant inscrit dans l'effet. Lorsque le montant de la provision est inférieur, on pourrait penser que la lettre de change est nulle ; néanmoins, la jurisprudence reconnaît au porteur le droit de faire valoir son droit sur la provision même seulement partielle (Civ., 18 janv. 1937).

L'*exigence de provision* résulte de l'article L. 511-7, alinéa 2 du Code de commerce, aux termes duquel « il y a provision si, à l'échéance de la lettre de change, celui sur qui elle est fournie est redevable au tireur, ou à celui pour compte de qui elle est tirée, d'une somme au moins égale au montant de la lettre de change ». Deux enseignements peuvent être tirés de cet article. 179 ■

La provision est *nécessaire* : la lettre de change est en principe créée en considération d'un rapport fondamental qui lui préexiste. L'idée est somme toute simple : si la provision n'existe pas, donc si le tiré n'est pas débiteur du tireur, le premier n'a aucune raison de payer le porteur de la lettre – et, s'il n'a pas accepté, il peut parfaitement opposer les exceptions tirées de ses rapports avec le tireur. Au demeurant, « la provision doit être faite par le tireur » (C. com., art. L. 511-7, al. 1er) : en tant qu'émetteur de la lettre de change, il doit s'assurer que la créance existera lorsque l'effet sera présenté au paiement.

Néanmoins, et c'est l'autre enseignement, la provision n'est exigée *qu'à l'échéance* : c'est dire qu'au moment de l'émission de l'effet, la provision n'existe pas nécessairement, donc potentiellement le tireur peut émettre une lettre alors même que le tiré ne lui doit actuellement rien. La solution est logique car l'effet de commerce est un instrument de crédit et non un instrument de paiement : la seule chose qui compte est qu'au jour de l'échéance, le tiré doive effectivement quelque chose au tireur. Cela dit, au jour de l'échéance, la lettre de change joue aussi un rôle d'instrument de paiement. Raison pour laquelle à cette date, la créance doit être *certaine* (non contestable et inconditionnelle), *liquide* (précisément chiffrée), *exigible* (immédiatement payable, sans possibilité d'opposer un délai) et *disponible* (non affectée au paiement d'un tiers).

■ 180 Il faut également évoquer le *transfert de la provision*. Quoique celle-ci soit exigée uniquement à l'échéance, « la propriété de la provision est transmise de droit aux porteurs successifs de la lettre de change » (C. com., art. L. 511-7, al. 3). En clair, la créance est transmise avec ses accessoires.

Quant au *moment* du transfert, il découle du texte qu'il a lieu *immédiatement* avec la lettre de change : la provision est transmise au bénéficiaire de la lettre dès l'émission, et aux porteurs successifs à chaque remise de l'effet, même si la créance n'est pas exigible. Au vrai, puisque la provision ne doit exister qu'à l'échéance, deux situations sont à distinguer.

Avant l'échéance, la doctrine considère que le bénéficiaire/porteur n'a qu'un droit éventuel, en germe : d'une certaine façon, la lettre de change est une enveloppe actuellement vide et qui sera remplie à l'échéance, le droit étant consolidé à cette date. Ainsi, la propriété dont est titulaire le porteur est creuse : il n'a pas de certitude qu'il sera effectivement payé par le tiré à terme. Il en résulte que le tiré non-acceptant qui paye le tireur est libéré, même s'il avait connaissance du titre, à moins que le porteur ne lui ait fait défense de se libérer (Com. 24 avr. 1972, n° 71-10.080) ; de même, le tiré peut opposer la compensation de sa dette avec une créance qu'il a sur le tireur (Com. 10 janv. 1989, n° 86-14.471). La meilleure protection pour les porteurs successifs est alors d'avoir sollicité l'acceptation de la lettre de change par le tiré, ce dernier devenant en pareil cas tenu d'une obligation cambiaire (v. ss 186).

Le tableau change après l'échéance : le droit du porteur sur la provision devient irrévocable, dès lors que la créance existe en son principe (Com. 4 juin 1991, n° 89-19.652) ; la survenance de l'échéance consolide le droit du porteur, en le transformant d'un droit éventuel en un droit parfait. Ainsi, une fois l'échéance survenue, le tireur ne peut plus accepter paiement du tiré, et le tiré, s'il a connaissance de la lettre, ne peut plus payer le tireur. S'il paye le tireur, il ne sera pas libéré : qui paye mal paye deux fois.

B. La circulation

■ 181 La lettre de change a vocation à circuler : les porteurs successifs sont autant de débiteurs engagés cambiairement, ce qui renforce les chances d'être payé. Sauf à ce qu'ait été stipulée une clause non à ordre (auquel cas, la circulation doit respecter les règles de la cession de créance, selon C. com., art. L. 511-8, al. 2), la lettre de change circule par *endossement* (al. 1er).

En général, il s'agit d'un *endossement translatif*, dont on a déjà rencontré une hypothèse particulière, celle de l'escompte, qui consiste en un transfert de propriété de la lettre à l'établissement bancaire, qui en avance immédiatement le montant diminué des frais, étant lui-même remboursé à l'échéance par le tiré. 182 ■

Un tel *endossement*[Q] est soumis à des *conditions de forme* : la signature de l'endosseur au dos de l'effet ou sur une « allonge » (C. com., art. L. 511-8, al. 7), l'endossement pouvant être fait en blanc, donc au porteur (al. 6), ou nominatif, c'est-à-dire à un bénéficiaire désigné – distinct du bénéficiaire de la lettre – (al. 8) ; il doit également être pur et simple (al. 4) et ne doit pas être partiel (al. 5). Quant aux *conditions de fond*, il s'agit des mêmes que celles qui sont requises pour la création du titre, puisque l'endosseur devient tenu cambiairement ; qui plus est, la chaîne d'endossements doit aboutir à l'actuel endosseur (art. L. 511-11), étant entendu qu'en présence d'une lettre en blanc, le porteur sera considéré comme titulaire du droit.

L'*effet* de cet endossement est le transfert de la totalité des droits attachés à la lettre de change au bénéfice de l'endossataire (C. com., art. L. 511-9) : le porteur devient créancier cambiaire des signataires mais aussi créancier extra-cambiaire du tiré, puisqu'il a acquis la propriété de la provision. Du reste, l'endossement crée une garantie au profit de l'endossataire (C. com., art. L. 511-10) : si le tiré n'accepte pas la lettre ou ne paye pas, l'endosseur devra payer en ses lieu et place ; c'est une garantie de solvabilité du tiré et du paiement à l'échéance. L'endossement emporte enfin inopposabilité des exceptions (C. com., art. L. 511-12) : par dérogation au droit commun, l'endosseur poursuivi ne peut opposer les moyens de défense qu'il pourrait opposer à un autre signataire, sauf les exceptions fondées sur la forme du titre, l'incapacité, le défaut de consentement et celles fondées sur les rapports personnels avec la personne agissant contre lui ; ce à quoi s'ajoute que le porteur doit être légitime et ne pas être de mauvaise foi (tel est le cas lorsque le porteur a eu conscience, en consentant à l'endossement du titre à son profit, de causer un dommage au débiteur cambiaire par l'impossibilité où il le mettait de se prévaloir d'un moyen de défense à l'égard du tireur ou d'un précédent endosseur : Com. 26 juin 1956, *JCP* 1956, 2, 9600, note R. Roblot).

Il existe cependant d'*autres endossements*, qui sont moins pratiqués. 183 ■

L'*endossement de procuration* est réalisé à titre de mandat, le porteur endossant le titre à l'ordre de son établissement bancaire qu'il charge d'en recouvrer le montant pour son compte. Cet endossement suppose une mention non équivoque : « valeur en recouvrement », « pour encaissement », ou encore « par procuration » ou équivalent (C. com., art. L. 511-13, al. 1er). Si cette mention est absente, ce qui est fréquent en pratique, il faut faire application des règles de la simulation de contrat, la preuve du mandat étant rapportée par tous moyens entre les parties, les tiers pouvant quant à eux se prévaloir au choix du titre (acte apparent) ou du mandat (acte occulte), sous réserve de prouver cette dernière qualification (C. com., art. 1201). L'endosseur conserve alors la propriété de l'effet et peut notamment le revendiquer en cas de procédure collective contre l'endossataire (C. com., art. L. 624-15). Quant à l'endossataire mandataire, il peut exercer les droits issus de la lettre de change, mais uniquement dans l'intérêt du mandant – devant ainsi être diligent – et ne peut l'encaisser pour son propre compte.

L'*endossement pignoratif*, pour sa part, est réalisé à titre de gage, la lettre de change étant affectée à la garantie d'une créance et l'endossataire étant le créancier gagiste. Ici encore, il faut une mention non équivoque dans le titre : « valeur en garantie », « valeur en gage » ou équivalent (C. com., art. L. 511-13, al. 4), à défaut de quoi il faut appliquer la théorie de la simulation. L'effet d'un tel endossement est la constitution d'un gage : l'endossataire doit conserver le titre, devant préserver les recours en cas de non-paiement, et étant responsable en cas de négligence ; il n'a pas le pouvoir de disposer de l'effet, et ne peut donc que procéder à un endossement à titre de procuration (*idem*). Si la lettre de change vient à échéance avant la créance garantie, l'endossataire recouvre les fonds et les conserve – il y a ainsi transformation en sûreté sur sommes d'argent.

C. Le dénouement

184 À survenance de l'échéance, l'aspect « instrument de paiement » de la lettre de change se révèle : l'effet doit être payé (2), des sanctions spécifiques étant prévues à défaut (3). Mais la lettre de change étant aussi un instrument de crédit, les chances de paiement peuvent être renforcées par certaines garanties (1).

1. *Les garanties de paiement*

185 La première garantie tient évidemment à la *nature cambiaire* des engagements des différents signataires : on l'a vu, il s'agit d'obligations abstraites, qui impliquent l'inopposabilité des exceptions, et indépendantes entre elles, les porteurs successifs s'obligeant en plus du tireur.

186 Dans cette logique de démultiplication des engagements cambiaires, on ne surprendra pas en disant que l'une des garanties les plus efficaces est l'*acceptation de la lettre de change par le tiré*. En effet, si le tiré est débiteur de l'obligation fondamentale à l'égard du tireur, il est étranger à l'émission de la lettre de change, qui est le seul fait de ce dernier : si le tiré accepte, il reconnaît l'existence de l'effet de commerce et est donc tenu cambiairement. L'acceptation du tiré a pour conséquence de le rendre débiteur du porteur de la lettre. De ce point de vue, il remplace le tireur, qui était le « débiteur cambiaire final » jusqu'à cette acceptation.

Quelles sont les *conditions* de l'acceptation ? En principe, la présentation de la lettre à l'acceptation par le tireur est facultative – et en pratique assez rare. Dans certains cas, elle est impossible, par exemple lorsqu'elle est payable à vue : le tiré doit payer à présentation, il n'a pas à accepter ; ou en présence d'une clause « non acceptable » : si, dans ce cas, le tiré paye malgré tout, il est présumé avoir renoncé au bénéfice de la clause. Dans d'autres hypothèses, la présentation à l'acceptation est obligatoire : on songe à la lettre payable à un certain délai de vue, qui doit être présentée à l'acceptation dans l'année (C. com., art. L. 511-15), ou à la lettre stipulant une clause « contre acceptation », qui rend sa présentation au tiré obligatoire (sans obliger le tiré à accepter !). Du point de vue du tiré, l'acceptation est toujours facultative sur le terrain cambiaire, puisqu'un débiteur n'est jamais tenu d'augmenter son engagement en le doublant sur le terrain cambiaire ; en revanche, il peut exister une obligation extra-cambiaire d'accepter la lettre (v. par ex. C. com., art. L. 511-15, al. 9, qui interdit le refus d'acceptation en matière de contrat de fourniture de marchandises entre commerçants, dès lors que le fournisseur-tireur a exécuté ses propres obligations). L'acceptation doit être pure et simple (C. com., art. L. 511-15, al. 3), mais elle peut être partielle. Quant à la forme, l'acceptation est en principe apposée sur le titre (C. com., art. L. 511-17, al. 1er), pouvant être biffée avant restitution de la lettre, auquel cas l'acceptation est censée être refusée (C. com., art. L. 511-20, al. 1er), sauf à ce que l'acceptation ait été réitérée par acte séparé (al. 2).

En ce qui concerne ses *effets*, l'acceptation engage cambiairement le tiré, qui devient débiteur principal de la lettre de change : « le tiré s'oblige à payer la lettre de change à l'échéance » (C. com., art. L. 511-19), tandis que le tireur et les porteurs sont libérés de leur obligation de garantir l'acceptation. Une fois la lettre acceptée, le tiré ne peut plus opposer les exceptions et doit payer le porteur de bonne foi. On relèvera qu'il découle de l'article L. 511-7, alinéa 4 du Code de commerce que « l'acceptation suppose la provision » : il s'agit d'une présomption simple d'existence de la créance fondamentale, qui emporte également immobilisation de cette provision au profit du porteur, le tiré ne pouvant plus se libérer valablement entre les mains du tireur. En cas de refus d'acceptation, les actions cambiaires sont immédiatement ouvertes contre les signataires du titre (C. com., art. L. 511-38, I, 2°, a) et le tiré subit les éventuelles sanctions s'il était tenu d'une obligation extra-cambiaire d'accepter ; cela dit, pour mémoire l'acceptation demeure rare en pratique.

Il faut ici dire un mot des *effets de complaisance* : il s'agit de lettres de change sans provision, où il n'y a en somme pas de créance entre le tireur et le tiré, qui sont malgré tout acceptées par le tiré. La situation se rencontre notamment en cas de « tirages croisés », deux lettres de change étant réciproquement consenties, la qualité apparente de tireur de chacun des intéressés leur permettant d'obtenir des crédits. En conséquence de l'autonomie cambiaire et de l'inopposabilité des exceptions, l'action en paiement du porteur n'est pas paralysée, sauf à démontrer la connaissance du vice par le porteur lors de l'acquisition du titre (Com. 21 juin 1977, n° 75-14.563). En revanche, entre le tireur et le tiré accepteur, il y a nullité de l'obligation cambiaire ; si le tiré a payé un porteur de bonne foi, il peut agir en remboursement contre le tireur.

On peut enfin évoquer l'*aval*[Q], qui est une sorte de cautionnement cambiaire : il s'agit 187 ■
d'un engagement personnel de l'avaliseur, donné en la forme cambiaire, de payer tout ou partie du montant de l'effet en cas de défaillance de la personne pour le compte de laquelle il est donné, à savoir l'avalisé. L'exemple le plus courant est celui d'un dirigeant qui signe la lettre de change ès qualités et engage ainsi la société, mais double de sa signature à titre personnel en tant qu'avaliseur. Voyons, classiquement, les conditions puis les effets de l'aval.

S'agissant des *conditions*, il faut distinguer le fond et la forme. Sur le *fond*, outre les conditions de la lettre de change (v. *supra*), l'avaliseur peut être un tiers ou un signataire de la lettre (C. com., art. L. 511-21, al. 2), tandis que l'avalisé doit nécessairement être cambiairement engagé à l'échéance puisque l'aval est un cautionnement, donc accessoire. L'identité de l'avalisé doit être précisée, à défaut de quoi l'aval est « réputé donné pour le tireur » (al. 6), ce qui est une règle de fond et non une simple présomption, même si la jurisprudence admet la preuve contraire sur le terrain extra-cambiaire (Cass. ch. réunies, 8 mars 1960, n° 37-11.088). Quant à son objet, l'aval est total ou partiel, mais l'avaliseur garantit à la fois le paiement de la lettre de change et l'acceptation du tiré. En outre, la jurisprudence considère que l'aval donné sur un billet à ordre dépourvu de date est irrégulier (Com. 23 mai 2024, n° 22-12.736). On rappellera enfin que des règles spéciales existent pour l'aval donné par une société anonyme, au titre du régime des conventions réglementées : il est nécessaire d'obtenir une autorisation spéciale du conseil d'administration (C. com., art. L. 225-35) ou de surveillance (C. com., art. L. 225-68). En la *forme* maintenant, l'aval peut être apposé sur le titre, la signature au recto étant suffisante – sauf si l'avaliseur est aussi tiré ou tireur (v. par ex. Com. 23 mai 2024, n° 22-20.056 ; v. ainsi, rejetant la validité de l'aval donné par simple signature au recto, dès lors que le dirigeant avait signé à la fois comme avaliste et comme souscripteur, Com. 26 mars 2025, n° 23-17.853 ; comp. Com. 23 oct. 2024, n° 22-22.215) –, mais la mention « bon pour aval » permet de l'exprimer clairement (C. com., art. L. 511-21, al. 4). Sauf précision contraire, l'avaliseur est engagé personnellement : ainsi, pour l'aval donné par une société, le dirigeant doit préciser qu'il signe ès qualités). L'aval peut aussi être donné par acte séparé, sous réserve d'indiquer le lieu auquel il est donné, n'ayant valeur cambiaire que s'il l'a été en France (C. com., art. L. 511-21, al. 3), mais aussi de faire référence aux éléments essentiels de la lettre de change.

Venons-en aux *effets* de l'aval. L'avaliseur est obligé cambiairement, donc solidairement, subissant l'inopposabilité des exceptions au porteur de bonne foi et ne pouvant se prévaloir de l'extinction par accessoire du cautionnement, en application du principe d'indépendance des signatures (C. com., art. L. 511-21, al. 8) ; il peut en revanche opposer les exceptions appartenant au débiteur garanti. L'action contre l'avaliste est soumise à la prescription de trois ans (C. com., art. L. 511-78, al. 1er ; Com. 12 juin 2024, n° 22-21.573). Après paiement, l'avaliseur a la faculté de se prévaloir des recours de nature extra-cambiaire de la caution contre le débiteur, qu'il s'agisse du recours personnel en remboursement (C. civ., art. 2308) ou du recours subrogatoire dans les droits du créancier (C. com., art. 2309). Ce n'est pas tout : l'article L. 511-21, alinéa 9 du Code de commerce précise que l'avaliseur « acquiert les droits résultant de la lettre de change contre le garanti et contre ceux qui sont tenus envers ce dernier en vertu de la lettre de change », ce qui est un droit propre et personnel bénéficiant à l'avaliseur. Ce droit est parfaitement légitime, car l'avaliseur est un garant de « deuxième ligne », n'étant pas tenu à titre principal de l'obligation cambiaire, mais seulement à titre accessoire, en sa qualité de garant. On notera qu'en revanche, la jurisprudence refuse à l'avaliseur l'ensemble des protections tirées du régime du cautionnement (v. par ex., pour le refus de reconnaître une obligation d'information pesant sur la banque bénéficiaire, Com. 20 avr. 2017, n° 15-14.812 ; Com. 2 mai 2024, n° 22-19.408).

2. *Le paiement*

188 La *présentation au paiement* est obligatoire à l'échéance : le présentateur (dernier porteur) est, en général, un établissement bancaire, qui agit en qualité soit de propriétaire du titre, soit de mandataire du dernier endossataire à titre translatif (qui est aussi endosseur de procuration). Par exception, la présentation n'est pas nécessaire en cas de redressement judiciaire du tiré (C. com., art. L. 511-38) ou si un protêt (sur lequel, v. ss 190) faute d'acceptation a été dressé (C. com., art. L. 511-39). La présentation doit être faite au lieu indiqué sur le titre, en général chez un établissement bancaire.

Conformément au droit commun des obligations (C. civ., art. 1305-3, al. 2), le porteur de la lettre de change peut refuser un paiement avant l'échéance ; le tiré en est même dissuadé puisqu'un paiement anticipé serait fait « à ses risques et périls », tandis que le paiement à l'échéance est libératoire, sauf fraude ou faute lourde, et avec la seule obligation de vérifier la régularité de la suite des endossements, non la signature des endosseurs (C. com., art. L. 511-28).

Quant au *paiement* lui-même, le *solvens* doit vérifier la légitimité du porteur et la régularité formelle du titre, ainsi que s'assurer de l'absence d'opposition. Le paiement peut être réalisé par tout moyen (espèces, chèque, virement...) mais se réalise en pratique par compensation interbancaire. Par exception à la règle de l'article 1342-4 du Code civil, l'article L. 511-27, alinéa 2 du Code de commerce interdit au porteur de refuser un paiement partiel, car les autres signataires de la lettre de change sont intéressés. 189 ■

Le paiement a naturellement un *effet extinctif*, le tiré étant libéré par son paiement réalisé entre les mains du porteur légitime, sauf fraude ou faute lourde (C. com., art. L. 511-28, al. 3). Si le paiement est réalisé par le tiré qui a reçu provision, ce paiement éteint toutes les actions cambiaires ainsi que la créance fondamentale ; s'il paye sans avoir reçu provision, le tiré peut se retourner contre le tireur et peut agir en répétition de l'indu contre le porteur-*accipiens* s'il démontre sa mauvaise foi.

Concernant la *preuve* du paiement, le droit commun des obligations prévoit qu'elle s'apporte par tous moyens (C. civ., art. 1342-8). En matière de lettre de change, en cas de paiement total, le tiré peut exiger que l'effet lui soit remis acquitté par le porteur (C. com., art. L. 511-27, al. 1er) ; en cas de paiement partiel, il peut exiger que mention de ce paiement soit faite sur la lettre et que le porteur lui remette une quittance (al. 3). Il est à noter que la jurisprudence semble considérer que la remise du titre au *solvens* vaut présomption irréfragable de paiement (Com. 6 mai 1991, *Bull. civ.* IV, n° 158).

3. *Le défaut de paiement*

À défaut de paiement, il faut faire dresser un *protêt*. Il s'agit d'un acte établi par notaire ou huissier, à présent appelé commissaire de justice, destiné à constater solennellement que la lettre de change a été présentée au paiement dans les délais légaux et que le tiré a refusé de payer (C. com., art. L. 511-39, al. 1er). Le protêt doit être établi dans le délai de présentation et laisser un mois supplémentaire au tiré pour payer (pour le détail du régime du protêt, v. les C. com., art. L. 511-52 s.). Il faut par ailleurs que le protêt précise les mentions de la lettre de change et constate la sommation de payer et le refus ; une copie en est laissée au tiré et une autre est adressée au greffe du tribunal de commerce, qui l'inscrit au registre des protêts (C. com., art. L. 511-56). 190 ■

On avouera qu'en pratique, les protêts demeurent très exceptionnels. Car, par exception, il existe des dispenses de protêt. Notamment, le protêt n'est pas nécessaire en cas de redressement ou de liquidation du tiré (C. com., art. L. 533-39, al. 6), ou lorsqu'il a été établi protêt faute d'acceptation (al. 4). Surtout, l'article L. 511-43 du Code de commerce permet au tireur, à l'endosseur ou à l'avaliseur de stipuler une clause « retour sans frais », « sans protêt » ou équivalente, qui dispense le porteur de faire dresser un protêt faute d'acceptation ou faute de paiement – mais non de respecter les délais de présentation –, clause qui est systématiquement stipulée aujourd'hui.

191 En cas de défaut de paiement, divers *recours* sont ouverts au porteur.

D'abord, le porteur bénéficie de *recours cambiaires*. Il y a lieu de distinguer deux situations. D'une part, lorsqu'il a été diligent et a présenté la lettre au paiement et à l'acceptation (et a, le cas échéant, respecté l'obligation de faire dresser protêt), il bénéficie d'un recours cambiaire contre tous les signataires antérieurs, qui sont tenus solidairement (C. com., art. L. 511-44, al. 1er), et qui bénéficient eux-mêmes d'actions récursoires contre les signataires antérieurs (al. 3). Ce recours porte sur le montant de la lettre, les intérêts au taux légal et les frais (C. com., art. L. 511-45). Quant à sa forme, le recours est généralement amiable, prenant la forme d'une contre-passation de l'établissement bancaire escompteur – donc en une annulation d'écriture par une écriture de même montant passée dans la colonne opposée du compte, technique qui n'est pas sans poser de difficultés, notamment en cas de procédure collective –, mais il peut aussi être judiciaire, devant alors être formé devant le tribunal de commerce. La prescription est : de trois ans à compter de l'échéance ou d'un an pour les lettres à vue contre le tiré accepteur ; d'un an à compter du protêt contre les endosseurs et le tireur, de six mois à compter du remboursement pour les actions récursoires ; pour l'avaliseur, on applique le délai de la créance garantie par accessoire (C. com., art. L. 511-49). D'autre part, lorsque le porteur a été négligent et n'a pas respecté les délais, il est déchu des actions cambiaires, indépendamment du préjudice subi par les autres signataires, sauf ses actions contre le tiré accepteur, contre le tireur qui n'a pas fait provision ou contre leur avaliseur (*idem*) ; il conserve ses actions extra-cambiaires.

Ensuite, le porteur bénéficie en effet également de *recours extra-cambiaires*. Il est ainsi titulaire d'une action au titre de la provision, c'est-à-dire de la créance fondamentale unissant le tireur au tiré. Cela suppose néanmoins que le tireur ait constitué provision, le porteur pouvant se voir opposer toutes les exceptions que le tiré aurait pu opposer au tireur – l'inopposabilité des exceptions ne joue que sur le terrain cambiaire –, bénéficiant en contrepartie des accessoires de la créance, et notamment des sûretés. De plus, le porteur peut se prévaloir d'autres actions au titre de ses rapports personnels avec son endosseur, qui découlent du contrat qu'ils ont conclu ensemble.

§ 2 Le billet à ordre

192 Le *billet à ordre*[Q] peut être *défini* comme un titre négociable par lequel le souscripteur s'oblige à payer à une époque déterminée une somme d'argent à un bénéficiaire ou à son ordre. À la différence de la lettre de change, il n'y a que deux personnes intéressées : le débiteur principal (souscripteur), qui s'engage cambiairement, et le créancier bénéficiaire. En somme, tout se passe comme si l'on était en présence d'une lettre de change dont le tireur serait également tiré. Raison pour laquelle les articles L. 512-1 et suivants du Code de commerce renvoient pour l'essentiel au régime de la lettre de change, bien que certaines règles doivent être adaptées, ce qu'on vérifiera en envisageant la création (A) et les effets du billet à ordre (B).

On précisera, à titre liminaire, qu'il existe plusieurs espèces de billet à ordre. Exemple : les *billets de fonds*, qui sont des billets à ordre à échéances successives souscrits par l'acquéreur d'un fonds de commerce dont le prix est à terme ; leur spécificité tient à leur objet, qui est le prix de cession d'un fonds – ainsi, le privilège du vendeur se transmet avec le billet. Un autre exemple est fourni par les *warrants*, qui sont des billets à ordre dont le paiement est garanti par un gage, qu'il soit avec ou sans dépossession. Voici un exemple supplémentaire : les *billets au porteur* sont des billets à ordre en blanc, devant être payés au porteur à l'échéance. Il existe d'autres mécanismes qui se rapprochent du billet à ordre, mais leur qualification est parfois discutée.

A. La création

Pour déterminer les conditions de création du billet à ordre, l'article L. 512-3 du Code de commerce renvoie, pour l'essentiel, aux dispositions régissant la lettre de change, « en tant qu'elles ne sont pas incompatibles avec la nature » du billet à ordre. 193 ■

Concrètement, le billet à ordre est un effet de commerce et obéit donc à diverses *conditions de forme*, qui sont quasiment les mêmes que pour la lettre de change : la clause à ordre doit être expresse, avec mention du bénéficiaire, et la signature du souscripteur doit être manuscrite (C. com., art. L. 512-1). Les clauses facultatives de la lettre de change peuvent ici aussi être stipulées, sauf évidemment la clause non à ordre et les clauses relatives à la provision ou à l'acceptation, lesquelles sont sans objet dès lors que le souscripteur réunit sur sa tête les qualités de tireur et de tiré.

Les *conditions de fond* sont, elles aussi, les mêmes que pour la lettre de change. Simplement, tandis que la lettre de change est un acte de commerce par la forme, l'article L. 110-1 du Code de commerce ne vise pas le billet à ordre. Dès lors, pour la compétence comme pour la preuve, l'application du droit commercial pourrait être écartée en présence d'un acte civil ou d'un acte mixte (même s'il est vrai qu'il s'agit d'une hypothèse d'école, car il est peu envisageable qu'un billet à ordre soit conclu avec un non-commerçant ; on ajoutera que si le billet à ordre est entre personnes non-commerçantes, son incompétence n'est pas d'ordre public : C. com., art. L. 721-4, al. 2).

B. Les effets

Le billet à ordre, en tant qu'effet de commerce, crée un *rapport cambiaire*, abstrait. Il n'y a donc pas une novation de l'obligation fondamentale, mais une addition : le rapport cambiaire se superpose, et la nullité de l'un des rapports est sans incidence sur le maintien de l'autre. De manière prévisible, le régime de la lettre de change s'applique alors largement. 194 ■

Concernant la *transmission*, le billet à ordre circule par endossement et obéit donc aux règles de la lettre de change (sur renvoi de C. com., art. L. 512-3) : inopposabilité des exceptions, indépendance des signatures, garantie solidaire des endosseurs, etc. L'endossement peut être translatif, de procuration ou pignoratif. 195 ■

S'agissant du *dénouement*, les garanties sont similaires à celles de la lettre de change, si l'on met de côté l'acceptation, qui n'est pas nécessaire puisque le souscripteur « est obligé de la même manière que l'accepteur d'une lettre de change » (C. com., art. L. 512-6). En revanche, les dispositions relatives à l'aval se déploient en matière au billet à ordre, l'aval étant présumé fait pour le souscripteur (C. com., art. L. 512-4). Quant au paiement, on applique également le régime de la lettre de change, avec les mêmes conditions (tenant au protêt, avec les exceptions) et conséquences (à savoir les actions cambiaires et extra-cambiaires). 196 ■

5

Compléments pédagogiques

Mémo

L'effet de commerce peut être défini comme un titre négociable qui constate l'existence, au profit du porteur, d'une créance de somme d'argent à court terme et qui sert à son paiement. Historiquement, la lettre de change est apparue au XIIe siècle, et elle a progressivement évolué : d'instrument de paiement, elle est devenue instrument de crédit, pour ne plus quitter cette fonction, notamment à compter de la création de l'escompte, opération par laquelle une banque rachète la lettre de change en créditant le compte de l'endosseur du montant inscrit.

L'effet de commerce a pour objet une créance de somme d'argent (et non une autre prestation) à court terme. L'effet est un titre, donc un écrit constatant cette créance, que l'on peut qualifier de représentatif : l'appréhension matérielle du titre est considérée comme équivalente à l'appréhension de la créance incorporée elle-même. Il s'agit d'un titre négociable, obéissant aux règles de transmission simplifiée du droit commercial : il suffit de transmettre le titre de la main à la main ou par endossement.

L'effet de commerce a deux caractères essentiels. Le premier est le formalisme cambiaire : le titre obéit à de nombreuses conditions de forme (qui sont d'ailleurs rétives à la numérisation, ce qui peut expliquer en partie le déclin contemporain de cet instrument). Un tel formalisme est essentiel, ayant pour fonction de renforcer la sécurité et la prévisibilité des échanges, tout en assurant une certaine protection des signataires (même si cette seconde finalité paraît secondaire). Le second caractère est l'abstraction : contrairement aux actes juridiques habituels, l'effet de commerce est détaché de sa cause. Cela se traduit par la règle d'inopposabilité des exceptions, qui interdit aux débiteurs d'opposer des moyens tirés de leurs relations extra-cambiaires avec les autres signataires pour échapper à leur engagement cambiaire. Il en découle notamment une indépendance des signatures (la nullité de l'engagement de l'un ne se répercute pas sur les autres) et une solidarité de tous les signataires.

Il y a deux espèces principales d'effets de commerce.

La première est la lettre de change, qui est définie comme le titre par lequel le tireur donne l'ordre au tiré de payer une certaine somme, à une certaine date, au bénéficiaire ou porteur. Réglementée par une convention de droit uniforme de 1930, la lettre de change est un acte de commerce par la forme. Sa création suppose la réunion de diverses conditions de forme, à défaut desquelles le titre ne vaut pas lettre de change, et de fond, qui sont néanmoins largement inopposables au porteur de bonne foi. La provision, donc la créance qu'a le tireur contre le tiré, joue un rôle important, quoiqu'original : alors même qu'elle n'est exigée qu'à l'échéance, elle est transférée avec la lettre de change, les porteurs successifs acquérant un droit éventuel qui se consolide à terme. La circulation de la lettre se fait par endossement translatif : l'endosseur va signer au dos de la lettre qu'il la transfère à l'endossataire (il existe également l'endossement de procuration, qui est une forme de mandat, et l'endossement pignoratif, à titre de gage). Diverses garanties sont attachées à la lettre de change : outre l'engagement cambiaire de tous les signataires, auquel peut s'adjoindre l'acceptation du tiré, qui devient alors le débiteur principal de l'effet, il est possible de prévoir un aval, qui est un cautionnement cambiaire. À l'échéance, la lettre est présentée au paiement, à défaut duquel il doit en principe être dressé protêt (mais en pratique, la règle est systématiquement écartée). Le paiement est libératoire, sauf fraude ou faute lourde, le *solvens* devant simplement vérifier la légitimité du porteur et la régularité formelle du titre. En cas de défaut de paiement, le porteur bénéficie de recours cambiaires contre les différents signataires, et de recours extra-cambiaires (au titre de la provision, contre le tireur ou le tiré, et au titre de ses propres relations extra-cambiaires avec les autres signataires).

La seconde espèce d'effet de commerce est le billet à ordre, à savoir un titre négociable par lequel le souscripteur s'oblige à payer à une époque déterminée une somme d'argent à un bénéficiaire ou à son ordre. Il n'y a alors que deux personnes, le souscripteur jouant le rôle du tireur comme du tiré de la lettre de change. Le régime de cette dernière s'applique d'ailleurs largement, par renvoi, au billet à ordre. Les mêmes conditions de forme et de fond sont ainsi posées, à de rares exceptions. Quant aux effets, le billet à ordre crée un rapport cambiaire qui se surajoute au rapport fondamental, circule par endossement, et se dénoue comme une lettre de change acceptée.

Quid

■ Acceptation n° 166

Manifestation de volonté par laquelle le tiré s'engage à payer à l'échéance le montant de la lettre de change, au bénéficiaire de celle-ci ou plus généralement à son porteur. L'acceptation constitue le tiré débiteur principal du bénéficiaire.

■ Acte abstrait n° 170

Acte juridique valable indépendamment de sa cause.

■ Aval n°s 187 s.

Garantie donnée sur un effet de commerce par une personne (l'avaliseur) qui s'engage à payer tout ou partie de son montant à l'échéance, si le ou les signataires pour lesquels l'aval a été donné (l'avalisé) ne le font pas. L'opération s'apparente donc à un cautionnement cambiaire.

■ Billet à ordre n°s 172, 192

Titre négociable par lequel le souscripteur s'oblige à payer à une époque déterminée une somme d'argent à un bénéficiaire ou à son ordre.

■ Droit cambiaire n° 170

Ensemble des règles applicables aux effets de commerce, propres à ceux-ci et qui se distinguent des règles du droit commun des obligations.

■ Effet de commerce n°s 158 s.

Titre négociable qui constate l'existence, au profit du porteur, d'une créance de somme d'argent à court terme et qui sert à son paiement.

■ Effet de complaisance n° 177

Lettre de change dépourvue de provision émise par le tireur sur le tiré, à la suite d'une entente frauduleuse avec celui-ci, afin de procurer au tireur un crédit factice et de prolonger son apparente solvabilité.

■ Endossement n°s 161, 166, 176, 182 s.

Mode normal de transmission des effets de commerce au moyen d'une signature apposée au dos du titre (ou sur une feuille qui lui est attachée, appelée « allonge »), par laquelle le cédant (l'endosseur) donne l'ordre au débiteur de payer au cessionnaire (l'endossataire) le montant de l'effet. Il s'agit alors d'un endossement translatif ; il existe aussi l'endossement de procuration (à titre de mandat) et l'endossement pignoratif (à titre de gage).

■ Escompte n°s 162, 173

Technique de mobilisation de créance par laquelle un établissement bancaire endossataire paie le montant de l'effet de commerce à l'endosseur, avant l'échéance prévue par l'effet, sous déduction d'une somme représentant les intérêts du montant de l'effet à courir jusqu'à l'échéance.

■ Instrumentum n° 165

Écrit authentique ou sous signature privée contenant la substance de l'acte juridique.

■ Lettre de change (ou traite) n°s 172, 173 s.

Titre par lequel une personne, appelée tireur, donne l'ordre à l'un de ses débiteurs, appelé tiré, de payer une certaine somme, à une certaine date (à court terme), à une troisième personne, appelée bénéficiaire ou porteur, ou à son ordre.

■ Negotium n° 165

Dans un acte juridique, le negotium (« affaire ») concerne la question de fond que vise cet acte ou ce contrat, par opposition à l'instrumentum qui, en la forme, traduit matériellement la volonté de l'auteur de l'acte.

■ Protêt n° 176

Acte authentique dressé par un officier public à la demande du porteur d'un effet de commerce pour constater officiellement soit le non-paiement à l'échéance de l'effet (on parle alors de « protêt faute de paiement »), soit le refus d'acceptation de la traite par le tiré (c'est le « protêt faute d'acceptation »).

■ Provision n° 176

Créance de somme d'argent que possède le tireur contre le tiré d'un effet de commerce.

■ Solidarité (passive) n°s 171, 174

Lorsque le créancier peut exiger de l'un quelconque de ses débiteurs le paiement de la totalité de sa créance, sauf le recours entre les débiteurs. La solidarité passive est présumée en matière commerciale et, donc, en matière cambiaire.

■ Titre n°s 168 s., 176

Écrit constatant un acte juridique ou un acte matériel producteur d'effets juridiques (généralement considéré comme synonyme d'instrumentum).

■ Titre négociable n°s 160 s., 166

Titre obéissant aux règles de transmission simplifiée du droit commercial.

■ Titre représentatif n° 165

Bien particulier, à savoir un titre, auquel sont identifiés un ou plusieurs autres biens, en vertu d'une technique juridique dont la finalité est d'assurer l'appréhension de ces derniers.

■ Valeur fournie n°s 162, 173

Créance que possède le bénéficiaire contre le tireur d'un effet de commerce.

■ Valeurs mobilières n° 164

Titre émis par des personnes morales, transmissibles par inscription en compte, qui confèrent des droits identiques par catégorie et donnent accès soit à une quotité du capital de la personne morale émettrice (par exemple, les actions), soit à un droit de créance général sur son patrimoine (par exemple, les obligations). Ce sont des titres financiers.

Documents

Com. 2 juin 2015, n° 14-13.775 (extrait)

[…] Mais attendu que la lettre de change-relevé magnétique ne repose pas sur un titre soumis aux conditions de validité de l'article L. 511-1 du code de commerce et constitue un simple procédé de recouvrement de créance dont la preuve de l'exécution relève du droit commun. […]

Com. 15 juin 1993, n° 91-18.276 (extraits)

[…] Attendu […] que la société Or Est a contesté que les titres produits fassent preuve par eux-mêmes de leur régularité, dès lors que la signature du tireur n'était pas celle du représentant légal de la société désignée en cette qualité ;

Attendu que la société Or Est fait grief à l'arrêt d'avoir accueilli la demande […] ;

Mais attendu que si la lettre de change ne porte pas la signature de la personne ayant la qualité indiquée sur le titre, les obligations des autres signataires n'en sont pas moins valables ; que, dès lors, faute d'incidence de la qualité de la personne ayant signé, comme représentant du tireur, la lettre de change sur ses propres obligations, ou sur ses éventuels recours cambiaires, le tiré accepteur n'est pas fondé à la contester ; que par ce moyen de pur droit, l'arrêt se trouve légalement justifié ; que le moyen n'est pas fondé […].

Com. 1er avr. 2014, n° 13-13.473 (extrait)

[...] Mais attendu qu'ayant exactement énoncé qu'en application de l'article L. 511-5 du code de commerce la lettre de change portant une fausse signature ne peut engager la personne du nom de laquelle elle a été signée, puis retenu que l'expertise pénale avait établi que M. X... n'était pas l'auteur des signatures incriminées, la cour d'appel, qui n'avait pas à procéder à des recherches qui ne lui étaient pas demandées, a, par ces seuls motifs, légalement justifié sa décision [...].

Com. 29 mai 1978, n° 77-10.290 (extrait)

[...] Attendu qu'en décidant ainsi, alors que Deshayes tenu, seulement dans les termes du texte originaire uniquement accepté par lui, ne pouvait se voir opposer l'altération dont avait fait l'objet la date de déchéance [...].

CA Paris, 26 juin 1972 (extrait) (*JCP* 1973. II. 17367)

[...] [Q]u'ainsi, la banque exerçant l'action née du rapport fondamental et non l'action cambiaire, les débiteurs peuvent demander des délais de grâce [...].

Com. 17 juill. 1990, n° 88-17.911 (extrait)

[...] Attendu, en second lieu, qu'après avoir énoncé que le titre nul comme lettre de change en raison de l'absence d'une des énonciations prévues par l'article 110 du Code de commerce, peut néanmoins faire preuve des engagements contractés selon les règles du droit commun, et que lorsque, comme en l'espèce, elle a été acceptée, la lettre de change nulle peut valoir comme promesse unilatérale ou reconnaissance de dette du tiré, sous réserve toutefois de la possibilité pour celui-ci de contester la validité d'un tel engagement en démontrant que la cause en est inexistante, la cour d'appel a relevé, dans l'exercice de son pouvoir souverain d'appréciation, que la société GS Continue ne faisait pas la preuve de l'absence de cause des lettres de change litigieuses ; qu'elle n'a donc pas inversé la charge de la preuve [...].

Com. 9 mars 1999, n° 96-13.782 (extrait)

[...] Attendu que le banquier, porteur de bonne foi d'un billet à ordre signé au nom d'une société, n'est tenu de vérifier ni la signature apposée sur l'effet ni l'étendue des pouvoirs du signataire, et que la société est engagée par la signature de son mandataire apparent, sauf à elle d'établir être étrangère dans la formation de cette apparence de mandat [...].

Civ., 18 janvier 1937 (extrait)

[...] (A)u cas où la provision est inférieure au montant de la lettre de change, le porteur a sur cette provision partielle le même droit exclusif qu'il aurait eu sur une provision complète ; il suit de là qu'en recevant du tiré, postérieurement à l'échéance de la lettre de change, le montant de la créance constituant provision et devenue la propriété du porteur, le tireur s'enrichit injustement aux dépens de ce dernier et que, de ce fait, une dette de restitution envers le porteur, même négligent, naît à sa charge [...].

Com. 24 avr. 1972, n° 71-10.080 (extrait)

[…] Attendu que, pour accueillir cette action cambiaire, le jugement déclare qu'en la cause le porteur n'a aucun lien de droit avec la société MIG, dont l'existence lui était inconnue lors de l'escompte, que le défaut d'acceptation n'empêche pas le porteur de bonne foi d'acquérir un droit privatif sur la provision qui existait bien en l'espèce, que, dès lors que la banque avait fait connaître sa qualité de tiers porteur au tiré, celui-ci ne pouvait se libérer qu'entre ses mains ;

Attendu qu'en statuant ainsi, sans établir que la provision de la lettre de change existait à l'échéance ou que le porteur l'avait immobilisée entre les mains du tiré en lui adressant une défense de payer, le tribunal n'a pas donné de base légale à sa décision […].

Com. 10 janv. 1989, n° 86-14.471 (extrait)

[…] Mais attendu que le tiers porteur n'a de droit que sur la provision pouvant exister aux mains du tiré lors de l'échéance et que le tiré non accepteur peut se libérer avant l'échéance de la lettre de change en payant [en l'occurrence, par compensation] sa dette au tireur, même si le tiré a eu connaissance de l'existence du titre et à moins que le tiers porteur ne lui ait fait défense de se libérer ; que, dès lors, la cour d'appel n'avait pas à rechercher à quelle date la société Blocfer avait manifesté son refus d'accepter la lettre de change […].

Com. 4 juin 1991, n° 89-19.652 (extrait)

[…] Attendu que le porteur d'une lettre de change devient propriétaire de la provision à l'échéance, même si celle-ci n'est pas liquide et exigible, dès lors que la créance existe en son principe […].

Com. 26 juin 1956, JCP 1956, 2, 9600, note R. Roblot (extrait)

[L]a mauvaise foi du banquier escompteur ne peut résulter que de la conscience, au moment de l'endossement, de causer un préjudice au débiteur cambiaire par l'impossibilité où on le met à se prévaloir, vis-à-vis du tireur ou d'un précédent endosseur, d'un moyen de défense issu de ses relations avec ces derniers […].

Cass., ch. réunies, 8 mars 1960, n° 37-11.088 (extrait)

[…] Vu l'article 130, alinéa 6 du Code de commerce, aux termes duquel « l'aval doit indiquer pour le compte de qui il est donné. À défaut de cette indication, il est réputé donné pour le tireur » ;

Attendu que ce texte ne formule pas une règle de preuve, mais oblige à préciser, dans la mention d'aval, le nom du garanti, et supplée à l'absence de cette précision, pour écarter toute incertitude sur la portée des engagements cambiaires ; que sa disposition finale limite en conséquence, à l'égard de tous, celui du donneur d'aval à la garantie du tireur ; qu'il suit de là que le tireur avec lequel le donneur d'aval est convenu de garantir le tiré, sans que l'aval ait précisé le nom du garanti, ne peut exercer l'action cambiaire contre le donneur d'aval en invoquant cette convention ; que celle-ci peut seulement lui conférer, le cas échéant, l'action prévue par les articles 2011 et suivants du Code civil […].

Com. 20 avr. 2017, n° 15-14.812 (extrait)

[…] Mais attendu que l'aval, en ce qu'il garantit le paiement d'un titre dont la régularité n'est pas discutée, constitue un engagement cambiaire gouverné par les règles propres du droit du change, de sorte que l'avaliste n'est pas fondé à rechercher la responsabilité de la banque, bénéficiaire du billet à ordre, pour manquement à un devoir d'information ; que le moyen, qui postule le contraire, n'est pas fondé […].

Biblio

- A. Boujeka, « La conversion par réduction : contribution à l'étude des nullités des actes juridiques formels », *RTD com.* 2002. 223.
- D. Guével, « L'atomisation du droit cambiaire », in *Mélanges Philippe Simler*, Litec-Dalloz, 2006, p. 457.
- C. Hécart, « Réflexions à propos de la traite non acceptée », *D.* 2003. 539.
- V. Malassigné, *Les titres représentatifs, Essai sur la représentation juridique des biens par des titres en droit privé*, Dalloz, Nouv. bibl. th., vol. 158, 2016.
- C. Malecki, « Regards sur le formalisme cambiaire à l'heure de la signature électronique », *JCP E* 2000, p. 2036.
- D.R. Martin, « Du titre et de la négociabilité (À propos des pseudo-titres de créance négociables) », *D.* 1993. 20.
- J.-P. Marty, « Les rapports de la créance fondamentale et du titre avec la provision de la lettre de change », *RTD com.* 1978. 307.
- J.-L. Rives-Lange, « Les engagements abstraits pris par le banquier », in *Travaux de l'Asso. H. Capitant*, t. 35, 1984, p. 304.
- H. Synvet, « La contre-passation en compte-courant : un vieux problème toujours d'actualité », in *Mélanges Jean Derruppé*, GLN Joly-Litec, 1991, p. 193.
- M. Vasseur, « Réflexions sur le régime juridique du porteur de traites non acceptées », *D.* 1985, chron. 199 ; « La lettre de change-relevé », *RTD com.* 1975. 203.
- M. Vivant, « Le fondement juridique des obligations abstraites », *D.* 1978, chron. 39.

Quiz

1) Sujets corrigés

A) Test de connaissances

1. La lettre de change peut comprendre :

   a. un ordre de payer pur et simple ;

   b. un ordre de payer conditionnel ;

   c. un ordre de payer éventuel.

2. L'aval est :

   a. réputé donné pour le tiré ;

b. réputé donné pour le bénéficiaire ;
c. un cautionnement cambiaire.

3. Une lettre de change peut être :
a. signée électroniquement ;
b. signée manuscritement ;
c. signée par une « griffe ».

4. L'endossement à titre de garantie s'appelle :
a. l'escompte ;
b. l'endossement pignoratif ;
c. l'endossement de procuration.

5. L'effet de commerce peut avoir pour objet :
a. une obligation de somme d'argent à long terme ;
b. une obligation de faire à court terme ;
c. une obligation de somme d'argent à court terme.

6. Le droit du porteur sur la provision, avant l'échéance, est :
a. un droit conditionnel ;
b. un droit pur et simple ;
c. un droit éventuel.

7. La lettre de change est :
a. un acte civil par nature ;
b. un acte de commerce par nature ;
c. un acte de commerce lorsqu'elle est passée entre commerçants.

8. L'acceptation :
a. fait présumer la provision ;
b. libère définitivement le tireur ;
c. engage cambiairement le tiré.

9. La nullité est opposable au porteur de bonne foi en cas de :
a. fausse signature du tireur ;
b. vice du consentement du tireur ;
c. incapacité du tireur.

10. L'effet de commerce est :
a. un titre négociable ;
b. un titre représentatif ;
c. un titre authentique.

11. En cas de défaut de paiement :
a. il faut faire dresser protêt ;

b. le porteur bénéficie d'un recours cambiaire contre le tiré non accepteur ;

c. le porteur bénéficie d'un recours cambiaire contre le tiré accepteur.

12. Le billet à ordre est :

a. un acte civil par nature ;

b. un acte de commerce par nature ;

c. un acte de commerce lorsqu'il est passé entre commerçants.

13. En cas de nullité de l'engagement du tireur :

a. la lettre de change est nulle pour tous les signataires ;

b. les autres signataires peuvent agir les uns contre les autres ;

c. le paiement peut être réclamé à terme au tiré.

14. La provision de la lettre de change :

a. doit exister lors de l'émission ;

b. doit exister lors de la transmission ;

c. doit exister à l'échéance.

15. Pour une lettre de change :

a. la forme est indifférente ;

b. la cause est indifférente ;

c. l'identité des parties est indifférente.

16. En présence d'une clause « contre acceptation », l'acceptation :

a. doit être obtenue par le tireur ;

b. est obligatoire pour le tiré ;

c. est automatique.

17. En cas de défaut de mention du lieu de paiement dans la lettre de change :

a. l'acte est nul ;

b. l'acte ne vaut pas comme lettre de change ;

c. il s'agira du lieu du domicile du tiré, s'il est indiqué.

18. Les signataires d'un effet de commerce sont :

a. indépendants ;

b. garants des signataires ultérieurs ;

c. solidaires.

19. En cas de but illicite de la lettre de change :

a. la lettre de change est frappée de nullité absolue ;

b. la nullité est opposable au porteur même si elle n'est pas inscrite dans l'effet ;

c. la nullité est opposable au porteur si elle est inscrite dans l'effet.

20. Sont des formes de billet à ordre :

a. les warrants ;

b. le billet de fonds ;

c. les nantissements de créances.

Voir le corrigé en fin de rubrique.

B) Cas pratique

Désiré est, depuis de nombreuses années, dirigeant de la société Dalloz. À ce titre, il est connu depuis fort longtemps comme représentant, et a toujours été chargé de signer les traites au nom de la société.

Le 15 janvier, il a ainsi émis une lettre de change sur la société Sirey, partenaire habituel de la société Dalloz, à hauteur de 200 000 euros. Un peu pressé ce jour-là, Désiré n'a pas fait les vérifications habituelles et la lettre ne comportait ni le nom du bénéficiaire, ni le lieu et la date de la création. La lettre de change a été adressée à la société Sirey, qui l'a retournée en ayant apposé une griffe. Le 10 février, date à laquelle l'effet a été remis à l'escompte, l'établissement bancaire escompteur en a profité pour ajouter les éléments manquants sur la lettre. À l'échéance au 15 juin, l'établissement bancaire escompteur adresse à la société Sirey une demande de paiement.

Le 1er février, Désiré a, ès qualités, tiré une autre lettre de change sur la société Sirey, pour un montant de 250 000 euros, à échéance du 1er décembre. Le 15 juin, l'effet passe entre les mains d'une société concurrente, la société Lefebvre, dont le dirigeant voit une belle occasion pour créer des difficultés financières au sein des sociétés Dalloz et Sirey : il décide d'apposer un zéro supplémentaire sur le montant (et il s'avère qu'il est un bien meilleur faussaire que prévu). Le 1er décembre, la société Lefebvre présente au paiement l'effet aux sociétés Dalloz et Sirey, démontrant une suite non interrompue de 10 endossements, dont celui de la société Lefebvre en sixième position.

À la suite d'un désaccord interne (qui a eu des échos dans la presse), Désiré a été révoqué de ses fonctions à effet immédiat le 24 février. Or, le 25 février, il a signé une lettre de change au bénéfice de la société HyperCours, mobilisant une créance contre la société Sirey à hauteur de 300 000 euros. Le 6 novembre (terme de l'effet), un porteur légitime réclame paiement à la société Dalloz.

Que pensez-vous de ces différents dossiers ?

Voir le corrigé en fin de rubrique.

C) Commentaire d'arrêt

Commenter l'arrêt suivant :

Com. 27 sept. 2016, n° 14-22.013

[…] Sur le moyen relevé d'office, après avertissement délivré aux parties :

Vu les articles L. 341-2 et L. 341-3 du code de la consommation, ensemble l'article L. 511-21, alinéa 6, du code de commerce ;

Attendu, selon l'arrêt attaqué, que M. X…, dirigeant de la société X… industrie, a avalisé plusieurs lettres de change tirées sur cette société, en règlement de matériels de menuiserie, par la société MDA alu, aux droits de laquelle sont venues la société Celtramat puis la société Quéguiner ; que ces effets n'ayant pas été payés à l'échéance, la société MDA alu a obtenu une ordonnance enjoignant à M. X… d'en régler le montant ; que M. X… a formé opposition à cette ordonnance ;

Attendu que pour condamner M. X… à payer une certaine somme à la société Celtramat, l'arrêt retient que la mention d'aval portée sur des lettres de change annulées faute de signature du tireur constitue le commencement de preuve par écrit d'un cautionnement en faveur de la société X… industrie, confirmé par sa qualité de dirigeant ayant un intérêt personnel dans l'opération ;
Qu'en statuant ainsi, alors que l'aval donné par une personne physique au profit d'un créancier professionnel sur une lettre de change annulée pour vice de forme ne peut constituer un cautionnement valable, faute de comporter les mentions manuscrites prévues par les articles L. 341-2 et L. 341-3 du code de la consommation, la cour d'appel a violé les textes susvisés ;
PAR CES MOTIFS et sans qu'il y ait lieu de statuer sur les griefs du pourvoi :
CASSE ET ANNULE […].

Voir le corrigé en fin de rubrique.

2) Corrigés

Test de connaissances

1. a ; **2.** c ; **3.** b et c ; **4.** c ; **5.** c ; **6.** c ; **7.** b ; **8.** a et c ; **9.** a et c ; **10.** a et b ; **11.** a et c ; **12.** a et c ; **13.** b et c ; **14.** c ; **15.** b ; **16.** a ; **17.** b et c ; **18.** a, b. et c ; **19.** a et c ; **20.** a et b.

Cas pratique

Lettre du 15 janvier

Cette lettre de change soulève deux questions distinctes.

La première est celle de l'irrespect du formalisme de la lettre de change. L'article L. 511-1, I du Code de commerce exige notamment que soient précisés le nom du bénéficiaire (6°) ainsi que le lieu et la date de création de l'effet (7°). On notera également que la signature du tireur peut être apposée « par tout procédé non manuscrit » (8°), ce qui permet d'admettre la griffe. Ce qui vaut pour le tireur doit probablement valoir également pour le tiré accepteur. Si le II prévoit qu'à défaut de ces mentions, le titre « ne vaut pas comme lettre de change », les III, IV et V prévoient des suppléances légales : notamment, à défaut de lieu, il s'agira de l'établissement du tireur. En revanche, le défaut de mention de la date ne connaît pas de suppléance (v. par ex. Com. 29 mars 1994, n° 91-20.869), de même que le défaut de mention du bénéficiaire (depuis Com. 6 juill. 1965, *Bull. civ.* IV, n° 425). Il faut donc conclure en l'espèce à la nullité de la lettre de change – même si le titre pourrait valoir reconnaissance de dette par exemple.

D'où la seconde question, qui est celle de la régularisation. En effet, la régularité formelle de l'effet s'apprécie non à l'émission mais lors de la présentation au paiement (Com. 19 oct. 1965, *Bull. civ.* IV, n° 508), ce qui rend possible une régularisation entre-temps. Toutefois, la jurisprudence exige qu'en cas de régularisation du lieu et de la date de création, il est nécessaire que le tiré accepteur accepte cette régularisation (Com. 25 mai 1988, n° 86-15.275, *Bull. civ.* IV, n° 170), ce qui vaut sans doute pour les autres régularisations, sauf pour la mention du bénéficiaire (Com. 9 avr. 1996, n° 94-10.026). En l'occurrence, la régularisation n'a pas été acceptée par le tiré et l'écrit ne vaut donc pas comme lettre de change.

Lettre du 1er février

La question est ici celle de la portée de l'altération. En vertu du principe d'indépendance des signatures, la nullité de l'engagement de certains n'affecte pas la validité des obligations des autres (C. com., art. L. 511-5, al. 2). La jurisprudence, en matière d'altération, conclut ainsi à une application distributive des effets de la lettre de change : les signataires antérieurs à l'altération sont tenus dans les termes d'origine, tandis que les signataires ultérieurs le sont dans la limite du document altéré (Com. 29 mai 1978, n° 77-10.220). En l'occurrence, il y a eu une altération quant au montant dû, par le sixième endosseur. Dès lors, il faut considérer que tous les signataires intervenus avant la société Lefebvre sont tenus dans la limite du titre initial (donc 250 000 euros) alors que la société Lefebvre et les signataires ultérieurs sont tenus du montant altéré (donc 2 500 000 euros). Sous réserve évidemment de prouver l'état de la lettre lors de la signature de chacun.

Lettre du 25 février

La question est cette fois celle du dépassement de pouvoirs d'un ancien dirigeant qui, après sa révocation, signe une traite ès qualités. En principe, l'article L. 511-1, I, 8° du Code de commerce prévoit que la lettre de change est signée par le tireur ; pour une personne morale, il s'agira de la signature du représentant légal, donc du dirigeant. Néanmoins, l'article L. 511-5, alinéa 3 du même code précise que « quiconque appose sa signature sur une lettre de change comme représentant d'une personne pour laquelle il n'avait pas le pouvoir d'agir, est obligé lui-même en vertu de la lettre et, s'il a payé, a les mêmes droits qu'aurait eus le prétendu représenté. Il en est de même du représentant qui a dépassé ses pouvoirs ». La jurisprudence fait application de la théorie du mandat apparent : le porteur de bonne foi peut agir contre la société si le signataire était mandataire apparent, sauf à ce que la société ait été étrangère à la formation de l'apparence (Com. 9 mars 1999, n° 96-13.782, *Bull. civ.* IV, n° 57). Or, en l'espèce, il s'avère que Désiré a par le passé souscrit diverses lettres de change au nom de la société : dès lors, sauf à ce que la société Dalloz démontre que les signataires avaient connaissance, au jour de leur signature, du défaut de mandat – notamment, en invoquant les articles de presse concernant le désaccord au sein de la société –, il semble que la théorie de l'apparence doit jouer et que la société Dalloz est engagée cambiairement. Bien évidemment, elle pourra se retourner contre Désiré, puisqu'il a agi sans pouvoirs.

Commentaire d'arrêt

Le 27 septembre 2016, la chambre commerciale de la Cour de cassation a rendu un arrêt relatif aux conditions de conversion par réduction d'un aval nul pour vice de forme en cautionnement.

Une société avait tiré plusieurs lettres de change, avalisées par le dirigeant de la société à titre personnel. Les effets n'ayant pas été payés à l'échéance, le porteur des lettres de change a agi pour obtenir l'exécution forcée de la part du dirigeant. La cour d'appel a retenu que les lettres de change étaient nulles, faute de signature du tireur, mais valaient commencement de preuve par écrit d'un cautionnement en faveur du tireur, qui était suffisamment complété par la qualité de dirigeant ayant un intérêt personnel dans l'opération. Un pourvoi a été formé par le dirigeant.

La question qui se posait était la suivante : en cas de nullité d'une lettre de change, l'aval souscrit dans cet effet peut-il être qualifié de cautionnement ?

La Cour de cassation casse l'arrêt d'appel, moins pour désaccord sur la possibilité de retenir la qualification de cautionnement, mais en raison de l'irrespect du régime de celui-ci : « l'aval donné par une personne physique au profit d'un créancier professionnel sur une lettre de change annulée pour vice de forme ne peut constituer un cautionnement valable, faute de comporter les mentions manuscrites prévues par les articles L. 341-2 et L. 341-3 du code de la consommation ».

Ainsi, même si l'aval tombe avec l'effet de commerce qu'il garantit, sa requalification en un cautionnement civil n'est possible que sous réserve d'en réunir les conditions de validité. C'est dire que, dans cet arrêt, la Cour de cassation commence par constater la nullité de l'aval en raison d'un vice de forme (I), avant d'en refuser la conversion par réduction en cautionnement, une telle conversion étant impossible (II).

I. Le constat de la nullité de l'aval pour vice de forme

La Cour de cassation confirme l'arrêt d'appel en ce qu'il avait retenu la nullité de l'aval. En effet, le formalisme de la lettre de change n'ayant pas été respecté (A), il fallait en déduire l'extinction de l'aval par accessoire (B).

A. L'irrespect du formalisme de la lettre de change

Le constat de départ est celui d'une « lettre de change annulée pour vice de forme ». On sait à cet égard que, comme tout effet de commerce, la lettre de change obéit au formalisme cambiaire, qui est nécessaire pour assurer la confiance dans cet instrument particulier, dont la validité doit pouvoir être vérifiée d'un coup d'œil.

Parmi les conditions de forme de la lettre de change, l'article L. 511-1, I du Code de commerce exige notamment la signature du tireur, qui peut être apposée à la main ou par tout procédé non manuscrit (8°). Or, c'était précisément cette condition de forme qui était manquante aussi. Un tel vice est grave, puisqu'il ne permet pas de vérifier l'existence du consentement du tireur, pourtant tenu originairement par la lettre (ce n'est qu'en cas d'acceptation que le tiré devient débiteur principal). Dès lors, il fallait en déduire que le titre « ne vaut pas comme lettre de change » (C. com., art. L. 511-1, II). Le principe étant disqualifié, il fallait en tirer les conséquences pour l'aval.

B. L'extinction par accessoire de l'aval

L'enjeu ici était celui d'un « aval donné par une personne physique au profit d'un créancier professionnel sur une lettre de change annulée pour vice de forme ». Or, un aval, à l'instar d'un cautionnement, est un engagement personnel de l'avaliseur de payer à la place d'autrui (l'avalisé) en cas de défaillance, l'aval étant réputé donné pour le tireur. En l'occurrence, tel était bien le cas : la société était le tireur, et son dirigeant avait avalisé cet engagement.

L'effet de l'aval est de créer un engagement cambiaire de l'avaliseur, avec toutes les conséquences habituelles (inopposabilité des exceptions, solidarité), dont l'indépendance des signatures, de laquelle il découle que l'avaliste ne peut se prévaloir de l'extinction par accessoire de son engagement (C. com., art. L. 511-21, al. 8). Néanmoins, encore faut-il que la lettre de change soit valable : si la totalité de la lettre de change tombe, il serait injuste que l'avaliste soit tenu à plus que les autres signataires. Il faut donc conclure à l'extinction de l'aval par accessoire, comme l'a fait la cour d'appel, confirmée par la Cour de cassation. Reste à s'interroger sur la portée réelle de cette sanction : si l'acte ne saurait valoir aval, doit-il être purement et simplement annulé, ou ne pourrait-il pas être converti par réduction en un acte proche, à savoir un cautionnement ?

II. L'impossible conversion par réduction en cautionnement

La Cour de cassation casse l'arrêt d'appel, qui avait retenu la qualification de cautionnement. Si, dans l'absolu, elle ne remet pas en cause le raisonnement consistant à procéder à une conversion par réduction (A), la cassation est justifiée par la nullité du cautionnement, faute de réunir ses conditions de validité (B).

A. L'admission théorique de la conversion par réduction

L'idée apparaît implicitement dans l'arrêt commenté : ce n'est que parce que les mentions manuscrites ne sont pas réunies que l'aval de l'espèce « ne peut constituer un cautionnement *valable* ». *A contrario*, si les conditions de validité du cautionnement avaient été réunies, la qualification aurait pu être admise.

Cette sanction est habituelle en matière de lettre de change : si les mentions obligatoires ne sont pas réunies, le titre « ne vaut pas comme lettre de change » (C. com., art. L. 511-1, II), ce qui ne signifie pas qu'il est nécessairement frappé de nullité. Ainsi, la jurisprudence admet que le titre puisse valoir reconnaissance de dette ou encore un commencement de preuve par écrit (v. par exemple Com. 10 févr. 1971, n° 69-13.230). La solution est parfaitement justifiée : ce n'est pas parce que les parties ont voulu faire une lettre de change sans en respecter scrupuleusement le régime qu'il faut considérer qu'elles n'ont pas voulu s'engager du tout. Il s'agit d'une recherche de la volonté minimale des parties : si le formalisme scrupuleux de la lettre de chance n'est pas respecté, il n'y a pas d'engagement cambiaire, mais il ne faut pas écarter toute possibilité de discerner une obligation extracambiaire.

C'était ce qu'avait fait la cour d'appel en l'espèce : elle avait vu dans le titre un commencement de preuve par écrit d'un cautionnement, qui était corroboré par l'intérêt du dirigeant. C'était oublier que le cautionnement, sans subir l'encadrement formaliste de la lettre de change, n'en demeurait pas moins soumis à certaines conditions de validité.

B. L'irrespect des conditions de validité du cautionnement

La Cour de cassation casse l'arrêt d'appel, estimant que l'aval ici annulé ne pouvait être converti en cautionnement valable, « faute de comporter les mentions manuscrites prévues par les articles L. 341-2 et L. 341-3 du code de la consommation ». Si, par le passé, la jurisprudence avait pu accepter que l'aval annulé puisse prouver le cautionnement (Com. 8 déc. 1992, n° 91-12.533, *Bull.* IV, n° 394), le cautionnement donné par une personne physique au profit d'un créancier professionnel est, depuis 2003, subordonné à une mention manuscrite par la caution. Cette mention, qui était prévue à l'époque de l'arrêt dans les textes visés, est désormais exigée, depuis la réforme des sûretés de 2022, à l'article 2297 du Code civil, pour toutes les cautions personnes physiques. S'il ne s'agit plus d'une formule sacramentelle, il faut néanmoins que la caution écrive qu'elle s'engage en cette qualité, à payer au créancier ce que doit le débiteur défaillant, dans la limite d'un montant qu'elle doit indiquer par écrit.

Or, un aval, en la forme, se concrétise généralement par une simple signature, souvent accompagnée de la mention « bon pour aval ». Or, une telle mention n'est certainement pas suffisante pour caractériser la mention manuscrite, encore après la réforme de 2022. Si la jurisprudence refuse parfois la protection du droit du cautionnement à l'avaliste (pour l'obligation d'information, v. Com. 20 avril 2017, n° 15-14.812), de telles solutions doivent rester exceptionnelles, au regard de l'impératif de protection des cautions. La solution ici commentée doit donc être approuvée.

chapitre 6

La cession de créances professionnelles

Plan analytique

section 1

Les conditions de la cession de créances professionnelles

§ 1 Les conditions de fond

A. Les parties à la cession

B. Les créances cédées

C. Les fonctions poursuivies

§ 2 Les conditions de forme

A. Les mentions en général

B. La désignation ou l'individualisation des créances en particulier

C. La date de l'acte

D. La signature des parties

section 2

Les effets de la cession de créances professionnelles

§ 1 Les effets entre les parties

A. L'effet translatif

B. La garantie

C. L'effet extinctif

§ 2 Les effets à l'égard des tiers

§ 3 Les effets à l'égard du débiteur cédé

A. Cession de créances professionnelles non notifiée

B. Cession de créances professionnelles notifiée

C. Cession de créances professionnelles acceptée

Compléments pédagogiques

6

La cession de créances professionnelles

La cession de créances professionnelles est une opération par laquelle un ensemble de créances est transféré de manière simplifiée, au moyen d'un *bordereau*[Q], pour garantir un crédit consenti par le cessionnaire (un établissement de crédit ou une personne assimilée) au cédant (le bénéficiaire du crédit). 197

La cession de créances professionnelles est dite également *cession Dailly*[Q] du nom du sénateur à l'initiative de la loi n° 81-1 du 2 janvier 1981 qui l'a consacrée. Le régime de cette opération a été modifié notamment par la loi n° 84-46 du 24 janvier 1984, et il a été rapatrié au sein du Code monétaire et financier par la loi n° 2000-1223 du 14 décembre 2000 : il se trouve désormais aux articles L. 313-23 et suivants.

En même temps qu'ils régissent la cession de créances professionnelles, ces articles du Code monétaire et financier organisent une opération voisine : le *nantissement*[Q] de créances professionnelles, qui confère à l'établissement de crédit un droit exclusif sur certaines créances en garantie du crédit consenti. Cette autre opération étant de loin la moins fréquente en pratique, les développements qui suivent se concentreront sur la seule cession de créances professionnelles.

La cession de créances professionnelles est à la fois une cession simplifiée et une cession spéciale. Cette double affirmation appelle des précisions. 198

D'une part, c'est une *cession simplifiée* de créances, en ce sens que son régime est plus souple que celui de la cession de créances de droit commun, *a fortiori* avant la réforme du droit des obligations de 2016 (v. désormais C. civ., art. 1321 s.). C'est justement parce que le régime de droit commun retenu au sein du Code civil en 1804 apparaissait trop contraignant, qu'un régime simplifié a été élaboré pour la cession de créances professionnelles. Notons que le succès de ce régime simplifié a été tel qu'il a influencé le droit commun lui-même, lequel s'en est inspiré sur plusieurs points à l'occasion de la réforme des dispositions du Code civil réalisée par l'ordonnance n° 2016-131 du 10 février 2016. Cela dit, la cession de créances de droit commun et la cession de créances professionnelles ne coïncident toujours pas, et cette dernière demeure assurément plus efficace.

Il résulte de ce qui précède que la cession de créances professionnelles est, d'autre part, une *cession spéciale*, qui déroge au droit commun. La question est alors de savoir si le droit commun peut compléter le régime de la cession de créances professionnelles pour en combler les lacunes, ou s'il est purement et simplement écarté. La jurisprudence admet parfois l'application de dispositions du Code civil à la cession de créances professionnelles (par ex. en matière de retrait litigieux, Com. 31 janv. 2012, n° 10-20.972, *D.* 2012, p. 498, obs. X. Delpech), mais d'autres fois elle préfère s'en tenir au régime spécial sans doute pour ne pas en ruiner la logique d'ensemble (Com. 11 oct. 2017, n° 15-18.372, *AJ contrat* 2017. 527, obs. V. Forti).

Pour être complet, il faut préciser qu'il existe deux variétés de cessions de créances professionnelles. 199

La première est la *cession de créances professionnelles réalisée à titre d'escompte*ᑫ. Ici, l'établissement de crédit consent un crédit à une personne qui, en contrepartie, lui cède des créances qu'elle détient sur ses débiteurs. Lorsque les créances cédées sont échues, leur paiement entre les mains de l'établissement de crédit cessionnaire permet de le désintéresser.

Seconde variété : la cession de créances professionnelles réalisée *à titre de garantie* – on parle parfois de *cession fiduciaire*ᑫ. En pareil cas, les créances cédées constituent une sûreté garantissant le remboursement du crédit accordé. C'est dire que si le cédant bénéficiaire du crédit rembourse lui-même l'établissement de crédit cessionnaire, l'opération prend fin, les créances cédées revenant automatiquement au premier (Com. 9 fév. 2010, n° 09-10.119, *RTD com.* 2010. 770, obs. D. Legeais). Cette variété de cession de créances professionnelles a pendant longtemps présenté l'avantage d'être le seul mécanisme permettant de manière certaine de transférer des créances à titre de garantie, la possibilité de recourir à la cession de droit commun à cette fin étant exclue par la jurisprudence (Com. 26 mai 2010, nº 09-13.388, *RTD com.* 2010. 595, obs. D. Legeais). Désormais, la réforme du droit des sûretés entrée en vigueur le 1er janvier 2022 consacre une cession de créance à titre de garantie également au sein du Code civil (C. civ., art. 2373 s.).

■ 200 Afin de comprendre le fonctionnement de la cession de créances professionnelles, il convient de présenter successivement, et de manière classique, ses conditions (section 1) et ses effets (section 2).

section 1

Les conditions de la cession de créances professionnelles

■ 201 Les conditions de la cession de créances professionnelles dérogent au droit commun aussi bien en ce qui concerne le fond (§ 1) que la forme (§ 2).

§ 1 Les conditions de fond

■ 202 Les conditions de fond de la cession de créances professionnelles ont trait aux parties à la cession (A), aux créances cédées (B) et aux fonctions poursuivies (C).

A. Les parties à la cession

■ 203 S'agissant en premier lieu des parties à la cession – ce qui exclut le cédé, qui est un tiers, quoique particulièrement intéressé –, l'opération est réservée uniquement à certaines personnes.

■ 204 D'une part, initialement le *cessionnaire* ne pouvait être qu'un établissement de crédit. Par touches successives, la faculté de participer à une cession de créances professionnelles a été élargie aux sociétés de financement (ord. n° 2013-544 du

27 juin 2013) et aux fonds d'investissement alternatifs (ord. n° 2017-1432 du 4 oct. 2017). Où l'on voit que l'assouplissement du régime par rapport au droit commun est, d'une certaine manière, compensé par le fait que l'une des parties est soumise à une réglementation stricte.

Cette exigence concerne-t-elle uniquement le premier cessionnaire ou également d'éventuels cessionnaires successifs ? Il y a lieu de distinguer. La loi dispose expressément que le bordereau lui-même n'est transmissible qu'à un autre établissement de crédit ou une autre société de financement ou à un autre fonds d'investissement alternatif (C. mon. fin., art. L. 313-26). La jurisprudence, quant à elle, a pu admettre qu'une créance professionnelle cédée à titre de garantie, prise isolément, suive le sort de la créance principale dont elle constitue la sûreté, et qu'elle puisse donc être transmise à d'autres personnes que celles visées par le Code monétaire et financier (Com. 16 oct. 2007, n° 06-13.122, *RTD com.* 2008, p. 415, obs. A. Martin-Serf).

D'autre part, seules deux catégories de personnes peuvent avoir la qualité de *cédant*. 205 ■

Il peut s'agir d'abord d'une personne morale de droit public ou de droit privé. En ce cas, il n'est pas nécessaire de vérifier que la créance cédée est née dans l'exercice d'une activité professionnelle (Com. 3 janv. 1996, n° 93-20.783, *RTD com.* 1996. 308, obs. M. Cabrillac). Ce qui est d'ailleurs confirmé expressément au sujet des sociétés de crédit foncier qui auraient recours à cette opération de crédit (C. mon. fin., art. L. 513-2, II, 3).

Il peut s'agir ensuite d'une personne physique, mais il faut alors que la créance cédée soit détenue dans l'exercice d'une activité professionnelle. Mais ce disant, on aborde déjà le point suivant.

B. Les créances cédées

Concernant en deuxième lieu des créances cédées, quelques observations doivent être formulées. 206 ■

La cession de créances professionnelles tantôt peut porter – en dépit de son nom – sur des créances non professionnelles, tantôt elle doit porter sur des créances, si l'on ose dire, doublement professionnelles. 207 ■

Si le cédant est une personne morale, on vient de voir que la nature professionnelle ou non des créances cédées est indifférente.

Si le cédant est une personne physique, au contraire, les créances cédées doivent être de nature professionnelle. En dépit d'une formulation assez allusive des textes, cette exigence est comprise strictement : elle concerne non seulement le bénéficiaire du crédit cédant, qui doit avoir acquis la créance dans l'exercice de son activité professionnelle, mais aussi le débiteur cédé dont la dette, là aussi, doit être née dans l'exercice de sa propre activité professionnelle.

Au-delà, toute créance peut être cédée par bordereau *Dailly* : des créances contractuelles évidemment, mais aussi des créances non contractuelles (CE, 7 avril 2004, n° 239000, *JCP E* 2004, 18, 690). 208 ■

La jurisprudence est même allée plus loin, en décidant qu'aucune condition pour la cession de créances professionnelles ne peut être ajoutée dans le contrat générateur de la créance (Com. 11 oct. 2017, n° 15-18.372, *AJ contrat* 2017. 527, obs. V. Forti), ce qui semble condamner en cette matière les clauses d'incessibilité pourtant valables en droit commun (C. civ., art. 1321, al. 4).

C. Les fonctions poursuivies

■ 209 Pour ce qui est, en troisième et dernier lieu, des fonctions poursuivies, la cession de créances professionnelles, on l'a dit, ne peut être conclue qu'à l'occasion de l'octroi d'un crédit. Il en résulte qu'une cession de créances professionnelles à titre de garantie ne peut être le complément que d'un crédit, non d'une quelconque autre dette.

Dans un ordre d'idées voisin, la cession de créances professionnelles, on l'a dit également, peut être conclue à titre d'escompte ou à titre de garantie. Elle ne peut en revanche pas remplir d'autres fonctions, par exemple elle ne saurait constituer un apport en société ou, *a fortiori*, une donation.

Cela étant, il est loisible aux parties de conclure une cession de créances professionnelles soit concomitamment soit postérieurement à l'octroi d'un crédit. Dans ce dernier cas, le décalage chronologique entre les deux étapes peut soulever quelques difficultés eu égard au droit des entreprises en difficulté. Pour organiser le propos, mais aussi puisque leur traitement diffère, il convient de distinguer plusieurs cas.

■ 210 Les dettes échues et les dettes non échues ne suivent pas le même sort.

S'agissant des *dettes échues*, une sous-distinction entre cession de créances professionnelles à titre d'escompte et cession de créances professionnelles à titre de garantie doit être faite.

Si la cession intervient à titre d'escompte après la date de cessation des paiements pour des dettes antérieures non échues, elle peut être assimilée à une modalité de paiement et être annulée sur le fondement des nullités de la période suspecte de l'article L. 632-1, 3º du Code de commerce (Com. 2 nov. 2005, n° 04-13.718, *RTD com.* 2006. 171, obs. D. Legeais).

Mais si, en revanche, la cession est réalisée à titre de garantie et n'opère donc qu'un transfert provisoire – car il y aura restitution si la dette garantie est payée par le cédant bénéficiaire du crédit –, elle ne constitue pas un paiement et elle n'est pas frappée par la nullité de la période suspecte (Com. 22 mars 2017, n° 15-15.361, *RTD civ.* 2017. 455, obs. P. Crocq).

■ 211 S'agissant maintenant des *dettes non échues*, la cession de créances professionnelles, du moins celle à titre d'escompte, encourt la nullité facultative de l'article L. 632-2 du Code de commerce, si au moment où cette cession est réalisée l'établissement de crédit cessionnaire avait déjà connaissance de la cessation des paiements du cédant bénéficiaire du crédit.

Toutefois, la jurisprudence limite sensiblement ce risque en écartant l'application de la disposition susmentionnée lorsque la cession de créances professionnelles intervient, hypothèse fréquente, en exécution d'une convention plus large de cession des créances professionnelles antérieure à la cessation des paiements (Com. 20 févr. 1996, n° 94-10.156, *RTD com.* 1996. 309, obs. M. Cabrillac).

§ 2 Les conditions de forme

La cession de créances professionnelles suppose la « remise d'un bordereau » – dit aussi bordereau *Dailly* – (C. mon. fin., art. L. 313-23, al. 1er). La Cour de cassation a eu l'occasion de préciser qu'à défaut de production du bordereau, fût-elle justifiée par une impossibilité matérielle, la cession litigieuse, à la supposer même établie, n'est pas opposable aux tiers (Com. 25 fév. 2003, n° 00-22.117, *RTD com.* 2003. 555, obs. M. Cabrillac). On notera que le bordereau, lorsqu'il est stipulé à ordre, peut être établi, signé, transféré et conservé sous forme électronique (dans les conditions prévues aux articles 15 et 16 de la loi n° 2024-537 du 13 juin 2024, lesquels renvoient notamment aux articles 1366 et 1367 du Code civil : art. L. 313-23, dernier al.). 212 ■

Nécessaire, la remise du bordereau prise en elle-même est cependant insuffisante. S'agissant d'un document, le contenu importe autant que le contenant : c'est pourquoi des conditions de forme sont posées quant aux mentions que le bordereau doit comporter (A), notamment pour la désignation ou l'individualisation des créances (B), quant à la date de l'acte (C) et quant à la signature des parties (D).

A. Les mentions en général

Concernant les mentions en général, le Code monétaire et financier dispose que le bordereau doit contenir la dénomination, selon le cas, « acte de cession de créances professionnelles » ou « acte de nantissement de créances professionnelles » ; la mention que l'acte est soumis aux dispositions des articles L. 313-23 à L. 313-34 ; le nom ou la dénomination sociale de l'établissement de crédit ou de la personne assimilée cessionnaire (art. L. 313-23, al. 3). 213 ■

La jurisprudence applique avec *rigueur* ce formalisme – ce qui rappelle la rigueur du formalisme cambiaire. Les illustrations concrètes foisonnent. 214 ■

S'agissant de la dénomination « acte de cession de créances professionnelles » ou « acte de nantissement de créances professionnelles », on ne saurait se contenter à sa place de la mention « acte de cession de créance de loi *Dailly* » (Com. 11 juill. 2000, nº 97-22.452, *RTD com.* 2000. 992, obs. M. Cabrillac), ou des formules « cession de créances » et « bordereau *Dailly* » sans référence au mot « professionnelles » (Com. 13 sept. 2017, nº 16-11.408).

La mention que l'acte est soumis aux articles L. 313-23 à L. 313-34, pour sa part, ne peut pas être remplacée par celle selon laquelle l'acte serait soumis à la « loi du 2 janvier 1984 » (Com. 11 juill. 2000, nº 97-22.452, *RTD com.* 2000. 992, obs. M. Cabrillac). En revanche, l'ajout de textes réglementaires – les articles R. 313-15 à R. 313-18 –, fussent-il abrogés, n'a pas d'incidence sur la validité de la cession (Com. 11 oct. 2017, n° 15-18.372, *AJ contrat* 2017. 527, obs. V. Forti).

Pour ce qui est du cessionnaire, le nom d'une agence bancaire (« agence République du groupe Hervet ») au lieu du nom de l'établissement bancaire lui-même (« la banque Hervet ») est insuffisant (Com. 23 oct. 2001, nº 98-20.442, *RTD com.* 2002. 141, obs. M. Cabrillac).

Mais quelle est la *sanction* en cas de non-respect de ces mentions ? Sur ce point, la loi est assez allusive. En effet, elle opte pour une formulation négative qui indique ce que 215 ■

l'acte n'est pas : si l'une des mentions fait défaut, la cession « ne vaut pas comme acte de cession ou de nantissement de créances professionnelles » au sens du Code monétaire et financier (C. mon. fin., art. L. 313-23, al. 6).

Reste à savoir si une requalification de l'acte en cession de créances de droit commun est possible. Sans doute la réponse est-elle affirmative. Quelques arrêts d'espèce peuvent d'ailleurs être invoqués en ce sens (Com. 9 avr. 1991, n° 89-20.871, *D.* 1991. 124 ; Com. 16 oct. 2007, n° 06-14.675, *D. actu.* 2 nov. 2007, obs. X. Delpech), sans néanmoins qu'un arrêt de principe ait été rendu sur ce point. La solution est logique : la conversion par réduction étant admise en présence du formalisme cambiaire, on voit mal ce qui justifierait de l'exclure pour la cession de créances professionnelles.

B. La désignation ou l'individualisation des créances en particulier

216 Parmi les mentions obligatoires, une place à part mérite d'être faite à la désignation ou l'individualisation des créances. Non tant parce que cette mention est particulièrement importante pour la protection des parties et des tiers dès lors que le bordereau concerne en général une pluralité de créances. Mais plutôt car le Code monétaire et financier ajoute diverses précisions quant à cette mention (art. L. 313-23).

Une *énumération* de critères permettant de désigner ou individualiser les créances est en effet fournie : indication du débiteur, lieu de paiement, montant des créances ou leur évaluation et, s'il y a lieu, leur échéance. Cette liste étant introduite par l'adverbe « notamment », il en résulte qu'elle est simplement *indicative*.

C'est pourquoi la Cour de cassation décide que le caractère erroné de l'indication du débiteur (« Galeries Lafayette et Nouvelles Galeries de Toulouse » ainsi que « Nouvelles Galeries de Montauban », au lieu de « Société des Grands Magasins des Galeries Lafayette ») n'a pas d'incidence dès lors que la désignation des créances résulte d'autres éléments du bordereau (Com. 7 juin 2006, n° 04-18.211).

C'est aussi pour cette raison qu'elle juge encore qu'il est possible de ne pas recourir à l'un de ces critères, qui sont simplement alternatifs : la désignation sur le bordereau du marché de travaux (« Les terrasses de Saint-Clément ») peut suffire, même si le débiteur (« SCI Font d'Aurelle ») n'est pas mentionné (Com. 1er févr. 2011, nº 10-13.595, *RTD com.* 2011, p. 395, obs. D. Legeais).

La souplesse dont fait preuve ici la Cour de cassation ne signifie toutefois pas qu'une désignation imprécise soit suffisante. Par exemple, la « cession de la totalité du compte client » n'est pas admise (Com. 13 nov. 2003, n° 01-10.724). Autre exemple : si la différenciation entre les créances cédées et d'autres créances est impossible à l'examen du bordereau, le formalisme n'est pas respecté (Com. 13 oct. 1992, n° 90-21.077, *Bull. civ.* IV, n° 301). Dans la même veine, les parties ne sauraient se contenter d'indiquer dans le bordereau le montant global des créances cédées en renvoyant, pour l'identification et l'individualisation de celles-ci, à des documents annexes (Com. 3 oct. 2006, n° 04-30.820, *Bull. civ.* IV, n° 193 ; rappr. Com. 19 janv. 2022, n° 20-14.619).

217 Le législateur apporte cependant une nuance pour l'hypothèse où la transmission des créances est effectuée par un *procédé informatique* permettant de les identifier (C. mon. fin., art. L. 313-23, al. 4). En pareil cas, le bordereau peut se borner à indiquer

le moyen par lequel elles sont transmises, leur nombre et leur montant global, dès lors que les autres informations peuvent être trouvées dans un document électronique annexe – que l'on appelle parfois « *listing* ».

Conscient que toute hésitation quant aux créances réellement cédées n'est alors pas exclue, le législateur a précisé qu'en cas de contestation, le cessionnaire peut prouver par tous moyens que la créance contestée est comprise dans le montant global porté sur le bordereau. La règle vaut naturellement en cas de contestation l'opposant aussi bien au cédant qu'aux tiers.

C. La date de l'acte

En ce qui tient à la date de l'acte, qui est essentielle car les effets de la cession de créances professionnelles en dépendent (v. *infra*), elle doit être *apposée par le cessionnaire* (C. mon. fin., art. L. 313-25, al. 2) lors de la remise du bordereau (C. mon. fin., art. L. 313-27, al. 1er). 218 ■

Si aucune date n'est portée sur le bordereau, le régime de la cession de créances professionnelles ne s'applique pas (Com. 7 mars 1995, n° 93-12.257, *RTD com.* 1995, p. 632, obs. M. Cabrillac). Et une éventuelle *notification*[Q] ou *acceptation*[Q] de la cession ne permet pas de suppléer une telle absence de date sur le bordereau (Com. 14 juin 2000, n° 96-22.634, *RTD com.* 2000. 992, obs. M. Cabrillac ; Com. 15 mars 2023, n° 21-24.490).

Exiger l'apposition de la date par le cessionnaire au moment même de la remise du bordereau vise assurément à réduire le risque d'antidate, mais il ne permet pas de le conjurer. Raison pour laquelle en cas de contestation de la date portée sur le bordereau, l'établissement de crédit ou la personne assimilée rapporte, *par tous moyens*, la preuve de l'exactitude de cette date (C. mon. fin., art. L. 313-27, al. 4). La solution est logique puisqu'une date est un fait juridique. 219 ■

C'est sur ce fondement que la Cour de cassation a décidé que lorsque le bordereau porte plusieurs dates, il y a lieu de donner effet à celle dont le cessionnaire démontre qu'elle correspond au jour où il a accepté la cession (Com. 7 déc. 1993, n° 92-10.953, *Bull. civ.* IV, n° 448).

D. La signature des parties

Le régime relatif à l'apposition de la date n'est pas sans lien avec celui concernant la signature des parties. 220 ■

En effet, la signature du cessionnaire n'est pas exigée. La raison d'être de la solution, qui est tout de même discutable, est que le fait que le cessionnaire appose la date lors de la remise du bordereau suffit à caractériser son consentement à la cession. 221 ■

En revanche, le bordereau doit être *signé par le cédant* soit à la main, soit par tout procédé non manuscrit – par exemple par griffe – (C. mon. fin., art. L. 313-25, al. 1er). 222 ■

Lorsque le cédant est une personne morale, la signature doit naturellement être apposée par une personne dotée des pouvoirs à cette fin. Toutefois, le défaut de pouvoir du signataire est sanctionné en jurisprudence par une inopposabilité qui ne peut être invoquée que par le cédant lui-même et non, donc, par le débiteur cédé (Com. 21 sept. 2010, n° 09-11.707, *RTD com.* 2010. 759, obs. D. Legeais).

section 2

Les effets de la cession de créances professionnelles

■ 223 Les effets de la cession de créances professionnelles sont remarquables. Ils la singularisent par rapport à d'autres mécanismes, tout particulièrement par rapport à la cession de créances de droit commun.

Ces effets se produisent sur trois niveaux différents, qui appellent des observations d'importance variable. Il convient de commencer par les effets entre les parties, à savoir le cédant et le cessionnaire (§ 1), de continuer avec les effets à l'égard des tiers (§ 2), pour finir avec les effets à l'égard du tiers particulier qu'est le débiteur cédé (§ 3).

§ 1 Les effets entre les parties

■ 224 On abordera successivement l'effet translatif (A), la garantie (B) et l'effet extinctif (C).

A. L'effet translatif

■ 225 La cession de créances professionnelles est un contrat conclu entre le créancier cédant et le créancier cessionnaire. Ce contrat produit entre les parties principalement un effet translatif : les créances cédées sont transférées du patrimoine du cédant au patrimoine du cessionnaire.

Cet effet translatif est essentiel au cessionnaire, qui profite d'une sécurité importante : les créances cédées sont mises à l'abri des convoitises des créanciers du cédant. La valeur de l'effet translatif est d'autant plus grande qu'il se produit non seulement en cas de cession de créances professionnelles à titre d'escompte, mais également lorsque la cession de créances professionnelles est conclue à titre de garantie (C. mon. fin., art. L. 313-24, al. 1er). Rappelons néanmoins que dans ce dernier cas, la cession à titre de garantie a une nature fiduciaire et que l'effet translatif est donc temporaire, en ce sens qu'une rétrocession des créances cédées a vocation à opérer à l'issue de l'opération (v. ss 210).

■ 226 Au-delà de cette sécurité, l'effet translatif emporte d'autres conséquences.

Le *cédant* ne peut plus demander l'ouverture d'une procédure collective à l'encontre du débiteur cédé (Com. 8 janv. 1991, n° 89-13.711, *RTD com.* 1991. 368, obs. M. Bandrac) ou y déclarer la créance (Com. 1er mars 2005, n° 03-15.862, *RTD com.* 2005. 392, obs. M. Cabrillac), pas plus qu'il ne peut pratiquer une mesure conservatoire contre ce débiteur cédé (Com. 12 oct. 2012, n° 11-24.317) ou le poursuivre en justice (Com. 27 mai 2014, n° 13-16.673, *RDBF* 2014, comm. 193, par F.-J. Crédot et T. Samin). Le cédant n'est en effet plus le créancier du cédé.

La portée directe de l'effet translatif se mesure à l'égard de l'objet principal de la cession, à savoir les *créances cédées*. Celles-ci sont transférées au cessionnaire telles quelles, avec tous leurs caractères, notamment la loi applicable en cas de conflit ou le délai de prescription extinctive.

Mais l'effet translatif a aussi une portée indirecte. Celle-ci s'observe cette fois à l'égard des *accessoires de la créance*, en tête desquels figurent les garanties et sûretés. Conformément au principe selon lequel l'accessoire suit le principal, les accessoires des créances intègrent eux aussi le patrimoine du cessionnaire. La particularité est que cela a lieu sans qu'il soit besoin d'autres formalités, telles que la modification de l'inscription hypothécaire (C. mon. fin., art. L. 313-27, al. 3). On notera une particularité en matière fiscale : le Conseil d'État décide que « lorsque la cession de créance professionnelle effectuée dans les conditions prévues aux articles L. 313-23 et suivants du code monétaire et financier intervient avant la présentation de la demande tendant au remboursement de cette créance devant un tribunal, l'établissement de crédit cessionnaire, comme le cédant, a qualité pour agir devant le juge de l'impôt afin d'obtenir le paiement de cette créance, indépendamment des procédures de notification de la cession de créance ou d'acceptation de cette cession par le débiteur » (CE, 9ᵉ et 10ᵉ ch., 15 janv. 2025, nᵒ 489721).

B. La garantie

La cession de créances professionnelles produit un autre effet entre les parties : le cédant est *garant solidaire* du paiement des créances cédées (C. mon. fin., art. L. 313-24, al. 2). Si le débiteur cédé ne paie pas le cessionnaire, celui-ci pourra réclamer le paiement au cédant qui doit garantie par l'effet de la loi. 227 ■

Cet effet appelle quatre observations. 228 ■

Premièrement, la règle est simplement *supplétive* et les parties peuvent, bien que cela soit peu habituel, y déroger.

Deuxièmement, le tableau est symétriquement *inversé* par rapport à la cession de droit commun, où le cédant n'est par défaut pas garant de la solvabilité du débiteur, sauf stipulation contraire (C. civ., art. 1326, al. 2).

Troisièmement, il convient de garder à l'esprit que qui peut le plus, peut le moins. En d'autres termes, malgré le silence du législateur sur ce point, le cédant garantit non seulement la solvabilité du débiteur, mais aussi, comme il en va en droit commun (C. civ., art. 1326), *l'existence même* de la créance et des sûretés qui l'accompagnent. Cette garantie peut ainsi être mise en œuvre lorsque la créance est rétroactivement anéantie (Com. 1ᵉʳ févr. 2011, nᵒ 09-73.000, *RTD com.* 2011. 394, obs. D. Legeais).

Quatrièmement, et enfin, l'*étendue* de la garantie pesant sur le cédant varie selon que la cession de créances professionnelles a été ou non notifiée au débiteur (v. ss 235 s.). En l'*absence de notification*, le cessionnaire peut décider de poursuivre directement le cédant sans être tenu de s'adresser en priorité au débiteur cédé (Com. 11 déc. 2001, nᵒ 98-18.580, *RDBF* 2002, nᵒ 92, obs. A. Cerles ; Com. 22 mars 2016, nᵒ 14-24.775). En cas de *notification*, en revanche, la garantie demeure solidaire tout en devenant subsidiaire. Solidaire, en ce sens que le cessionnaire souhaitant demander le paiement au cédant n'a pas à prouver l'insolvabilité du débiteur cédé (Com. 14 mars 2000, nᵒ 96-14.034, *RTD com.* 2000. 996, obs. M. Cabrillac). Subsidiaire cependant, car le cessionnaire ne peut se retourner contre le cédant qu'à condition de justifier à tout le moins d'une demande amiable de paiement adressée préalablement au débiteur (v. not. Com. 18 janv. 2017, n° 15-12.951, *JCP E* 2017, 1159, obs. D. Legeais), sauf si une stipulation prévue au moment de la cession l'en dispense (Com. 5 juin 2012, n° 11-18.210, *RTD com.* 2012. 600, obs. D. Legeais).

C. L'effet extinctif

229 Pour définir les rapports entre le cédant et le cessionnaire, il faut également tenir compte de l'hypothèse d'un paiement des créances cédées par le débiteur cédé entre les mains du cessionnaire. Ce paiement produit un effet extinctif. Bien sûr, celui-ci ne relève pas à proprement parler des rapports entre le cédant et le cessionnaire. Toujours est-il qu'il a des conséquences sur ce rapport, qui varient selon la fonction remplie concrètement par la cession de créances professionnelles.

230 Les conséquences ne sont pas importantes si cette opération est réalisée *à titre d'escompte*. Dans ce cas, en effet, le paiement éteint la créance cédée et libère corrélativement le cédant de sa garantie solidaire dès lors que le cessionnaire a été désintéressé.

231 Les conséquences sont plus importantes lorsque l'opération est réalisée *à titre de garantie*.

D'abord, s'agissant du *moment* du paiement, une distinction s'impose. Si la créance garantie est échue et, donc, exigible, le paiement de la créance cédée entre les mains du cessionnaire libère le cédant envers lui à hauteur du paiement réalisé : le cessionnaire a reçu satisfaction et perd corrélativement ses recours contre le cédant à due proportion. Si, au contraire, la créance garantie n'est pas encore arrivée à échéance, le cessionnaire ne devrait pas pouvoir encaisser à titre définitif les sommes reçues et les imputer sur sa créance. Il devrait, au contraire, conserver à titre de garantie les sommes reçues, pour ne les imputer sur sa créance que lorsqu'elle deviendra exigible. Mais, à dire vrai, la solution n'est envisagée pour l'instant ni par la loi, ni par la jurisprudence (comp., en matière de nantissement de créance de droit commun, C. civ., art. 2364).

S'agissant ensuite du *montant* de la créance payée, ce montant peut être supérieur à celui de la créance garantie. Dans un tel cas, le surplus doit-il être recouvré par le cédant ou par le cessionnaire ? En revenant sur ses pas (Com. 9 févr. 2010, n° 09-10.119, *RTD com.* 2010. 70, obs. D. Legeais), la Cour de cassation décide désormais qu'il appartient au cessionnaire de réclamer le paiement intégral de la créance cédée, même si son montant excède celui de la créance garantie (Com. 18 nov. 2014, n° 13-13.336, *RTD civ.* 2015. 185, obs. P. Crocq).

Enfin, s'agissant cette fois du *paiement de la créance garantie*, celui-ci prive de justification le maintien des créances cédées entre les mains du cessionnaire, dans la mesure où ces créances ne remplissent plus aucune fonction de garantie. Aussi faut-il que les créances cédées soient rétrocédées au cédant, rétrocession qui ne suppose aucune formalité particulière (Com. 9 févr. 2010, n° 09-10.119, *RTD com.* 2010. 70, obs. D. Legeais).

§ 2 Les effets à l'égard des tiers

Divers tiers peuvent être intéressés par les effets que déploie la cession de créances professionnelles. Il suffit de songer aux créanciers des parties à l'opération ou à d'éventuels cessionnaires successifs de la même créance (voire à l'administration fiscale : v. CE, 9e et 10e ch. réun., 14 avr. 2023, n° 461811). La question cruciale est alors la suivante : la cession leur est-elle opposable ? 232 ■

La réponse est affirmative : la cession de créances professionnelles est *immédiatement opposable aux tiers*, par la simple remise du bordereau sur lequel le cessionnaire appose la date (C. mon. fin., art. L. 313-27, al. 1er). Il s'agit là d'un trait caractéristique de la cession de créances professionnelles : aucune différence n'existe entre le régime de validité de la cession à l'égard des parties et celui pour l'opposabilité de cette cession à l'égard des tiers. Lors de l'adoption de la loi *Dailly* en 1981, cette caractéristique rendait l'opération particulièrement attrayante par rapport, surtout, à la cession de droit commun. Depuis la réforme du droit des obligations de 2016, le formalisme lourd prévu en droit commun a été remplacé précisément par la même règle élaborée en matière de cession de créances professionnelles (C. civ., art. 1323, al. 2). Ce qui redimensionne l'originalité de cette dernière, mais confirme en même temps sa force d'attraction.

Savoir que la cession de créances professionnelles est immédiatement opposable aux tiers ne suffit pas. Encore faut-il comprendre le sens de l'adverbe « immédiatement ». C'est à la date figurant sur le bordereau lors de sa remise que l'opposabilité prend effet (C. mon. fin., art. L. 313-27, al. 1er). Date qui, pour rappel, est apposée par le cessionnaire (C. mon. fin., art. L. 313-25, al. 2). 233 ■

En conséquence, un bordereau dépourvu de date empêche, notamment, que la cession soit opposable aux tiers (Com. 14 juin 2000, n° 96-22.634, *JCP* 2001, 1, 301, obs. J. Virassamy).

L'opposabilité de la cession de créances professionnelles portant sur les *créances de loyers* résultant de baux a fait l'objet d'une évolution. 234 ■

Initialement, la Cour de cassation décidait que l'ouverture d'une procédure collective à l'égard du cédant faisait obstacle aux droits du cessionnaire sur les créances nées de la poursuite d'un contrat à exécution successive postérieurement à ce jugement (Com. 26 avr. 2000, n° 97-10.415, *D.* 2000. 717, note C. Larroumet). Cette solution était vigoureusement critiquée en doctrine, au motif que le droit du cessionnaire prend rang à la date de l'acte, donc avant l'ouverture de la procédure collective, bien qu'il ne puisse acquérir ce droit qu'au jour de sa naissance.

Sensible à la critique, le législateur est intervenu en 2003, en précisant que la cession devient opposable à la date apposée sur le bordereau quelle que soit la date de naissance, d'échéance ou d'exigibilité des créances (C. mon. fin., art. L. 313-27, al. 1er). Position sur laquelle s'est donc alignée la Cour de cassation, y compris s'agissant de l'hypothèse de l'ouverture d'une procédure collective à l'encontre du cédant (Com. 7 déc. 2004, n° 02-20.732, *D.* 2005, p. 230, note C. Larroumet). Des dispositions ultérieures ont, en 2021, renforcé encore plus l'efficacité de la cession de créances professionnelles en cas de procédure collective à l'égard du cédant (C. com., art. L. 622-21, IV, dernier al., et art. L. 632-1, I, 6°).

§ 3 Les effets à l'égard du débiteur cédé

235 Les effets de la cession de créances professionnelles à l'égard du débiteur cédé varient selon que celle-ci n'est pas notifiée (A), est notifiée (B) ou est acceptée (C).

A. Cession de créances professionnelles non notifiée

236 Commençons, en premier lieu, par la cession de créances professionnelles non notifiée. Contrairement à ce qu'il en est en droit commun de la cession de créance (C. civ., art. 1323 et 1324), le régime de la cession de créances professionnelles ne distingue pas le débiteur cédé, tiers très particulier, et les autres tiers (C. mon. fin., art. L. 313-27, al. 1er). Deux lectures peuvent en être données.

La première lecture, la plus répandue, consiste à considérer que là où la loi ne distingue pas, il n'y a pas lieu de distinguer. En d'autres termes, la cession de créances professionnelles est opposable au débiteur cédé, comme aux autres tiers, à la date apposée sur le bordereau – sous réserve de la possibilité de réaliser un paiement entre les mains du cédant (v. ss 238).

La seconde lecture possible, moins probable mais plus protectrice du débiteur, veut que le silence du Code monétaire et financier n'empêche pas de considérer que la cession de créances professionnelles n'est opposable au débiteur cédé qu'à compter du moment où il reçoit une notification.

237 L'enjeu du débat tient aux *exceptions opposables* par le débiteur cédé au cessionnaire. S'il est un point qui est certain, c'est que le débiteur cédé peut opposer au cessionnaire toutes les exceptions inhérentes à la dette, c'est-à-dire celles qui suivent la créance quel que soit son titulaire, indépendamment de leur date d'apparition : nullité, exception d'inexécution, etc. (v. C. civ., art. 1324). La chambre commerciale de la Cour de cassation a cependant précisé que la cession d'une créance professionnelle ne confère pas au cessionnaire qualité pour défendre, en l'absence du cédant, à une demande de résolution du contrat dont procède cette créance (Com. 15 mai 2019, n° 17-27.686).

Mais l'essentiel est ailleurs. Affirmer que la cession de créances professionnelles est immédiatement opposable au débiteur cédé, c'est dire que celui-ci ne peut pas invoquer comme moyen de défense à l'encontre du cessionnaire une exception personnelle tirée de son rapport avec le cédant qui serait née après la cession (sur lesquelles, v. C. civ., art. 1324). Il suffit de songer à une remise de dette ou à un report de terme consentis par le cédant en méconnaissance des droits du cessionnaire (comp. C. mon. fin., art. L. 313-27, al. 2).

238 Quoi qu'il en soit, le législateur a décidé qu'avant toute notification, le débiteur cédé effectue valablement le paiement entre les mains du cédant (C. mon. fin., art. L. 313-28, *a contrario* ; la jurisprudence étend la règle également à la compensation : Com. 14 déc. 1993, n° 91-22.033, *RTD com.* 1994. 332, obs. M. Cabrillac et B. Teyssié). En opportunité, la règle tient compte du fait que le débiteur cédé auquel aucune notification n'a été adressée ignore le plus souvent que la créance a été transférée. En droit, cette règle est fondée, selon la doctrine majoritaire, sur l'existence d'un – curieux – mandat tacite de recouvrement entre le cédant et le cessionnaire.

Indépendamment du fondement de la règle, il importe d'en souligner la portée : si le cédant encaisse des sommes, il le fait pour le compte du cessionnaire. Ce dernier est donc en droit d'exiger la restitution de ces sommes (Com. 4 janv. 2005, n° 03-11.980, *RTD com.* 2005. 391, obs. M. Cabrillac).

Il est intéressant de noter que, aux termes de la loi, l'opposabilité immédiate au débiteur cédé opère quelle que soit la loi applicable aux créances et la loi du pays de résidence des débiteurs (C. mon. fin., art. L. 313-27, al. 1er). Prise au pied de la lettre, cette règle entre en conflit avec le règlement Rome I, qui soumet les conditions d'opposabilité de la cession à la loi régissant la créance cédée (Règlement n° 593/2008 du 17 juin 2008 sur la loi applicable aux obligations contractuelles, art. 14.2). 239 ■

B. Cession de créances professionnelles notifiée

Venons-en, en deuxième lieu, à la cession de créances professionnelles notifiée. Rien ne s'oppose en effet à ce que le cessionnaire notifie l'opération au débiteur cédé (C. mon. fin., art. L. 313-28). Si cette notification peut être faite par tout moyen, elle doit en revanche contenir certaines mentions (C. mon. fin., art. R. 313-15) et la Cour de cassation ajoute qu'« à défaut de production du bordereau de cession de créances professionnelles revêtu de toutes les mentions exigées par [l'article L. 313-23 du Code monétaire et financier], une cession prétendument conclue selon les modalités prévues par celui-ci n'est pas opposable aux tiers » (Com. 14 févr. 2024, n° 22-14.784). 240 ■

La principale conséquence que la notification emporte consiste à interdire au débiteur cédé de payer entre les mains du cédant. La notification présente un intérêt évident, consistant à éviter que le paiement réalisé au profit du cédant ou d'un éventuel second cessionnaire de la même créance soit libératoire pour le débiteur cédé, qui est ainsi tenu de payer une nouvelle fois (Com. 12 janv. 1999, n° 96-13.723, *Bull. civ.* IV, n° 8). 241 ■

C. Cession de créances professionnelles acceptée

Terminons, en troisième lieu, par la cession de créances professionnelles acceptée par le débiteur cédé. Sur la demande du cessionnaire, le débiteur cédé peut accepter la cession de créances professionnelles, c'est-à-dire s'engager à payer le cessionnaire directement (C. mon. fin., art. L. 313-29). Ce cas de figure, qui se vérifie rarement en pratique, est gouverné par une *inopposabilité des exceptions*. Le débiteur cédé ne peut alors plus invoquer à l'encontre du cessionnaire de moyens de défense fondés sur ses rapports avec le cédant. Tout simplement, s'il est amené à payer une somme à laquelle il n'était finalement pas tenu, il disposera d'un recours à l'encontre du cédant. L'acceptation opère donc comme une renonciation à la faculté de se prévaloir des exceptions. 242 ■

L'acceptation de la cession de créances professionnelles appelle trois précisions, relatives respectivement à son domaine, à sa forme et à ses effets.

D'abord, concernant le *domaine*, l'acceptation peut être réalisée y compris lorsque le débiteur cédé est une personne morale de droit public. Néanmoins, dans pareille hypothèse, l'acceptation est soumise à des conditions plus strictes (C. mon. fin., art. L. 313-29-1 s.). 243 ■

244 Ensuite, concernant la *forme*, l'acceptation doit être constatée par écrit et contenir une mention déterminée (C. mon. fin., art. L. 313-29, al. 1er). Il s'agit là d'un formalisme protecteur du consentement du débiteur cédé, mis en place en raison des conséquences importantes que l'acceptation produit à son égard.

La jurisprudence se montre exigeante quant au respect de ce formalisme : l'acceptation ne peut pas être exprimée de manière anticipée (Com. 3 nov. 2015, n° 14-14.373, *RTD civ.* 2016. 123, obs. H. Barbier), tout comme une mention différente de celle prévue est insuffisante (Com. 5 nov. 1991, n° 90-12.334, *Bull. civ.* IV, n° 329).

245 Enfin, concernant les *effets*, l'acceptation, on l'a vu, empêche en principe le débiteur cédé d'opposer au cessionnaire les exceptions fondées sur ses rapports avec le cédant. Deux tempéraments existent, l'un de source légale, l'autre d'origine jurisprudentielle.

D'une part, l'opposabilité des exceptions continue de jouer lorsque le cessionnaire a agi sciemment au détriment du débiteur cédé (C. mon. fin., art. L. 313-29, al. 2). Autrement dit, le cessionnaire de mauvaise foi, qui connaît l'existence d'une exception, ne peut pas la purger en sollicitant une acceptation de la cession de créances professionnelles. La Cour de cassation a précisé que la bonne ou mauvaise foi du cessionnaire s'apprécie au jour de la remise du bordereau et non au jour de la demande l'acceptation, ce qui peut toutefois constituer une prime à la mauvaise foi survenue (Com. 1er déc. 1998, n° 95-20.390).

D'autre part, la Cour de cassation admet que l'acceptation soit assortie d'une réserve, notamment la bonne exécution de la part du cédant du contrat dont découle la créance cédée (Com. 2 juin 1992, n° 90-18.821, *Bull. civ.* IV, n° 215). Sur ce point, le régime de la cession de créances professionnelles s'écarte donc de celui de la lettre de change (v. *supra*, chapitre 5), laquelle ne peut faire l'objet que d'une acceptation pure et simple (C. com., art. L. 511-17, al. 3).

Compléments pédagogiques

Mémo

La cession de créances professionnelles (ou cession *Dailly*), consacrée en 1981, est une opération par laquelle un ensemble de créances est transféré de manière simplifiée, au moyen d'un bordereau, pour garantir un crédit consenti par le cessionnaire (un établissement de crédit ou une personne assimilée) au cédant (le bénéficiaire du crédit).

Il est possible de réaliser également un nantissement de créances professionnelles, qui confère à l'établissement de crédit un droit exclusif sur certaines créances en garantie du crédit consenti, mais cette autre opération est assez rare en pratique.

La cession de créances professionnelles peut être réalisée à titre d'escompte ou à titre de garantie.

Le cessionnaire ne peut être qu'un établissement de crédit, une société de financement ou un fonds d'investissement alternatif.

Le cédant peut être uniquement soit une personne morale de droit public ou de droit privé soit une personne physique à condition alors que la créance cédée soit détenue dans l'exercice d'une activité professionnelle.

La cession de créances professionnelles suppose la remise d'un bordereau.

Ce bordereau doit comporter diverses mentions, notamment la désignation ou l'individualisation des créances, la date apposée par le cessionnaire lors de la remise et la signature du cédant.

La cession de créances professionnelles transfère les créances, avec leurs caractères et leurs accessoires, du patrimoine du cédant au patrimoine du cessionnaire.

Le cédant est garant solidaire du paiement des créances cédées.

L'opération est opposable aux tiers à la date apposée sur le bordereau lors de sa remise.

Avant toute notification, le débiteur cédé effectue valablement paiement entre les mains du cédant.

La notification interdit au débiteur cédé de payer entre les mains du cédant.

Le débiteur cédé peut accepter la cession de créances professionnelles, c'est-à-dire s'engager à payer le cessionnaire directement. Cette acceptation entraîne une inopposabilité des exceptions.

Quid

■ Acceptation n° 218

Manifestation de volonté par laquelle le débiteur cédé s'engage à payer directement le cessionnaire, laquelle entraîne une inopposabilité des exceptions.

■ Bordereau (de cession de créances professionnelles) n°s 197 s.

Document écrit qui réalise la cession de créances professionnelles et qui doit à la fois comporter des mentions obligatoires et être remis par le cédant au cessionnaire.

■ Cession de créances professionnelles (cession *Dailly*) n° 197

Opération par laquelle un ensemble de créances est transféré au moyen d'un bordereau, pour garantir un crédit consenti par le cessionnaire (un établissement de crédit ou une personne assimilée) au cédant (le bénéficiaire du crédit).

■ Cession (de créances professionnelles) à titre d'escompte n° 199

Variété de cession *Dailly* dans laquelle le paiement entre les mains de l'établissement de crédit cessionnaire des créances cédées permet de le désintéresser.

■ Cession (de créances professionnelles) à titre de garantie (ou cession fiduciaire) n° 199

Variété de cession *Dailly* où les créances cédées constituent une sûreté garantissant le remboursement du crédit accordé, de sorte que si le cédant bénéficiaire du crédit rembourse lui-même l'établissement de crédit cessionnaire, l'opération prend fin et les créances cédées reviennent automatiquement au premier.

■ Nantissement de créances professionnelles n° 197

Sûreté constituée au moyen d'un bordereau, qui confère à un établissement de crédit ou une personne assimilée un droit exclusif sur certaines créances en garantie du crédit consenti.

■ Notification n° 218

Acte par lequel le cessionnaire interdit au débiteur cédé de payer un autre que lui-même.

Documents

Sujet de l'épreuve de droit des affaires de l'année 2018 lors de l'examen d'entrée au centre régional de formation professionnelle des avocats – CRFPA – (extraits)

La SARL ALAIN a pour objet une activité de bâtiment et de travaux publics. Son principal fournisseur est la SAS BÉTON. Celle-ci est régulièrement créancière de la SARL ALAIN qui se fournit auprès d'elle, et réciproquement. La SAS a ainsi approvisionné la SARL à trois reprises en juin 2018 pour une facturation totale le 1er juillet de

1 8000 euros. Par un échange au téléphone du 2 juillet 2018, la nouvelle secrétaire comptable de la SAS a signalé au comptable de la SARL que la SAS allait céder à sa banque ces trois créances. Le 8 juillet, la Banque EMMA a notifié par lettre à la SARL ALAIN la cession des trois créances en lui envoyant, pour information, la copie de l'acte qui est intitulé « Cession de créance par bordereau *Dailly* ». [...] Monsieur Alain, gérant de la SARL ALAIN, dont la trésorerie est en difficulté, souhaite échapper aux demandes de la banque et différer le paiement de ce qu'il doit à son fournisseur. Il vous consulte sur les moyens qu'il peut opposer à la banque EMMA et à la SAS BÉTON. [...]

Sujet de l'épreuve de droit des obligations de l'année 2021 lors de l'examen d'entrée au centre régional de formation professionnelle des avocats – CRFPA – (extraits)

[...] La seconde sûreté exigée est une cession de créances. Ce contrat a été conclu le 12 octobre 2019. Il prévoit que sont cédées, sous le régime prévu aux articles L. 313-23 et suivants du Code monétaire et financier, les créances que la société SURSITE détient sur ses clients au titre de contrats d'approvisionnement précédemment conclus et énumérés dans le contrat de cession et dont la valeur nominale totale égale 130 260 euros. Le paiement par les clients vaut extinction, à due concurrence, de la dette d'emprunt. [...]

S'agissant de la cession de créances, Mme Lecas pense qu'elle est nulle. Elle a en effet pris connaissance des textes du Code monétaire et financier et observé que l'acte de cession ne comporte pas les deux premières mentions prévues à l'article L. 313-23 du code monétaire et financier : « Le bordereau doit comporter les énonciations suivantes : 1. La dénomination, selon le cas, " acte de cession de créances professionnelles " ou " acte de nantissement de créances professionnelles " ; 2. La mention que l'acte est soumis aux dispositions des articles L. 313-23 à L. 313-34 ; ». Or ce même texte prévoit que l'acte incomplet « ne vaut pas comme acte de cession ou de nantissement de créances professionnelles au sens des articles L. 313-23 à L. 313-34 ». [...]

Com. 11 oct. 2017, n° 15-18.372 (extraits) (*AJ contrat* 2017. 527, obs. V. Forti)

[...] [A]près avoir constaté que le bordereau comportait la mention des articles L. 313-23 à L. 313-34 du code monétaire et financier, exigée par l'article L. 313-23, 2°, dudit code, mais aussi celle, non exigée, des articles R. 313-15 à R. 313-18, l'arrêt retient à bon droit que l'ajout de ces textes réglementaires, fussent-ils abrogés, n'a pas d'incidence sur la validité de la cession [...]

une cession de créance professionnelle effectuée selon les modalités prévues par les articles L. 313-23 et suivants du code monétaire et financier produit ses effets et est opposable aux tiers ainsi qu'au débiteur cédé dans les conditions prévues par ces dispositions légales, auxquelles aucune autre condition ne peut être ajoutée dans le contrat générateur de la créance [...].

Com. 9 fév. 2010, n° 09-10.119 (extrait)
(*RTD com.* 2010. 770, obs. D. Legeais)

[...] [Q]u'en statuant ainsi alors que la cession de créance effectuée à titre de garantie prend fin sans formalité particulière pour les sommes excédant la créance qui reste due à la banque cessionnaire par le cédant, laquelle s'élevait en l'espèce à la somme de 67 519,02 euros, la cour d'appel a violé les textes susvisés [...].

Com. 3 janv. 1996, n° 93-20.783 (extrait)
(*RTD com.* 1996. 308, obs. M. Cabrillac)

[...] [Q]u'en statuant ainsi, alors que pour l'application de la loi précitée, dès lors que tant le cédant que le débiteur sont des personnes morales, peu important qu'elles soient soumises au droit public, ou au droit privé, l'opération de crédit est valable sans qu'il y ait lieu de vérifier que la créance est née dans l'exercice de leurs activités professionnelles, une telle condition ne s'imposant que lorsque soit le cédant, soit le débiteur est une personne physique, la cour d'appel a violé les textes susvisés [...].

Com. 22 mars 2017, n° 15-15.361 (extrait)
(*RTD civ.* 2017. 455, obs. P. Crocq)

[...] Mais attendu, en premier lieu, qu'ayant exactement énoncé que la cession de créances professionnelles faite à titre de garantie implique la restitution du droit cédé au cas où la créance garantie viendrait à être payée et n'opère qu'un transfert provisoire de la titularité de ce droit, la restitution de la créance au cédant restant subordonnée à l'épuisement de l'objet de la garantie consentie, l'arrêt en déduit à bon droit qu'elle ne constitue pas le paiement de la créance garantie ;

Et attendu, en second lieu, que l'arrêt n'autorise pas le cessionnaire à se faire payer une créance antérieure, au seul motif qu'il est titulaire des créances cédées, mais condamne le liquidateur à restituer des sommes qu'il a indûment perçues postérieurement au jugement d'ouverture [...].

Com. 13 sept. 2017, n° 16-11.408 (extrait)

[...] Attendu que pour retenir que les bordereaux datés du 12 juillet 2006 constituent des actes réguliers de cessions de créances professionnelles et rejeter les demandes de résolution judiciaire du contrat de vente hypothécaire et de l'acte de cession de créance du 26 juin 2007, subsidiairement d'indemnisation, formées par la société Eurotitrisation, l'arrêt relève, d'un côté, qu'au regard de la mention, dépourvue d'ambiguïté, du terme « bordereau *Dailly* » après celui de « cession de créances », l'omission du mot « professionnelles » est sans conséquence sur la portée des engagements des parties ou l'objet de la convention et, de l'autre, que le contrat de cession comporte la référence à la fois aux termes « Bordereaux *Dailly* » et « actes de cessions de créances professionnelles » ;

Qu'en statuant ainsi, alors que le titre dans lequel une des mentions exigées par l'article L. 313-23 du code monétaire et financier fait défaut ne vaut pas comme acte de cession au sens de ces dispositions, la cour d'appel a violé le texte susvisé [...].

Com. 13 nov. 2003, n° 01-10.724 (extrait)

[…] Attendu que pour rejeter la demande de M. X…, ès qualités, l'arrêt retient qu'en prévoyant la cession de la totalité du compte client, aucune erreur d'identification n'était, en fait, possible quant aux créances transférées et en déduit que le bordereau est régulier ;

Attendu qu'en se déterminant ainsi, sans relever que le bordereau litigieux comportait, outre le montant global de la cession, les indications nécessaires à l'identification et à l'individualisation précises des créances cédées ou les éléments de référence de nature à permettre cette identification et cette individualisation, alors que le titre dans lequel une des mentions exigées fait défaut ne vaut pas comme acte de cession au sens de la loi du 2 janvier 1981, la cour d'appel a privé sa décision de base légale au regard du texte susvisé […].

Com. 7 mars 1995, n° 93-12.257 (extrait) (*RTD com.* 1995. 632, obs. M. Cabrillac)

[…] [A]ttendu qu'après avoir constaté qu'aucune date n'avait été portée sur le bordereau et en avoir exactement déduit que la cession n'avait pas pris effet entre les parties en application de la loi du 2 janvier 1981, c'est à bon droit que la cour d'appel a décidé que la banque ne pouvait se fonder sur ce document pour demander paiement à la société BGSL […].

Com. 18 nov. 2014, n° 13-13.336 (extrait) (*RTD civ.* 2015. 185, obs. P. Crocq)

[…] Attendu, enfin, qu'en cas de cession à titre de garantie d'une créance professionnelle selon les modalités prévues par les articles L. 313-23 et suivants du code monétaire et financier, seul le cessionnaire peut réclamer au débiteur le paiement total de la créance cédée, même lorsque son montant excède celui de la créance garantie, le cédant ne retrouvant ses droits à agir qu'après le remboursement intégral de la dette garantie ou la renonciation du cessionnaire à tout ou partie de la créance cédée ; qu'ayant constaté qu'aux termes de l'acte du 17 mai 2011, la SCI avait cédé à la banque toutes sommes qu'elle pourrait percevoir à titre provisionnel ou définitif à l'issue des procédures judiciaires alors en cours, liées aux sinistres survenus le 4 mars 2008 et aux litiges liés aux malfaçons et au dépassement du budget, la cour d'appel en a exactement déduit que cette société n'avait plus qualité pour poursuivre son action […].

Com. 15 mai 2019, n° 17-27.686 (extrait)

[…] Qu'en statuant ainsi, alors que la cession d'une créance ne confère pas au cessionnaire qualité pour défendre, en l'absence du cédant, à une demande de résolution du contrat dont procède cette créance, la cour d'appel a violé les textes susvisés […].

Com. 14 févr. 2024, n° 22-14.784 (extrait)

[...] Vu l'article L. 313-23 du code monétaire et financier :

6. À défaut de production du bordereau de cession de créances professionnelles revêtu de toutes les mentions exigées par ce texte, une cession prétendument conclue selon les modalités prévues par celui-ci n'est pas opposable aux tiers.

7. Pour condamner la société Gicur à payer à la banque la somme de 85 404,24 euros, l'arrêt retient que la lettre de notification du 23 novembre 2015 indique sans ambiguïté la créance cédée et que cette notification valait interdiction pour la société Gicur, sans qu'aucune autre notification ne fût nécessaire, de payer toute facture relative à ce marché entre les mains de la société Entreprise Henry. Il retient ensuite que la banque verse aux débats cinq situations du marché, dont elle a été destinataire et dont quatre sont restées impayées. Il en déduit que la société Gicur demeure débitrice envers la banque de la somme correspondant à ces quatre situations, diminuée d'une somme payée en cours de procédure.

8. En se déterminant ainsi, sans constater que la banque produisait le bordereau de cession des créances professionnelles dont elle demandait le paiement, la cour d'appel n'a pas donné de base légale à sa décision. [...]

Com. 3 nov. 2015, n° 14-14.373 (extrait)
(*RTD civ.* 2016. 123, obs. H. Barbier)

[...] Qu'en statuant ainsi, alors que l'acceptation anticipée d'une cession qui n'a pas encore pris effet est sans portée et ne peut être confirmée que par un acte d'acceptation conforme aux dispositions de l'article L. 313-29 du code monétaire et financier et signé postérieurement à la date mentionnée sur le bordereau de cession, la cour d'appel a violé le texte susvisé [...]

Biblio

- L. Andreu, « Cession *Dailly* et procédures collectives », *Rev. proc. coll.* 2017, n° 6, p. 94.
- P. Crocq, « L'efficacité incertaine de la cession *Dailly* », *Dr. et patr.* juill.-août 2002, p. 80.
- L. Dreyfuss, « La cession *Dailly* à titre de garantie, une opération à l'épreuve des procédures collectives ? », *RTD com.* 2018. 869.
- V. Forti, « La défense jurisprudentielle du régime de la cession *Dailly* », obs. sous Com., 11 oct. 2017, n° 15-18.372, *AJ contrat* 2017, n° 12, p. 527.
- A.-S. Hocquet de Lajartre, « La protection des droits du débiteur cédé dans la cession *Dailly* », *RTD com.* 1996. 211.
- N. Kilgus, « La convention de cession *Dailly* et le cédé », *RDBF* 2021, 2, 10.
- J. Lasserre Capdeville, « Retour sur les mentions obligatoires du bordereau *Dailly* », *RDBF* 2021, 2, 9.
- D. Legeais, « L'avenir du *Dailly* », in *Mélanges AEDBF France*, 2001, n° 3, p. 219.
- F. Léonard, « La cession de créances futures dans le cadre de la loi *Dailly* », *RRJ* 2002, n° 1, p. 149.
- C. Malecki, « Le bordereau *Dailly* à l'épreuve du droit des procédures collectives », in *Mélanges Yves Guyon*, Dalloz, 2003, p. 767.

Quiz

1) Sujets corrigés

A) Test de connaissances

Énoncé

1. Il est possible de réaliser :

a. uniquement une cession de créances professionnelles ;

b. uniquement un nantissement de créances professionnelles ;

c. aussi bien une cession de créances professionnelles qu'un nantissement de créances professionnelles.

2. La cession de créances professionnelles peut être réalisée :

a. à titre d'escompte ;

b. à titre de libéralité ;

c. à titre de garantie.

3. Dans une cession de créances professionnelles, toute personne morale de droit public ou de droit privé peut être cessionnaire :

a. vrai ;

b. faux.

4. L'apposition dans le bordereau de la mention que l'acte est soumis aux dispositions des articles L. 313-23 à L. 313-34 est :

a. obligatoire ;

b. facultative.

5. La cession de la totalité du compte client :

a. est toujours admise ;

b. est parfois admise ;

c. n'est jamais admise.

6. La date doit être apposée sur le bordereau :

a. par le cédant ;

b. par le cessionnaire ;

c. par le cédant ou par le cessionnaire.

7. La preuve de la date peut être rapportée :

a. uniquement par écrit ;

b. par tous moyens.

8. La signature du bordereau par le cédant est nécessaire :

a. vrai ;

b. faux.

9. La signature du bordereau par le cessionnaire est nécessaire :

a. vrai ;

b. faux.

10. La cession de créances professionnelles est un contrat :

a. entre le cédant, le cessionnaire et le cédé ;

b. entre le cédant et le cessionnaire ;

c. entre le cédant et le cédé ;

d. entre le cessionnaire et le cédé.

11. L'effet translatif de la cession de créances professionnelles porte :

a. uniquement sur les créances ;

b. uniquement sur les accessoires des créances ;

c. à la fois sur les créances et sur leurs accessoires.

12. Le cédant garantit aussi bien l'existence des créances que la solvabilité des débiteurs cédés :

a. vrai ;

b. faux.

13. La cession de créances professionnelles devient opposable aux tiers :

a. immédiatement ;

b. à compter du jour où elle est notifiée.

14. Le débiteur cédé ne peut pas opposer au cessionnaire les exceptions inhérentes à la dette :

a. vrai ;

b. faux.

15. Le débiteur cédé effectue valablement paiement entre les mains du cédant :

a. uniquement après notification ;

b. avant toute notification.

16. La notification :

a. permet au débiteur cédé de payer entre les mains soit du cédant soit du cessionnaire ;

b. interdit au débiteur cédé de payer entre les mains du cessionnaire ;

c. interdit au débiteur cédé de payer entre les mains du cédant.

17. Le cessionnaire peut imposer l'acceptation de la cession de créances professionnelles au débiteur cédé :

a. vrai ;

b. faux.

18. L'acceptation par le débiteur cédé :

a. peut être verbale ;

b. doit être constatée par écrit.

19. L'acceptation empêche en principe le débiteur cédé d'opposer au cessionnaire les exceptions fondées sur ses rapports avec le cédant :

a. vrai ;

b. faux.

20. La mauvaise foi du cessionnaire empêche que l'acceptation par le débiteur cédé entraîne une :

a. opposabilité des exceptions ;

b. inopposabilité des exceptions.

Voir le corrigé en fin de rubrique.

B) Test de compréhension

Compléter le modèle de bordereau de cession de créances professionnelles suivant, en remplissant les cases vides signalées par un astérisque :

Acte de cession de créances *(*)*______________________

Soumis aux dispositions des articles *(*)*________________

Établissement bénéficiaire : Banque AZ

Cédant : Société 123

Désignation ou individualisation des créances cédées :

- débiteur :

- *(*)*______________ de paiement :

- *(*)*______________ des créances :

Signature de la part *(*)*__________:

Date apposée par *(*)*____________:

Voir le corrigé en fin de rubrique.

C) Cas pratiques

Énoncé n° 1

La société Hypercours cède à titre d'escompte par bordereau *Dailly* diverses créances à la banque Dalloz. La plupart des débiteurs cédés payent leurs dettes. Deux d'entre eux, en revanche, ne paient pas et sont par ailleurs insolvables. La banque Dalloz demande alors le paiement des sommes d'argent qui correspondent à ces créances à la société Hypercours. *Celle-ci est-elle tenue de payer ?*

Voir le corrigé en fin de rubrique.

Énoncé n° 2

La société Paris est créancière envers ses clients de diverses sommes d'argent. Les contrats générateurs de ces créances précisent que la société Paris peut céder ces mêmes créances par bordereau *Dailly* et que cette cession est acceptée de manière anticipée par les clients. Justement, la société Paris cède ces diverses créances par bordereau *Dailly* à la banque Marseille. L'un des débiteurs cédés, la société Lyon, refuse de payer la créance au motif que le contrat conclu avec la société Paris serait nul en raison d'un vice du consentement. La banque Marseille conteste que cette exception puisse être invoquée, en raison de l'acceptation de la cession de créances professionnelles réalisée de manière anticipée par la société Lyon. *Cet argument est-il recevable ?*

Voir le corrigé en fin de rubrique.

Énoncé n° 3

La société Toufort cède à une banque par bordereau *Dailly* des créances à l'égard de l'un de ses clients, la société Valanto. La banque notifie la cession à la société Valanto et elle lui demande le paiement. La société Valanto considère néanmoins que la cession lui est inopposable en raison de l'absence de date sur le bordereau *Dailly*. La banque n'est pas du même avis : elle soutient que le cessionnaire qui a omis d'apposer la date de la remise sur le bordereau *Dailly* peut suppléer à cette omission par d'autres moyens, telle la notification au débiteur, et que, en tout état de cause, le bordereau de cession de créances professionnelles non daté demeure opposable aux tiers en tant qu'acte de cession de droit commun. La société Valanto ne sait pas ce qu'elle doit en penser. *Est-elle tenue de payer ?*

Voir le corrigé en fin de rubrique.

2) Corrigés

Test de connaissances

1. c ; **2.** a et c ; **3.** b ; **4.** a ; **5.** c ; **6.** b ; **7.** b ; **8.** a ; **9.** b ; **10.** b ; **11.** c ; **12.** a ; **13.** a ; **14.** b ; **15.** b ; **16.** c ; **17.** b ; **18.** b ; **19.** a ; **20.** b.

Test de compréhension

Acte de cession de créances *professionnelles*

Soumis aux dispositions des articles *L. 313-23 à L. 313-34 du Code monétaire et financier*

Établissement bénéficiaire : Banque AZ

Cédant : Société 123

Désignation ou individualisation des créances cédées :

- débiteur :
- *lieu* de paiement :
- *montant* des créances :

Signature de la part *du cédant* :

Date apposée par *le cessionnaire* :

Cas pratique n° 1

En vertu de l'article L. 313-24, alinéa 2, du Code monétaire et financier, le cédant est garant solidaire du paiement des créances cédées par bordereau *Dailly*. Certes, la règle est supplétive. Mais rien ne laisse en l'espèce penser que les parties y aient dérogé. Certes, aussi, l'étendue de la garantie pesant sur le cédant varie selon que la cession de créances professionnelles a été ou non notifiée au débiteur. En l'occurrence, les faits ne font état d'aucune notification mais, en tout état de cause, les débiteurs cédés n'ayant pas payé sont insolvables, ce qui rend le paiement impossible. Aussi, la garantie a-t-elle normalement lieu de jouer. Concrètement, cela signifie que le cessionnaire, la banque Dalloz, est fondé à demander le paiement des créances non recouvrées au cédant, la société Hypercours.

Cas pratique n° 2

L'acceptation de la cession de créances professionnelles par le débiteur cédé est gouvernée par une inopposabilité des exceptions : le débiteur cédé ne peut pas opposer au cessionnaire les exceptions fondées sur ses rapports avec le cédant. Toutefois, pour que cette inopposabilité puisse opérer, encore faut-il que le formalisme strict auquel est soumise l'acceptation soit respecté. Entre autres, cette acceptation doit être effectuée par écrit et contenir une mention précise, ce que les faits de l'espèce ne permettent pas de vérifier. Surtout, cette acceptation doit être faite après la cession, pour que le débiteur cédé soit pleinement conscient des conséquences qui en résultent pour lui. La Cour de cassation a en effet été amenée à préciser que l'acceptation ne peut pas être exprimée de manière anticipée (Com. 3 nov. 2015, n° 14-14.373, *RTD civ.* 2016. 123, obs. H. Barbier). Dès lors, l'acceptation n'est en l'occurrence pas valable et elle n'entraîne aucune inopposabilité des exceptions. Ce qui signifie que le débiteur cédé, la société Lyon, peut invoquer comme moyen de défense la nullité du contrat générateur de la créance pour vice du consentement, sans cependant préjuger du bien-fondé de ce moyen de défense.

Cas pratique n° 3

L'article L. 313-27, alinéa 1er du Code monétaire et financier dispose que « La cession [...] prend effet entre les parties et devient opposable aux tiers à la date apposée sur le bordereau lors de sa remise [...] ». La Cour de cassation en déduit que « les bordereaux de cession de créances professionnelles dépourvus de date sont privés de tout effet et qu'il ne peut être suppléé à cette omission par d'autres moyens, telle la notification des actes de cession au débiteur, et [...] qu'aucune cession [n'est] intervenue [...] selon les règles de droit commun » (Com. 15 mars 2023, n° 21-24.490 ; v. aussi Com. 7 mars 1995, n° 93-12.257, *RTD com.* 1995. 632, obs. M. Cabrillac ; Com. 14 juin 2000, n° 96-22.634, *RTD com.* 2000. 992, obs. M. Cabrillac). En l'espèce, le bordereau *Dailly* étant dépourvu de date, il est privé de tout effet. Par ailleurs, la notification réalisée par la banque ne peut pas suppléer à cette omission. Par conséquent, la banque ne dispose pas d'un titre pour demander le paiement à la société Valanto.

chapitre 7

L'affacturage

Plan analytique

section 1

Les rapports entre l'affactureur et l'adhérent

§ 1 La conclusion du contrat-cadre

- **A.** Les obligations de l'adhérent
- **B.** Les obligations de l'affactureur

§ 2 La transmission des créances

- **A.** Les techniques concevables
- **B.** La technique courante

section 2

Les rapports entre l'affactureur et les débiteurs

§ 1 L'opposabilité de la subrogation

- **A.** Les conditions d'opposabilité de la subrogation
- **B.** Les conséquences de l'inopposabilité de la subrogation

§ 2 L'opposabilité des exceptions

- **A.** Les exceptions inhérentes à la dette
- **B.** Les exceptions extérieures à la dette

Compléments pédagogiques

L'affacturage

L'*affacturage*[Q] puise ses racines assez loin dans l'histoire. C'est, semble-t-il, à partir du XVIe ou du XVIIe siècle que le *factoring* se développe dans les relations commerciales entre l'Angleterre et les États-Unis. Initialement, les affactureurs (*factors*), sortes de commissionnaires rémunérés pour vendre des marchandises qui leur sont envoyées, garantissent seulement quelques fois le paiement dû par les acquéreurs. Puis, vers le XIXe siècle ils deviennent des établissements financiers, qui ne vendent plus les marchandises mais se limitent à encaisser les factures – d'où le terme *factoring* ou affacturage – émises pour la vente de ces marchandises. 246

Au cours de la seconde moitié du XXe siècle, l'opération se répand en France, où elle continue de prospérer aujourd'hui encore. Un chiffre vaut mieux qu'une longue explication : le secteur porte sur un montant annuel avoisinant les 400 milliards d'euros (G. Nedelec, « Le marché de l'affacturage en route vers un nouveau record », *Les Échos* 7 sept. 2022, p. 27).

Bien que très utilisé en pratique, l'affacturage est une *opération innomée*. Certes le législateur ne l'ignore pas : le Code monétaire et financier l'évoque pour prévoir certaines mentions obligatoires (art. R. 313-16) ; le Code de la consommation en fait autant pour encadrer le calcul du taux effectif global (art. R. 314-6) ; la loi *PACTE* l'organise en matière de marchés publics (L. n° 2019-486 du 22 mai 2019 relative à la croissance et la transformation des entreprises, art. 106) ; ou encore, dans le cadre de la crise sanitaire due à la Covid-19, la loi a permis de réaliser un affacturage dès la prise des commandes et donc sans attendre l'émission des factures (L. n° 2020-935 du 30 juillet 2020 de finances rectificative pour 2020, art. 41). Il n'empêche qu'un régime complet propre à l'affacturage fait défaut en droit interne – notons qu'au niveau international la matière est en revanche régie par la Convention Unidroit sur l'affacturage international d'Ottawa du 28 mai 1988, signée et ratifiée par la France (Décr. n° 95-846 du 18 juillet 1995 portant publication de la Convention sur l'affacturage international). 247

Cela explique les difficultés de définition dont il fait l'objet. Aussi dirons-nous que l'affacturage est l'opération par laquelle un établissement d'affacturage (l'*affactureur*[Q]) est rémunéré par un client (l'*adhérent*[Q]) pour recevoir des créances que celui-ci détient à l'encontre de tiers pour en simplifier le paiement. Derrière cette simplification peuvent à vrai dire se trouver des prestations assez variées, qui dépendent du montage contractuel choisi : gérer les créances, procéder à leur recouvrement, anticiper un pourcentage du montant des créances, voire en garantir le paiement.

Opération protéiforme, l'affacturage connaît diverses variétés dont les principales méritent d'être rapidement signalées. 248

L'*affacturage géré* est celui où l'affactureur réalise uniquement le recouvrement des créances de l'adhérent qui lui transmet ses factures (il gère, dit-on, son « poste clients »).

Dans l'*affacturage forfaitaire*, l'affactureur fait plus : il avance à l'adhérent un pourcentage des créances cédées et en assure ensuite le recouvrement.

Contrairement aux hypothèses précédentes où l'affacturage est sollicité par l'adhérent, l'*affacturage inversé* est réalisé à la demande du débiteur dans le but de pouvoir proposer à son créancier un paiement immédiat (v. par ex. CA Paris, 11 mars 2025, n° 24/01119, *LPA* 2025, n° 5, p. 37, note J.-F. Quievy). Il est envisagé par la loi *PACTE* dans le cadre des marchés publics (L. n° 2019-486 du 22 mai 2019 relative à la croissance et la transformation des entreprises, art. 106).

L'*affacturage* peut également être *confidentiel* : ici le recouvrement continue d'être assuré par l'adhérent, qui conserve ainsi une relation directe et exclusive avec ses clients.

Les développements qui suivent se concentreront sur l'affacturage classique, si l'on ose dire, lequel constitue une opération de crédit dans la mesure où des créances à terme sont transférées à l'affactureur qui en avance à l'adhérent une partie de la valeur puis en assure le recouvrement.

■ 249 L'affacturage crée deux séries de rapports juridiques : ceux entre l'affactureur et l'adhérent (section 1) et ceux entre l'affactureur et les débiteurs, clients de l'adhérent (section 2).

section 1

Les rapports entre l'affactureur et l'adhérent

■ 250 Les rapports que l'affactureur et l'adhérent entretiennent peuvent être regardés dans leur globalité. C'est ainsi que la Cour de cassation a décidé que les créances réciproques procédant du même contrat d'affacturage sont connexes et peuvent, par conséquent, être soumises au régime prévu pour la compensation de ce type de créances (Com. 20 sept. 2017, n° 16-16.636, *RTD com.* 2018. 470, obs. A. Martin-Serf).

Ou alors, dans une approche analytique, il est possible de distinguer deux séries de rapports. En amont, l'affactureur et l'adhérent concluent un contrat-cadre qui fixe notamment leurs obligations respectives (§ 1). En aval, c'est-à-dire en application de ce contrat-cadre, une transmission des créances est réalisée (§ 2). Il est à signaler à ce propos que, dans un arrêt, la Cour de cassation a approuvé une cour d'appel ayant décidé que « l'accord pour opérer subrogation peut résulter de l'accord cadre préalable inclus dans le contrat d'affacturage et que l'inscription des factures cédées au compte courant vaut paiement » (Com. 23 sept. 2014, n° 13-14.815).

§ 1 La conclusion du contrat-cadre

■ 251 L'affactureur propose à l'adhérent la conclusion d'un contrat-cadre. Aucune exigence particulière de forme n'est posée, ce contrat-cadre pouvant notamment être conclu de manière électronique (CA Caen, 6 avr. 2023, n° 21/03058, *CCC* 2023, n° 6, comm.

47, par É.A. Caprioli). Quant au fond, le contrat-cadre vise, comme son nom l'indique, à encadrer les relations entre les parties. Autrement dit, il fixe les obligations de l'adhérent (A) et celles de l'affactureur (B).

En marge, notons que si un cautionnement est conclu dans le cadre d'un affacturage, les droits et obligations de la caution sont naturellement soumises au régime applicable à cette sûreté (Com. 14 déc. 1993, n° 91-17.928, *Bull. civ.* IV, n° 467). Cependant, la Cour de cassation a décidé qu'« ayant relevé, par motifs propres et adoptés, qu'en l'espèce, les services offerts par la société Euro Sales Finances, devenue Factofrance, à la société No Limit portaient sur la gestion du recouvrement du poste "clients" de celle-ci, la garantie contre le risque d'insolvabilité et le "financement" des créances, la cour d'appel a fait ressortir qu'il n'existait pas de risque d'endettement né de l'octroi d'un crédit, sur lequel la caution non avertie aurait dû être mise en garde », et « que le moyen, en ce qu'il soutient que l'affacturage créerait, par définition, un risque inhérent d'endettement pour le client adhérent n'est donc pas fondé » (Com. 23 sept. 2020, n° 18-21.356).

A. Les obligations de l'adhérent

Les principales obligations de l'*adhérent*[Q] sont au nombre de trois : une obligation exprimée par la formule « principe de globalité », une obligation d'information et une obligation de paiement du prix. 252 ■

Le *principe de globalité*[Q] renvoie à l'obligation pesant sur l'adhérent de proposer à l'affactureur le transfert de l'ensemble de ses créances, l'affactureur se réservant toutefois la faculté d'approuver ou non les créances. Cette obligation a deux volets. 253 ■

Un volet négatif, qui implique de ne pas transférer de créances à une autre personne. Il en résulte une exclusivité au profit de l'affactureur.

Et un volet positif : l'adhérent ne peut pas trier les créances à transférer, en sélectionnant par exemple uniquement celles qui seraient douteuses, c'est-à-dire dont le recouvrement est malaisé. La globalité sera totale si l'affacturage porte sur l'intégralité du « poste clients ». Elle sera partielle si l'affacturage a pour objet l'ensemble des créances appartenant à une catégorie particulière, définie notamment par référence à l'une des activités de l'adhérent ou à un secteur géographique déterminé. Il arrive que le contrat-cadre soit plus souple, mais même dans ce cas il prévoit du moins que l'ensemble des créances relatives au même débiteur soit transféré à l'affactureur, afin de réduire le risque d'erreur lors du recouvrement – on parle en l'occurrence de principe d'unicité.

L'*obligation d'information*, pour sa part, consiste pour l'adhérent à devoir communiquer à l'affactureur à la fois les documents utiles au recouvrement des créances (en principe, les factures), mais aussi les renseignements relatifs aux débiteurs et qui pourraient avoir une incidence sur le recouvrement (par exemple, des difficultés initiales ou survenues entre l'adhérent et son débiteur). Les stipulations contractuelles sont variées, qui se réfèrent à une obligation de collaboration, de sincérité, ou de loyauté. 254 ■

L'effectivité de cette information est souvent renforcée par un pouvoir de contrôle du « poste clients » (facturation, comptabilité) reconnu à l'affactureur.

255 Enfin, l'*obligation de paiement du prix* a, le plus souvent, plusieurs composantes.

La *commission dite de service (ou d'affacturage)*[Q] vise à rémunérer la gestion des créances, notamment le recouvrement de celles-ci. Un montant minimal peut être stipulé, mais cette commission représente en principe un pourcentage de la valeur des créances transférées. La jurisprudence admet la clause en vertu de laquelle le montant de la commission au profit de l'affactureur coïncide avec les intérêts et commissions dus par les clients de l'adhérent à celui-ci (Com. 15 juin 1993, n° 90-19.592, *Bull. civ.* IV, n° 256).

À cette commission s'en ajoute une autre : la *commission dite de financement (ou d'anticipation)*[Q]. Cette commission est la contrepartie du crédit dont bénéficie l'adhérent et, par conséquent, elle doit respecter le régime applicable au taux d'intérêt (Civ. 1re, 30 mai 2006, n° 03-17.646, *RTD com.* 2006. 895, obs. D. Legeais).

Il va sans dire que d'autres commissions pour des services supplémentaires peuvent être convenues.

Aux côtés des commissions à proprement parler, l'affactureur demande en général à l'adhérent de verser une *retenue de garantie*, à savoir une somme visant à garantir l'affactureur des sommes dont l'adhérent pourrait devenir débiteur à son égard. Cette somme ne relève pas à proprement parler de l'obligation de paiement du prix, puisqu'elle est restituée dans le cas où la garantie n'est pas mise en œuvre (pour une illustration, v. Com. 20 sept. 2017, n° 16-16.636, *RTD com.* 2018. 470, obs. A. Martin-Serf ; rappr. Com. 15 juin 2022, n° 20-16.445).

B. Les obligations de l'affactureur

256 Avant toute chose, il convient de rappeler que si l'*affactureur*[Q] consent une avance à l'adhérent, il réalise une opération de crédit (Civ. 1re, 30 mai 2006, n° 03-17.646, *RTD com.* 2006, obs. D. Legeais, préc. ; comp. Crim. 20 févr. 1984, n° 83-90.738, *Bull. crim.* n° 62). C'est dire qu'il doit être un établissement de crédit ou une société de financement (C. mon. fin., art. L. 511-1).

257 Cela étant, l'affactureur peut ou non approuver les créances, c'est-à-dire assumer ou non le risque d'insolvabilité des débiteurs. Ses obligations en cas de créances approuvées sont naturellement bien plus importantes qu'en cas de créances non approuvées.

258 D'une part, lorsque les *créances* ont été *approuvées*, l'affactureur en garantit le paiement. Précision : s'il décide de retirer l'agrément de l'un des débiteurs de l'adhérent, seules les créances postérieures à ce retrait ne sont plus agréées, tandis que les créances ayant fait l'objet d'un affacturage avant le retrait demeurent garanties (Com. 30 mars 1999, n° 96-14.881).

259 Le contrat-cadre peut prévoir que l'affactureur avance à l'adhérent une somme d'argent correspondant au montant des créances à terme transmises. Diverses stipulations encadrent alors l'étendue de ce crédit et les modalités de mise à disposition de l'avance. Par exemple, la durée du crédit est en général précisée, si bien qu'un contrôle judiciaire en cas de rupture anticipée du crédit pourra être sollicité (Com. 3 nov. 2004, n° 02-17.551).

Mais il est une stipulation particulièrement importante : la mention du *taux effectif global* (TEG) du crédit consenti. C'est l'article R. 314-6 du Code de la consommation qui dispose, en son alinéa 1er, que « lorsqu'il s'agit d'une avance réalisée dans le cadre d'un contrat d'affacturage, le taux effectif global est un taux annuel, proportionnel au taux de période et exprimé pour cent unités monétaires». Bien que cette disposition soit entrée en vigueur en 2016, la Cour de cassation a précisé qu'une avance consentie dans le cadre d'un affacturage avant cette entrée en vigueur, était déjà soumise au régime du taux effectif global même si aucune règle ne le prévoyait expressément (Civ. 1re, 17 févr. 2016, no 15-12.782, *RDBF* 2016. 150, obs. F. Crédot et T. Samin). Ce qui n'est qu'une confirmation de la position jurisprudentielle qui s'était formée sous l'empire des textes antérieurs (Civ. 1re, 30 mai 2006, no 03-17.646, *RTD com.* 2006, obs. D. Legeais, préc.).

Le calcul du taux effectif global incombe à l'affactureur. 260 ■

L'assiette du taux effectif global inclut principalement la *commission de financement*ᵠ. Mais toutes les autres éventuelles commissions qui constitueraient une condition de l'octroi du crédit doivent également être prises en compte (pour un arrêt dont le domaine est plus vaste que celui de l'affacturage, v. Com. 17 mai 2017, no 15-27.690). En revanche, la *commission de service*ᵠ n'entre pas dans l'assiette de calcul du taux effectif global.

La formule de calcul est détaillée par une annexe à l'article R. 314-6 du Code de la consommation. Cette formule est assez complexe, mais elle peut être synthétisée de la façon suivante : le numérateur du taux est composé du montant de la commission de financement précomptée ou post-comptée, du montant des autres frais et commissions liés au financement ; le dénominateur du taux est composé du montant des nombres débiteurs afférents à la commission de financement précomptée ou post-comptée, et il est minoré de divers autres montants. Il est à noter que cette même annexe fournit des définitions. Par exemple, la commission précomptée est celle qui est facturée au client au titre des avances consenties, lors de la mise en place desdites avances, alors que la commission post-comptée est celle qui est facturée au client en fin de période au titre des avances consenties.

Il arrive que l'affactureur applique des dates de valeur, à savoir des dates pour le 261 ■
calcul des intérêts qui ne coïncident pas avec les dates réelles des opérations. En la matière, la Cour de cassation a décidé que si l'absence de protestation et de réserve à réception des relevés de comptes ne prive pas l'adhérent de la possibilité de prouver le caractère injustifié des dates d'inscription en compte (Com. 27 mars 2001, no 98-14.518), en revanche l'acceptation tacite des dates de valeur par l'adhérent peut se déduire de l'absence de contestation des relevés de compte portant une mention selon laquelle toute écriture non contestée dans le mois suivant est réputée définitivement acceptée (Civ. 1re, 30 mai 2006, no 03-17.646, *RTD com.* 2006, obs. D. Legeais, préc.).

D'autre part, lorsque les *créances* n'ont *pas* été *approuvées*, l'affactureur non seule- 262 ■
ment n'en avance pas le montant, mais il n'assume pas non plus le risque d'insolvabilité des débiteurs.

Pour autant, rien n'interdit que l'affactureur réalise l'encaissement ou le recouvrement de ces créances non approuvées. C'est alors en qualité de mandataire de l'adhérent que l'affactureur intervient (pour une illustration, v. Com. 17 déc. 1991, no 89-21.419).

§ 2 La transmission des créances

263 Lorsque les créances sont approuvées et que le risque d'insolvabilité des débiteurs est pris en charge par l'affactureur, une transmission des créances de l'adhérent à l'affactureur est réalisée.

264 Une question se pose : quelles créances peuvent être transmises ? Cette question est généralement traitée de manière variable par des clauses du contrat-cadre entre l'affactureur et l'adhérent. S'il est un point qui est acquis, c'est que la créance doit exister et être dans le patrimoine de l'adhérent. Ainsi, la qualification d'escroquerie pourrait être retenue à l'encontre d'un adhérent qui remettrait à l'affactureur des « factures prétendument envoyées à ses clients, sans que les marchandises commandées aient été livrées » (Crim. 3 juin 1985, n° 83-95.073, *RTD com.* 1986. 134, obs. M. Cabrillac et B. Teyssié), ou qui ferait « escompter par les banques des factures qui avaient déjà été réglées par l'intermédiaire d'une société d'affacturage, ou dont les clients ont refusé le paiement parce qu'elles ne correspondaient à aucune opération commerciale, et dont certaines, en outre, portaient le même numéro que des factures établies au nom d'autres clients » (Crim. 13 mars 1997, n° 96-81.914), ou qui remettrait « des factures mentionnant, outre des frais d'assemblage, la fourniture de matières premières alors que ces dernières avaient été commandées et réglées » par son client (Crim. 1er juin 2011, n° 10-87.112), ou encore qui présenterait « des factures ne correspondant à aucune commande ou aucune livraison, ou des factures payables par compensation de créances, après avoir été pour certaines frauduleusement revêtues de la signature et/ou du cachet du débiteur pour valoir aval de cette facturation » (Crim. 1er oct. 2019, n° 19-84.536).

265 Mais la question cruciale est ailleurs. Elle tient au mode de transmission des créances. En effet, l'affacturage n'étant pas doté d'un régime propre, plusieurs techniques sont concevables (A). Pour autant, une seule est courante en la matière (B).

A. Les techniques concevables

266 Pour transférer des créances dans le cadre d'un affacturage, il serait envisageable d'avoir recours à la *cession de créance de droit commun*. Sous l'empire des textes du Code civil de 1804, cette option était délaissée en raison du formalisme lourd exigé pour l'opposabilité de la cession (C. civ., art. 1690 anc.).

Le droit commun de la cession de créance ayant été sensiblement allégé par la réforme du droit des obligations de 2016 (C. civ., art. 1321 s.), son utilité en matière d'affacturage en ressort accrue. En particulier, contrairement à la subrogation – dont il sera question ultérieurement – laquelle est à la mesure du paiement, la cession de créance permet à l'affactureur d'obtenir le paiement de la valeur nominale de la créance et non seulement du prix de transfert de celle-ci. Exemple : en cas de cession d'une créance d'une valeur de 100 pour un prix de 80, le cessionnaire sera titulaire d'une créance de 100, non de 80. Pour autant, il semblerait que les affactureurs ne se soient pas vraiment tournés vers la cession de créance de droit commun, à laquelle ils sont peu habitués.

267 Qu'il soit permis à ce stade un bref détour par l'affacturage dit inversé, à savoir celui qui, pour rappel, est réalisé à la demande non du créancier mais du débiteur

(v. ss 248). Concrètement, un débiteur conclut un contrat avec un affactureur afin que celui-ci se substitue à lui pour payer ses principaux créanciers. Où l'on voit que l'affacturage inversé pourrait s'appuyer sur la cession de dette de droit commun, consacrée elle aussi par la réforme du droit des obligations de 2016 (C. civ., art. 1327 s.) – mais d'autres techniques sont également envisageables, notamment la délégation.

La *cession de créances professionnelles*, dite cession *Dailly* (C. mon. fin., art. L. 313-23 s. ; v. *supra*, chapitre 6), peut elle aussi être envisagée pour transférer les créances de l'adhérent à l'affactureur. À preuve, le régime de la cession de créances professionnelles contient une disposition expressément consacrée à l'affacturage, laquelle organise certaines mentions obligatoires (C. mon. fin., art. R. 313-16). La principale différence entre la cession de créances professionnelles et la subrogation, qui sera abordée plus loin, tient là encore au fait que l'affactureur peut exiger le paiement de la valeur nominale de la créance indépendamment du prix de transfert de celle-ci. 268 ■

Malgré cela, la cession de créances professionnelles n'est, paraît-il, utilisée que ponctuellement en matière d'affacturage, notamment lorsqu'une personne de droit public est concernée ou lorsque l'affacturage a un caractère international. Pour le comprendre, on peut émettre l'hypothèse que le régime légal de la cession de créances professionnelles, assez précis, s'adapte imparfaitement à la diversité des stipulations auxquelles ont recours les affactureurs.

B. La technique courante

Il est temps de présenter une autre technique, celle qui est couramment utilisée en matière d'affacturage : la *subrogation personnelle*. Subroger signifie remplacer : un tiers (l'affactureur) paye le créancier initial (l'adhérent) à la place du débiteur (le client de l'adhérent), et en conséquence ce tiers (l'affactureur) peut agir en lieu et place du créancier initial (l'adhérent) contre le débiteur (le client de l'adhérent). C'est précisément parce que l'affactureur a réalisé le paiement au profit de l'adhérent qu'il prend la place de celui-ci. Si bien que « la contre-passation en compte courant » – c'est-à-dire, l'écriture en sens inverse visant à débiter le compte – « d'une créance acquise d'un client et non payée à l'échéance équivaut à un paiement et prive ainsi l'affactureur du bénéfice de la subrogation qui lui avait été antérieurement consentie » (Com. 7 juin 1994, n° 92-12.645, *Bull. civ.* IV, n° 200). 269 ■

Il faut se tourner vers le Code civil pour connaître le régime de la subrogation (art. 1346 s.). Ou, pourrait-on dire d'ailleurs, des subrogations, car il en existe trois variétés : la subrogation légale, la subrogation conventionnelle à l'initiative du créancier et la subrogation conventionnelle ou unilatérale à l'initiative du débiteur. 270 ■

De ces variétés, c'est la *subrogation conventionnelle à l'initiative du créancier*^{Q}, ou *ex parte creditoris*, qui intéresse de près l'affacturage. C'est celle qui opère lorsque le créancier, « recevant son paiement d'une tierce personne, la subroge dans ses droits contre le débiteur » (C. civ., art. 1346-1, al. 1er). Ni le consentement du débiteur ni son concours à l'acte de subrogation ne sont nécessaires à la validité de ce dernier (Civ. 1re, 23 oct. 1984, n° 83-11.982, *Bull. civ.* I, n° 276).

Dans le silence des textes quant aux créances pouvant faire l'objet d'un paiement avec subrogation, on admet sans difficultés que cette technique puisse être utilisée pour l'affacturage d'un ensemble de créances, qui seront alors listées dans des bordereaux récapitulatifs des factures correspondantes.

■ 271 Aux termes de l'article 1346-1, alinéa 2 du Code civil, « cette subrogation doit être expresse ». Une manifestation de volonté extériorisée est donc nécessaire, mais suffisante : *aucune forme* particulière n'est exigée, ce qui explique en partie la préférence des affactureurs pour la subrogation. En pratique, une mention de la subrogation est apposée dans la quittance dite subrogative que l'adhérent délivre à l'affactureur.

■ 272 La transmission des créances de l'adhérent à l'affactureur opère en vertu du paiement qui intervient entre eux. C'est pourquoi la subrogation doit avoir lieu *concomitamment* au paiement (C. civ., art. 1346-1, al. 3).

Or, en matière d'affacturage, il n'est pas rare que la subrogation soit convenue avant même que l'adhérent reçoive paiement de la part de l'affactureur. Faut-il en conclure que la subrogation n'a alors pas lieu ? Non : l'exigence de concomitance de la subrogation et du paiement rappelle uniquement que la transmission de la créance devient impossible une fois que le paiement l'a éteinte (Civ. 1re, 28 mai 2008, 07-13.437, *Bull. civ.* I, n° 160). En revanche, rien n'interdit rationnellement que la subrogation soit planifiée avant le paiement, à condition simplement qu'elle se produise au moment même de ce paiement.

C'est pourquoi, sous l'empire des dispositions antérieures à la réforme du droit des obligations de 2016, la jurisprudence avait décidé que « la condition de concomitance de la subrogation au paiement [...] peut être remplie lorsque le subrogeant a manifesté expressément, fût-ce dans un document antérieur, sa volonté de subroger son cocontractant dans ses créances à l'instant même du paiement » (Com. 29 janv. 1991, n° 89-10.085, *Bull. civ.* IV, n° 48). Les nouveaux textes du Code civil consacrent de nos jours cette solution : la subrogation « doit être consentie en même temps que le paiement, à moins que, dans un acte antérieur, le subrogeant n'ait manifesté la volonté que son cocontractant lui soit subrogé lors du paiement » (C. civ., art. 1346-1, al. 3).

■ 273 Ajoutons que si « la concomitance de la subrogation et du paiement peut être prouvée par tous moyens » (C. civ., art. 1346-1, al. 3, *in fine*), encore faut-il qu'elle le soit. La Cour de cassation a en particulier précisé que « la quittance subrogative ne fait pas preuve par elle-même de la concomitance de la subrogation et du paiement, laquelle doit être [...] spécialement établie » (Civ. 1re, 23 nov. 1999, n° 97-11.685, *Bull. civ.* I, n° 105). Cela dit, la Cour de cassation affiche en la matière une certaine souplesse : « l'arrêt constate que le contrat d'affacturage conclu entre les parties prévoyait que la cession des créances de la société Budelpack Liepvre à la société Eurofactor se ferait par voie de subrogation conventionnelle [...], puis relève que le montant des factures cédées avait été inscrit au crédit du compte courant ouvert au nom de cette dernière dans les livres de la société Eurofactor ; [...] de ces constatations et appréciations, la cour d'appel a exactement déduit que, même s'il n'y a pas de corrélation directe entre les versements globalisés faits par la société Eurofactor à la société Budelpack Liepvre et le montant de chacune des factures que celle-ci lui a cédées, la société Eurofactor a été subrogée dans le bénéfice de ses créances sur la société Schwarzkopf » (Com. 23 sept. 2014, n° 13-14.815).

La subrogation a un *effet translatif* : elle transmet à l'affactureur les créances et leurs accessoires (C. civ., art. 1346-4, al. 1er). C'est dire que l'affactureur pourra exiger le paiement de la part des clients de l'adhérent, et que ce paiement sera garanti par les sûretés initialement consenties à l'adhérent. C'est dire aussi que l'affactureur est lié par la clause attributive de compétence éventuellement stipulée par l'adhérent et l'un de ses clients (Com. 3 juill. 2024, n° 23-11.414). 274 ■

Cependant, l'étendue de l'effet translatif est étroitement ajustée au paiement. Autrement dit, la subrogation n'a lieu que dans la limite de ce que l'affactureur a payé à l'adhérent. Contrairement à la cession de créance de droit commun ou à la cession de créances professionnelles (v. ss 266 s.), il ne peut pas y avoir de différence entre le montant nominal des créances transférées et le prix payé. Le fait que la rémunération de l'affactureur ne puisse pas résider dans la différence entre le paiement qu'il réalise au profit de l'adhérent et les paiements qu'il reçoit de la part des débiteurs, explique la stipulation des diverses commissions précédemment vues à la charge de l'adhérent.

Malgré l'effet translatif, un changement notable se produit au moment de la subrogation : la créance cesse de produire intérêt au taux éventuellement convenu entre l'adhérent et son client (C. civ., art. 1346-4, al. 2). Cela ne signifie pas que la créance transmise ne peut pas produire des intérêts. Simplement, il s'agira des *intérêts au taux légal*, qui ne pourront cependant courir qu'à compter d'une mise en demeure – sauf en cas d'intérêts conventionnels nouvellement stipulés par le débiteur et le subrogé, hypothèse envisageable en matière d'affacturage mais peu probable. 275 ■

section 2

Les rapports entre l'affactureur et les débiteurs

Avant d'aborder les rapports entre l'affactureur et les débiteurs, une question voisine mais différente est à mentionner. La subrogation devient opposable aux tiers – notamment, aux éventuels cessionnaires des mêmes créances – dès le paiement, sans besoin d'autres formalités (C. civ., art. 1346-5, al. 2). Jusqu'à la réforme du droit des obligations réalisée en 2016, cette règle contribuait largement à ce que les affactureurs préfèrent la subrogation à la cession de créance de droit commun, dont le régime était plus lourd (C. civ., art. 1690 anc.). De nos jours, les deux solutions sont alignées (C. civ., art. 1323, al. 2). Le nouveau régime de la cession de créance est même plus précis sur un point : « en cas de contestation, la preuve de la date de la cession incombe au cessionnaire, qui peut la rapporter par tout moyen » (C. civ., art. 1323, al. 2). Sur ce point, malgré le silence des textes, il en va sans doute de même en matière de subrogation. 276 ■

Pour en venir maintenant aux rapports entre l'affactureur et les débiteurs, il importe de rappeler que les créances non approuvées par l'affactureur ne lui sont pas transférées et que, par conséquent, il peut en assurer le recouvrement uniquement 277 ■

en qualité de mandataire de l'adhérent (Com. 17 déc. 1991, n° 89-21.419). L'affactureur agit alors au nom et pour le compte de l'adhérent, en conséquence de quoi les débiteurs peuvent continuer à opposer toutes les exceptions, à savoir les moyens de défense visant à refuser le paiement, dont ils disposent.

278 Mais qu'en est-il des rapports entre l'affactureur et les débiteurs concernant les créances approuvées et, donc, transférées ? Si l'on s'en tient à l'hypothèse la plus courante où le transfert est réalisé par subrogation – les solutions ne coïncident pas parfaitement avec celles prévues en matière de cession de créance de droit commun et de cession de créances professionnelles –, il convient de distinguer deux questions : celle de l'opposabilité de la subrogation (§ 1) et celle de l'opposabilité des exceptions (§ 2).

§ 1 L'opposabilité de la subrogation

279 Pour que l'affactureur puisse opposer la subrogation aux débiteurs, certaines conditions doivent être respectées (A). À défaut, la subrogation sera inopposable, avec toutes les conséquences qui en découlent (B).

A. Les conditions d'opposabilité de la subrogation

280 Une fois subrogé dans les droits de l'adhérent, l'affactureur est en principe le seul pouvant procéder au recouvrement des créances (Com. 3 févr. 2009, n° 07-16.732) – signalons au passage que la Cour de cassation a jugé que le dirigeant de la société débitrice n'a pas l'obligation d'informer l'affactureur subrogé du prononcé du redressement judiciaire de sa société et que l'affactureur doit, comme tout créancier, veiller à la sauvegarde de ses droits en déclarant sa créance avant l'expiration du délai légal (Com. 20 janv. 1998, n° 96-11.501, *Bull. civ.* IV, n° 36). Mais pour exiger le paiement, encore faut-il que l'affactureur puisse opposer la subrogation aux débiteurs. Ce qui suppose, de manière alternative, une *notification* adressée aux débiteurs ou une *prise d'acte* de leur part (C. civ., art. 1346-5, al. 1er).

La règle rompt formellement avec la jurisprudence antérieure (Com. 3 avr. 1990, n° 89-10.255, *Bull. civ.* IV, n° 116), même si substantiellement la nouveauté est moins grande qu'il n'y paraît dans la mesure où le paiement fait de bonne foi à l'adhérent était déjà libératoire (comp. C. civ., art. 1240 anc. ; v. Com. 15 oct. 1996, n° 94-16.302, *Bull. civ.* IV, n° 230). Inspirée par le régime de droit commun de la cession de créance (C. civ., art. 1324, al. 1er), cette règle nouvelle s'applique sans aucun doute à la subrogation conventionnelle à l'initiative du créancier, celle qui est en principe réalisée dans le cadre d'un affacturage.

281 En pratique, l'opposabilité résultera le plus souvent d'une notification de la subrogation. À cette fin, il est fréquent que le contrat-cadre conclu entre l'affactureur et l'adhérent oblige celui-ci à apposer une mention déterminée sur les factures délivrées à ses clients, dont la finalité est justement de les informer de la subrogation intervenue. On pourrait douter du fait que cette mention caractérise une notification, dès lors qu'elle émane de l'adhérent subrogeant et non de l'affactureur subrogé. Mais, à vrai dire, rien dans les textes n'exige que la notification soit effectuée par le subrogé.

Si la *forme de la notification* est libre, toujours est-il qu'elle doit permettre de porter l'information à la connaissance des débiteurs. La Cour de cassation a jugé que l'apposition de cachets sur les factures peut être suffisante à cette fin (Com. 15 oct. 1996, n° 94-16.302, *Bull. civ.* IV, n° 230). 282 ■

La preuve de la notification incombera naturellement à l'affactureur qui oppose la subrogation au client de l'adhérent. Mais elle devrait être aisément admise, notamment par la production du double des factures. Voici par exemple un arrêt dans lequel la Cour de cassation approuve les juges du fond qui déduisent la connaissance de la subrogation du fait que « les factures produites par la société Euro Sales Finances [...] comportent toutes la mention » de la subrogation intervenue, ainsi que du fait que « celles communiquées par la société Sirvin, en sont la réplique exacte, hormis cette mention, due à une amputation de la partie basse des documents, qui ne peut qu'être le fait de la société Sirvin » (Com. 14 mars 2006, n° 04-17.594).

Le *contenu de la notification* est lui aussi libre, à condition qu'il en résulte une information suffisante au profit des débiteurs. La rédaction de la mention apposée sur les factures est variable, mais il est possible d'en identifier deux catégories principales. Tantôt la mention indique uniquement au débiteur que pour se libérer, il doit réaliser le paiement entre les mains de l'affactureur en raison de la subrogation. Un exemple de ce type de mention peut être tiré d'un arrêt : « pour être libératoire, votre règlement de la présente créance doit être effectué directement au nom et pour le compte d'Euro Sales Finances qui est subrogé dans nos droits conformément aux dispositions de l'article 1250 du Code civil » (Com. 14 mars 2006, n° 04-17.594). Tantôt la mention ajoute, par souci de précision, qu'un paiement au profit de l'adhérent ne serait pas libératoire. 283 ■

En toute hypothèse, la mention doit être claire et compréhensible. Quelques arrêts d'espèce contribuent à tracer les contours de cette exigence. Ici, la Cour de cassation considère que la cour d'appel use de son pouvoir souverain d'appréciation lorsqu'elle décide que « l'avis de subrogation n'était pas apposé d'une façon suffisamment apparente pour attirer l'attention du personnel de la société Polysius et notamment de l'employé chargé du paiement des factures » (Com. 14 oct. 1975, n° 74-13.938, *RTD com.* 1976. 175, obs. M. Cabrillac et J.-L. Rives-Lange). Là, la Cour de cassation reproche aux juges du fond de s'être contentés du fait que « chacun des relevés est revêtu de la mention apparente de l'affacturage » (Com. 26 avr. 2000, n° 96-16.412, *Bull. civ.* IV, n° 88), ce qui pourrait suggérer qu'une référence expresse à la subrogation est nécessaire.

Par ailleurs, en vertu de la règle selon laquelle celui qui réclame l'exécution d'une obligation doit la prouver (C. civ., art. 1353, al. 1er), en cas de contestation de la créance par le débiteur, l'affactureur ne pourra exiger le paiement qu'à concurrence de la fraction de la créance dont il parvient à rapporter la preuve, par exemple à l'aide de bons de livraison de marchandises émis par l'adhérent et signés par le débiteur (Com. 25 oct. 2023, n° 22-16.779).

Ce qui vient d'être dit au sujet de la notification en cas de subrogation mérite d'être rapproché d'une situation voisine : la notification en cas de cession de créances professionnelles. Souvenons-nous que si la mobilisation des créances par affacturage s'appuie le plus souvent sur la subrogation, il est possible de la réaliser également par cession de créances professionnelles (v. ss 268), et qu'en la matière la notification est 284 ■

facultative (C. mon. fin., art. L. 313-28 ; v. *supra*, chapitre 6). Dans l'hypothèse où la cession de créances professionnelles est donc conclue en vertu d'un affacturage et que l'affactureur décide de notifier cette cession au débiteur, le Code monétaire et financier exige qu'il fasse figurer sur la facture relative à la créance qui lui a été cédée les mentions suivantes : d'une part, « la créance relative à la présente facture a été cédée à... dans le cadre des articles L. 313-23 à L. 313-35 du code monétaire et financier » ; d'autre part, « le paiement doit être effectué par chèque, traite, billets, etc., établi à l'ordre de (nom de la société d'affacturage ou de son mandataire)... et adressé à... ou par virement au compte n°... chez... » (C. mon. fin., art. R. 313-16).

D'ailleurs, le fait que l'affacturage s'appuie en général sur la subrogation et parfois sur la cession de créances professionnelles peut créer des incertitudes de qualification. L'affaire suivante l'illustre bien. Une cour d'appel avait retenu que « les créances objets de la saisie avaient été "cédées" à l'affactureur avant cette mesure » puisque « les notifications de cessions adressées par l'affactureur au débiteur visent les articles L. 313-23 et suivants du code monétaire et financier et qu'elles comportent les seules mentions relatives aux cessions "*Dailly*", à l'exclusion de celles prévues par l'article R. 313-16 en cas de cession de créances en vertu d'un contrat d'affacturage » et en avait déduit que « cette référence implique que l'affactureur a notifié des cessions de créances *Dailly*, de sorte que l'acte de cession suffit par lui-même à établir le transfert de créances, qu'il y ait eu ou non paiement de la créance par le cessionnaire au profit du cédant ». Le raisonnement n'emporte pas la conviction de la Cour de cassation, qui décide qu'« en se déterminant ainsi, sans examiner la convention d'affacturage, spécialement sans rechercher quelles en étaient les stipulations relatives aux modalités du transfert des créances à l'affactureur et si celui-ci n'acquérait pas les créances par voie de subrogation, la cour d'appel n'a pas donné de base légale à sa décision » (Com. 20 janv. 2021, n° 19-10.493, *RTD civ.* 2021. 184, obs. C. Gijsbers).

B. Les conséquences de l'inopposabilité de la subrogation

285 Que se passe-t-il à défaut de notification de la subrogation aux débiteurs ou de prise d'acte de leur part ? La subrogation leur est alors inopposable. L'affirmation appelle quatre précisions.

286 D'abord, si la subrogation ne peut pas être opposée par l'affactureur aux débiteurs sans notification ou prise d'acte, la réciproque n'est pas vraie : « le débiteur peut invoquer la subrogation dès qu'il en a connaissance » (C. civ., art. 1346-5, al. 1er).

287 Ensuite, et là est l'essentiel, la conséquence concrète de l'inopposabilité de la subrogation est que le paiement fait par les débiteurs au profit de l'adhérent les libère, ce qui est logique car ils sont censés ignorer que le paiement est désormais dû à l'affactureur (Com. 4 oct. 1982, n° 80-15.723, *Bull. civ.* IV, n° 287 ; rapp. Com. 14 mars 2006, n° 04-17.594).

288 Ensuite encore, la question pourrait se poser de savoir si le débiteur qui a payé l'adhérent avant que la subrogation lui soit notifiée, est du moins tenu d'informer l'affactureur de ce paiement lorsqu'il reçoit la notification de la subrogation. L'enjeu est de savoir si le débiteur, bien que libéré de sa dette, peut tout de même être condamné sur le fondement de la responsabilité extracontractuelle à indemniser l'éventuel préjudice subi par l'affactureur en raison de ce silence. La Cour de cassation, dans un arrêt de principe rendu en matière d'affacturage mais dont la portée est plus large, a répondu par la négative : « le débiteur n'est pas tenu d'informer le créancier subrogé du paiement qu'il a effectué au profit du créancier subrogeant avant d'avoir eu connaissance de la subrogation » (Com. 18 mars 1997, n° 94-21.075, *Bull. civ.* IV, n° 77 ; rapp. Com. 26 avr. 2017, n° 15-26.266 : « la société CSF, tiers au contrat d'affacturage, n'était pas tenue d'une obligation de renseignement à l'égard de la Banque Delubac »).

Enfin, si le débiteur a payé l'adhérent avant que la subrogation lui ait été notifiée, l'affactureur ne peut certes plus exiger le paiement de sa part, mais il peut tout de même se retourner contre l'adhérent. Pour contourner les incertitudes liées au fondement d'un éventuel recours, le contrat-cadre stipule en général que l'adhérent qui encaisse un tel paiement le fait en qualité de mandataire de l'affactureur et est donc tenu de lui restituer la somme ainsi perçue. 289 ■

§ 2 L'opposabilité des exceptions

Si l'affactureur peut opposer la subrogation aux débiteurs ou si ceux-ci décident de l'invoquer, la question se pose de savoir quels moyens de défense visant à refuser le paiement peuvent être avancés par les débiteurs. Techniquement, on parle d'exceptions opposables. La question est régie par l'article 1346-5, alinéa 3 du Code civil, qui reprend presque mot à mot l'article 1324, alinéa 2 du même code, consacré à la cession de créance. Deux séries d'exceptions y sont envisagées : celles qui sont inhérentes à la dette (A) et celles qui lui sont extérieures (B). 290 ■

A. Les exceptions inhérentes à la dette

D'une part, les débiteurs peuvent opposer à l'affactureur subrogé *les exceptions inhérentes à la dette* quelle que soit leur date de naissance. La raison d'être de la solution est que ces moyens de défense sont inchangés que le paiement soit dû à l'adhérent ou à l'affactureur. 291 ■

Le législateur a tenté, par souci de pédagogie, de dresser une liste non limitative d'exceptions inhérentes à la dette : la nullité, l'exception d'inexécution, la résolution ou la compensation de dettes connexes (C. civ., art. 1346-5, al. 3). Inutile de s'interroger sur la pertinence des exceptions retenues. Mieux vaut les illustrer au travers de quelques arrêts. 292 ■

Une illustration concernant une exception tirée de la liste, à savoir la résolution : après avoir rappelé « [...] que dans le cadre d'un contrat d'affacturage, la société Pajiro a transmis le 21 mai 1997 une facture émise sur la société Mae West à la société Lyonnaise d'Affacturage (société Slifac), aux droits de laquelle se trouve la société Eurofactor, correspondant à la livraison de vêtements [...] ; que la société Mae West a retourné la marchandise [...] et obtenu un avoir daté [...] de la part de la société Pajiro ; qu'ultérieurement, la société Slifac a assigné la société Mae West en paiement de la facture ; que la cour d'appel a rejeté la demande », la Cour de cassation décide « qu'ayant retenu, par une appréciation souveraine des éléments de preuve qui lui ont été soumis que l'origine de l'exception était la non-conformité de la marchandise à la commande et que cette non-conformité était antérieure à la subrogation, la cour d'appel a légalement justifié sa décision » (Com. 19 nov. 2003, n° 01-00.272).

Une autre illustration relative également à une exception de la liste, c'est-à-dire la compensation de dettes connexes : d'abord la Cour de cassation rappelle que « si, en principe, la compensation légale ne joue qu'autant qu'elle s'est produite antérieurement à la subrogation, le débiteur peut opposer au créancier subrogé une créance postérieure dès lors qu'elle est connexe à celle que le créancier subrogeant avait contre lui », puis elle casse l'arrêt au motif que « la créance de salaires dus au titre de la mission, dans laquelle était subrogée la société Montalev, et les factures de mise à disposition du personnel, payées contre quittances subrogatives par la société CEER, étant nées à l'occasion de l'exécution du même contrat de travail temporaire, la cour d'appel, qui a refusé d'opérer compensation entre la créance de la société Montalev et celle de la société CEER, a violé [l'ancien article 1289 du Code civil] » (Soc. 7 mai 1987, n° 85-13.266, *Bull. civ.* V, n° 294).

Une dernière illustration ayant cette fois trait à une exception non rappelée dans la liste, à savoir la prescription : en l'espèce, la Cour de cassation commence par énoncer « que la société Crédifrance factor devenue Natixis factor (la société), qui a déclaré [...] une créance d'un certain montant au redressement judiciaire de la société Clinique provençale de la Tour d'Aygosi (la clinique), à laquelle elle était liée par un contrat d'affacturage, a attrait [...] la caisse primaire centrale d'assurance maladie des Bouches-du-Rhône en paiement de soins dispensés à des assurés sociaux par la clinique qui lui a cédé ses droits ; [...] que la société fait grief à l'arrêt de juger son action prescrite », puis elle juge « qu'ayant relevé que la prescription biennale se trouve acquise [...] la cour d'appel, qui était saisie d'une demande en paiement d'une créance afférente à des soins dispensés par la clinique, a, par ce seul motif, légalement justifié sa décision » (Civ. 2e, 28 mai 2015, n° 14-17.731, *Bull. civ.* IV, n° 5).

B. Les exceptions extérieures à la dette

■ 293 D'autre part, l'affactureur subrogé peut se voir opposer par les débiteurs les exceptions résultant des rapports entre ceux-ci et l'adhérent, que l'on peut appeler *exceptions extérieures à la dette*, à condition cependant qu'elles soient nées avant que la subrogation leur soit devenue opposable.

Cette dernière condition est une nouveauté de la réforme du droit des obligations de 2016, qui résulte directement de l'abandon de l'opposabilité immédiate de la subrogation au débiteur (C. civ., art. 1346-5, al. 1er).

■ 294 Concernant la catégorie des exceptions extérieures à la dette, le législateur a utilisé la même méthode consistant à en dresser une liste non limitative : l'octroi d'un terme, la remise de dette ou la compensation de dettes non connexes (C. civ., art. 1346-5, al. 3). Quelques illustrations concrètes aideront, là encore, à mieux comprendre.

Dans un arrêt, la Cour de cassation décide que la renonciation à la créance de la part de l'adhérent laquelle était « postérieure au transfert de la créance, par subrogation conventionnelle, au profit de la Société française de Factoring ne pouvait avoir effet contre cette dernière, devenue seule titulaire de droits sur la société Thierry Mugler » (Com. 22 oct. 1991, n° 90-10.671, *Bull. civ.* IV, n° 299).

Dans le même ordre d'idées, l'« abandon de créance était postérieur au transfert, par subrogation conventionnelle, de la créance de prix à la société d'affacturage, de sorte qu'il était sans effet à l'égard de cette dernière, devenue seule titulaire de droits à l'encontre de la société FM distribution » (Com. 18 avr. 2000, n° 96-13.226).

Autre exemple : la convention de révocation amiable du contrat de vente « était postérieure au transfert, par subrogation conventionnelle, de la créance de prix à la société SFF, de sorte qu'elle était sans effet à l'égard de cette société » (Com. 9 nov. 1993, n° 91-17.032, *Bull. civ.* IV, n° 381).

Ou alors cet arrêt où on lit que « la compensation, fût-elle conventionnelle, implique l'existence d'obligations réciproques entre les parties ; [...] ayant constaté que la créance de la société SCIV sur la société SCH avait été transférée à la société SFF à la date du paiement subrogatoire effectué par cette société la cour d'appel en a déduit à bon droit que la société SCIV n'avait pu conclure, postérieurement à cette date, un accord ayant pour objet d'éteindre, par voie de compensation, la créance ainsi transmise avec celle dont la société SCH se prétendait titulaire à son encontre » (Com. 23 juin 1992, n° 90-17.322, *Bull. civ.* IV, n° 246).

Voici l'extrait d'un dernier arrêt : « attendu qu'il résulte de l'arrêt que la société Savener a exécuté son obligation de délivrance et que son engagement relatif à la reprise éventuelle des marchandises invendues était postérieur au transfert, par subrogation conventionnelle, des créances de prix à la société SLIFAC ; [...] la cour d'appel a en déduit à bon droit que cette promesse était sans effet à l'égard de la société SLIFAC » (Com. 18 févr. 1997, n° 94-17.201).

Ces exemples jurisprudentiels relevant de la période antérieure à la réforme du droit des obligations de 2016, le fait que l'exception extérieure à la dette tirée des rapports avec l'adhérent soit née après la subrogation suffisait pour que cette exception soit inopposable à l'affactureur. Or, et le rappel est important, sous l'empire du nouvel article 1346-5, alinéa 3 du Code civil, peu importe que l'exception extérieure à la dette soit née avant ou après la subrogation : désormais, elle peut être invoquée par le débiteur uniquement à compter du moment où la subrogation lui est devenue opposable, notamment par le biais d'une notification. On constate ici une évolution défavorable au subrogé, en l'occurrence l'affactureur. 295 ■

Compléments pédagogiques

Mémo

L'affacturage est une opération qui se développe dans les relations commerciales entre l'Angleterre et les États-Unis à partir du XVIe ou du XVIIe siècle, et qui se répand en France au cours de la seconde moitié du XXe siècle.

C'est une opération innomée, en ce sens qu'un régime complet qui lui est propre fait défaut en droit interne.

L'affacturage peut être défini comme l'opération par laquelle un établissement d'affacturage, à savoir l'affactureur, est rémunéré par un client, appelé adhérent, pour recevoir des créances que celui-ci détient à l'encontre de tiers afin en général d'obtenir un crédit et de simplifier le recouvrement.

Trois obligations principales pèsent sur l'adhérent : une obligation de proposer à l'affactureur le transfert de l'ensemble de ses propres créances (dite « principe de globalité »), une obligation d'information et une obligation de paiement du prix (qui porte notamment sur la commission dite « de service ou d'affacturage » et sur la commission dite « de financement ou d'anticipation »).

Lorsque l'affactureur avance à l'adhérent une somme d'argent qui correspond au montant des créances à terme transmises, il doit procéder au calcul du taux effectif global du crédit ainsi octroyé.

L'affacturage n'étant pas doté d'un régime propre, la transmission des créances peut être réalisée notamment grâce à une cession de créance de droit commun ou à une cession de créances professionnelles, mais la pratique a d'ordinaire recours à la subrogation personnelle.

Il s'agit plus précisément de la subrogation conventionnelle à l'initiative du créancier, par laquelle l'adhérent qui reçoit le paiement de la part de l'affactureur, le subroge dans ses droits contre le tiers. Cette subrogation doit être expresse, mais aucune forme particulière n'est exigée, et elle doit avoir lieu concomitamment au paiement.

La subrogation produit un effet translatif des créances et de leurs accessoires, dont l'étendue est cependant ajustée au paiement : la subrogation n'a lieu que dans la limite de ce que l'affactureur a payé à l'adhérent. Par ailleurs, les créances cessent de produire intérêt au taux éventuellement convenu entre l'adhérent et le débiteur.

L'opposabilité de la subrogation par l'affactureur aux débiteurs suppose une notification adressée à ceux-ci ou une prise d'acte de leur part. La forme et le contenu de la notification sont libres, à condition qu'il en résulte une information suffisante.

Les débiteurs peuvent opposer à l'affactureur subrogé les exceptions inhérentes à la dette quelle que soit leur date de naissance, ainsi que les exceptions extérieures à la dette à condition qu'elles soient nées avant que la subrogation leur soit devenue opposable.

Quid

■ Adhérent n°s 247 s., 252 s.

Client de l'affacteur qui le sollicite pour réaliser l'opération d'affacturage.

■ Affacturage n°s 246 s.

Opération innomée par laquelle un établissement d'affacturage, à savoir l'affactureur, est rémunéré par un client, appelé adhérent, pour recevoir des créances que celui-ci détient à l'encontre de tiers afin en général d'octroyer un crédit et de simplifier le recouvrement.

■ Affactureur n°s 247 s., 256 s.

Établissement rémunéré par l'adhérent pour réaliser l'opération d'affacturage.

■ Commission de financement (ou d'anticipation) n°s 255, 260

Contrepartie payée à l'affactureur par l'adhérent pour le crédit dont ce dernier bénéficie.

■ Commission de service (ou d'affacturage) n°s 255, 260

Rémunération payée par l'adhérent à l'affactureur pour la gestion des créances, notamment le recouvrement de celles-ci.

■ Principe de globalité n° 253

Obligation à la charge de l'adhérent de proposer à l'affactureur le transfert de l'ensemble de ses créances.

■ Subrogation conventionnelle à l'initiative du créancier n° 270

Opération par laquelle le créancier, recevant son paiement d'une tierce personne, la subroge dans ses droits contre le débiteur.

Documents

Com. 20 sept. 2017, n° 16-16.636 (extrait) (*RTD com.* 2018. 470, obs. A. Martin-Serf)

[...] Mais attendu qu'ayant constaté que le contrat d'affacturage stipulait la constitution d'un compte courant, sur lequel devaient être inscrites les créances réciproques des parties, et celle d'un compte de garantie, sous forme d'un gage-espèces, destiné à garantir le remboursement des sommes dont la société adhérente pouvait devenir débitrice envers l'affactureur, l'arrêt relève que les créances réciproques en cause correspondent, pour la première, au solde débiteur du compte courant dont la société débitrice est redevable envers la société Eurofactor, pour la seconde, au solde du compte de garantie dû par cette dernière à la société débitrice après résiliation du contrat d'affacturage ; que par ces seuls motifs, desquels il résulte que les créances réciproques étaient connexes comme procédant du même contrat d'affacturage, la cour d'appel a légalement justifié sa décision d'admettre la compensation entre ces créances [...].

Com. 23 sept. 2014, n° 13-14.815 (extrait)

[...] Mais attendu qu'ayant énoncé que l'accord pour opérer subrogation peut résulter de l'accord cadre préalable inclus dans le contrat d'affacturage et que l'inscription des factures cédées au compte courant vaut paiement, l'arrêt constate que le contrat d'affacturage conclu entre les parties prévoyait que la cession des créances de la société Budelpack Liepvre à la société Eurofactor se ferait par voie de subrogation conventionnelle, conformément à l'article 1250 du code civil, puis relève que le montant des factures cédées avait été inscrit au crédit du compte courant ouvert au nom de cette dernière dans les livres de la société Eurofactor ; que, de ces constatations et appréciations, la cour d'appel a exactement déduit que, même s'il n'y a pas de corrélation directe entre les versements globalisés faits par la société Eurofactor à la société Budelpack Liepvre et le montant de chacune des factures que celle-ci lui a cédées, la société Eurofactor a été subrogée dans le bénéfice de ses créances sur la société Schwarzkopf [...].

Com. 3 juill. 2024, n° 23-11.414 (extrait)

[...] Vu les articles 48 du code de procédure civile et 1250, 1°, du code civil, dans sa rédaction antérieure à celle issue de l'ordonnance du 19 février 2016 :

7. Il résulte de ces textes qu'une clause attributive de compétence régulièrement insérée dans un contrat conclu entre deux parties commerçantes fait partie de l'économie de la convention et est opposable à l'affactureur subrogé dans les droits d'une de ces parties cédante de factures contre leur débiteur.

8. Pour déclarer la clause attributive de compétence inopposable à la société Crédit mutuel factoring, l'arrêt retient que l'affactureur n'était pas partie au contrat cadre de coopération commerciale liant les sociétés Capdevielle et Conforama et que son action en paiement découlant d'une subrogation sur des factures émises par la première contre la seconde est indépendante du contrat régissant les relations d'affaires des parties.

9. En statuant ainsi, alors que la société Crédit mutuel factoring, subrogée dans les droits de créances nées de ce contrat, était liée par la clause attributive de compétence, la cour d'appel a violé les textes susvisés [...].

Com. 15 juin 1993, n° 90-19.592 (extrait) (*Bull. civ.* IV, n° 256)

[...] Mais attendu qu'après avoir relevé que la SAGA créditait le compte courant de la société Socodi d'un montant égal à la valeur en principal des contrats souscrits par les clients et qu'en contrepartie elle était subrogée dans les droits de cette société, ce dont il ne résultait pas que la conservation des intérêts était la conséquence de la subrogation, c'est dans l'exercice de son pouvoir souverain d'interprétation de la volonté des parties que la cour d'appel a retenu que celles-ci avaient convenu que la rémunération de la SAGA serait constituée par les intérêts et commissions dus par les clients de la société Socodi [...].

Com. 30 mars 1999, n° 96-14.881 (extrait)

[…] le droit de la SPB contre la société Factorem au paiement de ses factures, sur un client agréé par elle, est né au moment de la transmission des créances correspondantes aux factures, au profit de cette société par l'effet de quittances subrogatives antérieures à la notification de son retrait d'agrément du client […].

Civ. 1re, 30 mai 2006, n° 03-17.646 (extraits) (*RTD com.* 2006. 895, obs. D. Legeais)

[…] Attendu que la cour d'appel a énoncé que la société Factofrance Heller reconnaissait avoir appliqué, pour les virements de financement, une date de valeur J-3 ouvrés, qui n'est contraire à aucun texte d'ordre public ni à la convention des parties qui faisait référence aux usages en vigueur dans les banques et établissements financiers et a retenu que cela avait été tacitement accepté par la société PNR, qui s'était abstenue, pendant la durée d'exécution du contrat, de toute contestation des relevés de compte faisant application des dates de valeur désormais critiquées, alors que ces relevés portaient la mention lisible : "toute écriture ou solde non contesté dans le mois suivant la date d'arrêté du présent relevé sera réputé définitivement accepté" ; qu'elle a, par ces seuls motifs, vainement critiqués par la troisième branche, légalement justifié sa décision […].

[…] l'exercice par l'affacturé de la faculté, que lui ouvrait le contrat, de prélever des sommes sur le disponible de son compte courant par anticipation de l'échéance moyenne des règlements de ses acheteurs, le faisait bénéficier d'avances entrant dans le champ d'application des dispositions susvisées, la cour d'appel a violé celles-ci par refus d'application […].

Civ. 1re, 17 févr. 2016, n° 15-12.782 (extrait) (*RDBF* 2016. 150, obs. F. Crédot et T. Samin)

[…] Attendu que, pour rejeter cette demande, l'arrêt retient que, si le taux effectif global doit être mentionné sur les contrats de prêt conformément à l'article L. 313-2 du code précité, les conditions d'application de ce texte aux contrats d'affacturage n'ont toutefois été fixées que par un décret du 7 mai 2008, en sorte qu'ayant consenti des avances de fonds à l'affacturée avant l'adoption de ce texte, la société d'affacturage n'était pas tenue de mentionner leur taux effectif global ;

Qu'en statuant ainsi, alors que de telles avances entraient dans le champ d'application des textes susvisés, peu important l'adoption ultérieure d'une règle propre au contrat d'affacturage, la cour d'appel a violé ceux-ci par refus d'application […].

Crim. 1er juin 2011, n° 10-87.112 (extrait)

[…] Mais attendu qu'en statuant ainsi, alors que les factures jointes à l'appui de bordereaux comportant une quittance subrogative en faveur d'un factor étant des titres, l'utilisation, en connaissance de cause, de factures fictives pour obtenir leur paiement constitue une escroquerie, la chambre de l'instruction, à qui il appartenait de rechercher si la surfacturation était frauduleuse, n'a pas justifié sa décision […].

Com. 7 juin 1994, n° 92-12.645 (extrait)
(*Bull. civ.* IV, n° 200)

[…] la contre-passation en compte courant d'une créance acquise d'un client et non payée à l'échéance équivaut à un paiement et prive ainsi l'affactureur du bénéfice de la subrogation qui lui avait été antérieurement consentie […].

Com. 15 oct. 1996, n° 94-16.302 (extrait)
(*Bull. civ.* IV, n° 230)

[…] Attendu qu'en statuant ainsi, alors qu'elle avait constaté que la société Le Goff avait connu l'existence du contrat d'affacturage liant la société Tanguy à la société Universal Factoring, compte tenu des cachets apposés sur les factures et des courriers de rappel à elle adressés par l'affactureur, ce dont il résultait que les paiements n'étaient pas libératoires à l'égard de celui-ci, la cour d'appel a violé le texte susvisé […].

Com. 14 oct. 1975, n° 74-13.938 (extraits)
(*RTD com.* 1976. 175, obs. M. Cabrillac et J.-L. Rives-Lange)

[…] [M]ais attendu que la cour d'appel relève, par un motif non critique par le pourvoi, que l'avis de subrogation n'était pas apposé d'une façon suffisamment apparente pour attirer l'attention du personnel de la société Polysius et notamment de l'employé chargé du paiement des factures ; […] d'où il suit que le moyen n'est pas fondé […].

Com. 4 oct. 1982, n° 80-15.723 (extrait)
(*Bull. civ.* IV, n° 287)

[…] [A]ttendu qu'en statuant ainsi, sans rechercher si les paiements invoqués avaient été effectués avant que la société Kate ait été informée de la subrogation dont bénéficiait la S F F, la cour d'appel n'a pas donné de base légale à sa décision […].

Com. 14 mars 2006, n° 04-17.594 (extrait)

[…] Mais attendu que l'arrêt constate que les factures produites par la société Euro Sales Finances, datées du mois de mai 2000, comportent toutes la mention : "pour être libératoire, votre règlement de la présente créance doit être effectué directement au nom et pour le compte d'Euro Sales Finances qui est subrogé dans nos droits conformément aux dispositions de l'article 1250 du Code civil" ; qu'il relève que celles communiquées par la société Sirvin, en sont la réplique exacte, hormis cette mention, due à une amputation de la partie basse des documents, qui ne peut qu'être le fait de la société Sirvin ; qu'il retient encore qu'en réponse à la lettre du 20 septembre 2000 que lui a adressée la société Euro Sales Finances lui réclamant pour la première fois le paiement des factures litigieuses, la société Sirvin a fait état uniquement de ce que ces factures auraient déjà été réglées directement à la société Var Interim, et ne fait nullement état de ce qu'elle n'aurait pas été informée du contrat d'affacturage ; qu'en l'état de ces constatations et appréciations, la cour d'appel, qui a fait ressortir que la société Sirvin, laquelle n'a pas contesté avoir reçu les factures au moment de leur établissement, c'est-à-dire au mois de mai, avait, dès cette date, connaissance de l'existence de la convention d'affacturage, tandis que les paiements litigieux sont intervenus au mois de juin, a légalement justifié sa décision […].

Com. 18 mars 1997, n° 94-21.075 (extrait) (*Bull. civ.* IV, n° 77)

[...] Attendu que, pour condamner la société Malet à payer à la banque Sofirec la somme de 232 456 francs, dont celle de 220 596 francs à titre de dommages-intérêts, l'arrêt retient que l'omission d'aviser le cessionnaire de l'intervention d'un paiement antérieur, alors qu'en application de la loi la subrogation emporte obligation de payer au " factor ", caractérise, en revanche, une négligence reprochable et que, de toute évidence, la banque Sofirec n'aurait pas mobilisé, le 17 avril 1990, la facture de 220 596 francs si le débiteur, raisonnablement diligent, étant observé qu'un délai d'un mois s'est écoulé entre la réception de la facture par le débiteur et son paiement par le " factor ", l'avait informée de l'acceptation de la traite ;

Attendu qu'en statuant ainsi, alors que le débiteur n'est pas tenu d'informer le créancier subrogé du paiement qu'il a effectué au profit du créancier subrogeant avant d'avoir eu connaissance de la subrogation, la cour d'appel a violé le texte susvisé [...].

Soc. 7 mai 1987, n° 85-13.266 (extrait) (*Bull. civ.* V, n° 294)

[L]a créance de salaires dus au titre de la mission, dans laquelle était subrogée la société Montalev, et les factures de mise à disposition du personnel, payées contre quittances subrogatives par la société CEER, étant nées à l'occasion de l'exécution du même contrat de travail temporaire, la cour d'appel, qui a refusé d'opérer compensation entre la créance de la société Montalev et celle de la société CEER, a violé (l'ancien article 1289 du Code civil) [...].

Biblio

- J. Béguin, « La convention d'Ottawa du 28 mai 1988 sur l'affacturage international », in *Mélanges Yves Guyon*, Dalloz, 2003, p. 59.
- Ch. Gavalda, « Perspectives et réalités juridiques de la convention dite d'affacturage », *JCP* 1989, II, 15579.
- C. Gavalda et J. Stoufflet, « Le contrat dit de factoring », *JCP* 1966, I, 2044.
- A. Ghozi, « L'affacturage et la réforme des obligations », *RDBF* 2019, 2, 15.
- A. Gouëzel, « La réforme des opérations sur créance et l'affacturage », *in* R. Mortier (dir.), *Les incidences de la réforme du droit des contrats sur les contrats d'affaires*, Dalloz, 2017, p. 7.
- J. Lasserre Capdeville et K. Magnier-Merran, *Droit de l'affacturage. Présentation d'une technique de financement mal connue*, RB édition, 2022.
- K. Magnier-Merran, « La convention d'affacturage : mettre à profit la liberté contractuelle » *RDBF* 2021, 2, 11.
- J. Stoufflet, « Les aspects internationaux du droit de l'affacturage » *LPA* 24 juill. 1996, p. 27.

Quiz

1) Sujets corrigés

A) Test de connaissances

Énoncé

1. L'affacturage est une opération :

a. innomée, qui n'est pas dotée d'un régime propre ;

b. nommée, qui est dotée d'un régime propre.

2. Le principe de globalité renvoie à l'obligation :

a. de l'affactureur de payer à l'adhérent un prix égal à l'intégralité de la valeur des créances ;

b. de l'adhérent de proposer à l'affactureur le transfert de l'ensemble de ses créances ;

c. de l'adhérent de communiquer à l'affactureur l'ensemble des informations dont il dispose.

3. La commission dite de service (ou d'affacturage) vise à rémunérer la gestion des créances, notamment le recouvrement de celles-ci :

a. vrai ;

b. faux.

4. Lors d'un affacturage, le taux effectif global doit être mentionné :

a. toujours ;

b. jamais ;

c. dans le cas où l'affactureur consent un crédit à l'adhérent.

5. La transmission des créances de l'adhérent à l'affactureur peut être réalisée à l'aide d'une :

a. cession de créance de droit commun ;

b. cession de créances professionnelles ;

c. subrogation personnelle.

6. Si l'affacturage est réalisé à l'aide d'une subrogation personnelle, celle-ci transfère à l'affactureur :

a. uniquement les créances ;

b. uniquement les accessoires des créances ;

c. à la fois les créances et leurs accessoires.

7. Si l'affacturage est réalisé à l'aide d'une subrogation personnelle, celle-ci est immédiatement opposable aux débiteurs sans formalités :

a. vrai ;

b. faux.

8. Si l'affacturage est réalisé à l'aide d'une subrogation personnelle et que celle-ci n'est pas encore opposable aux débiteurs, ces derniers peuvent se libérer en payant l'adhérent :

a. vrai ;

b. faux.

9. Les débiteurs peuvent opposer à l'affactureur subrogé les exceptions inhérentes à la dette :

a. toujours ;

b. parfois ;

c. jamais.

10. Les débiteurs peuvent opposer à l'affactureur subrogé les exceptions nées de leurs rapports avec l'adhérent :

a. quelle que soit leur date de naissance ;

b. si elles sont nées après que la subrogation leur soit devenue opposable ;

c. si elles sont nées avant que la subrogation leur soit devenue opposable.

Voir le corrigé en fin de rubrique.

B) Dissertation juridique

Énoncé

Affacturage et subrogation personnelle.

Voir le corrigé en fin de rubrique.

C) Cas pratique

Énoncé

La société Alpha réalise des travaux de construction pour M. Bêta. Toutefois, une fois les travaux terminés, elle oublie de lui en adresser la facture. Quelques années plus tard, la société Alpha procède à une mise en ordre de sa comptabilité et elle s'aperçoit de ces travaux impayés. Elle en adresse alors la facture à M. Bêta, et elle intègre par ailleurs la créance relative à cette facture à celles qui font l'objet d'un affacturage auprès de la société Gamma factoring. L'affacturage étant réalisé à l'aide d'une subrogation personnelle, la société Gamma factoring notifie l'opération à M. Bêta et lui demande le paiement de la créance. M. Bêta refuse le paiement au motif que la créance est désormais prescrite. La société Gamma factoring ne souhaite pas contester la prescription (il convient donc de faire ici abstraction de cette question), mais elle espère que cet argument qui concerne les rapports entre M. Bêta et la société Alpha ne fasse pas obstacle au paiement à son profit. Elle vous consulte pour savoir ce qu'il en est.

Voir le corrigé en fin de rubrique.

2) Corrigés

Test de connaissances

1. a ; **2.** b ; **3.** a ; **4.** c ; **5.** a, b et c ; **6.** c ; **7.** b ; **8.** a ; **9.** a ; **10.** c.

Dissertation juridique

- Définition des termes du sujet, à savoir d'une part l'affacturage, d'autre part la subrogation personnelle.

- Mais l'intérêt du sujet réside dans le « et », c'est-à-dire dans l'articulation entre l'affacturage et la subrogation.

- Problématique : les avantages et inconvénients du recours à la subrogation pour réaliser un affacturage se mesurent principalement par comparaison avec les autres mécanismes de transmission des créances.

I. Différence entre la subrogation et d'autres mécanismes

A. Inconvénients de la subrogation

- Concernant les modalités de la subrogation :

Pour opérer, la subrogation doit avoir lieu concomitamment au paiement (C. civ., art. 1346-1, al. 3).

- Concernant l'étendue de la subrogation :

Dans la cession de créance régie par le Code civil ou la cession de créances professionnelles, il peut y avoir une différence entre le montant nominal des créances transférées et le prix payé par l'affactureur. En revanche, l'étendue de l'effet translatif de la subrogation est étroitement ajustée au paiement : la subrogation n'a lieu que dans la limite de ce que l'affactureur a payé à l'adhérent (C. civ., art. 1346-4, al. 1er).

- Concernant là aussi l'étendue de la subrogation :

Un changement se produit au moment de la subrogation, qui est absent en cas de cession de créance de droit commun ou de cession de créances professionnelles : la créance cesse de produire intérêt au taux éventuellement convenu entre l'adhérent et le débiteur (C. civ., art. 1346-4, al. 2).

B. Avantages de la subrogation

- S'agissant de la validité de la subrogation :

S'il est vrai que la subrogation doit être expresse (C. civ., art. 1346-1, al. 2), il n'en demeure pas moins qu'aucune forme particulière n'est exigée, contrairement à ce que prévoit le régime de la cession de créance de droit commun et de la cession de créances professionnelles.

- S'agissant de l'opposabilité de la subrogation aux débiteurs :

En matière de subrogation le contenu de la notification adressé aux débiteurs est libre, à condition qu'il en résulte une information suffisante. En revanche, si l'affacturage est réalisé à l'aide d'une cession de créances professionnelles et que l'affactureur décide de notifier cette cession aux débiteurs, des mentions obligatoires doivent être apposées dans la notification (C. mon. fin., art. R. 313-16).

II. Équivalence entre la subrogation et d'autres mécanismes

A. Alignement de la subrogation sur d'autres mécanismes

- Au sujet de l'opposabilité de la subrogation aux débiteurs :

Pour que la subrogation soit opposable aux débiteurs et que l'affactureur puisse donc exiger le paiement, il faut soit une notification adressée aux débiteurs soit une prise d'acte de leur part (C. civ., art. 1346-5, al. 1er). C'est une évolution défavorable à l'affactureur issue de la réforme du droit des obligations de 2016, inspirée du régime de droit commun de la cession de créance (C. civ., art. 1324, al. 1er). Mais la nouveauté est moins grande qu'il n'y paraît, puisque le paiement fait par le débiteur de bonne foi à l'adhérent était déjà libératoire (comp. C. civ., art. 1240 anc.).

- Au sujet des exceptions opposables par les débiteurs :

Les exceptions opposables, que les débiteurs peuvent invoquer pour ne pas payer l'affactureur, sont régies en matière de subrogation par l'article 1346-5, alinéa 3 du Code civil, qui reprend presque mot pour mot l'article 1324, alinéa 2 du même code, consacré à la cession de créance. Les débiteurs peuvent opposer à l'affactureur subrogé les exceptions inhérentes à la dette quelle que soit leur date de naissance, ainsi que les exceptions extérieures à la dette, à condition cependant qu'elles soient nées avant que la subrogation leur soit devenue opposable. Cette dernière condition est une nouveauté de la réforme du droit des obligations de 2016, conséquence de l'abandon de l'opposabilité immédiate de la subrogation aux débiteurs.

B. Alignement d'autres mécanismes sur la subrogation

- Pour ce qui est de l'opposabilité de la subrogation aux tiers :

Certes la subrogation devient opposable aux tiers, notamment d'éventuelles cessionnaires des mêmes créances, dès le paiement, sans besoin d'autres formalités (C. civ., art. 1346-5, al. 2), mais il en va désormais de même en matière de cession de créance de droit commun (C. civ., art. 1323, al. 2).

Cas pratique

En l'occurrence, l'affacturage est réalisé à l'aide d'une subrogation. En la matière, l'article 1346-5, alinéa 3 du Code civil dispose que « Le débiteur peut opposer au créancier subrogé les exceptions inhérentes à la dette, telles que la nullité, l'exception d'inexécution, la résolution ou la compensation de dettes connexes ». Bien qu'elle ne figure pas dans la liste, la prescription extinctive constitue également une exception inhérente à la dette et elle peut donc être opposée à l'affactureur subrogé (rappr. Civ. 2e, 28 mai 2015, no 14-17.731, *Bull. civ.* IV, no 5). Par conséquent, si la prescription de la créance objet de l'affacturage est réellement acquise, la société Gamma factoring ne peut pas exiger le paiement de la part de M. Bêta.

chapitre 8

La titrisation des créances

Plan analytique

8

La titrisation des créances

La titrisation est une opération de financement née aux États-Unis autour des années 1970 en s'appuyant sur le *trust*, un mécanisme juridique qui vise à organiser, schématiquement, la *dissociation* entre la *gestion* et la *jouissance* d'un bien. Elle consiste pour une personne à céder des actifs, en général des créances, à un organisme spécialement créé à cette fin (un fonds commun ou une société en droit français – on y reviendra –, un *trust* aux États-Unis), lequel émet auprès d'investisseurs des titres financiers (d'où le terme « titrisation ») qui représentent économiquement ces actifs. Au vrai, les montages sont dans la pratique plus variés, puisqu'il existe une forme de titrisation dite « synthétique » où les risques liés aux actifs sont transférés sans que ces derniers le soient, et plus complexes, car le nombre d'intervenants est en général assez élevé. Il y aurait en somme beaucoup à dire. Le présent propos concernant les instruments de crédit, il sera limité à la titrisation des créances et à ses trois acteurs principaux. 296

Même ainsi délimité, le sujet n'est pas des plus aisé à saisir. Tâchons d'y voir plus clair, en prenant un exemple. Une entreprise transfère les créances qu'elle détient à l'égard de ses clients à un organisme de titrisation, qui lui paye en contrepartie une somme d'argent résultant des titres qu'il émet auprès d'investisseurs, pour le compte desquels l'organisme de titrisation va gérer les créances et auxquels il va verser le produit de celles-ci en déduisant une commission pour ses services. En mobilisant des créances à terme en échange d'une somme d'argent, autrement dit en actualisant une richesse future, l'entreprise obtient un financement ; à cette finalité principale peuvent s'en ajouter d'autres, notamment celle de transférer le risque d'insolvabilité des débiteurs ou de réaliser des opérations comptables. L'intérêt pour les investisseurs est, justement, d'investir : immobiliser une somme d'argent, en espérant obtenir ultérieurement une somme plus élevée grâce à la différence entre le prix payé pour les créances et la valeur nominale de celles-ci, d'ordinaire plus élevée, et grâce aux intérêts produits par les créances. Le gestionnaire de l'organisme de titrisation, pour sa part, réalise des opérations – il reçoit et gère les créances, et il émet des titres financiers – pour lesquelles il est rémunéré.

En droit français, la titrisation des créances a été dotée dès la fin des années 1980 d'un régime propre, qui a été peaufiné par touches successives. La loi n° 88-1201 du 23 décembre 1988 et le décret n° 89-158 du 9 mars 1989 ont tout d'abord encadré de manière stricte la titrisation. Puis, de nombreuses réformes en ont assoupli le régime, en élargissant notamment le cercle des personnes pouvant se financer par la titrisation ainsi que le périmètre des créances titrisables (L. n° 93-6, 4 janv. 1993 ; L. n° 93-1444, 31 déc. 1993 ; décret n° 93-589, 27 mars 1993 ; L. n° 96-597, 2 juill. 1996 ; Décr. n° 97-919, 6 oct. 1997 ; L. n° 98-546, 2 juill. 1998 ; L. n° 99-532, 25 juin 1999 ; L. n° 2003-706, 1er août 2003 ; Décr. n° 2004-1255, 24 nov. 2004 ; Ord. n° 2008-556, 13 juin 2008 ; Ord. n° 2013-676, 25 juill. 2013 ; Ord. n° 2017-1432, 4 oct. 2017 ; 297

Décr. n° 2018-1004, 19 nov. 2018 ; Ord. n° 2025-230, 12 mars 2025 ; L. n° 2025-391, 3 avr. 2025). De nos jours, les dispositions régissant la titrisation ont leur siège principalement aux articles L. 214-175-1 et suivants du Code monétaire et financier.

Ce droit interne est complété par des règles européennes. C'est plus précisément à la suite de la crise financière dite des *subprimes* – qui a été provoquée, entre autres, par un recours à certaines formes de titrisation moins encadrées – que le législateur européen a commencé à s'intéresser de près au mécanisme, en adoptant des directives et des règlements dont l'objectif est d'encourager le recours à cette opération tout en évitant ses excès (v. par. ex. directive 2009/111/CE, 16 sept. 2009). Parmi eux, il convient de faire une place à part au règlement 2017/2402 du 12 décembre 2017, qui a créé un cadre général pour la titrisation ainsi qu'un cadre spécifique pour les titrisations dites simples, transparentes et standardisées. Ce règlement a d'ailleurs été modifié par le règlement 2021/557 du 31 mars 2021, afin de favoriser la reprise après la crise liée à la Covid-19.

■ 298 Il convient de s'intéresser d'abord, dans une perspective statique, aux organismes de titrisation (section 1). On se penchera ensuite, dans une perspective dynamique, sur l'opération de titrisation (section 2).

section 1

Les organismes de titrisation

■ 299 Les organismes de titrisation sont des entités assez complexes. Cela dit, les principales questions les concernant peuvent être réduites au nombre de deux. Quelle forme les organismes de titrisation peuvent-ils prendre (§ 1) ? Comment fonctionnent-ils (§ 2) ?

§ 1 La forme des organismes de titrisation

■ 300 On dénombre deux formes d'organismes de titrisation (C. mon. fin., art. L. 214-168, I, al. 2) : il peut s'agir d'un fonds commun de titrisation (A) ou d'une société de titrisation (B).

A. Le fonds commun de titrisation

■ 301 La qualification juridique du *fonds commun de titrisation*[Q], naguère dénommé fonds commun de créances et inspiré du fonds commun de placement, est curieuse. Et ce, à double titre.

D'une part, le législateur qualifie le fonds commun de titrisation de *copropriété*. Mais il s'empresse d'ajouter que cette copropriété échappe aux dispositions du Code civil relatives à l'indivision ainsi qu'aux sociétés en participation (C. mon. fin., art. L. 214-180, al. 1er et 2). Où l'on voit que les prérogatives des investisseurs, qui détiennent des titres représentatifs de quotes-parts du fonds, sont plutôt limitées.

D'autre part, le législateur a pris la peine d'ajouter ce que le fonds commun de titrisation n'est pas : ce n'est *pas une personne morale* (C. mon. fin., art. L. 214-180, al. 2). Qu'à cela ne tienne : le régime du fonds se rapproche sur certains points de celui d'une personne morale. Ainsi, le Code monétaire et financier dispose que « pour toutes les opérations faites pour le compte des copropriétaires, la désignation du fonds [...] peut être valablement substituée à celle des copropriétaires » (art. L. 214-180, al. 3).

Comment expliquer ce décalage entre la qualification et le régime ? Sans doute tient-il à un certain pragmatisme : le régime n'est pas déduit mécaniquement de la qualification, il est ajusté autant que nécessaire pour que le fonds commun de titrisation puisse remplir sa principale fonction.

L'on touche là au point essentiel : quelle est la fonction remplie par le fonds commun de titrisation ? Isoler les créances. Les isoler d'une part du patrimoine de la personne qui a recours à la titrisation, pour éviter que ses créanciers puissent les saisir et pour s'assurer ainsi que leur valeur économique soit véritablement transférée aux investisseurs. Les isoler d'autre part des patrimoines des investisseurs, pour que seuls les titres représentatifs de la valeur économique des créances y entrent mais non les créances elles-mêmes, dont la gestion demeure entre les mains de l'organisme de titrisation. En somme, le fonds commun de titrisation vise à réaliser une *affectation patrimoniale*, si bien qu'il est permis d'y voir un patrimoine d'affectation. La pratique exprime ce qui précède par la formule « *true sale* », cession parfaite : la titrisation suppose une sortie des créances du patrimoine du cédant, laquelle ne doit pas être remise en cause y compris en cas d'ouverture d'une procédure collective à l'encontre de celui-ci. 302 ■

D'ailleurs, affectation patrimoniale au singulier ou au pluriel ? Une affectation patrimoniale ou des affectations patrimoniales ? C'est bien le pluriel qu'il faut retenir, car le fonds commun de titrisation peut comporter en son sein plusieurs *compartiments*[Q]. En ce cas, efficacité oblige, le législateur prévoit que « par dérogation à l'article 2285 du code civil [...], les actifs d'un compartiment déterminé ne répondent que des dettes, engagements et obligations et ne bénéficient que des droits et actifs qui concernent ce compartiment » (C. mon. fin., art. L. 214-169, I).

Au-delà de la qualification de copropriété et de l'absence de personnalité morale, le législateur a précisé que, du point de vue financier, le fonds commun de titrisation rentre dans la catégorie des fonds d'investissement alternatifs (FIA), variété d'organismes de placement collectif (OPC) (C. mon. fin., art. L. 214-1). 303 ■

La *constitution* du fonds commun de titrisation est encadrée strictement. Elle a lieu à l'initiative d'une société chargée de sa gestion (C. mon. fin., art. L. 214-181), laquelle doit être agréée par l'Autorité des marchés financiers (C. mon. fin., art. L. 532-9, II). 304 ■

Un règlement est rédigé en respectant certaines mentions obligatoires (C. mon. fin., art. R. 214-217). Sa finalité est de préciser les caractéristiques du fonds, de sorte à fournir une information complète aux investisseurs.

Pendant la vie du fonds commun de titrisation, deux *activités* essentielles sont réalisées : acquérir des créances et émettre des titres financiers (C. mon. fin., art. L. 214-182). Mais les réformes successives ont assoupli le régime du fonds en admettant des activités complémentaires, notamment le recours à des instruments financiers à terme (C. mon. fin., art. L. 214-169, et art. L. 214-183, al. 2). 305 ■

Une fois que les activités du fonds commun de titrisation ont pris fin, celui-ci fait logiquement l'objet d'une *liquidation*. C'est en principe la société de gestion qui 306 ■

procède à cette liquidation dans les conditions prévues par le règlement du fonds (C. mon. fin., art. L. 214-186, al. 1er). Mais lorsque la société de gestion justifie de graves difficultés à exercer ces fonctions de liquidateur, celles-ci peuvent être assumées par un liquidateur désigné par l'Autorité des marchés financiers voire en justice (C. mon. fin., art. L. 214-186, al. 2).

B. La société de titrisation

307 Moins utilisée en pratique que le fonds commun de titrisation, la *société de titrisation*^Q est une société très spéciale. Elle peut certes prendre la forme soit d'une *société anonyme* soit d'une *société par actions simplifiée* (C. mon. fin., art. L. 214-176, alinéa 1er). Mais il faut immédiatement ajouter que l'article L. 214-179 du Code monétaire et financier écarte l'application à la société de titrisation de bon nombre de règles édictées par le Code de commerce pour les sociétés. L'objectif est, comme pour le fonds commun de titrisation, d'orienter le régime vers la principale fonction de la société de titrisation : réaliser une *affectation patrimoniale* des créances titrisées, grâce à la création d'un patrimoine séparé de celui des intervenants et à l'abri donc de leurs créanciers – à l'instar du fonds commun de titrisation, la société de titrisation peut du reste comporter plusieurs *compartiments*^Q distincts (C. mon. fin., art. L. 214-169, I).

Sur le fond, les *dérogations* sont variées. La plus remarquable tient assurément au fait que l'ensemble du livre VI du Code de commerce consacré aux entreprises en difficulté n'est pas applicable aux sociétés de titrisation. Mais il y en a d'autres, dont la philosophie d'ensemble est d'assouplir le fonctionnement de la société de titrisation. Ainsi, lorsque celle-ci est constituée sous la forme d'une société anonyme, l'assemblée générale ordinaire peut se tenir sans qu'aucun quorum ne soit requis, et il en va de même, sur deuxième convocation, de l'assemblée générale extraordinaire ; une même personne physique peut exercer simultanément cinq mandats de directeur général, de membre du directoire ou de directeur général unique de société de titrisation, et ces mandats ne sont pas pris en compte pour les règles de cumul prévues par le Code de commerce ; le conseil d'administration ou le directoire désigne le commissaire aux comptes de la société de titrisation, mais la désignation d'un commissaire aux comptes suppléant n'est pas requise ; l'assemblée générale extraordinaire qui décide de la transformation, de la fusion ou de la scission donne pouvoir au conseil d'administration ou au directoire d'évaluer les actifs et de déterminer la parité de l'échange à une date qu'elle fixe, opérations qui s'effectuent sous le contrôle du commissaire aux comptes sans qu'il soit nécessaire de désigner un commissaire à la fusion et, par ailleurs, l'assemblée générale est dispensée d'approuver les comptes si ceux-ci sont certifiés par le commissaire aux comptes. Sans compter que, plus généralement, toute société de titrisation est mise à l'abri de diverses autres dispositions du Code de commerce, s'agissant notamment de la dénomination sociale, de la souscription du capital, de l'évaluation des apports en nature, ou encore des droits des actionnaires.

308 La *constitution* de la société de titrisation suppose la rédaction de statuts respectant les mêmes mentions obligatoires que celles prévues pour le règlement du fonds commun de titrisation (C. mon. fin., art. R. 214-217). L'objectif est là aussi d'informer au mieux les investisseurs.

§ 2 Le fonctionnement des organismes de titrisation

L'organisme de titrisation, on l'a vu, a pour fonction principale de réaliser une affectation patrimoniale des créances titrisées. Cela explique sans doute que son fonctionnement repose, qu'il s'agisse d'un fonds commun de titrisation ou d'une société de titrisation, sur deux autres entités, dont il faut donc préciser le rôle : une société de gestion de portefeuille (A) et un établissement dépositaire (B). 309 ■

A. Le rôle de la société de gestion de portefeuille

La gestion des organismes de titrisation est assurée par une *société de gestion de portefeuille*[Q] (C. mon. fin., art. L. 214-168, III), laquelle doit recevoir un agrément de l'Autorité des marchés financiers (C. mon. fin., art. L. 532-9, II). Ses principales missions sont au nombre de trois. 310 ■

D'abord, la société de gestion de portefeuille prend l'initiative de *constituer le fonds commun de titrisation*, lorsque telle est la forme de l'organisme de titrisation – hypothèse, pour rappel, la plus fréquente – (C. mon. fin., art. L. 214-181, al. 1er).

C'est ensuite à la société de gestion *de représenter le fonds commun de titrisation à l'égard des tiers et dans toute action en justice* (C. mon. fin., art. L. 214-181, al. 1er). On peut déceler dans ce recours à la représentation la tentation du législateur de traiter le fonds commun de titrisation (le représenté) comme une personne, en dépit de l'absence de personnalité morale.

Enfin, et surtout, la société de gestion de portefeuille *gère l'organisme de titrisation*, en accomplissant les diverses missions juridiques et financières qui permettent de réaliser l'opération (v. par ex. C. mon. fin., art. L. 214-181, al. 2).

Quelques interrogations sont nées sur les contours exacts des missions de la société de gestion de portefeuille. Parmi ces questions, il en est une qui a particulièrement occupé la jurisprudence et même le législateur : en sa qualité de représentant du fonds commun à l'égard des tiers, la société de gestion peut-elle *agir en justice* contre le débiteur cédé pour le *recouvrement* des créances, alors que la loi dispose que ce recouvrement continue d'être assuré par le cédant (C. mon. fin., art. L. 214-172, al. 1er ; v. *infra*) ? La réponse a évolué au fil du temps. 311 ■

Saisie de la question, la Cour de cassation avait répondu, dans un arrêt rendu en 2017, qu'« il résulte de l'application combinée des articles L. 214-172 et L. 214-180 du code monétaire et financier, dans leur rédaction issue de l'ordonnance n° 2013-676 du 25 juillet 2013, applicable en l'espèce, que si, ne jouissant pas de la personnalité morale, un fonds commun de titrisation est, à l'égard des tiers et dans toute action en justice, représenté par sa société de gestion, il appartient à celui qui lui transfère des créances par bordereau, ou à l'entité qui en était chargée au moment du transfert, de continuer à assurer le recouvrement de ces créances et, pour ce faire, d'exercer les actions en justice nécessaires, la possibilité offerte aux parties de confier tout ou partie de ce recouvrement à une autre entité désignée à cet effet supposant que le débiteur soit informé de cette modification par lettre simple ; qu'ayant relevé qu'aucune désignation précise n'avait été faite de l'entité chargée du recouvrement des créances cédées au fonds et qu'il n'était pas justifié que le débiteur ait été informé d'un éventuel changement à cet égard, c'est à bon droit que la cour d'appel [...] a retenu que, si la société de gestion GTI était effectivement le représentant légal du fonds sans avoir besoin d'un pouvoir ou d'un mandat, elle n'était pas, pour autant, expressément chargée du recouvrement des créances cédées, ce recouvrement s'entendant notamment de l'action en justice nécessaire, et en a déduit que, faute de qualité à agir à cette fin, l'action en paiement qu'elle avait formée contre M. Y... était irrecevable » (Com. 13 déc. 2017, n° 16-19.681, *AJ contrat* 2018, n° 3, p. 133, note V. Forti). En bref, une action visant le recouvrement pouvait être exercée par la société de gestion, à la seule et unique condition que le débiteur cédé ait été préalablement informé du changement par lettre simple.

L'ordonnance n° 2017-1432 du 4 octobre 2017, publiée peu avant cet arrêt et entrée en vigueur quelques jours après celui-ci, avait néanmoins rebattu les cartes. Elle avait en effet modifié l'article L. 214-172 du Code monétaire et financier, en y ajoutant un deuxième aliéna en vertu duquel « toutefois, tout ou partie du recouvrement de ces créances peut être assuré directement par la société de gestion ou confié par elle, par voie de convention, à une autre entité désignée à cet effet. Chaque débiteur est informé de ce changement ». Autrement dit, la loi d'une part envisageait expressément le recouvrement par la société de gestion, et elle assouplissait d'autre part les modalités d'information du débiteur cédé par la suppression de la référence à la « lettre simple », ce qui permettait de se demander si cette information pouvait désormais résulter de l'assignation en justice. Pour autant, la Cour de cassation avait décidé de ne pas faire une application immédiate de cette nouvelle solution à des faits datant de la période antérieure à son entrée en vigueur : l'action de la société de gestion était irrecevable et « la modification apportée, à compter du 3 janvier 2018, à l'article L. 214-172, alinéa 2, du Code monétaire et financier par l'ordonnance n° 2017-1432 du 4 octobre 2017 ne (pouvait) avoir pour effet de faire disparaître la cause de cette irrecevabilité » (Com. 17 avr. 2019, n° 18-11.964, *Bull. Joly Bourse* 2019, p. 39, note T. Bonneau). Techniquement, la décision était justifiée au regard du droit transitoire ; en opportunité, elle pouvait révéler que quelques hésitations en la matière persistaient à la Cour de cassation.

Le législateur a alors décidé d'enfoncer le clou. Par la loi n° 2019-486 du 22 mai 2019, il a retouché une nouvelle fois l'article L. 214-172 du Code monétaire et financier sur deux points : il a précisé que le recouvrement des créances peut être assuré directement par la société de gestion « en tant que représentant légal de l'organisme » – ou il peut être confié par elle, par voie de convention, à une autre entité désignée à cet effet (Com. 6 mars 2024, n° 22-16.074) –, et il a ajouté qu'en cas de changement de l'entité chargée du recouvrement, le débiteur cédé est informé de ce changement « par tout moyen, y compris par acte judiciaire ou extrajudiciaire ». Dorénavant, la volonté du législateur ne peut pas être plus claire. Si claire que la Cour de cassation a cette fois jugé d'une manière déjà conforme à l'article L. 214-172 du Code monétaire et financier dans sa rédaction issue de la loi de 2019, une affaire pourtant soumise à cet article dans sa rédaction issue de l'ordonnance de 2017 : « il résulte de ce texte que la société de gestion d'un fonds commun de titrisation qui assure tout ou partie du recouvrement des créances cédées à ce fonds, doit en informer chaque débiteur, cette information pouvant résulter de l'assignation délivrée au débiteur aux fins de recouvrement » (Com. 15 juin 2022, n° 20-17.154).

312 Si le règlement ou les statuts de l'organisme de titrisation le prévoient, celui-ci peut être établi et géré par un *sponsor*, à savoir un établissement de crédit à l'initiative de l'opération de titrisation, mais qui n'est pas lui-même le titulaire initial des créances titrisées (Règlement UE 2017/2402 du 12 décembre 2017 créant un cadre général

pour la titrisation ainsi qu'un cadre spécifique pour les titrisations simples, transparentes et standardisées, art. 2.5). En pareil cas, il faut cependant que le sponsor délègue la gestion du portefeuille de l'organisme de titrisation à une société de gestion de portefeuille, laquelle respectera le régime habituellement applicable (C. mon. fin., art. L. 214-175-1, IV).

B. Le rôle de l'établissement dépositaire

Le fonctionnement de l'organisme de titrisation repose également sur un *établissement dépositaire*[Q] (C. mon. fin., art. L. 214-175-2 s.). Il s'agit d'un *établissement de crédit* ayant son siège social ou une succursale en France, lequel est désigné par l'organisme de titrisation lui-même. 313 ■

Pour éviter tout *conflit d'intérêts*, la loi dispose que l'organisme de titrisation, sa société de gestion et, le cas échéant, le sponsor ne peuvent pas agir en tant que dépositaire (C. mon. fin., art. L. 214-175-3).

L'établissement dépositaire a deux missions principales. 314 ■

D'un côté, comme son nom le suggère, il est en charge de la *garde des actifs* de l'organisme (C. mon. fin., art. L. 214-175-2, I, al. 3). Le terme « actifs » recouvre principalement deux réalités : les créances titrisées et la trésorerie.

S'agissant des créances titrisées, l'établissement dépositaire conserve non seulement le principal, c'est-à-dire les créances elles-mêmes, mais aussi les accessoires, notamment les sûretés dont elles sont assorties (C. mon. fin., art. R. 214-218, 1°). Il conserve également les actes dont résultent les créances, mais sous certaines conditions cette mission peut être confiée au cédant ou à l'entité chargée du recouvrement des créances cédées (C. mon. fin., art. D. 214-233).

S'agissant de la trésorerie, l'établissement dépositaire est en charge de la conservation des liquidités (C. mon. fin., art. R. 214-218, 1°) entendues au sens large : il peut s'agir de dépôts effectués auprès d'un établissement de crédit ou même de titres de créance (C. mon. fin., art. D. 214-232-4).

De l'autre côté, l'établissement dépositaire *s'assure de la régularité des décisions de la société de gestion* relatives à l'organisme de titrisation (C. mon. fin., art. L. 214-175-2, I, al. 3). À ce titre, il contrôle la réception et la comptabilité des paiements, il s'assure que les opérations portant sur les instruments financiers sont conformes aux dispositions et stipulations applicables, ou encore il vérifie que les produits de l'organisme de titrisation reçoivent une affectation conforme à ce qui est prévu (C. mon. fin., art. L. 214-175-4, I et III).

Naturellement, la *responsabilité* de l'établissement dépositaire peut être engagée (C. mon. fin., art. L. 214-175-6). Il est plus particulièrement responsable à l'égard de l'organisme de titrisation ou des investisseurs en cas de perte des instruments financiers conservés, à moins qu'il prouve que cette perte résulte d'un événement extérieur. La délégation à un tiers de la garde des actifs de l'organisme n'exonère pas le dépositaire de sa responsabilité, sauf dans des cas spécifiques. Les investisseurs peuvent mettre en cause la responsabilité de l'établissement dépositaire soit directement, soit indirectement par l'intermédiaire de la société de gestion (C. mon. fin., art. L. 214-175-7). 315 ■

section 2

L'opération de titrisation

316 Suivant une approche économique, le Code monétaire et financier décrit l'opération de *titrisation*ᵠ en identifiant deux phases interdépendantes : « les organismes de titrisation ont pour objet, d'une part, d'être exposés aux risques, y compris les risques d'assurance, mentionnés à l'article L. 214-175-1 et, d'autre part, d'en assurer en totalité le financement ou la couverture, dans les conditions prévues par cet article » (C. mon. fin., art. L. 214-168, I, al. 1er). La première phase met en relation l'entreprise qui a recours à la titrisation et l'organisme de titrisation ; la seconde se déroule entre l'organisme de titrisation et les investisseurs.

Juridiquement, ces deux phases interdépendantes prennent le plus souvent la forme d'une cession de créances (§ 1) et d'une émission de titres financiers (§ 2) – mais, pour mémoire, il est également possible de réaliser une titrisation « synthétique », laquelle n'implique pas une cession de créances et peut résulter de la conclusion de contrats constituant des instruments financiers à terme (C. mon. fin., art. L. 214-175-1, I).

§ 1 La cession de créances

317 La première phase de l'opération de titrisation se caractérise habituellement par une cession de créances, qui intervient entre l'entreprise qui a recours à la titrisation et l'organisme de titrisation. Que le fonds commun de titrisation, qui n'est pas doté de la personnalité morale (v. ss 301) puisse avoir la qualité de cessionnaire est certes curieux, mais il faut garder à l'esprit qu'il est représenté par la société de gestion de portefeuille (v. ss 310). Cette remarque étant faite, on exposera les conditions (A) et les effets (B) de la cession de créances dans le cadre d'une titrisation.

A. Les conditions de la cession de créances

318 Il convient de distinguer les conditions de fond et les conditions de forme de la cession des créances, en s'intéressant plus précisément aux créances cessibles puis aux modalités de cession.

319 D'une part, les réformes successives du régime de la titrisation ont élargi progressivement le périmètre des *créances cessibles*. C'est à se demander si la formulation retenue de nos jours pouvait être plus large : il peut s'agir de « créances résultant soit d'un acte déjà intervenu, soit d'un acte à intervenir, que le montant et la date d'exigibilité de ces créances soient ou non encore déterminés et que les débiteurs de ces créances soient ou non identifiés, y compris des créances immobilisées, douteuses ou litigieuses » (C. mon. fin., art. D. 214-219 ; v. C. mon. fin., art. L. 214-174).

320 La *nature de la créance* est indifférente : créances bancaires ou créances commerciales, créances de droit privé ou créances de droit public, toutes sont concernées.

La souplesse du régime se vérifie également au regard de l'*échéance des créances*. 321 ■
Initialement réservée aux créances à longue échéance, surtout aux créances hypothécaires, la titrisation peut désormais porter sur des créances dont l'échéance est brève, notamment celles résultant de crédits à la consommation.

Mais ce n'est pas tout : il est loisible aux parties de titriser aussi bien des créances actuelles que des créances futures. Et ces dernières peuvent résulter d'un acte déjà intervenu, telles les créances de loyer d'un contrat de bail en cours, ou d'un acte à intervenir, par exemple les créances de loyer pressenties en raison d'un bail non encore conclu.

La question s'est posée de savoir s'il était possible de procéder à une titrisation dite « *whole business* », portant sur l'ensemble des créances résultant de l'activité d'une personne. L'on concédera que le Code monétaire et financier semble l'admettre, en affirmant que la titrisation peut avoir lieu « que le montant et la date d'exigibilité de ces créances soient ou non encore déterminés et que les débiteurs de ces créances soient ou non identifiés » (C. mon. fin., art. D. 214-219). Toujours est-il que les stipulations contractuelles doivent veiller à ce que les créances titrisées, non déterminées, soient du moins déterminables comme l'exige le Code civil (C. civ., art. 1321, al. 2).

Les créances dont le recouvrement est malaisé car elles sont *immobilisées, douteuses* 322 ■
ou litigieuses, peuvent aussi faire l'objet d'une titrisation. N'oublions pas que l'une des raisons qui incite à titriser des créances consiste parfois justement à transférer le risque d'insolvabilité des débiteurs cédés.

La titrisation de créances litigieuses a soulevé une question : le *retrait litigieux*[Q] est-il applicable dans ce cas ? Rappelons que le retrait litigieux est un mécanisme régi par le Code civil qui permet à la personne contre laquelle un droit litigieux a été cédé de se le faire attribuer en remboursant au cessionnaire le prix payé par ce dernier pour l'acquérir. Exemple : le débiteur cédé d'une créance litigieuse peut se libérer en payant au créancier cessionnaire non pas le montant nominal de cette créance, disons 100, mais le prix inférieur stipulé pour la cession de cette créance, qui pourrait être de 70. Si la question se pose, c'est parce que la titrisation porte normalement sur un ensemble de créances dont le prix de cession est calculé globalement et non créance par créance. À titre illustratif, lors d'une titrisation de 1 000 créances dont la valeur individuelle oscille entre 1 et 3, un prix global de 2000 pourrait être stipulé.

La Cour de cassation a répondu que « la circonstance que la cession des créances litigieuses se réalise au profit d'un fonds commun de créances [...] ne fait pas obstacle à l'exercice du droit au retrait litigieux prévu à l'article 1699 du code civil » (Com. 15 avr. 2008, n° 03-15.969, *D.* 2008. 1732) – en étant précisé que le retrait litigieux peut être exercé non seulement par le débiteur, mais aussi par la caution, lorsqu'elle conteste le droit invoqué contre elle (Com. 14 févr. 2024, n° 22-19.801, *JCP N* 2024, 37, 1183, obs. V. Forti). Or, à défaut de prix réel, les juges du fond doivent identifier le prix supposé de la créance litigieuse par des calculs qui risquent de s'écarter, pour ne pas dire de malmener, la volonté des parties.

Bien que la conciliation entre titrisation et retrait litigieux n'aille pas de soi – les mêmes hésitations pourraient être émises au sujet de toutes les cessions d'un ensemble de créances, et notamment au sujet de la cession *Dailly* de créances professionnelles (v. *supra*, chapitre 6) – l'Avant-projet de réforme du droit des contrats spéciaux soumis à consultation publique par le ministère de la Justice en juillet 2022 envisage de consacrer la jurisprudence actuelle. Aux termes de son article 1689, « une cession globale de droits litigieux ne fait pas obstacle à l'exercice du droit de retrait à l'égard d'un droit qui y est inclus, à condition que son prix soit déterminable ».

■ 323 D'autre part, quant à la forme, les *modalités de cession* des créances sont, dans une large mesure, inspirées de la cession *Dailly* de créances professionnelles (v. ss 212 s.). La cession à un organisme de titrisation s'effectue en effet par la seule remise d'un *bordereau de titrisation*, à moins que les parties préfèrent recourir à un autre mode de cession de droit français ou étranger (C. mon. fin., art. L. 214-169, V, 1° ; d'ailleurs, l'art. L. 214-169, V, 3°, al. 2 envisage expressément l'hypothèse d'une cession par bordereau *Dailly* lui-même).

La précision a son importance : le non-respect des exigences prévues pour le bordereau de titrisation ne fait pas obstacle au transfert des créances, si les conditions d'un autre mode de cession sont réunies.

Simplement, le régime prévu pour la cession par bordereau de titrisation ne s'appliquera alors pas. La Cour de cassation l'a rappelé dans un arrêt où les juges du fond avaient fait produire les mêmes effets du bordereau à une attestation notariée certifiant que la cession avait eu lieu : « Attendu que pour déclarer recevable l'intervention de la banque Morgan guaranty, [...] donner acte à la banque JP Morgan, aux lieu et place de la Morgan guaranty, après avoir relevé l'attestation notariée du 1er septembre 2000 certifiant que par acte du 27 mars 2000 la banque avait cédé au fonds commun de créances Malta, agissant par son compartiment Malta 1 un ensemble de créances ainsi que les intérêts courus et à échoir sur ces créances à compter du 1er novembre 1999, parmi lesquelles figure celle détenue sur la caution ainsi que l'attestation par laquelle Morgan guaranty était chargée du recouvrement des créances détenues par Malta 1 en remplacement de la banque qui exerçait ce mandat en qualité de cédant des créances au fonds, l'arrêt retient qu'un fonds commun de créances n'a pas à signifier la cession réalisée au débiteur cédé et que "l'attestation ci-dessus" se substitue valablement à la production du bordereau de cession ; Attendu qu'en statuant ainsi, alors qu'en l'absence de production du bordereau de cession de créances au fonds commun de créances établi conformément aux dispositions réglementaires prévues par l'article 2 du décret du 9 mars 1989 modifié, la cession n'était pas opposable aux tiers, ce dont il résulte que la Morgan guaranty n'avait pas qualité à agir comme mandataire du cédant pour demander paiement à la caution du débiteur cédé sur le fondement de documents qu'elle ne présentait pas, la cour d'appel n'a pas tiré les conséquences légales de ses constatations » (Com. 13 févr. 2007, n° 03-11.025, *Bull. civ.* IV, n° 33).

■ 324 Le bordereau de titrisation doit-il comporter des *mentions obligatoires*, à l'instar du bordereau *Dailly* (v. ss 213 s.) ? La réponse est affirmative. Ces mentions obligatoires sont énumérées à l'article D. 214-227 du Code monétaire et financier : la dénomination « acte de cession de créances » ; la mention du fait que la cession est soumise aux dispositions des articles L. 214-169 à L. 214-175 ; la désignation du cessionnaire ; la désignation ou l'individualisation des créances cédées ou les éléments susceptibles d'y pourvoir, par exemple l'indication du débiteur ou du type de débiteurs, des actes ou des types d'actes dont les créances sont ou seront issues, du lieu de paiement, du montant des créances ou de leur évaluation et, s'il y a lieu, de leur échéance. Des précisions sont ajoutées pour l'hypothèse du recours à des documents électroniques, notamment le fait que le bordereau peut être établi, signé, conservé et transmis sous forme électronique.

Une remarque doit être formulée au sujet de la mention relative à la désignation ou l'individualisation des créances cédées. Si cette désignation ou individualisation constitue bien une mention obligatoire, les moyens énumérés par le législateur à titre indicatif pour y parvenir ne constituent en revanche pas eux-mêmes des mentions obligatoires, et ils peuvent donc être remplacés par d'autres. La Cour de cassation l'a expliqué clairement : « l'indication de la nature et du montant de la créance cédée et le nom du débiteur ne constituent pas des mentions devant obligatoirement figurer sur le bordereau et [...] l'identification de la créance peut intervenir au moyen de références chiffrées » (Com. 25 mai 2022, n° 20-16.042, *JCP E* 2022, 37, 1299, note S. Tisseyre).

Alors que le bordereau *Dailly* requiert la signature du cédant (C. mon. fin., art. L. 313-25, al. 1er), il n'en va pas de même, une fois n'est pas coutume, du bordereau de titrisation.

Quelle est la conséquence du *non-respect* de ces mentions ? Le Code monétaire et financier demeure silencieux sur ce point, mais l'analogie avec le bordereau *Dailly* (C. mon. fin., art. L. 313-25, dernier al.) corroborée par le régime de la titrisation qui permet aux parties d'avoir recours à un autre mode de cession de droit français ou étranger (C. mon. fin., art. L. 214-169, V, 1°), conduit à penser qu'une requalification de l'acte en cession de créances de droit commun – donc, une conversion par réduction – est possible, si les conditions en sont réunies.

Le fait que la cession se réalise par la remise du bordereau de titrisation n'empêche pas les parties de conclure en parallèle une *convention de cession*, ce qu'elles font d'ordinaire. Si l'existence de cette convention est expressément envisagée par le Code monétaire et financier (art. L. 214-169, VI, al. 3), son contenu n'est en revanche pas encadré contrairement à celui du bordereau de titrisation. La convention de cession est donc l'instrument de technique contractuelle par lequel les parties détaillent avec une certaine liberté leurs obligations respectives. 325

B. Les effets de la cession de créances

La cession de créances par bordereau de titrisation produit principalement un *effet translatif*. Aux termes de l'article L. 214-169, V, 2° du Code monétaire et financier, cet effet translatif opère *entre les parties* et devient *opposable aux tiers* par la seule remise du bordereau, « sans qu'il soit besoin d'autre formalité », ce que la Cour de cassation a parfois l'occasion de rappeler (Civ. 2e, 8 févr. 2024, n° 21-18.702 et n° 23-10.075). 326

Prenant là aussi exemple sur la cession *Dailly* (C. mon. fin., art. L. 313-27, al. 1er), la cession par bordereau de titrisation est immédiatement valable et opposable « quelle que soit la loi applicable aux créances et la loi du pays de résidence des débiteurs » (C. mon. fin., art. L. 214-169, V, 2°). La disposition interroge en ce qu'elle semble contredire le règlement Rome I, qui soumet les conditions d'opposabilité de la cession à la loi régissant la créance cédée (Règlement n° 593/2008 du 17 juin 2008 sur la loi applicable aux obligations contractuelles, art. 14.2). Signalons d'ailleurs que la proposition de règlement européen sur la loi applicable à l'opposabilité des cessions de créances (COM/2018/096 final), à ce jour non adoptée, envisage un principe selon lequel l'opposabilité d'une cession de créances est régie par la loi du pays où le cédant a sa résidence habituelle (art. 4.1), mais elle prévoit une exception pour la titrisation : « le cédant et le cessionnaire peuvent choisir la loi applicable à la créance cédée comme loi applicable à l'opposabilité d'une cession de créances en vue d'une titrisation » (art. 4.3).

327 Pas de formalités autres que le bordereau pour le transfert des créances et pour son opposabilité donc, mais pas seulement. Aucune formalité n'est requise non plus pour le transfert des *accessoires des créances* et l'opposabilité de ce transfert aux tiers (C. mon. fin., art. L. 214-169, V, 3°).

Les sûretés personnelles telles que le cautionnement sont donc transférées et opposables sans qu'une information au profit de la caution soit nécessaire. D'autant que la Cour de cassation a précisé que, si l'on ose dire, l'accessoire de l'accessoire suit lui aussi le principal. Autrement dit, le titre exécutoire dont est assorti le cautionnement qui garantit la créance titrisée est transféré au cessionnaire, à l'instar du cautionnement et de la créance eux-mêmes (Com. 24 mai 2018, n° 17-13.962, *LPA* 2019, n° 219-220, p. 6, obs. V. Forti).

Et les sûretés réelles, notamment l'hypothèque qui est expressément visée par les textes (C. mon. fin., art. L. 214-169, V, 3°), sont transférées et opposables sans besoin de procéder à des inscriptions.

328 Là ne se limite pas, au demeurant, la vigueur de l'effet translatif de la cession de créances dans le cadre d'une titrisation. Elle se manifeste aussi au regard du *droit des entreprises en difficulté*. Réforme après réforme, le législateur a placé la titrisation à l'abri du régime prévu en la matière par le Code de commerce.

D'abord, tous les actes conclus au profit de l'organisme de titrisation, notamment la cession des créances titrisées, échappent aux nullités de la période dite suspecte, c'est-à-dire la période qui va de la cessation des paiements de la personne qui a conclu l'acte avec l'organisme de titrisation jusqu'à l'ouverture d'une procédure collective à l'encontre de cette personne (C. mon. fin., art. L. 214-169, VI, dernier al.).

La cession des créances au profit de l'organisme de titrisation n'est, ensuite, pas affectée par l'éventuelle ouverture d'une procédure collective à l'encontre du cédant, et ce qu'il s'agisse d'une procédure de droit interne ou d'une procédure régie par un droit étranger (C. mon. fin., art. L. 214-169, V, 4°).

Enfin, il est expressément précisé que lorsque la titrisation porte sur une créance résultant d'un contrat à exécution successive, notamment d'un bail, l'ouverture d'une procédure collective de droit interne ou de droit étranger à l'encontre du bailleur-cédant ne peut pas remettre en cause la poursuite de ce contrat (C. mon. fin., art. L. 214-169, VI, al. 1er).

329 En principe, la cession de créances à un organisme de titrisation est *confidentielle* – énième convergence avec la cession *Dailly*. Façon de dire que les débiteurs cédés n'en sont normalement pas informés : le *recouvrement des créances* continue d'être assuré par le cédant (C. mon. fin., art. L. 214-172, al. 1er). L'intérêt pour celui-ci est qu'il conserve un rapport direct et exclusif avec ses cocontractants, spécialement ses clients – ce qui lui permet aussi de rester discret sur son besoin de financement. Une fois les paiements effectués, le cédant transfère naturellement au cessionnaire les sommes perçues. Les modalités de ce recouvrement sont d'ordinaire définies par une

convention conclue entre le cédant et le cessionnaire. Souvenons-nous à ce sujet que l'établissement dépositaire exerce un contrôle sur l'ensemble de la procédure de recouvrement (C. mon. fin., art. L. 214-175-4 ; v. ss 314).

Par exception, le recouvrement des créances peut être assuré directement par la société de gestion ou il peut être confié par elle à une autre entité, changement qui peut par ailleurs être décidé dès l'origine ou à tout autre moment (C. mon. fin., art. L. 214-172, al. 2). En pareil cas, chaque débiteur concerné doit être informé du changement ; mais, cela a été précédemment vu, cette information peut être adressée par tout moyen, y compris par acte judiciaire ou extrajudiciaire (C. mon. fin., art. L. 214-172, al. 3), y compris donc par assignation délivrée au débiteur aux fins de recouvrement (rappr. Com. 15 juin 2022, n° 20-17.154).

Certes utile pour le cédant qui maintient ainsi le lien avec ses débiteurs, le fait qu'il continue à assurer le recouvrement est néanmoins dangereux pour l'organisme de titrisation cessionnaire – et donc, *in fine*, pour les investisseurs. Le risque est que les sommes recouvrées ne parviennent finalement jamais entre ses mains. Il est une technique qui permet de conjurer ce risque : un *compte spécialement affecté*[Q] au profit de l'organisme de titrisation (C. mon. fin., art. L. 214-173). 330 ■

L'ouverture d'un tel compte est extrêmement souple : l'affectation opère dès la signature de la convention de compte avec l'établissement de crédit qui le tient (C. mon. fin., art. D. 214-228, I, al. 2). Concrètement, cela a notamment pour conséquence que le compte n'est pas atteint par l'éventuelle ouverture à l'encontre du cédant d'une procédure collective du livre VI du Code de commerce ou d'une procédure équivalente de droit étranger (C. mon. fin., art. L. 214-173, al. 3).

Le fonctionnement du compte spécialement affecté est, sans surprise, simple : les sommes portées au crédit de ce compte, dont dispose la société de gestion de l'organisme de titrisation, bénéficient exclusivement à ce dernier. La société de gestion agit en effet au nom et au bénéfice de l'organisme de titrisation (C. mon. fin., art. D. 214-228, II, al. 1er).

Facultatif lorsque le recouvrement des créances continue d'être assuré par le cédant, le compte spécialement affecté devient obligatoire dans l'hypothèse où la charge du recouvrement a été transférée à la société de gestion de l'organisme de titrisation (C. mon. fin., art. L. 214-173, al. 2).

Tout ce qui précède n'interdit pas l'organisme de titrisation de demander aux débiteurs cédés, cas de figure à vrai dire rare, de s'engager envers lui à le payer directement, c'est-à-dire d'*accepter la cession aux fins de titrisation*. On retrouve ici, par un renvoi législatif (C. mon. fin., art. L. 214-169, V, 3°, al. 4), un mécanisme prévu à l'origine pour la cession *Dailly*. 331 ■

Le domaine du mécanisme est vaste, qui couvre également les débiteurs qui sont des personnes morales de droit public (mais dans ce cas les conditions de l'acceptation sont plus strictes : C. mon. fin., art. L. 313-29-1, auquel renvoie C. mon. fin., art. L. 214-169, V, 3°, al. 4).

Tout à rebours, la forme de l'acceptation est encadrée strictement, pour protéger le consentement du débiteur cédé : cette acceptation doit intervenir par écrit et comporter certaines mentions (C. mon. fin., art. L. 313-29, al. 1er, auquel renvoie C. mon. fin., art. L. 214-169, V, 3°, al. 4).

Mais l'essentiel est ailleurs : il tient aux effets de l'acception. Celle-ci entraîne une inopposabilité à l'organisme de titrisation des exceptions fondées sur les rapports entre le débiteur cédé et le cédant, sauf si l'organisme de titrisation a agi sciemment au détriment du débiteur cédé (C. mon. fin., art. L. 313-29, al. 2, auquel renvoie C. mon. fin., art. L. 214-169, V, 3°, al. 4).

§ 2 L'émission de titres financiers

332 Une fois la première phase de l'opération de titrisation achevée, à savoir la cession de créances entre la personne qui a recours à la titrisation et l'organisme de titrisation, il faut passer à la seconde phase, celle qui met en relation l'organisme de titrisation avec les investisseurs. Lors de cette phase, l'organisme de titrisation peut avoir recours à un emprunt ou conclure des contrats constituant des instruments financiers à terme mais, dans une titrisation classique, il procédera à l'émission de titres financiers (C. mon. fin., art. L. 214-175-1, I). Ces titres financiers pourront prendre des formes diverses, qui dépendent notamment du type d'organisme de titrisation choisi : il peut s'agir de parts, d'actions ou de titres de créance.

Formellement, cela permet à l'organisme de titrisation de financer l'acquisition des créances titrisées. Substantiellement, c'est une manière pour lui de transférer la valeur économique de ces créances aux investisseurs, dans l'intérêt desquels il les a en réalité acquises. C'est pourquoi il convient de prêter une attention particulière non seulement au régime des titres financiers (A), mais aussi aux droits des investisseurs (B).

A. Le régime des titres financiers

333 Contrairement à ce que l'on pourrait imaginer, le régime des titres financiers fait une bonne place à la *volonté des parties*. Les conditions d'émission des parts, actions ou titres de créance ne sont pas entièrement fixées par la loi : elles peuvent être précisées par le règlement du fonds commun de titrisation ou par les statuts de la société de titrisation (C. mon. fin., art. R. 214-217, 2°, a). Plus encore, le fonds commun de titrisation est autorisé à émettre des titres financiers sur le fondement d'un droit étranger (C. mon. fin., art. L. 214-182, al. 2).

Au passage, si l'organisme de titrisation se compose de plusieurs compartiments, chaque compartiment donne lieu séparément à l'émission de titres financiers (C. mon. fin., art. L. 214-169, I).

334 Lorsque les titres financiers émis par l'organisme de titrisation sont admis à la négociation sur un marché réglementé ou font l'objet d'une offre au public, un document appelé *prospectus* doit être établi pour communiquer aux investisseurs une série d'informations essentielles sur ces titres (règlement (UE) 2017/1129).

Concrètement, le prospectus doit être rédigé par la société de gestion de portefeuille en cas de recours à un fonds commun de titrisation (C. mon. fin., art. L. 214-181, al. 2), mais l'on peut considérer qu'il peut l'être par la société de titrisation elle-même lorsque l'organisme de titrisation prend cette forme.

335 Ce n'est pas tout. Dans le cas où les titres font l'objet d'une offre au public, en principe le rapport d'une *agence de notation*[Q] doit être sollicité. Ce rapport doit

contenir une appréciation des caractéristiques des titres, des principaux éléments d'actif et de passif de l'organisme, ainsi qu'une évaluation des risques (C. mon. fin., art. L. 214-170).

Les titres que l'organisme est appelé à émettre ne peuvent *pas faire l'objet de démarchage*, sauf auprès d'investisseurs qualifiés (C. mon. fin., art. L. 214-175-1, I, al. 3). 336 ■

Sans doute ne surprendra-t-on personne en disant que les titres financiers émis par un organisme de titrisation sont soumis au régime applicable à l'ensemble des titres financiers. Ce régime ne sera pas développé ici, il suffira d'y renvoyer (C. mon. fin., art. L. 211-1). Tout au plus peut-on préciser que ces titres financiers émis par un organisme de titrisation sont des *valeurs mobilières* (C. mon. fin., art. L. 211-2). Cette qualification ne soulève pas de difficultés particulières s'agissant des sociétés de titrisation. Que les fonds communs de titrisation, dépourvus de la personnalité morale (v. ss 301), puissent émettre des valeurs mobilières ne va en revanche pas de soi. C'est pourquoi une disposition de loi a été rédigée pour le prévoir expressément (C. mon. fin., art. L. 211-2). 337 ■

B. Les droits des investisseurs

Les investisseurs ont tout d'abord des *droits pécuniaires*, c'est-à-dire des droits sur l'actif de l'organisme de titrisation (C. mon. fin., art. R. 214-218 s.). Cela dit, cet actif ne leur est pas réservé de manière exclusive. Il se peut en effet que le cédant, c'est-à-dire la personne qui a eu recours à la titrisation, ait une créance sur tout ou partie du boni de liquidation éventuel de l'organisme (C. mon. fin., art. L. 214-169, VI, al. 3). 338 ■

L'étendue des droits pécuniaires des investisseurs est fixée par le règlement ou les statuts de l'organisme de titrisation. Dans ce cadre, il n'est pas rare qu'une « *subordination*[Q] » soit mise en place : diverses catégories de porteurs de titres financiers sont créées, dont certaines sont subordonnées aux autres (C. mon. fin., art. L. 214-175-1, II). En clair, une partie des investisseurs supportent davantage de risques et ils peuvent faire valoir leurs droits pécuniaires uniquement une fois que les autres les ont exercés.

Quoi qu'il en soit, « les porteurs de parts ne sont tenus des dettes du fonds et, le cas échéant, du compartiment, qu'à concurrence de la valeur d'émission de ces parts » (C. mon. fin., art. L. 214-184). Leur responsabilité est limitée à l'investissement réalisé.

Les investisseurs bénéficient ensuite d'un *droit à l'information*, qui est le pendant de leurs droits pécuniaires : l'information leur permet de s'assurer de la bonne gestion de l'actif de l'organisme de titrisation. Divers documents doivent être mis à la disposition des investisseurs afin de les informer. À titre illustratif, et pour mémoire, dans certains cas (règlement (UE) 2017/1129) un prospectus doit être établi (C. mon. fin., art. L. 214-181, al. 2). 339 ■

Compléments pédagogiques

Mémo

La titrisation est une opération de financement née aux États-Unis dans les années 1970, qui a été dotée en France d'un régime propre dès la fin des années 1980, lequel a été peaufiné par touches successives.

La titrisation consiste pour une personne à céder des actifs, en général des créances, à un organisme spécialement créé à cette fin, qui émet auprès d'investisseurs des titres financiers qui représentent économiquement ces actifs.

Les organismes de titrisation peuvent prendre deux formes : le fonds commun de titrisation ou la société de titrisation.

Le fonds commun de titrisation est qualifié de copropriété, mais il est soustrait aux dispositions du Code civil relatives tant à l'indivision qu'aux sociétés en participation. Il n'a pas la personnalité morale. Sa fonction principale est de créer une affectation patrimoniale des créances, pour les isoler des patrimoines des intervenants.

La société de titrisation, moins utilisée en pratique que le fonds commun de titrisation, peut prendre la forme soit d'une société anonyme soit d'une société par actions simplifiée, mais elle est soustraite à de nombreuses règles édictées par le Code de commerce pour les sociétés. Comme pour le fonds commun de titrisation, sa principale fonction est de réaliser une affectation patrimoniale des créances titrisées.

La gestion des organismes de titrisation est assurée par une société de gestion de portefeuille, dont les principales missions consistent à constituer le fonds commun de titrisation, à représenter le fonds commun de titrisation à l'égard des tiers et dans toute action en justice, ainsi qu'à gérer l'organisme de titrisation.

À la suite de plusieurs arrêts de la Cour de cassation et diverses réformes législatives, l'article L. 214-172 du Code monétaire et financier précise désormais que le recouvrement des créances, en principe assuré par le cédant, peut l'être par la société de gestion en tant que représentant légal de l'organisme, et que le débiteur cédé est alors informé de ce changement par tout moyen, y compris par acte judiciaire ou extrajudiciaire.

L'établissement dépositaire, qui est un établissement de crédit, a deux missions principales : garder les actifs de l'organisme de titrisation, à savoir les créances titrisées et la trésorerie, ainsi que s'assurer de la régularité des décisions de la société de gestion.

La première phase de l'opération de titrisation se caractérise habituellement par une cession de créances, qui intervient entre l'entreprise qui a recours à la titrisation et l'organisme de titrisation.

Le périmètre des créances cessibles est vaste : la nature de la créance est indifférente ; les parties peuvent titriser aussi bien des créances actuelles que des créances futures ; les créances immobilisées, douteuses ou litigieuses peuvent aussi faire l'objet d'une titrisation (d'ailleurs, le retrait litigieux est admis en la matière).

La cession s'effectue par la seule remise d'un bordereau de titrisation, à moins que les parties préfèrent recourir à un autre mode de cession. Le bordereau de titrisation doit comporter des mentions obligatoires, mais il ne requiert pas la signature du cédant. Les parties peuvent conclure en parallèle une convention de cession, pour détailler leurs obligations respectives.

La cession par bordereau de titrisation produit un effet translatif des créances et de leurs accessoires, qui opère entre les parties et devient opposable aux tiers par la seule remise du bordereau, sans besoin d'autres formalités. La titrisation est par ailleurs mise à l'abri du régime prévu en matière d'entreprises en difficulté par le Code de commerce.

Cas de figure rare, l'organisme de titrisation peut demander aux débiteurs cédés de s'engager envers lui à le payer directement. Cela entraîne en principe une inopposabilité à l'organisme de titrisation des exceptions fondées sur les rapports entre le débiteur cédé et le cédant.

La seconde phase de l'opération de titrisation consiste en général en l'émission par l'organisme de titrisation de titres financiers auprès des investisseurs. Les conditions d'émission peuvent être précisées par le règlement du fonds commun de titrisation ou par les statuts de la société de titrisation. Selon le cas, il est possible qu'un prospectus doive être établi pour communiquer aux investisseurs une série d'informations essentielles sur les titres, et qu'un rapport d'une agence de notation contenant une appréciation des titres doive être sollicité.

Les investisseurs ont des droits pécuniaires, c'est-à-dire des droits sur l'actif de l'organisme de titrisation. Il n'est pas rare qu'une subordination soit mise en place, en vertu de laquelle une partie des investisseurs supportent davantage de risques que d'autres. Les investisseurs bénéficient également d'un droit à l'information, qui leur permet de s'assurer de la bonne gestion de l'actif de l'organisme de titrisation.

Quid

■ Agence de notation n° 335

Organisme qui rédige un rapport contenant une appréciation des caractéristiques des titres financiers émis par l'organisme de titrisation, des principaux éléments d'actif et de passif de celui-ci, ainsi qu'une évaluation des risques.

■ Bordereau (de titrisation) n°s 323 s.

Document écrit qui réalise la cession de créances au profit de l'organisme de titrisation et qui doit comporter des mentions obligatoires.

■ Compartiment (d'un organisme de titrisation) nos 302, 307

Partie d'un organisme de titrisation au sein de laquelle l'actif répond du passif, de manière autonome par rapport à l'actif et au passif des autres compartiments du même organisme de titrisation.

■ Compte spécialement affecté no 330

Compte dont dispose une personne mais au profit d'une autre personne, de sorte que les sommes portées au crédit du compte bénéficient exclusivement à cette dernière.

■ Établissement dépositaire no 313

Établissement en charge de la garde des actifs de l'organisme de titrisation et qui s'assure de la régularité des décisions de la société de gestion.

■ Fonds commun de titrisation nos 301 s.

Organisme de titrisation constitué sous la forme de copropriété et dépourvu de la personnalité morale.

■ Retrait litigieux no 322

Mécanisme qui permet à la personne contre laquelle un droit litigieux a été cédé de se le faire attribuer en remboursant au cessionnaire le prix payé par ce dernier pour l'acquérir.

■ Société de gestion de portefeuille no 310

Société qui gère l'organisme de titrisation et qui, dans le cas d'un fonds commun de titrisation, le représente à l'égard des tiers et dans toute action en justice.

■ Société de titrisation nos 307 s.

Organisme de titrisation constitué sous la forme de société anonyme ou de société par actions simplifiée.

■ Subordination no 338

Technique en vertu de laquelle diverses catégories de porteurs de titres financiers sont créées, dont certaines sont subordonnées aux autres et peuvent donc faire valoir leurs droits pécuniaires uniquement une fois que les autres les ont exercés.

■ Titrisation nos 316 s.

Opération qui consiste en général pour une personne à céder des actifs, souvent des créances, à un organisme spécialement créé à cette fin, lequel émet auprès d'investisseurs des titres financiers qui représentent économiquement ces actifs.

Documents

Com. 13 déc. 2017, no 16-19.681 (extrait)
(*AJ contrat* 2018. 133, note V. Forti)

[…] il résulte de l'application combinée des articles L. 214-172 et L. 214-180 du code monétaire et financier, dans leur rédaction issue de l'ordonnance no 2013-676 du 25 juillet 2013, applicable en l'espèce, que si, ne jouissant pas de la personnalité morale, un fonds commun de titrisation est, à l'égard des tiers et dans toute action en justice, représenté par sa société de gestion, il appartient à celui qui lui transfère des créances par bordereau, ou à l'entité qui en était chargée au moment du transfert, de continuer à assurer le recouvrement de ces créances et, pour ce faire, d'exercer les actions en justice nécessaires, la possibilité offerte aux parties de confier tout ou partie de ce recouvrement à une autre entité désignée à cet effet supposant que le débiteur soit informé de cette modification par lettre simple ; qu'ayant relevé qu'aucune désignation précise n'avait été faite de l'entité chargée du recouvrement des créances cédées au fonds et qu'il n'était pas justifié que le débiteur ait été informé d'un éventuel changement à cet égard, c'est à bon droit que la cour d'appel [...] a retenu que, si la société de gestion GTI était effectivement le représentant légal du fonds sans avoir besoin d'un pouvoir ou d'un mandat, elle n'était pas, pour autant, expressément chargée du recouvrement des créances cédées, ce recouvrement s'entendant notamment de l'action en justice nécessaire, et en a déduit que, faute de qualité à agir à cette fin, l'action en paiement qu'elle avait formée contre M. Y... était irrecevable [...].

Com. 17 avr. 2019, n° 18-11.964 (extrait) (*Bull. Joly Bourse* 2019, p. 39, note T. Bonneau)

[...] Qu'en statuant ainsi, alors qu'il résulte des dispositions combinées des articles L. 214-46, L. 214-49-4 et L. 214-49-7 du code monétaire et financier, alors applicables, que si, ne jouissant pas de la personnalité morale, un fonds commun de titrisation est, à l'égard des tiers et dans toute action en justice, représenté par sa société de gestion, il appartient à celui qui lui transfère des créances par bordereau, ou à l'entité qui en était chargée au moment du transfert, de continuer à assurer le recouvrement de ces créances et, pour ce faire, d'exercer les actions en justice nécessaires, la possibilité offerte aux parties de confier tout ou partie de ce recouvrement à une autre entité désignée à cet effet supposant que le débiteur en soit informé ; qu'ayant relevé que la société MCS et associés avait été chargée du recouvrement des créances cédées au fonds et que M. G... avait été informé de ce changement, ce dont il résultait que, si la société de gestion GTI était effectivement le représentant légal du fonds sans avoir besoin d'un pouvoir ou d'un mandat, elle n'était pas, pour autant, chargée du recouvrement des créances cédées, ce recouvrement s'entendant notamment de l'action en justice nécessaire, et que, faute de qualité à agir à cette fin, l'action en paiement qu'elle avait formée contre M. G... était irrecevable, la modification apportée, à compter du 3 janvier 2018, à l'article L. 214-172, alinéa 2, du code monétaire et financier par l'ordonnance n° 2017-1432 du 4 octobre 2017 ne pouvant avoir pour effet de faire disparaître la cause de cette irrecevabilité, la cour d'appel a violé les textes susvisés [...].

Com. 15 juin 2022, n° 20-17.154 (extrait)

[...] Vu l'article L. 214-172 du code monétaire et financier, dans sa rédaction issue de l'ordonnance n° 2017-1432 du 4 octobre 2017 :

11. Il résulte de ce texte que la société de gestion d'un fonds commun de titrisation qui assure tout ou partie du recouvrement des créances cédées à ce fonds, doit en informer chaque débiteur, cette information pouvant résulter de l'assignation délivrée au débiteur aux fins de recouvrement.

12. Pour déclarer irrecevable l'action de la société Eurotitrisation, l'arrêt retient que cette société ne justifie pas de ce que M. et Mme [P] ont été informés, préalablement à l'assignation du 1er février 2019, qu'elle était en charge du recouvrement de la créance cédée par la société Crédit immobilier de France développement.

13. En statuant ainsi, alors qu'elle avait relevé, par motifs adoptés, que l'assignation délivrée à M. et Mme [P] mentionnait que la société Eurotitrisation agissait aux fins de recouvrement de la créance qui avait été cédée par la société Crédit immobilier de France développement au FCT Credinvest, de sorte que les débiteurs avaient ainsi été informés que la société Eurotitrisation assurait le recouvrement de cette créance, peu important que cette information ne leur ait pas été communiquée préalablement, la cour d'appel a violé le texte susvisé [...].

Com. 15 avr. 2008, n° 03-15.969 (extrait) (*D.* 2008. 1732)

[...] La circonstance que la cession des créances litigieuses se réalise au profit d'un fonds commun de créances, aux conditions prévues par la loi n° 88-1201 du 23 décembre 1988, codifiées aux articles L. 214-43 et suivants du code monétaire et financier, ne fait pas obstacle à l'exercice du droit au retrait litigieux prévu à l'article 1699 du code civil [...].

Com. 14 févr. 2024, n° 22-19.801 (extrait) (*JCP N* 2024. 37, 1183, obs. V. Forti)

[...] La cession de la créance principale, comprenant aussi [...] ses accessoires, emporte au profit du cédant la cession de la créance sur la caution, de sorte que cette dernière peut, lorsqu'elle conteste le droit invoqué contre elle, exercer le droit au retrait litigieux [...].

Com. 13 févr. 2007, n° 03-11.025 (extrait) (*Bull. civ.* IV, n° 33)

[...] Attendu que pour déclarer recevable l'intervention de la banque Morgan guaranty, [...] et donner acte à la banque JP Morgan, aux lieu et place de la Morgan guaranty, après avoir relevé l'attestation notariée du 1er septembre 2000 certifiant que par acte du 27 mars 2000 la banque avait cédé au fonds commun de créances Malta, agissant par son compartiment Malta 1 un ensemble de créances ainsi que les intérêts courus et à échoir sur ces créances à compter du 1er novembre 1999, parmi lesquelles figure celle détenue sur la caution ainsi que l'attestation par laquelle Morgan guaranty était chargée du recouvrement des créances détenues par Malta 1 en remplacement de la banque qui exerçait ce mandat en qualité de cédant des créances au fonds, l'arrêt retient qu'un fonds commun de créances n'a pas à signifier la cession réalisée au débiteur cédé et que "l'attestation ci-dessus" se substitue valablement à la production du bordereau de cession ;

Attendu qu'en statuant ainsi, alors qu'en l'absence de production du bordereau de cession de créances au fonds commun de créances établi conformément aux dispositions réglementaires prévues par l'article 2 du décret du 9 mars 1989 modifié, la cession n'était pas opposable aux tiers, ce dont il résulte que la Morgan guaranty n'avait pas qualité à agir comme mandataire du cédant pour demander paiement à la caution du débiteur cédé sur le fondement de documents qu'elle ne présentait pas, la cour d'appel n'a pas tiré les conséquences légales de ses constatations […].

Com. 25 mai 2022, n° 20-16.042 (extrait) (*JCP* E 2022. 37, 1299, note S. Tisseyre)

[…] Vu les articles L. 214-169 du code monétaire et financier, dans sa rédaction antérieure à celle issue de la loi n° 2019-486 du 22 mai 2019, et D. 214-227, 4°, du même code :

3. Aux termes du premier de ces textes, l'acquisition ou la cession de créances par un organisme de financement s'effectue par la seule remise d'un bordereau. Il résulte du second que, si le bordereau doit comporter la désignation ou l'individualisation des créances cédées ou les éléments susceptibles d'y pourvoir, les procédés d'identification proposés par ce texte ne sont ni impératifs ni exhaustifs.

4. Pour annuler le commandement aux fins de saisie immobilière et ordonner la radiation du commandement et des inscriptions de privilège, l'arrêt retient que les seuls éléments chiffrés mentionnés sur le bordereau de cession de créances sont impropres à permettre d'identifier la dette de M. et Mme [O] dès lors que ni la nature de la créance ni son montant n'y figurent, pas plus que le nom des débiteurs, ce qui serait tout de même la moindre des choses.

5. En statuant ainsi, alors que l'indication de la nature et du montant de la créance cédée et le nom du débiteur ne constituent pas des mentions devant obligatoirement figurer sur le bordereau et que l'identification de la créance peut intervenir au moyen de références chiffrées, la cour d'appel a violé les textes susvisés […].

Com. 24 mai 2018, n° 17-13.962 (extrait) (*LPA* 2019, n° 219-220, p. 6, obs. V. Forti)

[…] La cession de créance consentie dans le cadre d'une opération de titrisation transfère au cessionnaire les droits et actions appartenant au cédant et attachés à la créance cédée, notamment le titre exécutoire obtenu par le cédant contre la caution garantissant le paiement de la créance, qui est un accessoire du cautionnement, lui-même garantie accessoire de la créance détenue contre le débiteur principal […].

Biblio

- T. Bonneau, « Les fonds communs de placement, les fonds communs de créances, et le droit civil », *RTD civ.* 1991. 1.
- V. Forti, *La titrisation des créances en droit comparé. Contribution à l'étude de la propriété*, LGDJ, coll. « Fondation Varenne », 2012.
- A. Gailliard, « De la difficulté d'exister sans personnalité juridique : les curiosités d'une cession de créances à un fonds commun de titrisation », *RTD com.* 2018. 841.
- T. Granier, *Titrisation et organismes de financement. Approche juridique*, RB édition, 2018 ; « Vers une titrisation de l'action en justice ? », *RID éco.* 2024. 99.
- A. Quiquerez, *Droit et techniques internationales de la titrisation*, Larcier, 2018.

Quiz

1) Sujets corrigés

A) Test de compréhension

Remplir la grille avec les mots qui correspondent aux définitions (une lettre par case) :

Grille à compléter

Horizontal

1. Ce que doit obligatoirement comporter le bordereau de titrisation.
2. Elle représente le fonds commun de titrisation à l'égard des tiers.
3. Le fonds commun de titrisation n'en est pas une.
4. L'organisme de titrisation peut en comporter plusieurs.
5. Forme que peut prendre un organisme de titrisation.
6. Objet habituel de la titrisation.

7. Peut être exercé à l'égard d'une créance titrisée, dès lors que son prix de cession est déterminable.

8. Il est rédigé lors de la constitution d'un fonds commun de titrisation.

9. Siège principal du régime de la titrisation.

Vertical

a. Elle note les titres financiers émis lors d'une titrisation.

b. Nom générique des entités permettant une titrisation.

c. Établissement en charge de la garde des actifs d'un organisme de titrisation.

d. Ils sont rédigés lors de la constitution d'une société de titrisation.

e. Ce qui est habituellement remis pour transférer les créances dans le cadre d'une titrisation.

f. Ce qui permet d'affecter les sommes encaissées au profit de l'organisme de titrisation.

g. Opération pouvant être « synthétique ».

h. Elle crée des catégories de porteurs de titres financiers subordonnées à d'autres.

i. Forme que peut prendre un organisme de titrisation.

Voir le corrigé en fin de rubrique.

B) Commentaire d'arrêt

Énoncé

Commenter l'arrêt suivant (à l'exclusion des points 2 à 6 de l'arrêt) : Com., 15 juin 2022, n° 20-17.154

[...] Faits et procédure

1. Selon l'arrêt attaqué (Chambéry, 19 mars 2020), la société Crédit immobilier de France développement, détentrice d'une créance résultant d'un acte de prêt notarié souscrit par M. et Mme [P], a, après leur avoir fait délivrer un commandement de payer valant saisie immobilière, cédé cette créance, selon un bordereau du 28 décembre 2018, au fonds commun de titrisation Credinvest (le FCT Credinvest). Ce dernier, représenté par sa société de gestion, la société Eurotitrisation, a assigné M. et Mme [P] à une audience d'orientation devant le juge de l'exécution.

Examen des moyens

[...] Mais sur le moyen, pris en sa première branche, du pourvoi principal

Énoncé du moyen

7. La société Eurotitrisation fait grief à l'arrêt de la déclarer irrecevable et de la condamner à payer à M. et Mme [P] la somme de 3 000 euros au titre de l'article 700 du code de procédure civile, alors « que l'article L. 214-172 du code monétaire et financier, dans sa rédaction issue de l'ordonnance n° 2017-1432 du 4 octobre 2017, entrée en vigueur le 3 janvier 2018, confère à la société de gestion d'un fonds de titrisation, en tant que représentant légal du fonds, qualité légale pour assurer, y compris par la voie d'une action en justice, tout ou partie du recouvrement des créances transférées au fonds et indique que chaque débiteur est informé de ce changement sans autre précision sur les modalités de cette information ; qu'en retenant en l'espèce que, s'il n'était pas contesté que la créance que le Crédit immobilier de France développement, venant aux droits du

Crédit immobilier de France Rhône Alpes Auvergne, détenait sur M. et Mme [P] a été cédée, le 28 décembre 2018, au FCT Credinvest dont le représentant légal est la société Eurotitrisation, il n'était en revanche pas justifié de l'information des débiteurs préalablement à l'assignation du 1er février 2019 et en constatant en conséquence l'irrecevabilité de l'action de la société Eurotitrisation faute de qualité pour agir, la cour d'appel qui a ainsi exigé une information des débiteurs préalable à l'assignation et a jugé que l'assignation ne valait pas information des débiteurs, a violé l'article L. 214-172 du code monétaire et financier dans sa rédaction issue de l'ordonnance n° 2017-1432 du 4 octobre 2017, applicable au jour de l'assignation. »

Réponse de la Cour

Recevabilité du moyen

8. M. et Mme [P] contestent la recevabilité du moyen en raison de sa nouveauté et de sa contrariété avec les conclusions d'appel du FCT Credinvest.

9. Cependant, le moyen, qui ne se réfère à aucune considération de fait qui ne résulterait pas des énonciations des juges du fond, est de pur droit. Par ailleurs, il n'est pas incompatible de soutenir devant la cour d'appel que, conformément aux dispositions de l'article L. 214-172 du code monétaire et financier, M. et Mme [P] ont été informés de ce que la société de gestion du FCT Credinvest assure le recouvrement d'une créance dont ils sont débiteurs par l'envoi de deux courriers antérieurs à leur assignation, le 1er février 2019, et de faire valoir devant la Cour de cassation qu'ils ont été informés valablement de cette situation par ladite assignation.

10. Le moyen est donc recevable.

Bien-fondé du moyen

Vu l'article L. 214-172 du code monétaire et financier, dans sa rédaction issue de l'ordonnance n° 2017-1432 du 4 octobre 2017 :

11. Il résulte de ce texte que la société de gestion d'un fonds commun de titrisation qui assure tout ou partie du recouvrement des créances cédées à ce fonds, doit en informer chaque débiteur, cette information pouvant résulter de l'assignation délivrée au débiteur aux fins de recouvrement.

12. Pour déclarer irrecevable l'action de la société Eurotitrisation, l'arrêt retient que cette société ne justifie pas de ce que M. et Mme [P] ont été informés, préalablement à l'assignation du 1er février 2019, qu'elle était en charge du recouvrement de la créance cédée par la société Crédit immobilier de France développement.

13. En statuant ainsi, alors qu'elle avait relevé, par motifs adoptés, que l'assignation délivrée à M. et Mme [P] mentionnait que la société Eurotitrisation agissait aux fins de recouvrement de la créance qui avait été cédée par la société Crédit immobilier de France développement au FCT Credinvest, de sorte que les débiteurs avaient ainsi été informés que la société Eurotitrisation assurait le recouvrement de cette créance, peu important que cette information ne leur ait pas été communiquée préalablement, la cour d'appel a violé le texte susvisé.

PAR CES MOTIFS, et sans qu'il y ait lieu de statuer sur l'autre grief du pourvoi principal, la Cour : […]

CASSE ET ANNULE […].

Voir le corrigé en fin de rubrique.

C) Cas pratique

La société AZ Bâtiment titrise un ensemble de 354 créances qu'elle détient à l'encontre de ses clients, en les cédant à un organisme de titrisation pour un prix global de 5 000 000 d'euros. Au sein de cet ensemble, se trouve une créance d'un montant de 40 000 euros à l'encontre de la société 123 Construction. Un procès, ouvert avant même que la titrisation ait lieu, est en cours au sujet de cette créance : la société 123 Construction soutient que la créance est prescrite, alors que la société AZ Bâtiment considère qu'elle ne l'est pas. Apprenant que la créance a été cédée dans le cadre d'une titrisation, la société 123 Construction souhaite exercer le retrait litigieux, en remboursant à l'organisme de titrisation le prix réel de la cession. L'organisme vous consulte pour savoir si le retrait litigieux a des chances d'aboutir et, dans l'affirmative, pour quel prix.

Voir le corrigé en fin de rubrique.

2) Corrigés

Test de compréhension

Grille corrigée

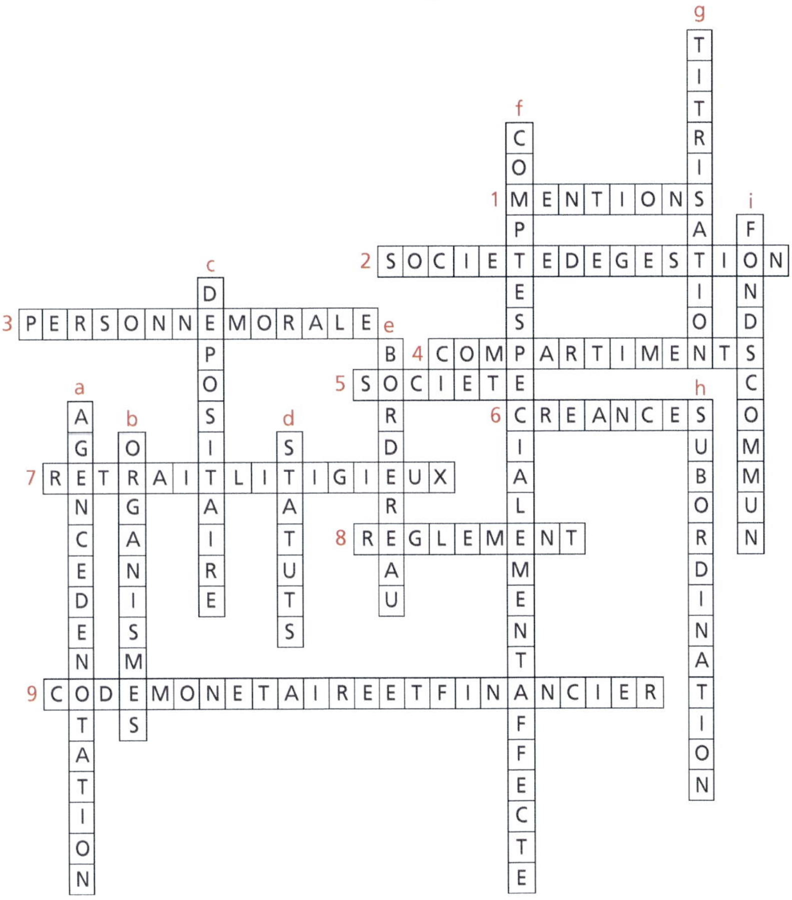

Commentaire d'arrêt

- Contenu de l'arrêt : faits et décision de la Cour de cassation (en se focalisant sur le bien-fondé du moyen pris en sa première branche du pourvoi principal, à l'exclusion donc de la recevabilité de ce même moyen et à l'exclusion du moyen du pourvoi incident éventuel).

- Sens de l'arrêt : le situer dans son contexte (Com. 13 déc. 2017, n° 16-19.681 ; Ord. n° 2017-1432 du 4 octobre 2017 ; Com. 17 avr. 2019, n° 18-11.964 ; L. n° 2019-486 du 22 mai 2019) ; et souligner qu'en l'espèce la Cour de cassation, en quelque sorte par anticipation, interprète l'article L. 214-172 du Code monétaire et financier dans sa rédaction issue de l'ordonnance n° 2017-1432 du 4 octobre 2017, d'une manière déjà conforme à la rédaction issue de la loi n° 2019-486 du 22 mai 2019.

- Portée de l'arrêt : quels enseignements peuvent en être tirés concernant l'information au profit des débiteurs cédés au sujet du recouvrement des créances titrisées ?

I. Précisions quant aux modalités de l'information

- En principe, le recouvrement continue d'être assuré par le cédant, mais il peut être confié à la société de gestion de portefeuille. En pareil cas, les débiteurs cédés doivent en être informés. Deux questions se posent alors. À quel moment ? Et sous quelle forme ?

A. Moment

- Par le passé, le débiteur cédé devait être informé nécessairement avant le recouvrement.

- Désormais, il peut être informé au moment même du recouvrement (dans l'arrêt, on peut lire « peu importe que cette information ne leur ait pas été communiquée préalablement »).

B. Forme

- Auparavant, l'information au profit du débiteur cédé devait être adressée par lettre simple.

- Dorénavant, elle peut « résulter de l'assignation délivrée au débiteur aux fins de recouvrement », selon les termes de la Cour de cassation.

II. Interrogations quant à la finalité de l'information

- Quelle est la finalité de l'information ? Transférer la charge du recouvrement à la société de gestion de portefeuille ou, plus simplement, faire savoir au débiteur cédé que ce transfert a eu lieu ?

A. Transfert du recouvrement à la société de gestion ?

- On peut se demander si l'information adressée au débiteur cédé est une condition du transfert de la charge du recouvrement à la société de gestion. Le fait que cette information puisse résulter de l'assignation en justice oriente vers une réponse négative : dès lors que l'information ne doit pas être chronologiquement antérieure au recouvrement par la société de gestion de portefeuille, on peut en déduire qu'elle ne constitue logiquement pas un présupposé du transfert du recouvrement à cette même société de gestion de portefeuille.

B. Fin du recouvrement par le cédant ?

- Probablement, la finalité de l'information adressée au débiteur est uniquement de lui faire savoir que le cédant n'assure plus le recouvrement de la créance titrisée et que le paiement doit donc être réalisé entre les mains d'une autre personne, la société de gestion de portefeuille.

Cas pratique

La première question est de savoir si le retrait litigieux peut être exercé à l'encontre de la créance titrisée. La réponse est affirmative. D'une part, puisque la Cour de cassation a décidé que « la circonstance que la cession des créances litigieuses se réalise au profit d'un fonds commun de créances [...] ne fait pas obstacle à l'exercice du droit au retrait litigieux prévu à l'article 1699 du code civil » (Com. 15 avr. 2008, n° 03-15.969). D'autre part, car les conditions d'exercice du retrait litigieux sont en l'occurrence réunies (C. civ., art. 1700) : il y a un procès en cours au jour de la cession, lequel a pour objet une contestation au fond (la prescription ou non de la créance). La seconde question porte sur le prix qui pourrait être payé par la société 123 Construction, le débiteur cédé, à l'organisme de titrisation, le cessionnaire, pour exercer le retrait litigieux et, par conséquent, pour se libérer. Le prix devant être payé est le prix « réel », c'est-à-dire le prix effectivement versé par le cessionnaire au cédant, indépendamment de la valeur nominale de la créance (qui s'élève ici à 40 000 euros). Encore faut-il que ce prix soit déterminable. Les modalités de calcul du prix par les juges du fond sont variables et elles peuvent difficilement être anticipées. La Cour de cassation (Com. 24 janv. 2018, n° 16-22.039) a notamment admis une méthode consistant à procéder par voie statistique, en rapportant le prix payé pour l'ensemble des créances, en l'occurrence 5 000 000 d'euros, au nombre de créances cédées, soit 354, pour déterminer le prix de chaque créance. En l'espèce, cela conduirait à un prix de 14 124 euros (5 000 000 / 354 = 14 124, 2938). Ce à quoi il faudrait ajouter les intérêts à compter du jour où le cessionnaire a payé le prix de cession (C. civ., art. 1699).

chapitre 9

Les conflits de mobilisation de créance

Plan analytique

section 1

Le conflit né avant paiement

§ 1 Le principe : *prior tempore potior jure*

§ 2 La mise en œuvre

section 2

Le conflit né après paiement

§ 1 Le paiement au titulaire apparent d'un droit exclusif sur la créance

§ 2 Le recours par le véritable titulaire d'un droit exclusif sur la créance

Compléments pédagogiques

9

Les conflits de mobilisation de créance

La *mobilisation*[Q] de créance consiste, pour le titulaire d'une créance à terme, c'est-à-dire d'une créance qui n'est pas immédiatement exigible, à la transférer à un organisme pour obtenir l'avance des fonds : les principales *techniques de mobilisation de la créance* – aux côtés de la cession de créance de droit commun à titre d'escompte (C. civ., art. 1321 s.) – ont été étudiées dans cet ouvrage, à savoir l'escompte d'un effet de commerce (v. *supra*, chapitre 5), la cession *Dailly* (v. *supra*, chapitre 6), l'affacturage (v. *supra*, chapitre 7) ou encore la titrisation (v. *supra*, chapitre 8). Leur rapprochement fait ressortir un trait commun : la simplicité, dont l'objectif est de favoriser l'exploitation économique des créances. Par exemple, il est fréquent que ces techniques réalisent un transfert confidentiel de la créance, qui n'a pas forcément vocation à être connu par le débiteur. Sans doute la simplicité se fait-elle cependant au détriment de la sécurité. Ce sont les nouveaux titulaires d'un droit sur la créance qui en sont les victimes. Et ce, pour deux raisons. D'une part, la mobilisation des créances étant fréquente et portant en général sur une pluralité de créances, il se peut que leur titulaire initial commette de bonne foi une erreur en faisant circuler deux fois la même créance – à ce sujet, on peut relever que le contentieux en la matière est moins nourri aujourd'hui qu'il y a quelques années : le développement de l'informatique a-t-il réduit le nombre d'erreurs ? D'autre part, le risque ne peut pas être écarté qu'une personne ayant besoin de crédit mobilise de mauvaise foi une créance, par exemple en souscrivant un billet à ordre, avant de céder la même créance par un autre biais, par exemple une cession *Dailly*. Voilà ce que l'on appelle les conflits de mobilisation de créance. 340

La matière est d'autant plus complexe que des conflits peuvent survenir avec d'*autres mécanismes translatifs*. On songe aux *sûretés-propriétés*, qui consistent pour un débiteur, le constituant, à transférer un droit exclusif à son créancier ou à un tiers, en garantie du *paiement*[Q] de sa dette. De tels mécanismes peuvent avoir pour objet une créance, le créancier garanti obtenant un droit exclusif au paiement de la créance garantie en cas de défaillance du débiteur constituant. Il en existe plusieurs exemples : la *fiducie-sûreté*[Q] (C. civ., art. 2011 s. ainsi que l'art. 2372-1 s.), qui peut porter sur des créances ; la cession de créance de droit commun utilisée à titre de garantie (C. civ., art. 1321 s. ainsi que l'art. 2373) ; ou encore la clause de réserve de propriété, qui porte initialement sur un bien vendu mais se reporte, par subrogation réelle, « sur la créance du débiteur à l'égard du sous-acquéreur » (C. civ., art. 2372, al. 1er). Sans compter, en dehors des sûretés-propriétés, le *nantissement*[Q] de créance, qui est l'affectation d'une créance en garantie d'une obligation (C. civ., art. 2355 s.). Il faut également faire une place aux *saisies de créances*, d'une importance pratique considérable, qui ont un effet attributif immédiat au créancier saisissant : ainsi de la *saisie administrative à tiers détenteur*[Q] en matière de recouvrement de l'impôt (LPF, art. L. 262, 1, al. 4) ou, plus généralement, de la *saisie-attribution*[Q], ouverte à tout créancier (C. pr. exéc., art. L. 211-2).

341 La question qui se pose est alors la suivante : en présence de plusieurs personnes s'estimant chacune titulaire d'un droit exclusif sur une même créance, comment résoudre le *conflit de mobilisation*? ?

La réponse est tout sauf évidente, en raison du caractère tripartite des différents outils de mobilisation. En effet, il faut d'un côté protéger le premier titulaire d'un droit exclusif en date, qui doit en principe l'emporter. Mais de l'autre côté, il faut protéger le débiteur, en raison du caractère souvent confidentiel des mécanismes de mobilisation : peut-on exiger du débiteur qu'il ne paye par exemple pas le cédant ou l'un ou l'autre cessionnaire alors qu'il n'a pas forcément connaissance de la cession ?

C'est pourquoi le problème se pose différemment selon le moment auquel le conflit est élevé. À la suite d'un auteur (M. Cabrillac, « Les conflits entre les cessionnaires d'une même créance transmise par bordereau », *D.* 1990. 127), il convient de distinguer deux hypothèses : celle où le conflit naît avant le paiement (section 1), car l'objet convoité est ici la créance elle-même ; et celle où le conflit apparaît après le paiement (section 2), puisque le cœur de la dispute est alors plus difficile à identifier juridiquement.

section 1

Le conflit né avant paiement

342 Le cas d'un conflit né avant paiement est le plus simple : l'objet litigieux est en effet une créance qui existe toujours car elle n'a pas encore été payée, et sur laquelle plusieurs personnes s'estiment titulaires d'un droit exclusif. Toute la question est alors de savoir laquelle d'entre elles doit remporter le conflit. La réponse résulte de l'application du principe *prior tempore potior jure* (premier en date, meilleur en droit) (§ 1), dont la mise en œuvre peut néanmoins soulever certaines difficultés (§ 2).

§ 1 Le principe : *prior tempore potior jure*

343 Le *principe général* de solution des conflits de mobilisation se résume dans le vieil adage, qui en montre les origines romanistes : *prior tempore potior jure*?, premier en date, meilleur en droit. Historiquement né en matière d'hypothèque, ce principe trouve aujourd'hui un terrain de prédilection dans les conflits de mobilisation : si, en matière immobilière, les conflits se règlent désormais souvent grâce aux règles de la publicité foncière, il ne saurait en aller de même pour les mécanismes de transmission de créance, qui sont en général confidentiels.

Quel est le *fondement* de ce principe ? Il est parfois recherché dans l'équité, qui voudrait que le premier arrivé soit le premier servi. Néanmoins, un tel argument cède devant le fait que l'ignorance du second acquéreur quant à l'existence d'une première cession peut être parfaitement légitime : en quoi est-il alors plus équitable de privilégier celui qui a eu la chance d'être le premier à recevoir la créance et non les autres ? En réalité, le fondement du principe se trouve probablement dans l'effet translatif des mécanismes envisagés : dès lors que la créance a été mobilisée par le créancier, elle est sortie de son patrimoine et appartient à autrui, qui peut seul en disposer. En d'autres mots, la créance mobilisée est devenue le bien d'autrui et échappe au créancier initial, car nul ne peut transmettre plus de droits qu'il n'en a lui-même (*nemo plus juris ad alium transferre potest quam ipse habet*).

344 ■ Si l'adage est général, le principe est tout de même consacré par les *lois spéciales*, en ce qu'elles prennent parti sur la date à laquelle l'effet translatif de l'opération se produit. Égrainons-les, en apportant, chemin faisant, quelques précisions.

En matière d'*effet de commerce*, il s'agit de la règle du transfert de la provision – donc, de la créance fondamentale – aux porteurs successifs (C. com., art. L. 511-7), même s'il faut se souvenir qu'en matière de lettre de change – mais pas de billet à ordre, puisque le souscripteur est aussi le tiré –, l'engagement cambiaire du tiré suppose son acceptation (C. com., art. L. 511-19).

Pour la *cession Dailly*, cela découle nettement de l'article L. 313-27, alinéa 1er du Code monétaire et financier, qui prévoit que la cession « prend effet entre les parties et devient opposable aux tiers à la date apposée sur le bordereau lors de sa remise ».

La solution est la même pour le *bordereau de titrisation* (C. mon. fin., art. L. 214-169, V, 2°).

Quant à l'*affacturage*, l'application du principe résulte du recours au régime de la subrogation, qui produit un effet translatif à la date du paiement (C. civ., art. 1346-4, al. 1er).

En ce qui concerne la *cession de créance de droit commun*, à titre d'escompte comme à titre de garantie, le transfert s'opère « à la date de l'acte » (C. civ., art. 1323, al. 1er). On notera, incidemment, qu'en 2016 l'alinéa 3 de l'article 1323 du Code civil portait exception à ce principe en cas de cession d'une créance future, dont le transfert opérait au jour de la naissance de la créance, mais cette exception a été supprimée à compter du 1er janvier 2022 par l'ordonnance n° 2021-1192 du 15 septembre 2021 portant réforme du droit des sûretés, notamment pour faciliter la solution des conflits de mobilisation.

Le régime est identique lorsque la cession est réalisée dans le cadre d'une *fiducie* (C. civ., art. 2018-2).

Dans le cas très spécifique de la *clause de réserve de propriété*, la propriété du bien est retenue par le vendeur et n'est pas transférée à l'acquéreur tant qu'il n'a pas payé ; dès lors, le report du droit du vendeur sur la créance de prix (C. civ., art. 2372, al. 1er) est automatique au moment de la revente.

En matière de *nantissement de créance*, après notification, seul le créancier nanti reçoit valablement paiement, car il bénéficie d'un droit de rétention sur la créance (C. civ., art. 2363, al 1er).

Il faut encore évoquer le cas, important en pratique, de la *sous-traitance* (L. n° 75-1334 du 31 déc. 1975) : dès lors que l'entrepreneur principal a interdiction de céder les créances relatives aux travaux qui sont l'objet de la sous-traitance (art. 13-1), une cession réalisée malgré tout est inopposable au sous-traitant (Com. 22 nov. 1988, n° 86-16.400), sauf à ce que la sous-traitance n'ait pas été acceptée (car il n'y a alors pas d'action directe du sous-traitant : art. 3), ou à ce que la cession de créance ait été antérieure à la conclusion du contrat de sous-traitance (rappr. Civ. 3e, 17 oct. 2024, n° 23-11.682).

Pour être complet, précisons que l'effet attributif immédiat des *saisies de créance* se produit à la date de l'acte de saisie, qu'il s'agisse d'une saisie administrative à tiers détenteur (LPF, art. L. 262, 1, al. 4) ou d'une saisie-attribution (C. pr. exéc., art. L. 211-2, al. 1er).

§ 2 La mise en œuvre

345 Commençons par une *présentation générale* de la mise en œuvre de l'adage *prior tempore, potior jure.*

Normalement, cet adage se suffit à lui-même : identifier la personne qui a acquis en premier un droit exclusif sur la créance permet de savoir à qui le débiteur devra adresser à terme son paiement – on notera, au passage, que la preuve de la date se fait en principe par tout moyen (v. par ex. C. civ., art. 1323, al. 2).

Cela dit, on pourrait penser que l'adage doit être articulé avec les règles d'*opposabilité*[Q] *au débiteur.* En général, en effet, la protection de celui-ci justifie que l'effet translatif de l'opération de mobilisation ne lui soit opposable qu'une fois qu'elle lui a été notifiée. Ce régime d'opposabilité, qui entraîne assurément des conséquences lorsque le paiement par le débiteur est intervenu (v. ss 347), a-t-il une incidence également avant paiement ? En d'autres mots : le débiteur doit-il payer la personne seconde en droit mais qui notifie en premier, ou bien la personne première en droit mais qui notifie la seconde ? Prenons un exemple : C est débiteur d'une créance, dont l'échéance est au 30 juin ; la créance a été cédée à A le 1er janvier, qui a notifié le 25 juin ; elle a été cédée à nouveau à B le 1er mars, la cession ayant été notifiée le 5 mars ; nous sommes le 29 juin et C aimerait savoir qui payer. Il est tentant de considérer que le premier créancier notifiant (B, en l'occurrence) doit l'emporter, dès lors que son droit a été rendu opposable à C avant celui de A. Néanmoins, une telle solution est discutable : avant de payer, C a connaissance du droit de A, qui est antérieur et a donc empêché la naissance de celui de B, et l'on voit mal ce qui justifierait qu'il paye néanmoins B. En somme, le droit du premier cessionnaire, avant paiement, ne saurait être remis en question par le seul fait qu'il n'a pas procédé à la notification, d'autant que celle-ci est purement facultative. La jurisprudence a donc fort justement retenu que dans cette hypothèse, le débiteur doit payer celui dont le titre est le plus ancien (Com. 12 janv. 1999, n° 96-13.723).

346 Cette présentation générale faite, on illustrera la règle en envisageant plusieurs *applications particulières* du principe, qui ont donné lieu à contentieux. Par simplicité, on prendra à chaque fois comme point de départ la cession *Dailly,* en la confrontant tour à tour aux autres mécanismes – par ailleurs, le régime du bordereau de titrisation étant largement inspiré par celui prévu pour la cession *Dailly,* les solutions valables ici le sont, *mutatis mutandis,* là.

Une hypothèse fréquente tient à un *conflit entre deux cessions Dailly* successives. En ce cas, la solution est simple : la seconde cession, qui a été consentie *a non domino,* donc par une personne qui n'était plus titulaire de la créance, doit être primée par la première (Com. 12 janv. 1999, n° 96-13.723).

Il faut également envisager le cas du *conflit entre une cession Dailly et un effet de commerce.* En présence d'une lettre de change non acceptée, la solution sera identique au cas précédent et le conflit sera tranché sur le fondement de l'antériorité, puisque le tiré non accepteur également débiteur cédé peut opposer les exceptions dans l'une ou l'autre opération. En revanche, si le tiré a accepté la lettre de change, tout va dépendre de la date de l'acceptation – laquelle n'est pas évidente à démontrer puisqu'elle n'est que rarement précisée sur le titre – : si l'acceptation est antérieure à la notification, elle est opposable au cessionnaire *Dailly* (Com. 7 mars 1995, n° 93-13.544, *RTD com.* 1995. 626) ; en revanche, si la notification est antérieure, le cédé qui accepte néanmoins l'effet de commerce tiré sur lui s'expose au risque de devoir payer deux fois, puisqu'il s'engage cambiairement en connaissance de cause et ne peut pas opposer les exceptions tirées du rapport fondamental. La Cour de cassation a d'ailleurs déployé le même raisonnement en cas de *conflit entre un affacturage et un effet de commerce* (Com. 26 avr. 2000, n° 96-16.412, *Bull. civ.* IV, n° 88). Précisons néanmoins que lorsque le tireur est resté porteur, la jurisprudence considère que le débiteur cédé également tiré doit payer le cessionnaire et opposer la cession au tireur (Com. 21 mars 1995, n° 93-15.617, *RTD com.* 1995, p. 626, obs. M. Cabrillac), solution rendue à l'identique en matière de billet à ordre (Com. 10 mars 1998, n° 94-11.268, *RTD com.* 1998. 648, obs. M. Cabrillac).

Autre éventualité : *conflit entre cession Dailly et affacturage*. La solution supposera de comparer la date de la cession et la date du paiement subrogatoire (Com. 3 janv. 1996, n°s 93-21.675 et 94-10.513, *Bull. civ.* IV, n° 2).

Il est possible d'évoquer également le *conflit entre cession Dailly et clause de réserve de propriété*, lorsque cette dernière est reportée sur la créance de prix. Pour le résoudre, il faut déterminer à quel moment le vendeur sous réserve de propriété est devenu titulaire de la créance du prix de revente du bien : la jurisprudence a retenu la date de la revente, la propriété réservée des biens vendus se reportant immédiatement sur la créance du prix de revente (Com. 20 juin 1989, n° 88-11.720, *D.* 1989, p. 431, note F. Pérochon). Sans surprise, la même solution permet de trancher le *conflit entre affacturage et clause de réserve de propriété* (Com. 26 avr. 2000, n° 97-21.486, *Bull. civ.* IV, n° 89), à condition que la clause de réserve de propriété opère véritablement, ce qui suppose un contrat translatif de propriété (la Cour de cassation a par exemple considéré, dans un litige opposant un affactureur et un réservataire de propriété, que la mise à disposition d'une copie d'un logiciel par téléchargement et la conclusion d'un contrat de licence d'utilisation y afférente visant à rendre ladite copie utilisable par le client de manière permanente moyennant le paiement d'un prix implique le transfert du droit de propriété de cette copie : Com. 6 mars 2024, n° 22-18.818). Au passage, la Cour de cassation décide que la revendication du prix des biens vendus avec réserve de propriété « qui n'a été ni payé, ni réglé en valeur ni compensé entre le sous-acquéreur et le débiteur à la date du jugement ouvrant la procédure collective de ce dernier, tend seulement à rendre opposable à cette procédure le report du droit de propriété du vendeur initial sur la créance du prix de revente » et qu'« il s'ensuit que l'autorité de la chose jugée attachée à la décision statuant sur cette revendication ne prive pas l'affactureur, se prétendant subrogé dans les droits du débiteur au titre de la créance du prix de revente, de la possibilité de faire trancher, en vue d'obtenir à son profit le paiement de cette créance, le conflit qui l'oppose au vendeur bénéficiaire de la clause de réserve de propriété, la décision s'étant prononcée sur la revendication de celui-ci n'ayant pas eu pour objet de résoudre un tel conflit » (Com. 9 déc. 2020, n° 19-16.542).

Quid du *conflit entre cession Dailly et saisie* ? La créance cédée étant sortie du patrimoine du cédant, elle n'est plus susceptible d'être appréhendée par le créancier saisissant (Com. 26 nov. 2003, n° 01-03.685, *Bull. civ.* IV, n° 176). Une fois de plus, la même philosophie gouverne le *conflit entre affacturage et saisie* (Civ. 1re, 25 janv. 2005, n° 01-21.145, *Bull. civ.* I, n° 50).

On le voit : la difficulté, dans toutes ces hypothèses, tient à la date de chaque instrument. En revanche, le critère de solution du conflit est simple : il s'agit toujours de la règle d'antériorité.

section 2

Le conflit né après paiement

347 La situation est plus complexe lorsque le conflit naît non pas avant le paiement, mais après. La difficulté tient à ce que le conflit a cette fois pour objet, dit-on habituellement, une créance éteinte, puisque payée (ce qui peut être discuté : v. ss 351) : il ne s'agit plus de déterminer qui est le titulaire d'un droit exclusif sur une créance mais, chose moins intuitive, d'organiser les recours entre les intéressés. Pour ce faire, il faut déterminer, au préalable, si le débiteur est correctement libéré : cela suppose une analyse rétrospective pour déterminer à l'égard de qui le débiteur était tenu et pour savoir, donc, si le paiement a été fait entre les mains du titulaire apparent d'un droit exclusif sur la créance (§ 1). Cette recherche faite, il devient possible d'envisager le recours de la part du véritable titulaire d'un droit exclusif sur la créance (§ 2).

§ 1 Le paiement au titulaire apparent d'un droit exclusif sur la créance

348 Lorsque le paiement a d'ores et déjà eu lieu, la question cruciale est de savoir si ce *paiement* est ou non *libératoire*.

La clef de voûte en la matière est en général la *notification*[Q], qui peut ici être définie comme une formalité par laquelle un acte juridique, en l'occurrence un acte de mobilisation, est porté à la connaissance du débiteur cédé. L'idée est simple : le débiteur-*solvens* est libéré dès lors que l'*accipiens* (celui qui reçoit le paiement) était le créancier apparent ou, plus largement, le titulaire apparent d'un droit exclusif sur la créance. Il serait en effet inadmissible, puisqu'injuste, de refuser la libération du débiteur qui paye son créancier initial alors que personne ne l'a informé de la cession, ou encore de celui qui paye un créancier cessionnaire alors qu'il n'était pas au courant de l'existence d'une cession antérieure.

La notification est ainsi *exigée* pour l'opposabilité au débiteur cédé de la cession *Dailly* (C. mon. fin., art. L. 313-28, *a contrario*), de la subrogation en cas d'affacturage (C. civ., art. 1346-5, al. 1er), mais aussi pour la cession de créance de droit commun (C. civ., art. 1324, al. 1er), pour la *fiducie-sûreté*[Q] de créance (C. civ., art. 2018-2) ou encore pour le nantissement de créance (C. civ., art. 2362, al. 1er). On notera que pour les effets de commerce, la notification n'est pas envisagée ; en revanche, le tiré d'une lettre de change peut se rendre débiteur cambiaire en acceptant l'effet (C. com., art. L. 511-19), ce qu'est automatiquement le souscripteur d'un billet à ordre (C. com., art. L. 512-6).

349 Concrètement, il est nécessaire de *distinguer* deux situations.

D'une part, si le débiteur a payé le premier notifiant (ou le porteur de la lettre de change acceptée), il est libéré : il s'agit en effet d'un paiement fait à un titulaire apparent d'un droit exclusif sur la créance, qui, s'il n'est pas satisfactoire du véritable titulaire d'un tel droit exclusif, est néanmoins parfaitement libératoire du débiteur (C. civ., art. 1342-3).

D'autre part, si le débiteur a payé au mépris de la première notification qui lui a été faite, le paiement n'est pas libératoire et le *solvens* demeure tenu de payer le titulaire apparent d'un droit exclusif sur la créance : comme l'enseigne l'adage « qui paie mal paie deux fois ».

§ 2 Le recours par le véritable titulaire d'un droit exclusif sur la créance

L'hypothèse est ici celle du débiteur qui a effectué un *paiement libératoire* entre les mains du premier notifiant : en pareil cas, aucun recours n'est ouvert contre le débiteur aux autres personnes qui invoquent un droit exclusif sur la créance. Pourquoi ? Parce qu'elles ont pris le risque de la situation en ne procédant pas à la notification et ne sauraient donc reprocher le paiement au débiteur. La solution est parfaitement justifiée au regard des nouveaux instruments de crédit, notamment la cession *Dailly* : opter pour la simplification de la cession en prévoyant qu'elle sera en principe non notifiée suppose, en contrepoids, de ne pas faire peser sur le débiteur le risque dû à l'insécurité du paiement, qui découle justement de cette absence de notification. 350 ■

Bien évidemment, ce risque ne se réalisera pas si l'*accipiens* est le véritable titulaire d'un droit exclusif sur la créance ; mais dans le cas contraire, il faudra rétablir les droits de chacun.

À défaut donc d'action contre le débiteur, quels sont les *rapports entre ceux qui invoquent un droit exclusif sur la même créance* ? La réponse est tout sauf évidente. La difficulté tient à ce qu'on considère généralement que si le paiement est libératoire pour le débiteur, il est alors extinctif de la créance. Comment justifier la restitution des fonds à la personne qui invoque un droit légitime sur la créance alors que le rapport d'obligation est soi-disant éteint ? Cela explique le foisonnement des thèses pour trouver un *fondement* à cette action. 351 ■

Premièrement, la *restitution de l'indu*[Q] (C. civ., art. 1302 s.) paraît difficile à admettre (v. néanmoins, envisageant cette possibilité, Com. 2 oct. 2007, n° 06-14.343), car l'*accipiens* ne doit en principe restituer qu'au *solvens* – sauf à consacrer l'indu à trois, suggéré par certains. Or le *solvens*, c'est-à-dire le débiteur, est libéré par son paiement et la restitution à son égard n'aurait dès lors guère de sens. Le même argument doit conduire à écarter l'exercice de cette action par la voie oblique (C. civ., art. 1341-1).

Deuxièmement, la *gestion d'affaires*[Q] (C. civ., art. 1301 s.) n'est pas non plus envisageable, car le second titulaire d'un droit sur la créance mais qui a été premier notifiant a reçu les fonds pour son propre compte et, qui plus est, sans être animé par une quelconque intention altruiste.

Troisièmement, l'*enrichissement injustifié*[Q] (C. civ., art. 1303 s.) est un fondement parfois convoqué. L'idée est relativement simple : alors que le paiement est en principe un acte neutre – l'appauvrissement est d'ordinaire justifié par l'extinction d'une dette, l'enrichissement par l'extinction d'une créance –, il n'en irait pas ainsi lorsqu'il n'y a pas de créance à éteindre. On concédera que dans ce cas, il y a un appauvrissement du premier titulaire d'un droit exclusif sur la créance, dans la mesure où il ne pourra pas recevoir paiement. Toujours est-il que l'enrichissement de l'*accipiens* est discutable, puisqu'en pratique le second titulaire d'un droit exclusif sur la créance l'a acquis dans le cadre d'une opération fondamentale comportant une contrepartie – le plus souvent, il s'agit d'une opération d'escompte, par laquelle il accepte de recevoir les créances à terme, mobilisées en contrepartie du versement immédiat de leur montant. Comment dissocier le paiement reçu de cette opération fondamentale ?

Quatrièmement, une partie de la doctrine propose de reconnaître une action en *revendication*[Q] de la créance qui permettrait au premier en date de se prévaloir de la titularité de la créance, laquelle serait opposable au second. Sans entrer ici dans le débat sur l'admissibilité d'une propriété de la créance – notamment puisque, après tout, il est possible de considérer que l'action en revendication permet la défense de la titularité de tous les droits, réels et personnels –, une hésitation pourrait surgir quant à l'objet d'une telle revendication. Plus précisément, certains pourraient penser que la créance est éteinte par le paiement effectué par le débiteur. Ce à quoi l'on peut toutefois objecter que si le paiement est libératoire pour le débiteur, il n'est pas pour autant satisfactoire pour le créancier. La créance est-elle alors véritablement éteinte (v., raisonnant en ce sens à propos d'un conflit entre cession *Dailly* et affacturage, Com. 19 mai 1992, n° 90-15.342, *RTD com.* 1992. 655, obs. B. Teyssié et M. Cabrillac) ?

Cinquièmement, dans un ordre d'idées voisin, le recours pourrait être fondé sur le jeu de la *subrogation réelle*[Q] : le droit du premier titulaire d'un droit exclusif sur la créance, qui initialement porte justement sur la créance mobilisée, se serait reporté sur la somme d'argent versée, à terme, par le débiteur au second titulaire d'un droit exclusif sur la créance (en ce sens, v. Com. 28 oct. 1986, n° 85-15.612). Ce qui déplace la difficulté sur un autre terrain : celui de l'admissibilité d'une revendication des sommes d'argent, au sujet de laquelle la jurisprudence – comme la doctrine majoritaire – est encore assez réticente (Com. 22 mai 2013, n° 11-23.961v. ss 52).

Que penser à la lumière de cette liste de fondements possibles ? Faut-il se résoudre à ne pas trancher la question ? Peut-être. Du moins peut-on souligner qu'elle a perdu de nos jours une partie de son intérêt, puisque la réforme du droit des obligations de 2016 a fourni une *assise textuelle* au recours qui nous occupe : l'article 1325 du Code civil, à propos de la cession de créance de droit commun, dispose que « le concours entre cessionnaires successifs d'une créance se résout en faveur du premier en date ; il dispose d'un recours contre celui auquel le débiteur aurait fait paiement ». Reste seulement à se demander si cette disposition permet de régler les conflits de mobilisation hors cession de créance de droit commun. On peut le penser, en raison, selon le cas, de la vocation résiduelle du droit commun à s'appliquer à chaque fois qu'aucune règle spéciale différente n'existe, ou plus simplement d'un raisonnement par analogie.

■ 352 Au lieu du recours contre celui qui a reçu le paiement, des *actions contre le créancier initial* sont évidemment possibles : en mobilisant deux fois une même créance, il a disposé du bien d'autrui. Si le second en date est victime de la situation, il pourra arguer de la nullité de l'acte de mobilisation, faute d'objet, ce qui fonde non seulement une action en restitution, mais aussi une action en responsabilité extracontractuelle à l'encontre du créancier initial. Si c'est le premier en date qui est victime car le débiteur, de bonne foi, a payé le second, alors il pourra engager la responsabilité contractuelle du créancier initial qui, en disposant une seconde fois de la créance, a manqué à ses obligations.

Compléments pédagogiques

Mémo

Les conflits de mobilisation correspondent aux hypothèses dans lesquelles une même créance a été cédée plusieurs fois par un même cédant (qui a par exemple souscrit un billet à ordre puis cédé par voie de bordereau *Dailly* la même créance), la seconde cession outrepassant ses pouvoirs, ou, plus généralement, aux hypothèses dans lesquelles le créancier a consenti à plusieurs personnes un droit exclusif sur la créance. La mobilisation peut avoir été faite par un instrument de crédit (escompte, cession *Dailly*, affacturage, titrisation) ou par une sûreté-propriété (fiducie, cession de créance de droit commun, réserve de propriété), sans compter les conflits avec le nantissement et les saisies attributives. Comment résoudre de tels conflits ?

Lorsque le conflit est né avant le paiement par le débiteur, le principe tient dans l'adage *prior tempore potior jure*, premier en date, meilleur en droit : la première mobilisation a fait sortir la créance du patrimoine du créancier initial, qui ne peut plus en disposer. En principe en effet, l'effet translatif de la technique de mobilisation varie mais est souvent confidentiel, qu'il s'agisse de la date portée sur le bordereau, de celle du paiement subrogatoire, ou de celle de la transmission du titre pour l'effet de commerce. À cet égard, une éventuelle notification au débiteur cédé est sans incidence : si, avant paiement, un conflit s'élève, le débiteur devra toujours payer le titulaire d'un droit exclusif sur la créance premier en date.

Lorsque le conflit est né après le paiement, il faut distinguer. À l'égard du débiteur, la question est de savoir qui il devait payer, pour déterminer s'il a effectué un paiement libératoire : c'est là que la notification joue un rôle fondamental, car c'est elle qui avertit le débiteur de son changement de créancier – ou de titulaire d'un droit exclusif sur la créance –, et qui le constitue donc de mauvaise foi s'il ne paye pas celui-ci. Ainsi, le débiteur qui a payé le premier notifiant a effectué un paiement libératoire, car fait à un créancier apparent titulaire d'un droit exclusif sur la créance (C. civ., art. 1342-3), alors que le débiteur qui n'a pas payé le notifiant s'expose à payer une seconde fois.

Lorsque le débiteur est libéré en payant le titulaire apparent d'un droit exclusif sur la créance, la question qui se pose est celle de l'éventuel recours de la part du véritable titulaire d'un droit exclusif sur la créance. Si celui-ci ne peut pas se retourner contre le débiteur, il peut en revanche agir contre le titulaire apparent d'un droit exclusif sur la créance qui a été payée. Plusieurs fondements ont été proposés en doctrine pour ce recours, mais la solution découle clairement, depuis 2016, de l'article 1325 du Code civil qui prévoit que le premier cessionnaire en date « dispose d'un recours contre celui auquel le débiteur aurait fait paiement », texte qui a vocation à s'appliquer soit de manière générale, à défaut de texte spécial contraire, soit par analogie. En alternative, évidemment, le titulaire d'un droit exclusif sur la créance impayé peut se retourner contre le cédant.

Quid

■ Conflit de mobilisation n°s 341 s.

Hypothèse dans laquelle une même créance a été mobilisée plusieurs fois par le même créancier, les titulaires d'un droit exclusif sur la créance étant alors en conflit.

■ Enrichissement injustifié n° 351

Anciennement (avant 2016), on parlait d'enrichissement sans cause. Enrichissement d'une personne en relation directe avec l'appauvrissement d'une autre, constitutif d'une source d'obligation.

■ Fiducie-sûreté n°s 340, 348

Opération par laquelle le constituant transfère la propriété fiduciaire d'un ou plusieurs biens, droits ou sûretés à un fiduciaire, lequel tient le bien séparé de ses autres biens, l'objet de la fiducie étant grevé d'une sûreté au profit du fiduciaire ou d'un tiers bénéficiaire.

■ Gestion d'affaires n° 351

Fait pour une personne, le gérant, de gérer sciemment et utilement l'affaire d'autrui, à l'insu ou sans opposition du maître de cette affaire (le géré). Les engagements pris par le gérant obligent le tiers qui doit, en outre, si l'initiative était utile ou nécessaire, rembourser au gérant ses dépenses.

■ Mobilisation n° 340

Transfert d'une créance à terme par le créancier à une personne en vue d'obtenir l'avance des fonds, pouvant prendre plusieurs formes : cession de droit commun, escompte d'un effet de commerce, cession *Dailly*, affacturage ou titrisation.

■ Nantissement (de créance) n° 340

Affectation, en garantie d'une obligation, d'une créance ou d'un ensemble de créances, présentes ou futures.

■ Notification n° 348

Formalité par laquelle un acte juridique (dans ce chapitre, un acte de mobilisation) est porté à la connaissance du débiteur cédé.

■ Opposabilité n° 345

Rayonnement d'un acte à l'égard de ceux qui n'y ont été ni parties ni représentées ; pour les opérations de mobilisation, l'opposabilité résulte généralement d'une notification.

■ Paiement n°s 340 s.

Exécution volontaire d'une obligation, libérant le débiteur et éteignant la dette. On utilise parfois l'expression « paiement libératoire » pour désigner l'exécution qui libère le débiteur sans pour autant éteindre la créance (faute de satisfaction du créancier), par opposition au « paiement extinctif » qui éteint la créance.

■ *Prior tempore potior jure* nos 343 s.

Littéralement : « premier en date, meilleur en droit ». Désigne la solution du conflit de mobilisation, en faisant primer celui dont le droit est le plus ancien.

■ Restitution de l'indu n° 351

Remboursement de ce qui a été payé sans fondement soit parce que la dette n'existait pas du tout (indu objectif), soit parce que la dette a été annulée ou résolue (indu *a posteriori*), soit parce qu'il n'y avait pas de rapport de débiteur à créancier entre *solvens* et *accipiens* (indu subjectif).

■ Revendication n° 351

Action en justice accordée à tout propriétaire pour faire reconnaître son titre. Peut être étendue à tout titulaire de droit, notamment pour l'opposer aux tiers qui se prévaudraient d'un droit concurrent.

■ Saisie-attribution n° 340

Saisie, pratiquée par un créancier à l'égard du débiteur de son débiteur, par laquelle la créance de somme d'argent est immédiatement attribuée au profit du saisissant.

■ Saisie administrative à tiers détenteur n° 340

Catégorie générique comprenant notamment l'ancien avis à tiers détenteur, qui est une saisie pratiquée par les comptables publics (notamment en matière fiscale) pour obtenir l'attribution immédiate au bénéfice de l'administration d'une créance qu'a un redevable d'impôts contre un tiers.

■ Subrogation réelle n° 351

Opération qui substitue une chose à une autre, l'objet obéissant au même régime juridique que l'élément qu'il remplace.

Documents

Com. 12 janv. 1999, n° 96-13.723 (extrait)

[...] Attendu qu'en statuant ainsi, alors que le débiteur, ayant reçu notification d'une cession de créance de la part d'une banque doit lui en payer le montant, sans avoir à rechercher si un autre établissement n'a pas bénéficié d'une cession de créance antérieure, mais que si avant d'exécuter le paiement, il a reçu, pour une même dette notifications de deux cessions de créances concurrentes de la part de deux banques, il ne peut, ensuite, en payer le montant qu'à l'établissement dont le titre est le plus ancien, la cour d'appel a méconnu les textes susvisés [...].

Com. 21 mars 1995, n° 93-15.617 (extrait)
(*RTD com.* 1995. 626, obs. M. Cabrillac)

[...] Attendu qu'en se déterminant par de tels motifs, sans rechercher si les lettres de change ont été présentées au paiement par le tireur lui-même, resté porteur, auquel cas le tiré devait lui opposer la cession de créance dont il avait antérieurement reçu notification, une telle exception étant inopposable à un tiers bénéficiaire d'endossements, la cour d'appel n'a pas donné de base légale à sa décision [...].

Com. 10 mars 1998, n° 94-11.268 (extrait)
(*RTD com.* 1998. 648, obs. M. Cabrillac)

[...] Mais attendu que dès lors qu'il n'avait pas encore payé les montants des billets à ordre, avant d'avoir reçu notification de cessions de créances pour les mêmes contreparties, leur souscripteur doit opposer au bénéficiaire des billets, qui en est resté porteur, l'exception tenant à cette notification et l'obligeant à payer le cessionnaire ; que, dès lors, la cour d'appel n'avait pas à tenir pour libératoire vis-à-vis de la banque, qu'elle a, par motifs propres et adoptés, reconnu être l'auteur de notifications datées, la souscription antérieure des billets à ordre ; que, se prononçant sans contradiction, elle a légalement justifié sa décision [...].

Com. 20 juin 1989, n° 88-11.720 (extraits)
(*D.* 1989. 431, note F. Pérochon)

[...] Attendu que, les marchandises vendues sous réserve de propriété étant affectées à la garantie de la créance du vendeur, celui-ci exerce sa revendication sur les marchandises elles-mêmes aussi longtemps qu'elles existent en nature entre les mains du débiteur, et, qu'après leur revente en l'état initial par ce dernier, le prix se trouvant par là-même subrogé aux marchandises, le vendeur exerce sa revendication sur le prix ; [...]

Mais attendu qu'ayant retenu que la SMT était fondée à se prévaloir de sa réserve de propriété à l'égard des matériels litigieux et que ceux-ci avaient été revendus en l'état par la société Microfrance, de sorte que le prix dû à celle-ci se trouvait par là-même subrogé aux marchandises dont la SMT était demeurée propriétaire, c'est à bon droit que la cour d'appel a décidé que la cession de créance invoquée par la BNP ne pouvait faire échec à la revendication de la SMT [...].

Com. 2 oct. 2007, n° 06-14.343 (extrait)

[...] Attendu qu'en statuant ainsi, sans répondre aux conclusions par lesquelles la société Factofrance faisait valoir qu'elle n'était pas tenue de restituer les fonds litigieux au débiteur cédé qui les avait réglés entre ses mains, dès lors qu'elle les avait reçus en qualité de mandataire et que cette réception faisait obstacle à une quelconque répétition de l'indu, seul le mandant bénéficiaire du règlement étant tenu à remboursement, la cour d'appel n'a pas satisfait aux exigences du texte susvisé [...].

Com., 19 mai 1992, n° 90-15.342 (extrait)
(*RTD com.* 1992. 655, obs. B. Teyssié et M. Cabrillac)

[...] Mais attendu que, selon les dispositions de l'article 4, alinéa 1, de la loi du 2 janvier 1981, la cession, qui transfère au cessionnaire la propriété de la créance professionnelle cédée, prend effet et devient opposable aux tiers à la date portée sur le bordereau ; qu'il s'ensuit qu'en retenant, s'agissant des créances de la société Carmiato sur la société Auchan, cédées au CCF par bordereau du 26 août 1986, " qu'ainsi sorties du patrimoine de la société cédante par un acte légalement opposable aux tiers, ces créances ne pouvaient faire l'objet d'une nouvelle cession par Carmiato... au profit de la société d'affacturage ; que Factofrance Heller ne pouvait donc être valablement subrogée par Carmiato dans des droits déjà aliénés de manière définitive ; que, seul titulaire des créances, le CCF est en droit d'en réclamer le paiement à la société qui l'a indûment perçu du débiteur, le titre d'acquisition de Factofrance Heller étant entaché de nullité comme portant sur des biens dont le vendeur n'était plus propriétaire ", et que cette réclamation doit être admise, même si le débiteur "s'est valablement libéré, le paiement ayant été fait à une société qui n'avait pas pouvoir de le recevoir pour le compte du véritable créancier et donc sans que la créance puisse être regardée comme éteinte", la cour d'appel, devant laquelle la société Factofrance Heller ne contestait pas que le paiement effectué par la société Auchan avait libéré celle-ci de sa propre obligation, a légalement justifié sa décision ; que les moyens ne sont pas fondés [...].

Com. 28 oct. 1986, n° 85-15.612 (extrait)

[...] Mais attendu que, selon les dispositions de l'article 4 alinéa 1er de la loi du 2 janvier 1981, la cession, qui transfère au cessionnaire la propriété de la créance professionnelle cédée, prend effet entre les parties et devient opposable aux tiers à la date portée sur le bordereau ;

Attendu qu'il s'ensuit que le virement opéré par la Caisse, organisme réceptionnaire, sur le compte courant de la société a été effectué au préjudice de la banque cessionnaire qui, n'ayant pas reçu paiement de la créance cédée à son profit, était dès lors fondée à le réclamer ; que par ce motif de pur droit substitué à ceux retenus par la Cour d'appel, la décision condamnant la Caisse à payer la somme litigieuse à la banque est légalement justifiée, que le moyen ne peut être accueilli en aucune de ses branches [...].

Biblio

- M. Cabrillac, « Les conflits entre les cessionnaires d'une même créance transmise par bordereau », *D.* 1990. 127.
- P. Crocq, « L'efficacité incertaine de la cession *Dailly* », *Dr. et patr.* 2002, n° 106, p. 80.
- C. Larroumet, « Le conflit entre cessionnaires successifs d'une créance transmise par bordereau », *JCP E* 1990, II, 15877.
- R. Lenoan, « Du recours du véritable créancier contre celui qui a reçu indûment un paiement à sa place », *RTD civ.* 1923. 925.
- G. Marain, « Le "recours" de l'article 1325 du code civil dans le cadre des conflits entre cessionnaires successifs d'une même créance », *AJ contrat* 2017. 426.
- V. Perruchot-Triboulet, « L'indu à trois », *RTD civ.* 2003. 427.

Quiz

1) Sujets corrigés

A) Test de connaissances

1. L'adage *prior tempore potior jure* signifie :

   a. le temps s'aligne sur le droit ;

b. premier en date, meilleur en droit ;

c. la date est fixée par le droit.

2. La cession *Dailly* prend effet entre les parties et devient opposable aux tiers :

a. à la date de la notification au débiteur cédé ;

b. à la date du paiement ;

c. à la date apposée sur le bordereau lors de sa remise.

3. En droit commun, le transfert d'une créance future s'opère entre les parties et devient opposable aux tiers autres que le débiteur cédé :

a. à la date de l'acte ;

b. au jour de la naissance de la créance ;

c. à la date de la notification au débiteur cédé.

4. En cas de conflit entre deux cessions *Dailly* portant sur la même créance, avant paiement :

a. le premier cessionnaire prime ;

b. le second cessionnaire prime ;

c. la créance revient par moitié à un cessionnaire, par moitié à l'autre cessionnaire.

5. En cas d'affacturage réalisé par subrogation suivi d'une saisie portant sur la même créance, avant paiement :

a. le créancier saisissant prime ;

b. l'affactureur prime ;

c. ni le créancier saisissant ni l'affactureur ne priment.

6. Si le débiteur paye un titulaire apparent d'un droit exclusif sur la créance qui a notifié en premier :

a. il s'expose à un double paiement ;

b. il est libéré ;

c. il est tenu de demander la restitution de ce qu'il a payé.

7. Le véritable titulaire d'un droit exclusif sur la créance peut exercer un recours contre le titulaire apparent d'un tel droit qui a reçu le paiement :

a. vrai ;

b. faux.

8. Un tel recours est fondé de manière certaine :

a. sur l'enrichissement injustifié ;

b. sur l'action en revendication ;

c. sur aucun des deux.

9. L'article 1325 du Code civil relatif à la cession de créance de droit commun, dispose que :

a. le concours entre cessionnaires successifs d'une créance se résout en faveur du premier en date ;

b. le premier cessionnaire en date dispose d'un recours contre celui auquel le débiteur aurait fait paiement ;

c. le concours entre cessionnaires successifs d'une créance se résout en faveur du dernier en date.

10. La personne qui a un droit exclusif sur la créance mais qui n'est pas payée dispose à l'encontre du créancier initial :

a. d'une action en restitution mais pas d'une action en responsabilité civile ;

b. d'une action en responsabilité civile mais par d'une action en restitution ;

c. à la fois d'une action en restitution et d'une action en responsabilité civile.

Voir le corrigé en fin de rubrique.

B) Test de compréhension

Associer chaque disposition qui applique le *principe prior tempore potior jure* à la matière régie par cette même disposition :

- dispositions :

1. C. mon. fin., art. L. 214-169, V, 2°
2. C. mon. fin., art. L. 313-27, al. 1er
3. C. civ., art. 1323, al. 1er
4. C. com., art. L. 511-7
5. C. civ., art. 1346-4, al. 1er

- matières :

a. affacturage par subrogation

b. effet de commerce

c. cession de créance de droit commun

d. titrisation

e. cession *Dailly*

Voir le corrigé en fin de rubrique.

C) Dissertation juridique

Énoncé

Le principe *prior tempore potior jure* permet-il de résoudre les conflits de mobilisation de créance ?

Voir le corrigé en fin de rubrique.

D) Cas pratique

En février dernier, l'établissement bancaire Padchans a conclu, en qualité de cessionnaire, une cession *Dailly* d'un ensemble de créances, qui ne seront pas exigibles avant septembre prochain. Il a appris que certaines de ces créances ont fait l'objet d'une autre mobilisation. Plus précisément, une créance avait déjà été cédée par bordereau *Dailly* en janvier ; une autre créance a fait l'objet d'un affacturage en mars ; et une cession de droit commun a porté en avril sur une autre créance encore. Nous sommes en mai, et l'établissement bancaire vous consulte pour savoir s'il peut espérer un paiement de ces trois créances de la part des débiteurs cédés.

Voir le corrigé en fin de rubrique.

2) Corrigés

Test de connaissances

1. b ; **2.** c ; **3.** a ; **4.** a ; **5.** b ; **6.** b ; **7.** a ; **8.** c ; **9.** a et b ; **10.** c.

Test de compréhension

4. b ; 2. e ; 1. d ; 5. a ; 6. c ; 3. c.

Dissertation juridique

- Définition des termes du sujet, à savoir les conflits de mobilisation de créance, et le principe *prior tempore potior jure*.

- Répondre à la question posée dans le sujet est malaisé, puisque la réponse est tantôt positive tantôt négative. Au vrai, il y a lieu de distinguer deux phases : avant paiement et après paiement.

I. Oui, avant paiement

- Il faut expliquer pourquoi le principe *prior tempore potior jure* permet ici de résoudre le conflit, avant d'en faire application.

A. Explication

- L'explication tient à l'effet translatif des mécanismes envisagés. Une fois que la créance a été mobilisée par le créancier, elle est devenue le bien d'autrui et échappe au créancier initial : *nemo plus juris ad alium transferre potest quam ipse habet* (nul ne peut transmettre plus de droits qu'il n'en a lui-même).

- D'ailleurs, le régime d'opposabilité des opérations de mobilisation ne modifie pas la solution : en cas de double notification avant paiement, le débiteur doit payer celui dont le titre est le plus ancien (Com. 12 janv. 1999, n° 96-13.723).

B. Application

- Critère général : antériorité de la mobilisation, dont la date se prouve en principe par tout moyen.

- Illustrations spécifiques : conflit entre deux cessions *Dailly*, conflit entre une cession *Dailly* et un effet de commerce, etc.

II. Non, après paiement

- En l'occurrence, le droit exclusif sur la créance se heurte à un obstacle, mais il existe un palliatif.

A. Obstacle

- Si le débiteur a payé le premier notifiant (ou le porteur de la lettre de change acceptée), il est libéré même s'il ne s'agit pas du véritable titulaire d'un droit exclusif sur la créance : il s'agit en effet d'un paiement fait à un titulaire apparent d'un tel droit exclusif.

- Pour autant, ce paiement n'est pas satisfactoire pour le véritable titulaire d'un droit exclusif sur la créance.

B. Palliatif

- Le véritable titulaire d'un droit exclusif sur la créance qui ne peut plus exiger le paiement de la part du débiteur, dispose tout de même d'un recours contre le titulaire apparent d'un tel droit, lequel a reçu le paiement. Ce recours peut être fondé sur une interprétation large de l'article 1325 du Code civil.

- À la place de ce recours, le véritable titulaire d'un droit exclusif sur la créance dispose également d'une action en nullité de l'acte de mobilisation à l'encontre du créancier initial, qui lui permet de demander les restitutions et d'engager la responsabilité civile de ce dernier.

Cas pratique

Les trois créances mentionnées font l'objet de conflits de mobilisation. Ces trois créances ne sont pas encore exigibles puisque nous sommes en mai et que leurs termes suspensifs n'arrivent pas à échéance avant septembre ; on peut par ailleurs supposer qu'un paiement anticipé n'a pas eu lieu. En pareil cas, les conflits de mobilisation de ces trois créances se résolvent par l'application du principe *prior tempore potior jure*. Concrètement, l'établissement bancaire risque de ne pas recevoir le paiement de la première créance par le débiteur cédé, puisqu'elle avait été transférée antérieurement à un autre cessionnaire *Dailly* (C. mon. fin., art. L. 313-27, al. 1er) ; mais il disposera d'actions à l'encontre du cédant, qui lui a transféré une créance qu'il ne détenait plus. En revanche, il peut exiger le paiement des deux autres créances, puisque leur mobilisation par affacturage – à travers, peut-on supposer, une subrogation personnelle – et par cession de droit commun est postérieure à la cession à son profit (C. civ., respectivement art. 1346-4, al. 1er et art. 1323, al. 1er). Il convient de conseiller à l'établissement bancaire de notifier la cession aux débiteurs cédés concernés, pour les en informer et éviter qu'ils payent un titulaire apparent d'un droit exclusif sur la créance.

Sujet terminal

1) Sujet corrigé

Test de connaissances

L'exercice correspond à une épreuve de 40 minutes, laquelle se compose de quarante questions à choix multiple, pour chacune desquelles plusieurs réponses peuvent être attendues.

Cet exercice est noté sur 20 points : une réponse exacte fait obtenir 0,5 point ; une réponse erronée fait perdre 0,5 point (lorsque plusieurs réponses sont attendues pour une même question, une réponse incomplète correspond à une réponse erronée) ; une absence de réponse vaut 0 point.

1. Le fonds commun de titrisation est :

a. une personne morale ;

b. une copropriété ;

c. un contrat.

2. Dans une cession de créances professionnelles, les exceptions inhérentes à la dette sont :

a. inopposables au cessionnaire ;

b. opposables au cessionnaire ;

c. opposables au cessionnaire qui a procédé à une notification.

3. Dans l'affacturage, le principe de globalité désigne l'obligation :

a. de l'adhérent de proposer à l'affactureur le transfert de l'ensemble de ses créances ;

b. de l'affactureur de payer à l'adhérent un prix global pour l'ensemble des créances ;

c. de l'adhérent de procéder à un affacturage une seule fois par période déterminée avec l'affactureur.

4. En cas de conflit de mobilisation de créance, le débiteur qui paye un titulaire apparent d'un droit exclusif sur la créance qui a notifié en premier :

a. devra réaliser un second paiement entre les mains du véritable titulaire d'un droit exclusif sur la créance ;

b. dispose d'un recours contre le créancier initial ;

c. est libéré.

5. Celui qui a tiré, accepté, endossé ou avalisé un effet de commerce est tenu solidairement envers :

a. le tireur ;

b. le porteur ;

c. l'avaliseur.

6. Dans l'affacturage, la commission dite de financement (ou d'anticipation) est :

a. la contrepartie de la gestion des créances, notamment du recouvrement de celles-ci ;

b. une garantie des sommes dont l'adhérent pourrait devenir débiteur à l'égard de l'affactureur ;

c. la contrepartie du crédit dont bénéficie l'adhérent.

7. L'effet de commerce est un titre :

a. négociable ;

b. non négociable ;

c. représentatif.

8. Les dispositions du Code monétaire et financier issues de loi dite *Dailly* organisent :

a. à la fois la cession de créances professionnelles et le nantissement de créances professionnelles ;

b. uniquement la cession de créances professionnelles ;

c. uniquement le nantissement de créances professionnelles.

9. La titrisation peut avoir pour objet des créances :

a. immobilisées ;

b. douteuses ;

c. litigieuses.

10. En cas de cession de créance, notamment par bordereau *Dailly*, la notification est l'acte par lequel :

a. le cédant interdit au débiteur cédé de payer un autre que lui-même ;

b. le cessionnaire interdit au débiteur cédé de payer un autre que lui-même ;

c. le cessionnaire interdit au cédant de payer un autre que lui-même.

11. En cas d'affacturage par subrogation, les débiteurs peuvent opposer à l'affactureur les exceptions extérieures à la dette :

a. quelle que soit leur date de naissance ;

b. si elles sont nées avant que la subrogation leur soit devenue opposable ;

c. si elles sont nées après que la subrogation leur soit devenue opposable.

12. En matière de titrisation, l'établissement dépositaire :

a. garde les actifs de l'organisme de titrisation ;

b. représente le fonds commun de titrisation à l'égard des tiers et dans toute action en justice ;

c. s'assure de la régularité des décisions de la société de gestion.

13. Le porteur d'une lettre de change :

a. peut refuser un paiement partiel ;

b. doit refuser un paiement partiel ;

c. ne peut pas refuser un paiement partiel.

14. Sur un bordereau de cession de créances professionnelles, la date :

a. ne peut pas être apposée ;

b. peut être apposée ;

c. doit être apposée.

15. Si l'affacturage est réalisé à travers une subrogation personnelle, celle-ci transfère à l'adhérent :

a. les créances ;

b. les accessoires des créances ;

c. ni les créances ni leurs accessoires.

16. Lors d'une cession de créances professionnelles, le cédant est en principe garant solidaire du paiement des créances cédées :

a. vrai ;

b. faux.

17. En matière de lettre de change, la clause « sans protêt » est :

a. facultative ;

b. obligatoire ;

c. interdite.

18. Lors d'un affacturage, le taux effectif global doit être mentionné :

a. dans le cas où l'adhérent consent un crédit à l'affactureur ;

b. dans le cas où l'affactureur consent un crédit à l'adhérent ;

c. toujours.

19. Lors d'une cession de créances professionnelles, la notification :

a. oblige le débiteur cédé à payer entre les mains du cédant ;

b. interdit au débiteur cédé de payer entre les mains du cédant ;

c. interdit au débiteur cédé de payer entre les mains du cessionnaire.

20. Dans une lettre de change, la dénomination « lettre de change » est une mention :

a. interdite ;

b. facultative ;

c. obligatoire.

21. La cession de créances professionnelles peut être réalisée :

a. à titre de garantie ;

b. à titre de libéralité ;

c. à titre d'escompte.

22. La société de titrisation peut prendre la forme d'une :

a. société à responsabilité limitée ;

b. société anonyme ;

c. société par actions simplifiée.

23. L'aval d'un effet de commerce crée un engagement personnel :

a. de l'avalisé ;

b. de l'avaliseur ;

c. du porteur.

24. En cas d'affacturage par subrogation personnelle, les débiteurs peuvent opposer à l'affactureur subrogé les exceptions inhérentes à la dette :

a. si elles sont nées avant que la subrogation leur soit devenue opposable ;

b. si elles sont nées après que la subrogation leur soit devenue opposable ;

c. quelle que soit leur date de naissance.

25. En cas de conflit de mobilisation de créance, celui qui a un droit exclusif sur la créance mais qui n'est pas payée, dispose à l'encontre du créancier initial :

a. d'une action en restitution ;

b. d'une action en responsabilité civile ;

c. d'une action fondée sur la gestion d'affaires.

26. En matière de lettre de change, la provision est nécessaire :

a. lors de l'émission ;

b. à l'échéance ;

c. jamais.

27. La cession de créances professionnelles produit un effet translatif sur :

a. la créance ;

b. les accessoires de la créance ;

c. ni la créance ni ses accessoires.

28. Les titres émis lors d'une titrisation peuvent faire l'objet de démarchage :

a. toujours ;

b. jamais ;

c. uniquement auprès d'investisseurs qualifiés.

29. En cas de conflit entre une cession de créances professionnelles et une saisie portant l'une et l'autre sur la même créance, avant paiement :

a. le cessionnaire prime ;

b. le créancier saisissant prime ;

c. le premier en date entre le cessionnaire et le créancier saisissant prime.

30. En cas d'affacturage, l'éventuel calcul du taux effectif global incombe :

a. à l'adhérent ;

b. à l'affactureur ;

c. au débiteur.

31. La cession de créances professionnelles devient opposable aux tiers :

a. immédiatement ;

b. à compter du jour où elle est notifiée ;

c. à compter du jour où elle est signifiée.

32. En matière d'effets de commerce, l'endossement peut être :

a. translatif ;

b. de procuration ;

c. pignoratif.

33. L'organisme de titrisation peut comporter des compartiments :

a. lorsqu'il prend la forme d'un fonds commun ;

b. lorsqu'il prend la forme d'une société ;

c. jamais.

34. En cas d'affacturage par subrogation personnelle, le subrogé est :

a. l'adhérent ;

b. l'affactureur ;

c. le débiteur.

35. Le bordereau de titrisation doit contenir la désignation ou l'individualisation des créances cédées ou les éléments susceptibles d'y pourvoir :

a. vrai ;

b. faux.

36. Le titre négociable par lequel le souscripteur s'oblige à payer à une époque déterminée une somme d'argent à un bénéficiaire ou à son ordre est :

a. une lettre de change ;

b. un billet à ordre ;

c. un chèque.

37. La transmission des créances de l'adhérent à l'affactureur peut être réalisée à l'aide d'une :

a. cession de créance de droit commun ;

b. cession de dette de droit commun ;

c. subrogation personnelle ;

d. cession de créances professionnelles.

38. Le bordereau de cession de créances professionnelles doit contenir :

a. la signature du cédant ;

b. la signature du cessionnaire ;

c. à la fois la signature du cédant et celle du cessionnaire.

39. En matière de titrisation, la société de gestion de portefeuille :

a. prend l'initiative de constituer le fonds commun de titrisation ;

b. représente le fonds commun de titrisation à l'égard des tiers et dans toute action en justice ;

c. gère l'organisme de titrisation.

40. Si l'affacturage est réalisé à travers une subrogation personnelle, celle-ci est opposable aux débiteurs :

a. sans formalités ;

b. en cas de notification ;

c. en cas de prise d'acte.

Voir le corrigé en fin de rubrique.

2) Corrigé

Test de connaissances

1. b ; **2.** b ; **3.** a ; **4.** c ; **5.** b ; **6.** c ; **7.** a et c ; **8.** a ; **9.** a, b et c ; **10.** b ; **11.** b ; **12.** a et c ; **13.** c ; **14.** c ; **15.** c ; **16.** a ; **17.** a ; **18.** b ; **19.** b ; **20.** c ; **21.** a et c ; **22.** b et c ; **23.** b ; **24.** c ; **25.** a et b ; **26.** b ; **27.** a et b ; **28.** c ; **29.** c ; **30.** b ; **31.** a ; **32.** a, b et c ; **33.** a et b ; **34.** b ; **35.** a ; **36.** b ; **37.** a, c et d ; **38.** a ; **39.** a, b et c ; **40.** b et c.

Bibliographie générale

1) Codes

- Code civil, par X. Henry, A. Tisserand-Martin, G. Venandet, P. Ancel, E. Naudin, N. Damas et P. Guiomard, 125e éd., Dalloz, 2026.
- Code de commerce, par N. Rontchevsky, E. Chevrier et P. Pisoni, 121e éd., Dalloz, 2026.
- Code monétaire et financier, par M. Storck, J. Lasserre Capdeville, E. Chevrier et P. Pisoni, 15e éd. Dalloz, 2025.

2) Ouvrages

- *Mélanges AEDBF France*, Revue banque éditeur, I à VIII, 1997 à 2021.
- R. Bonhomme et M. Roussille, *Instruments de crédit et de paiement. Introduction au droit bancaire*, 14e éd., LGDJ-Lextenso, 2021.
- T. Bonneau, *Droit bancaire*, 15e éd., LGDJ-Lextenso, Précis Domat, 2023.
- T. Bonneau, P. Pailler, A.-C. Rouaud, A. Tehrani, R. Vabres, *Droit financier*, 4e éd., LGDJ-Lextenso, Précis Domat, 2023.
- H. Causse, *Droit bancaire et financier*, Mare & Martin, 2016.
- A. Couret, H. Le Nabasque, M.-L. Coquelet, T. Granier, D. Poracchia, A. Raynouard, A. Reygrobellet et D. Robine, *Droit financier*, 4e éd., Dalloz, Précis, 2024.
- F. Dekeuwer-Défossez et S. Moreil, *Droit bancaire*, 12e éd., Dalloz, Mémentos, 2022.
- F. Drummond, *Droit financier*, Economica, Corpus, 2020.
- D. Houtcieff, *Droit commercial*, 5e éd., Dalloz, Sirey Université, 2022.
- J. Lasserre Capdeville, M. Storck, M. Mignot, J.-P. Kovar et N. Eréséo, *Droit bancaire*, 4e éd., Dalloz, Précis, 2024.
- P. Le Cannu, T. Granier et R. Routier, *Droit commercial. Instruments de paiement et de crédit - Titrisation*, 9e éd., Dalloz, Précis, 2016.
- G. Marain et F. Pasqualini, *Droit des instruments de crédit et de paiement. Circulation des créances monétaires*, Bruylant, Paradgime Masters, 2018.
- P. Neau-Leduc, A. Périn-Dureau, *Droit bancaire*, 7e éd., Dalloz, Cours, 2024.
- S. Piedelièvre, *Instruments de crédit et de paiement*, 12e éd., Dalloz, Cours, 2022.
- A. Quiquerez, *Droit bancaire*, 3e éd., Gualino-Lextenso, Mémentos, 2024.
- G. Ripert et R. Roblot, *Traité de droit des affaires, t. 3 Opérations bancaires et contrats commerciaux*, et *t. 4 Effets de commerce et entreprises en difficulté*, par P. Delebecque, N. Binctin et L. Andreu, 18e éd., LGDJ-Lextenso, 2018.
- J. Stoufflet, *Instruments de paiement et de crédit*, 8e éd., Lexisnexis, 2012.
- J. Stoufflet et A.-C. Rouaud, *Droit bancaire*, 10e éd., Lexisnexis, 2023.

3)Encyclopédies

- JurisClasseur Commercial.
- JurisClasseur Droit bancaire et financier.

- Lamy Droit du financement.
- Répertoire Droit commercial, Dalloz.

4) Revues

- *Bulletin Joly Bourse*, Lextenso.
- *L'essentiel Droit bancaire*, Lextenso.
- *Revue de droit bancaire et financier*, Lexisnexis.
- *Revue Lamy Droit des affaires.*
- *Revue trimestrielle de droit commercial et de droit économique*, Dalloz.
- *Semaine juridique édition Entreprise et Affaires*, Lexisnexis.

Index alphabétique

Les chiffres sans crochets renvoient aux numéros de paragraphe du cours. Les chiffres entre crochets renvoient aux définitions des mots dans la rubrique « Quid ».

D

E

F

G

H

I

L

M

T

V

Table des matières

Cet ouvrage a été composé
par IGS-CP à L'Isle-d'Espagnac (16)

Certifié PEFC

Ce produit est issu de forêts gérées durablement et de sources contrôlées

PEFC

PEFC/04-31-0658

www.pefc.de

Achevé d'imprimer en septembre 2025 sur les presses de
Druckerei C.H.Beck
Dépôt légal : octobre 2025
724104 (I) - CSB-GPr 80 g - IGS (JB)
Imprimé en Allemagne